U0944682

2020
最具公众影响力公共关系案例集

CHINA'S MOST INFLUENTIAL PUBLIC RELATIONS CASE STUDIES IN 2020

金旗奖编委会　编著

中国财富出版社有限公司

图书在版编目（CIP）数据

2020最具公众影响力公共关系案例集 / 金旗奖编委会编著 .—北京：中国财富出版社有限公司，2021.4

ISBN 978-7-5047-7410-1

Ⅰ. ①2… Ⅱ. ①金… Ⅲ. ①公共关系学—案例 Ⅳ. ①C912.3

中国版本图书馆CIP数据核字（2021）第063901号

策划编辑 谢晓绚 **责任编辑** 邢有涛 李 如 沈安琪

责任印制 尚立业 **责任校对** 卓闪闪 **责任发行** 杨 江

出版发行 中国财富出版社有限公司

社　　址 北京市丰台区南四环西路188号5区20楼 **邮政编码** 100070

电　　话 010-52227588转2098（发行部） 010-52227588转321（总编室）

010-52227588转100（读者服务部） 010-52227588转305（质检部）

网　　址 http://www.cfpress.com.cn **排　　版** 宝蕾元

经　　销 新华书店 **印　　刷** 宝蕾元仁浩（天津）印刷有限公司

书　　号 ISBN 978-7-5047-7410-1/C·0236

开　　本 710mm×1000mm 1/16 **版　　次** 2021年6月第1版

印　　张 34 **印　　次** 2021年6月第1次印刷

字　　数 573千字 **定　　价** 86.00元

本书编委会

主　　编： 银小冬

编审委员会： 陈先红　傅　悦　胡绪雷　刘　畅　李国威　李宜霖　米晓春　杨美虹　吴焕宇

编　　委： Bradley Burgess　常濯非　陈经超　陈　凯　陈小桃　陈永泰　陈永东　陈先红　曹　越　程曼丽　董天策　丁　韬　樊传果　傅　悦　高　源　何　辉　胡远珍　黄玉波　黄玲忆　蒋　楠　矫　龙　蒋　冰　匡冀南　李　君　李国威　李志军　李兴国　刘晓程　来向武　马志强　彭焕萍　庞　刚　苏宏元　孙瑞祥　商　容　沈　健　邵华冬　尚恒志　邵松岩　陶　西　肖　辉　闫　浩　姚　曦　殷　俊　马　利　杨东海　杨　苓　姚利权　叶　钰　于　剑　岳　慧　杨　魁　魏家东　吴伟农　吴志远　汪　珺　王春雨　王　兵　王晓晖　王洪波　张　雷　张　勇　张景云　张明新　张　宁　张洪伟　张　辉　赵　晖　赵晓光　郑　威　郑亚楠　左　跃

前　言 | PREFACE

向上是最好的方向

2020 年的世界真实地上演了自 2008 年金融危机以来最具不确定性、最不可预测的魔幻图景。新冠疫情成为影响 2020 年甚至未来长周期内世界宏观环境的重要因素。我不禁反思：这场疫情对于人类最大的改变或影响究竟是什么？

我想大到国家、组织、企业，小到个人，都在思考这些问题：在这场人类共同的灾难过后，世界该如何重启？人类该如何更好地协作？企业作为推动人类社会向前发展的重要力量，又该如何发挥社会价值、承担社会责任、引领社会向前发展？

带着这样的思考，2020 年的金旗奖推出了年度主题——向上影响力，致力于发现那些不只追求商业利益，更引领社会进步、推动社会向上向善、代表这个时代真正商业文明的品牌榜样。

为了找到这些品牌榜样，金旗奖联合中国传媒大学广告学院共同发起了“后疫情时代向上品牌指数测评”研究，并推出了“2020 向上品牌榜”。通过研究我们发现，具有向上精神的品牌拥有以下三个特质：社会责任感、持续创新力、国际视野和格局。

首先，在社会责任感方面，越来越多的企业在推动创新、促进就业、帮扶贫困等方面做出表率，勇于承担社会责任。

在新冠疫情初期，口罩非常紧缺，中国石化积极履行社会责任，主动提供生产口罩最紧缺的原材料熔喷布，并利用自身优势建立了十多条口罩生产线，帮助国家迅速解决了口罩紧缺问题，而且在熔喷布市场价格上涨几十倍的情况下坚持不涨价。

中国石化只是新冠疫情下挺身而出的众多企业之一。当时有 3000 多家企业加入了口罩和防护服生产的行列，如汽车行业的上汽通用五菱、比亚迪，手机行业的 OPPO、vivo，制造业的富士康，还有大量的服装、纺织品公司。

企业的社会责任感不仅体现在重大事件中，更落实在企业的日常运营中。那些为社会创造价值的企业，也会赢得更强大、更宝贵、更持久的公众信任，在激烈的市场变化和竞争中脱颖而出，并实现持续增长。

其次，在持续创新力方面，改革开放 40 多年释放的中国经济活力，促进了中国品牌的成长，40 多年后，我们不仅见证了新的国潮品牌崛起，还见证了老品牌重新焕发活力。这些品牌成为满足人民日益增长的美好生活需要、推动中国经济不断向前发展的中坚力量。

说起这些品牌，我如数家珍，例如，伴随祖国成长脚步，从“国家骄傲”、官方首选，到科技创建、设计时尚、吸引了年轻一代的红旗轿车；从“中国运动员的骄傲”，到国潮领导品牌的李宁；从父母穿的羽绒服，到引领国际时尚、“畅销全球 72 国”的中国品牌波司登；还有代表“国之重器”的中国航空、中国航天、中船重工、中信重工，以及全球技术领先的华为、海康威视、旷视科技。

新品牌更是如雨后春笋不断涌现，成为新经济中的亮点，如为消费升级中的国人提供酷潮家用科技产品的小米、海尔、创维、方太，为城市生活提供方便的打车服务、外卖服务、共享单车服务、移动支付服务的滴滴打车、饿了么、美团单车、支付宝，引领社交媒体潮流的微信、抖音、快手、小红书，新一代年轻人的国潮美妆品牌完美日记、花西子、林清轩……

最后，在国际视野和格局方面，中国品牌的全球化步伐从未停止，我们看到了越来越多的中国品牌进入了全球市场，从早期走出国门的联想、华为，到 Tik Tok（抖音海外版）这样代表年轻一代的互联网社交平台，中国品牌全球化结出了累累硕果。

从企业发展的角度看，建立全球化品牌是持续增长的重要选择。从民族复兴的角度看，建立全球化品牌是为国家发展打造有利环境的战略举措。全球化是向上品牌的重要选择，也是向上品牌的责任所在。

做有社会责任感、持续创新力、国际视野和格局的向上品牌，我们希望聚集品牌的力量、社会的力量，为这个共同的目标努力。

在这个充满变化的时代，当我们面对不同方向的选择时，不如一起向上，向上是摆脱焦虑的简单选择，也是深思熟虑后面对变化世界的必然选择。我认为，向上是最好的方向。

在此，向在本书出版过程中给予大力支持的金旗奖评委及编委会专家表示感谢，你们十年如一日的支持是我们不断前行的最大动力，我们无以为报，只有坚定前行。本书中收录的案例虽为 2020 年度金旗奖获奖案例，但受新冠疫情影响，部分案例的执行时间并没有延续到 2020 年，特在此作出说明，感谢读者朋友对我们的理解和大力支持。

银小冬

金旗奖组委会主席　17PR（公共关系网）创始人

目　录 | CONTENTS

2020 最具公众影响力内容营销大奖 / 309

2020 最具公众影响力营销实效大奖 / 347

2020 最具公众影响力娱乐营销大奖 / 381

2020 最具公众影响力数字营销大奖 / 391

2020 最具公众影响力
全场大奖

奥妙果蔬餐具净“6·18”电商营销活动

执行时间：2020 年 5 月 28 日—6 月 18 日

企业名称：联合利华

品牌名称：奥妙

代理公司：淳博（上海）文化传播股份有限公司（Genudite）

获奖类别：金旗奖——2020 最具公众影响力全场大奖

项目概述

奥妙一直作为洗衣液品牌为大家所熟知，2019 年开始进军洗洁精领域，在后疫情时代首个电商大促中，2020 年，其通过找到年轻人认知度高、产品场景契合的 IP（知识产权），成为洗洁精领域排名前三品牌，并首次在家居清洁品类中创造出热点话题。

项目调研

联合利华旗下品牌奥妙之前一直是洗衣液品牌，2019 年开始进军洗洁精领域，奥妙果蔬餐具净便是其中的主打产品。随着近几年洗护品核心用户年龄层的不断下移，用户群体的变化促使消费行为越来越电商化，电商平台也逐步成了品牌的主战场之一。如何快速提升奥妙在洗洁精领域的知名度，并吸引精致妈妈、新锐白领消费者线上购买，成功打造奥妙果蔬餐具净与竞品的差异化，是品牌一直在探索的课题。

2020 年在新冠疫情的冲击下，越来越多的年轻人尝试在家做饭，奥妙决定借助这个机会与年轻用户展开沟通，扩大产品在“80 后”“90 后”心目中的形象力及感知度，并结合电商大促的营销契机为产品获取美誉度及销量的双丰收。

项目策划

1. 目标

（1）在“80 后”“90 后”以精致妈妈及新锐白领为主的年轻受众中创造产品美誉度。

（2）结合新冠疫情后首个电商大促，在年轻群体中打造品牌及产品的差异化，同时提升购买欲望。

2. 挑战

品牌亟须与年轻用户展开沟通，但时常被年轻用户忽视的家居清洁品类，想要快速吸引精致妈妈及新锐白领人群的目光，存在一定的挑战。其主要原因包括以下两点。

（1）从整个家居清洁品类市场来看，年轻消费者对家居清洁品类的认知少之又少。

（2）与美妆、玩具等自带话题性的品类不同，家居清洁品类鲜有年轻人喜欢的品牌。

3. 传播策略

由于新冠疫情，年轻人“被迫”在家洗碗，在这个品类意识略微崛起的时刻，找到年轻人认知度高、态度年轻、产品场景契合度高的 IP，帮助品牌建立与年轻人的共鸣。

4. 创意亮点

（1）奥妙果蔬餐具净联合在年轻人群中高知名度的“海绵宝宝”卡通形象，组成史上最强家务“洗洁精 CP（人物配对）”合力解决当代青年家务难题，让年轻人曾经的“梗”成为现实，首次在家居清洁品类中创造出了属于年轻人的热点话题。

（2）结合年轻人热衷的盲盒经济，打造家居清洁品类首个盲盒类产品，创造年轻人购买体验的附加价值，打造家居清洁品类属于年轻人的话题。

项目执行

1. 执行策略

（1）从产品到传播，全链路贯穿 IP。

（2）共创内容，引发 TA（目标受众）共鸣，传递合作理念。

（3）产品萌趣革新，电商销量暴增。

奥妙 × 海绵宝宝联名限定果蔬餐具净活动海报 1

2. 项目进度

史上最强家务“洗洁精 CP”借助 6 步花式社交电商营销手法为产品拿下历史最佳战绩。

（1）盲盒经济，聚流量。借助年轻用户乐于为情感买单的新趋势，打造 7 款“扎心”瓶身，直击年轻人心灵，并将产品辐射各个社交平台，通过“出圈”抓取话题流量。

（2）高颜值，聚关注。完美复刻的“洗洁精 CP”，推出的海绵宝宝海绵擦，成功创造全网现象级爆款。

（3）萌趣创意物料，全网事件级曝光。借助用户热衷的病毒化传播内容释出“鬼畜”视频、创意长图文，结合年轻人热衷的社交平台、喜爱的意见领袖，成功使关注人群从二次元扩展到全网消费者。

奥妙 × 海绵宝宝联名限定
果蔬餐具净活动海报 2

奥妙 × 海绵宝宝联名限定
果蔬餐具净活动海报 3

（4）电商平台“粉圈”发力，引爆圈层。紧抓粉丝心理，精准设计四大“宠粉”福利，解锁应援在圈层中引发极大的关注度及购买力。

（5）电商资源成功置换。借助精准的跨界及网络爆款的声誉，成功为品牌获取电商站内最优资源，助力销售转化。

（6）聚焦产品，沉淀刚需。回归产品，创造用户留存，进一步向产品的刚需用户做留存沉淀。

3. 营销结果

（1）在“6·18”各大品牌纷纷争夺流量的情况下，“洗洁精 CP”在社交平台引发用户大量关注，# 海绵宝宝萌出泡，洗碗有奥妙 # 微博话题阅读量达

26,93 万次。

（2）IP 合作的多样化、紧扣 IP 的内容投放，获得全网消费者高度认可，产品深入人心，获取了大量大号带来的流量，与同期相比，奥妙果蔬餐具净在社交平台的声量远超预期，KPI（关键绩效指标）达成率高达 127%，传播效果达最大化，超越奥妙经典品类的关注度。

（3）“6·18”各大品牌纷纷争夺流量，在无明星参与、预算较少的情况下，奥妙果蔬餐具净 × 海绵宝宝 CP“萌趣出圈”。2020 年“6·18”电商节活动期间创下近千万元的销售额，相比较 2019 年“6·18”的 300 万元销售额同比增长 167%。同时也创下奥妙果蔬餐具净电商平台历史最优成绩，占比 10%，成为洗洁精领域前三品牌。

项目亮点

（1）成功借助新冠疫情下年轻人对家居清洁产品的关注，通过找到年轻人认知度高、态度年轻、产品场景契合度高的 IP，帮助品牌建立与年轻人的共鸣。

（2）通过跨界，完美复刻“洗洁精 CP”，让 Z 世代（网络世代）曾经的“梗”成为现实，首次在家居清洁品类中创造出了属于年轻人的热点话题。

（3）结合 Z 世代热衷的盲盒经济，打造家居清洁类首款盲盒类产品，创造年轻人购买体验的附加价值，创造家居清洁品类属于年轻人的话题。

（4）把握 IP 粉丝及产品 TA（目标受众）相交兴趣点，创意内容“病毒化”，为线上话题营销创造趣味话题，成功使关注人群从二次元扩展到全网消费者。

（5）借助优质创意内容为产品置换电商资源位，针对用户心理设计、精准投放福利，在有限的预算下创造了近千万元的销售额。

亲历者说 姜丹妮　淳博（上海）文化传播股份有限公司客户经理

通过本次针对奥妙果蔬餐具净发起的电商营销活动，我们希望让消费者在看到奥妙想到洗衣液的同时也能想到果蔬餐具净，借助后疫情时代年轻人被迫“下厨房”的痛点，进一步捕捉年轻人对于家居清洁产品的关注度。

基于目标，我们开始从两个方面进行考量，是请流量明星还是找 IP 合作？

考虑到现阶段产品声量太弱，选择代言人容易让大家只能记住人，而记不住产品。

可爱 IP 千千万，但我们只想 pick（选择）“海绵宝宝”。

最终的结果也让我们看到，创意为品牌带来的正向力量，借助与年轻人认知度高、态度年轻、产品场景契合度高的 IP，让奥妙果蔬餐具净在后疫情时代首个电商大促中创下同比增长 167% 的历史最优成绩，并首次在家居清洁品类中创造出属于年轻人的热点话题。

案例点评

点评专家：陈凯　汉诺睿雅董事长

随着信息碎片化越来越严重，数字营销不断进步，营销越来越追求实效，整合营销的时代正在成为过去，链路营销时代正在到来。2020 年奥妙果蔬餐具净“6·18”电商营销活动是链路营销的一次有益尝试与检验。

从明线上看，本案通过六个招式完成了这次营销推演，达到了预想的销售和营销效果。从暗线上看，则是 AIDMA 法则[①] 的推进与落地。首先，本案将海绵宝宝与果蔬餐具净两个看似不相关的元素做了重组，通过对旧元素的新组合，引起了海绵宝宝粉丝与年轻消费者的注意（Attention），并成功使关注人群从二次元扩展到全网消费者。此后在“鬼畜”视频、创意长图文等萌趣物料的助力下，海绵宝宝和派大星形象的

① A 为 Attention（注意），I 为 Interest（兴趣），D 为 Desire（消费欲望），M 为 Memory（记忆），A 为 Action（行动）。

海绵擦、“天选 CP”、角色扮演陆续“出圈”，让全网消费者兴趣（Interest）盎然。之后电商平台推出“宠粉”福利、盲盒 IP，社交平台流量“大 V”（拥有众多粉丝的微博意见领袖）发布粉丝福利、电商超链，进一步激发用户购物欲望（Desire），将流量据为己有。最后接力棒传递到“6 · 18”电商平台，奥妙凭借自己创新的 IP 联合包装、优惠价格及优势资源位等，最终达成记忆（Memory）和行动（Action）的目标。

第二届腾讯青少年科学小会

执行时间： 2020 年 1 月 12 日

企业名称： 腾讯科技（深圳）有限公司

品牌名称： 腾讯

代理公司： 和智传信品牌管理顾问（北京）有限责任公司

获奖类别： 金旗奖——2020 最具公众影响力全场大奖

项目概述

第二届腾讯青少年科学小会于 2020 年 1 月 12 日在清华大学新清华学堂举行。来自全球的 8 位知名科学家与科普学者同青少年面对面。活动上发布了年度《青少年科学看点榜单》，“天文学”成为最受中国青少年关注的科学领域。

第二届腾讯青少年科学小会宣传海报

项目调研

腾讯青少年科学小会由腾讯科技（深圳）有限公司主办、清华大学合办、中国科学技术协会指导，是一年一度面向全国青少年的科学盛典。腾讯青少年科学小会与权威科学杂志《科学》（*Science*）合作定制《青少年科学看点榜单》，并邀请全球知名科学家对年度科学事件进行权威、有趣的专业解读，激发中国青少年对科学话题的关注，引导青少年以科学家为新偶像、以科学探索为新时尚，葆有“世界一定有答案”的探索精神。

第二届腾讯青少年科学小会在清华大学新清华学堂举办，腾讯将带领青少年前往中国顶尖学府——清华大学，对话国际科学、科普“大牛”，深入四大基础科学领域，探秘 120 万人选出的年度青少年科学看点，独家放映年度科学事件大视频，了解新潮的科学知识。

项目策划

借助腾讯自身强大的平台优势和海量的用户群体，调动 QQ、微信等平台的青少年用户，腾讯青少年科学小会将获得一线优质的渠道资源，实现超过 20 亿次的曝光量。同时，我们也将精准洞察青少年科普的核心痛点，联合内容大咖与利用腾讯 QQ、微信等产品，打造精品传播内容，科普视频目标播放数超 5000 万次。活动当天，我们将联合腾讯旗下众多直播平台，对第二届腾讯青少年科学小会进行全程直播，直播目标人数 1000 万人。

第二届腾讯青少年科学小会以全新的大咖嘉宾和权威科学内容以及创新的活动形式，打造属于年轻人的科学潮流年度发布会。腾讯开始探索全国巡回的模式并以创新的形式进行第二届腾讯青少年科学小会策划。无论是线下参与、观看线上直播还是观看电视节目转播，其都是家长和孩子不容错过的趣味科学盛典。

自 2019 年 9 月起，腾讯发起中国青少年科学看点榜单兴趣大调查，截至 2019 年 11 月底选出最受欢迎的 10 大兴趣话题后，将联合权威科学机构，制作年度《青少年科学看点榜单》，并于第二届腾讯青少年科学小会发布。除了线上投票，我们还会将科学兴趣投票带入乡镇小学，倾听更多孩子的声音。

8 位全球顶尖科学大咖同台，首次上演趣味科学脱口秀。科学家们将现场发起科学大竞猜，通关成功的家长和孩子可获得科学全家桶。

第二届腾讯青少年科学小会活动现场 1

项目执行

第二届腾讯青少年科学小会于 2020 年 1 月 12 日在清华大学落幕，3 小时的沉浸式科学演说秀背后，是 3000 个小时的努力。无论是嘉宾还是会务人员，都在为这份纯粹的初衷而坚守。

与第一届腾讯青少年科学小会视频的纪录片风格不同，第二届腾讯青少年科学小会上的 10 只榜单视频风格各异：美的、有趣的、感人的、意味深长的，每个看点公布时都会带给观众全新的视觉体验。腾讯青少年科学小会不是在给孩子们“上课”或是单纯做演讲，而是力求打造剧场式沉浸演说秀，仿佛电影颁奖典礼一样，每个科学领域和年度看点的揭秘都会由类型迥异的一段影片引出。而精致的舞美背后，是会务人员的无数次挑灯夜战。

创意组为每只视频都准备了 2~3 个脚本备选，每个样片都会采用新的叙述方式反复打磨，还事先找来导演、监制的孩子们测试影片的可看度，一直到正式彩排前两天仍在熬夜做细节的修改，只为呈现出最佳效果。

从短视频平台上的大量趣味科普短片中汲取灵感，但不止于趣味性，腾讯青少年科学小会追求的是趣味性与专业性的平衡，除了借用节奏、配音、画面上的巧思使枯燥的科学知识变得鲜活起来，每一个短片里包含的数据、知识点也都会请科学家进行严格把关，以保证传达给孩子们正确的知识。

项目评估

8 位科学家在新清华学堂为青少年系统盘点了天文学、数学、物理学、生命科学和化学等领域的年度科学成果。演讲的科学家，也成了孩子眼中的大明星。

腾讯青少年科学小会是专为孩子量身打造的一场科普盛会。“不是每一个热爱科学的人都要成长为科学家，但种下科学的种子，未来可以开出万千朵美丽的花”，腾讯集团副总裁程武说。曾任清华大学副校长的薛其坤讲述了科学和国家发展、人类命运之间存在的密切联系。2050 年，我国将建成社会主义现代化强国。他期待更多孩子，通过腾讯青少年科学小会，保持对知识的渴望、对探索的兴趣，培养科学精神，愿意讲科学、爱科学和学科学。年过八旬的中国科学院院士欧阳自远，分享了中国探月工程从起步到成功实现月球背面登陆的艰辛历程。

项目亮点

（1）由 120 万青少年票选 *Science* 期刊全球编辑联手打造的科学看点榜单。为了解中国青少年最关心的科学问题，腾讯连续两年联手国际顶尖科学期刊 *Science*，发起由 120 万青少年参与的科学兴趣大调查，推出全球唯一一个面向青少年的科学看点榜单，并在清华大学活动现场首发。

（2）走进清华重点实验室 1V1（1 对 1）挑战科学家。第二届腾讯青少年科学小会开始前，项目团队将带领一队好奇少年，在清华园开启科学探索活动：不仅可以 1V1 挑战 8 位顶尖科学大咖，面对面发问，还将走进清华大学实验室，

在导师的带领下，零距离直击科学前沿。

（3）8 位全球顶尖科学大咖首次同台，上演趣味科学脱口秀。8 位全球顶尖科学家、科普学者与青少年面对面，解读了黑洞、探月工程、冷冻电镜、量子物理等前沿科学突破背后的奥秘。

第二届腾讯青少年科学小会活动现场 2

亲历者说　吴洪涛　和智传信品牌管理顾问（北京）有限责任公司项目总负责人

本届腾讯青少年科学小会 3 小时的沉浸式科学演说秀背后，是 3000 个小时的努力。无论是嘉宾还是会务人员，都在为这份纯粹的初衷而坚守。

舞美设计上，五颗悬浮的星球变幻着光影，打造出与舞台光不同的层次，而右侧巨大的 3 米直径大球会配合主屏幕连接 4 个转场画面，搭配上运动式镜头，让观众在沉浸式音乐中被带入四大科学领域的情境。压轴的欧阳自远院士的出场背景还有特别的巧思，他所站的位置投射象征地球的淡蓝色光芒，背后则是月球，象征中国探月之梦始于足下。

本届腾讯青少年科学小会的一切独特设计离不开所有人日夜兼程的努力。

好奇心的意义，在于追问更多可能，在于跨越想象边界，在于勇敢探索未知。而我们愿和青少年一起，寻找世界的答案。

案例点评

点评专家：常濯非　派合传播董事兼总裁

此项目具有非常强的社会意义和实践意义。青少年代表着未来，科技引领未来，一个企业能够以广大青少年为主要受众，调动如此庞大的资源和豪华的科学家阵容来组织这场活动，本身就是将自身品牌与未来牢牢地绑定在一起，同时将新中国对于青少年群体“从小爱科学，从小学科学”这一光荣教育理念付诸实践。

如果将此项目归为企业社会责任类案例，则很好地传达了企业的远景和企业品牌的价值观。公关公司在这类项目中就是要通过活动、视频、传播组合等方式将项目所产生的社会影响力巧妙地与企业的愿景和价值主张结合在一起，且使这种效应得以长效传播，甚至对未来产生影响。

此项目在线上引发了近 120 万青少年的关注和参与，本身就是一次成功，再加上活动后期的传播，除了报道，活动本身还巧妙地引用了企业 CEO（首席执行官）作为人大代表所提的“科学教育”的主张，这与项目本身就是一次非常成功的传播组合。

2020 南京玛雅海滩水公园开园

执行时间：2020 年 5 月 1 日—8 月 31 日

企业名称：南京华侨城实业发展有限公司欢乐谷旅游分公司

品牌名称：南京玛雅海滩

代理公司：上海哲基数字科技有限公司

获奖类别：金旗奖—— 2020 最具公众影响力全场大奖

项目概述

上海哲基数字科技有限公司围绕南京玛雅海滩水公园开园进行品牌公关数字营销活动方案制订并执行，用极具创意的营销方式，进行传播活动方案策划，制造事件爆点，引导南京市民产生强烈的游玩想法，打造夏日狂欢玩水圣地。

项目调研

1. 项目背景

第一，宏观背景。

畅通国内国际双循环，激发市场主体活力。当前，我国经济正处在转变发展方式、优化经济结构、转换增长动力的攻关期。

文旅行业是 2020 年受新冠疫情冲击极严重的行业之一。但是当前，在常态化疫情防控的前提下，生产生活加快恢复，文旅市场加速复苏的积极信号正逐步释出。

第二，内部体系。

欢乐谷是中国文旅领军企业华侨城集团有限公司旗下创新型文旅产业发展品牌。作为开创中国参与体验型主题公园的领导品牌，欢乐谷此次落地南京，将迭代创新产品，更新欢乐谷体系，完善“东西南北中”的全国战略布局。

2. 可行性研究

第一，市场分析。

江苏省是我国七大重点旅游省份之一，也是我国经济、文化、科技和对外开放极发达的省份之一。旅游业是南京市的支柱性产业。2019 年，南京市文旅系统紧紧围绕“创新名城　美丽古都”建设大局，以推动文旅深入融合发展为中心，开启文旅融合发展新局面。旅游市场整体发展潜力巨大。

第二，竞品分析。

目前，南京市及周边较高人气的主题公园大多居于南京市外，占地面积中等偏小。南京市中大规模的水公园，目前只有南京欢乐水魔方和南京珍珠泉水世界两座，且开业均超过 6 年，设备相对老旧且类型单一，未能完全满足南京及周边市民的出游需求。南京玛雅海滩水公园的开业，为南京市民献上最新一代文化旅游休闲产品，满足了市民的需求。

项目策划

1. 目标

占位南京“最重量级水上公园”，建立及强化南京玛雅海滩水公园作为“崭新的超级水上公园”的品牌印象；打造人无我有的品牌记忆点，强调南京玛雅海滩水公园为消费者提供的新内容、新设备、新体验；让南京欢乐谷、南京玛雅海滩水公园与南京、南京人民之间建立起牢固的情感连接。

2. 整体策略

（1）以品牌视角审视南京玛雅海滩水公园，建立消费者对品牌的情感认知，代入消费者角色，转换南京人民的立场，侧面讲述品牌利好，找到“讨好”南京及南京人民的“梗”。

（2）南京玛雅海滩水公园可依靠欢乐谷品牌的强大影响力与带动效应，建

立消费者对新园的信任。借势热门 IP 小黄鸭，狙击年轻人与亲子家庭的喜好，形成引流，并助力自有 IP“欢乐大蓝鲸”的孵化。联动众多异业品牌，借助各品牌的渠道资源，传递开园信息。

（3）以一个统一的传播主题贯穿始终，串联各个传播节点，分阶段层层递进，形成完整且节奏紧凑的传播主线。

3. 受众

（1）地域属性。南京玛雅海滩水公园的目标受众主要为南京市民及周边地区市民，将填补本地大型新型、水公园的空缺，成为南京及周边地区市民的度假首选地。

（2）人群属性。南京玛雅海滩水公园的核心目标受众为爱玩会玩的年轻一代及注重陪伴的亲子家庭。年轻消费者喜欢追求新鲜事物，追求热情释放，偏爱“燃”的现场娱乐，有较强烈的社交需求；亲子家庭在主题公园的消费上往往以孩子的需求为中心，关注孩子在游玩中获得的欢乐体验及成长。

4. 内容创意

南京玛雅海滩水公园具有以下特点：江苏省全境水公园水上游乐设备最全、最多、最先进；造浪池最大；夜景最美；舞美演绎最震撼；沉浸体验感最强；采用华东首家恒温水系统；等等。

（1）传播关键词：“盛夏”“南京有新欢”“欢乐大蓝鲸”。南京玛雅海滩水公园开业以盛夏为主战期，“新欢”意指新的欢乐谷，也指南京城全新的超级水上公园，南京市民获得新的欢乐。“欢乐大蓝鲸”是南京玛雅海滩着力打造的自有 IP，谐音南京，是品牌与南京及南京人民沟通的重要抓手。

（2）创意传播主题：全城热____，夏日新欢。“热”与盛夏契合，是南京玛雅海滩的主战期，也是全南京城对南京欢乐谷的热情渴盼。以此传播主题贯穿全程，作为行动纲领，将南京玛雅海滩水公园打造为全城的“夏日新欢”。

（3）创意营销活动。围绕传播主题规划 9 大活动，全城热议、热萌、热搜、热享……为南京人民打造全方位的夏日狂欢之旅。

5. 媒介策略

（1）主流媒体权威背书：通过光明网等官方媒体，新旅界等行业媒体，以及《南京晨报》、新华报业网、栖霞视点等区域核心媒体，以高站位传播南京玛雅海滩水公园开园信息。

（2）新媒体收割流量：官方自媒体以微博、微信为传播主阵地，发布品牌及产品、活动信息，进行粉丝沟通互动。小红书、大众点评、抖音等平台为口碑输出阵地，邀请大量 KOL（关键意见领袖），开园前、开园后分阶段输出内容。

项目执行

分阶段传播层层递进，用系列创意营销为开园造势并拉长开园热度，将南京玛雅海滩打造为全城话题和热门打卡地。

1. 预热期：建立口碑，积攒热度与期待

（1）全城热搜，夏日新欢——全城通告南京玛雅海滩水公园建成。

2020 年 5 月 16 日，南京玛雅海滩水公园以一组创意“放水”海报，展示南京城被水淹没的夸张场景，宣布全面建成并首次放水。

在微博、微信公众号、网络媒体上多渠道传播，为南京玛雅海滩水公园造势发声，强势宣告南京玛雅海滩水公园的入驻，给南京城带来清凉一夏的夏日体验。活动整体曝光量达近 540 万次。

（2）全城热潮，夏日新欢——超级玩家招募。

2020 年 5 月 20 日，由南京欢乐谷首先发起超级玩家招募计划，以名人来南京玛雅海滩水公园玩的概念展开创意海报，吸引关注。分阶段邀微博、微信、抖音、大众点评、小红书五大平台超过 60 位 KOL 提前体验南京玛雅海滩水公园，输出品牌信息。

（3）全城热萌，夏日新欢——小黄鸭跨界营销。

开展 IP 战略合作，借小黄鸭热度，以“早鸟”与“鸭”的趣味谬写，开启线上品牌互动营销，推出早鸟票（提前购买且带有很大的优惠性质的票）及会员系统，并上线大蓝鲸表情包。

结合六一儿童节，进行特殊节点营销，以小黄鸭与南京玛雅海滩水公园欢乐大蓝鲸的趣味互动，向南京全城发出软萌可爱的邀请，展示特色设备，预告南京玛雅海滩水公园的开园，活动整体曝光量达近 730 万次，并导流至会员系统购买早鸟票。

（4）全城热玩，夏日新欢——“大肚皮”拖鞋派对。

逆向操作破局夏日营销，2020 年 6 月 8 日，以“搞大开心，搞大夏天”为主题，线上发布品牌 TVC（电视广告影片），将镜头对准“大肚皮”形象，展现夏天并不是俊男靓女的专属，每个人都拥有享受夏天的权利。以“大肚皮”人群为定向突破口，扩散至更多目标人群，最终触达全民。视频在微博、微信公众号等多平台分发，整体播放量达 1380 多万次，活动整体曝光量达近 1400 万次。

（5）全城热拍，夏日新欢——创意地铁包车。

创意地铁包车，打造三种欢乐谷主题车厢，以鲜明独特的画风和概念吸引公众，以互动式的画面引导游客拍照打卡，将其塑造为夏日最火热的网红打卡地。

创意地铁包车

通过创意地铁包车，提前一个多月在地铁上投放开园预告，以“玛雅海滩盛大开放”的话术释放开园信息，以地铁的自然人流量带动信息的传播。

2. 爆发期：大声量，强口碑，高转化

（1）全城热享，夏日新欢——异业品牌联动。

6 月29 日，联动南京联通、咪咕音乐、苏宁易购、哈啰出行、罗森、自如、胡桃里、RE 调香室和花加九大品牌，在南京玛雅海滩水公园开业前夕发布创意联动海报，利用各品牌官方自媒体、App（应用程序）、线下渠道等渠道资源实现南京玛雅海滩水公园品牌露出，提高曝光度，广泛传播开园信息，营造全城狂欢共庆的氛围。

异业品牌联动海报

（2）全城热议，夏日新欢——南京玛雅海滩水公园开园仪式。

7 月 1 日，南京玛雅海滩水公园以“助力四新，欢乐同行”为主题，在园区加勒比海滩举行试营业启动仪式，并于 7 月 2 日起对游客开放。

中共南京市栖霞区委书记、南京经济技术开发区党工委书记黎辉，南京经济技术开发区管委会主任、南京经济技术开发区党工委副书记沈吉鸿，深圳华侨城股份有限公司副总裁、华侨城华东投资有限公司总经理袁静平等领导出席本次试营业启动仪式。《中国旅游报》、新华网、人民网等一百余家主流媒体参与本次活动的报道。

同时，从事记者、老师、导游等各个职业的 8 位南京市民代表来到现场，作为城市“欢乐同行人”一同参与点亮仪式，共同见证南京玛雅海滩水公园这一全新一代水上乐园的亮相。

3. 延续期：主推蓝鲸音乐节，借助明星热度带动活动曝光

（1）全城热浪，夏日新欢——蓝鲸音乐节。

蓝鲸音乐节以新生代艺人孟美岐、小鬼王琳凯等流量明星阵容引爆热点，带动公众关注及参与。以橘子海、大波浪、闪星等人气实力乐队打造顶级音乐盛宴。

8 月 1 日，小鬼王琳凯通过蓝鲸音乐节酷炫十足的表演，吸引近 2 万游客入园，现场火力全开，引发万人大合唱，盛况空前。当天，微博话题 # 小鬼舞台 # 冲上热搜榜，累计阅读量 3.6 亿次，借助明星流量提高蓝鲸音乐节及南京玛雅海滩水公园的曝光度。

蓝鲸音乐节海报

蓝鲸音乐节现场

（2）全城热创，夏日新欢——大冰块艺术项目。

2020 年 7 月 18 日—19 日，南京玛雅海滩水公园与策展机构 RS_PROJECTS 联合发起艺术项目大冰块。南京段的长江水，被制成 30 吨大冰块，历经 80 趟运输，落地南京玛雅海滩，邀请艺术家与公众一起完成冰雕作品，举办限时户外展览，在宣传环保理念的同时，强化南京玛雅海滩水公园为市民带来夏日冰凉体验的品牌印象，活动整体曝光量达近 100 万次。

项目评估

1. 效果综述

南京玛雅海滩水公园开园品牌公关数字营销项目整体曝光量高达 5.6 亿多次。南京玛雅海滩水公园通过分阶段、多渠道、全方位的一系列传播，将开园信息广而告之，传递品牌理念，建立与南京市民的情感连接。

2. 现场效果

6 月 14 日，“大肚皮”拖鞋派对落地南京市中心，以一场深度互动式体验活动，吸引近 500 位参与者。现场的布置、氛围的打造让每一位参与者沉浸在夏日海滩之中，共同感受音乐、艺术与纯粹的欢乐。

7 月 1 日，南京玛雅海滩水公园试营业启动仪式盛大举办，首批游客来到南京玛雅海滩，见证欢乐开启的精彩瞬间，水公园的丰富设施和全新游玩体验也得到了游客们的一致好评。

7 月 1 日至 8 月 31 日，为期两个月的城市级音乐盛会——蓝鲸音乐节以流量明星、人气乐队、顶尖 DJ（音响师）的搭配组合，满足不同年轻客群的需求，几乎每个夜晚都引发全民狂欢的浪潮。

3. 受众反应

南京玛雅海滩水公园在 7 月正式开园以前已引发大量关注，积攒公众热情期待。微博及微信评论区中，大量粉丝留言表示期待开园。自 7 月 1 日开业，南京玛雅海滩水公园一直保持高人气与高口碑，在大众点评、美团、小红书等平台上获得众多好评及景区攻略介绍。

4. 市场反应

在景区限流 50% 的情况下，南京玛雅海滩水公园 7 月至 8 月营业期间，入园人数共计 40 万人，客流较往年同期其他水公园高约 15%，在疫后文旅市场取得亮眼成绩。在大众点评、小红书等口碑平台，消费者针对园区设备游玩体验及丰富活动给出大量好评。

5. 媒体统计

南京玛雅海滩水公园开园品牌公关数字营销活动共露出 156 家媒体，文章 / 视频 194 篇 / 条，包括微信公众号 31 篇，微博 67 篇，大众点评 21 篇，小红书 30 篇，网络通稿 38 篇，抖音视频 8 条，bilibili（哔哩哔哩，简称 B 站）视频 1 条。总浏览量达 6400 万多次。

共创建 14 个微博话题，话题曝光超 5.4 亿次，话题互动超 68 万次。

（1）首次南京玛雅海滩官宣放水，近 540 万次曝光。

（2）超级玩家招募计划，近 1600 万次曝光。

（3）联合小黄鸭跨界营销，近 730 万次曝光。

（4）大肚皮拖鞋派对，近 1400 万次曝光。

（5）地铁创意包车，近 500 万次曝光。

（6）南京玛雅海滩水公园开园，近 1566 万次曝光。

（7）蓝鲸音乐节，近 5 亿次曝光。

（8）大冰块艺术项目，近 100 万次曝光。

项目亮点

本次传播项目不仅是一次针对南京玛雅海滩水公园开园的品牌传播，更是一次欢乐谷品牌体系传播革新的大胆尝试。

（1）提取品牌记忆点，营造视觉和观念上的双重冲击。通过分阶段的线上线下传播，传递品牌价值理念，与消费者形成情感共鸣。相较于欢乐谷品牌传统设计风格，本次传播大胆探索，将品牌信息创意转化为视觉语言，增强消费者的品牌记忆点。

（2）利用粉丝经济造节，打造城市级音乐盛会。蓝鲸音乐节邀请流量明星孟美岐、小鬼王琳凯，乐队闪星、大波浪、橘子海，以及顶尖 DJ，通过艺人流量带动粉丝关注及参与，带来为期两个月的狂欢浪潮。

（3）孵化蓝鲸 IP，创新欢乐谷 IP 体系。借势热门 IP 小黄鸭，以官微互动的形式提高自有 IP 欢乐大蓝鲸的曝光度，将 IP 人格化，营造亲近感，吸引亲子家庭消费客群。通过长达两个月的蓝鲸音乐节，引发全城狂欢，以强大明星阵容和恢宏视听效果吸引广泛年轻消费客群，孵化蓝鲸 IP。

（4）全渠道、多形式建立并强化品牌口碑。以“双微”为主导平台，同时利用抖音、大众点评、小红书等多平台，持续输出优质短视频，展现南京玛雅海滩水公园带来的欢乐体验，传递品牌价值理念，全方位铺排声量，为开园造势并建立口碑。

亲历者说 李凯　南京华侨城实业发展有限公司欢乐谷旅游分公司市场部总监

2020 年对文旅行业、对华侨城、对欢乐谷品牌、对南京华侨城实业发展有限公司欢乐谷旅游分公司而言，有着极为特殊的意义，这不仅是因为一座新园的开业，更是因为我们为国人奉献了一个高质量文旅胜地。因此，在 2020 华侨城文化旅游节“美好如期，欢乐同行”的主旨与行动理念下，南京玛雅海滩水公园于暑期盛大开业。

“繁华都市开心地”不仅是欢乐谷的品牌定位，也是我们的行动纲领，通过创新的策划、内容、活动与运营，不仅在线上创造了多个热点话题与事件，更打造了一场属于南京这座城市的“蓝鲸音乐节”，与游客玩在一起、乐在一起，充分满足了南京及周边城市人员对一座超级主题公园的期待。

借助南京欢乐谷玛雅海滩水公园开业，在满足受众期待、激活市场的基础上，提高南京欢乐谷的品牌记忆点，为欢乐谷品牌注入了全新的理念，丰富了欢乐谷品牌内涵。我们将继续以“创造、传递、分享欢乐”为使命，在未来即将开业的南京欢乐谷陆公园的跨界对话中，持续保持活力与创新。

案例点评

点评专家：樊传果　江苏师范大学传媒与影视学院教授、研究生导师；江苏师范大学文化创意产业研究院院长，广告研究所所长

这是一个比较成功的品牌整合传播策划案例，也是一个典型的品牌公关数字营销创意案例，在传播策略策划、内容创意设计、传播节奏管理等方面做得都比较好。

为完成 2020 年南京玛雅海滩水公园开园传播策划，上海哲基数字科技有限公司前期做了比较扎实的市场调研，在此基础上对开园传播目标和品牌定位做了比较精准的设定。围绕该传播目标和品牌定位，比较系统、准确地拟订了项目整合传播策略和公关数字营销活动方案，找到"讨好"、吸引目标消费者的一系列"梗"，策划了不同阶段的创意传播主题与传播内容，围绕"全城热搜""全城热潮""全城热萌""全城热玩""全城热拍""全城热享""全城热议""全城热浪""全城热创"，层层递进，创设了一系列阶段性热点话题及创意营销事件，将线上传播与线下活动紧密结合，不断进行开园造势，营造开园热度，使开园"一炮打响""一炮走红"，将南京玛雅海滩打造为全城话题和热门打卡地。尤其是巧妙借用热门 IP 小黄鸭助力自有 IP"欢乐大蓝鲸"的孵化，打造了品牌记忆点；以"双微"为主导平台，同时发力抖音、大众点评、小红书等多平台，持续性输出优质短视频，强化体验式传播和二次传播等，成为该案例的创意亮点。

远东跨界创新品牌营销

执行时间：2019 年 3 月—2020 年 10 月

企业名称：远东控股集团有限公司

品牌名称：远东

代理公司：远东控股集团有限公司品牌文化部

获奖类别：金旗奖——2020 最具公众影响力全场大奖

项目概述

立足消费升级与受众变迁，远东在占据 B 端（企业端）市场的同时，全面布局 C 端（客户端）市场，将消费品塑造模式与工业品牌相融合。2019 年 11 月 8 日—11 日，一场以跨界营销、品牌创新推广为目的的沉浸体验式创意活动拉开帷幕。借势“双十一”，活动以“远东‘双十一’全球狂欢节”为口号，线下线上联动，通过行业 KOL、顶流网红引爆粉丝效应，吸引海内外受众、媒体的关注与热议，扩大品牌传播声量、销售额同步提升，拉开了远东大举进军 C 端市场的大幕。

项目调研

高质量发展对品牌建设提出更高要求，作为制造业的典型代表，远东率先觉醒，以品牌创新战略推动企业高质量发展。

行业竞争与产品同质化带来发展瓶颈，远东如何保持领先优势，拉开与竞品品牌的差距，是重要课题。

消费升级与受众变迁催生品牌营销变革，如何重构以消费者为中心的新型营销模式是当下品牌需要探究的重点课题。

消费者在家装电线选择上面临诸多痛点，目前家装电线市场亟须寿命更长、更环保节能的产品。

当下进入了无比考验品牌综合能力的超级营销时代。身处海量信息的包围中，以创新内生动力，用品牌的力量推动企业高质量发展，势在必行！

项目策划

1. 目标

直接目标：助力经营，提升销量。

首要目标：打造爆款，升级品牌塑造模式。

重要目标：吸引粉丝，扩大品牌知名度。

根本目标：重塑形象，开拓品牌创新营销方式。

2. 整体策略

（1）重新定位夯实基础。对市场、受众、品牌、内容、策略、传播进行重新定位。

（2）流行趋势激发创意。理性概念感性打通，升级产品内涵，打造远东“双十一”全球狂欢节。

远东 × 来伊份跨界营销海报

（3）跨界融合引爆现场。与来伊份线下跨界融合，拉近与受众的距离。与16家品牌“蓝V”（经新浪微博官方实名认证的企业、机构等非个人用户）、微博达人线上跨界互动，引发讨论。与KOL跨界融合，借助粉丝效应吸引不同圈层关注。

3. 受众

线缆行业从业者、经销商、B端客户、行业KOL等专业受众；粉丝、跨界群体、C端客户等年轻受众。

4. 媒介策略

（1）差异化内容。利用消费品推广方式，以差异化内容直达核心受众。

（2）矩阵式扩散。前期形成社会化媒体营销，后期通过高铁与信息流广告实现精准传播。

（3）链路式营销。在自媒体平台为线上销售平台引流。

（4）全球化传播。在海外社交平台直播，在Facebook（脸谱网）打造VR（虚拟现实）交互场景。

（5）递进式引导。前期预热：2019年10月3日—11月8日，专题传播，设置悬念。中期引爆：2019年11月9日—30日，发布原创稿件、创意海报，引爆全网。后期持续引爆：2019年12月1日—2020年10月，挖掘研发故事，抢占家装电线市场。

项目执行

1. 背景调研：2019年3月25日—4月25日

为持续提升行业及用户对远东产品及品牌的认知度，启动远东家装电线产品营销推广方案，调研小组以上市公司领导、生产研发人员、营销经理为对象，采访50余人次，为落地实施提供信息支持。

2. 创意策划：2019年5月20日—9月10日

品牌文化部充分调动资源，广泛发动力量，通过多场头脑风暴，选定了借势天猫“双十一”、以品牌跨界为主、以整合营销扩大声量的创意营销推广方案。

3. 精准传播：2019 年 9 月 15 日—11 月 30 日

方案执行期分为前期、中期、后期，以不同的线上线下活动，引发受众关注与参与。同时，以精准有效的传播策略持续引爆话题。

4. 方案执行：2019 年 11 月 1 日—30 日

以创意快闪店为着力点，开展沉浸体验式互动营销推广活动。与来伊份品牌跨界，赋予品牌新个性；与行业 KOL、顶流网红跨界联合，提前布局未来圈层；直播带货，引发大众对传统线缆行业的积极讨论，打开工业品零售新模式，收割流量与成交额。

期间邀请客户与专家现场体验活动，深入感知产品与品牌，营销经理现场解答咨询。

5. 全面推广：2019 年 12 月—2020 年 10 月

围绕市场需求，全平台、多形式展开远东家装电线产品营销与品牌推广，通过高铁广告、信息流精准推送、自媒体平台传播，拓展受众范围，强化受众心智，占领细分市场。

项目评估

1. 建立品牌联想

建立品牌联想，突破原有营销形式与推广手段的限制，助力销售增长，提高传播声量，吸引粉丝关注，引领创新潮流。

2. 助力经营提升

通过升级产品内涵、重塑品牌形象，引发受众认同，实现销售转化。活动期间网店访问量同比提升 35.6%，销售额同比提升 7%，远东由此全面布局家装市场。

3. 打造爆款活动

通过社会化媒体平台精准传播，联合行业 KOL、顶流网红，吸引网易、第一财经等百余家媒体的报道，引爆期总传播量达 1.11 亿次。活动成为行业爆款，也是远东面向 C 端用户的重要布局。

4. 促进粉丝增长

活动引爆期自媒体平台粉丝增长近 11 万，增长率达 44.76%；微博粉丝增长数量最多，同比增长 291%；海外自媒体平台增长 11.75%。

5. 实现情感触达

赋予远东品牌全新基因，打造差异化品牌形象，布局青年圈层。同时，全面升级产品、品牌、活动内涵，通过深度沟通与情感连接，拉近与受众的距离，激发情感共鸣，建立品牌信任。

6. 创新跨界融合

通过跨界融合，提升用户体验，吸引潜在用户；增加活动话题性，增强品牌记忆点，提高品牌、产品的曝光量及知名度；吸引粉丝关注，提高粉丝忠诚度；传递品牌主张，塑造有亲和力的品牌形象。

项目亮点

1. 创意沉浸体验式场景

紧抓消费热点，展开线下体验活动；紧扣体验为王，融合线缆元素，打造线下快闪店；结合创意活动，带领消费者感知远东品牌主张。

远东跨界创新品牌营销活动线下快闪店

2. 创新活动体验形式

（1）跨界融合。与来伊份跨界联合，吸引不同圈层受众注意。借助跨界融合，塑造远东创新、亲和的品牌形象，触达跨界人群。

（2）KOL 背书。联合行业 KOL，针对垂直领域，从专业角度进行营销传播。

（3）网红带货。邀请优质网红直播带货，与 C 端用户互动，积聚私域流量。

（4）线缆艺术。电线工艺品展览展现线缆艺术，现场教学提升参与度与体验感，率先抢占新生代心智。

远东跨界创新品牌营销活动中展示的电线工艺品

3. 突破工业品牌传播方式

将情感元素融入内容，以多样形式实现信息一次采集多次生产，打破受众对工业品品牌的传统认知。

亲历者说 张笛　远东控股集团有限公司品牌总监

无论何种营销时代，创意都是永恒不倒的大旗，更是品牌生命力的重要组成部分。在远东跨界创新品牌营销活动中，远东品牌团队始终高擎创新大旗，不断探索，勇于颠覆，无数次将方案推倒重来，在观点碰撞中激发更多创意，在思想交锋中闪现更多灵感，最终推出最佳方案；无数次联动内外部资源，无数次碰壁、受挫，却又无数次坚定目标再出发。所有的坚守，所有的努力，只为探寻“品效合一”。项目背后是团队成员的努力与付出，更是坚决的执行力与坚强的意志力。

我们是一个平均年龄为 28 岁的年轻团队，我们是一个脚踏实地、追逐远方的梦之队，我们始终聚焦经营提升、战略布局在前。我们的征途是星辰大海，在不断探索与实践中走出一张新地图，发现更多新大陆。

案例点评

点评专家：张雷　浙江工业大学人文学院教授，浙江省公共关系协会名誉副会长、高级顾问

本项目通过调研，准确地把握了项目实施的背景和面临的问题，目标清晰，层次分明。首要目标、重要目标和根本目标的设定，兼顾了企业形象的巩固、品牌形象的提升和近期的市场营销效果，同时整合了项目利益相关方的不同利益，体现了公关合作共赢的原则，为跨界合作提供了广泛的可能性。

在策略上，项目抓住了契机，与深圳特区建设四十年成就的宣传报道相结合，成功将企业话题融入公共的社会话题，体现了宏观的公关意识和对特定时间段社会提供的潜在的公关传播资源的挖掘和利用能力。受众的差异以及传播渠道的多元化，充分体现了活动的跨界特点。而体验场景的设计，将不可见变为可见，有利于在受众心中形成深刻的印象，巧妙地解决了产品性质决定的传播的难题。本项目突破工业品牌的传统传播方式，将产品信息、研发故事、购买渠道等内容进行软化，融入更多情感元素，在科学规划后进行艺术性呈现，吸引了更多年轻人的参与，不仅大大拓展了受众的范围，也打破了消费者对工业品品牌的传统认知，这种创意值得充分肯定。更为重要的是，这次活动无论是传播目标还是市场销售目标，都在总体上超过了预期，而且为下一步的企业新布局提供了重要的公共关系基础。

李锦记希望厨师项目①

执行时间：2011 年至今

企业名称：李锦记酱料集团

品牌名称：李锦记

代理公司：无

获奖类别：金旗奖—— 2020 最具公众影响力全场大奖

项目概述

李锦记希望厨师项目是一个由李锦记创办，集聚各方力量，资助有志青年免费学厨圆梦、为中餐业培养人才的公益计划。2011 年至今，每年从全国招募有志从事中餐烹饪的青年，全额资助其入读国家正规职业高中中餐烹饪专业。

项目调研

从企业自身来讲，“思利及人”是企业的核心价值观，“发扬中华优秀饮食文化”是企业肩负的使命，李锦记希望利用行业内的优势资源，为中餐业发展出力，推动中餐业的发展。

从餐饮行业发展趋势来看，随着人们对饮食越来越重视，厨师的需求量越来越大，中餐业的发展急需人才。

① 本文中所涉及的照片，李锦记酱料集团均已得到被拍摄者的使用许可。

从社会环境来看，有些偏远地区的孩子初中毕业后便辍学，由于没有一技之长，只能从事技术含量很低的工作。

从国家政策上说，职业教育是国民教育体系和人力资源开发的重要组成部分，是广大青年打开通往成功成才大门的重要途径。

基于这些，李锦记设立希望厨师项目，通过“授人以渔”的方式，整合企业优势资源，助力有志青年学习厨艺。

李锦记酱料集团主席李惠中先生与希望厨师在一起

项目策划

1. 目标

李锦记希望厨师项目有以下四个希望。

一是托起个人的希望：掌握一技之长，获得就业机会，改写命运。

二是托起家庭的希望：带领家庭致富。

三是托起家乡的希望：回乡创业，带动家乡发展，助力乡村振兴。

四是托起中餐业的希望：为中餐业培养未来之星。

2. 受众

15~19 周岁，初中毕业、身体健康、有志学厨、家庭经济困难的青年。

3. 整体策略

该项目把李锦记“思利及人”的核心价值观和“发扬中华优秀饮食文化”使命完美结合，通过整合行业优势资源、跨界合作、校企共育的方式，“育人心，启人智，授人技，助人立”，走出了一条特别的公益之路。

4. 内容创意

不同于传统的“输血型”公益项目，李锦记希望厨师项目更乐于“造血扶智”，以创新思维整合企业优势资源，助力有志青年学习一技之长，规划理想人生。

该项目资助学生入读国家重点职业高中的中餐专业，学制三年。李锦记希望厨师项目并非一次性的慈善捐赠，而是企业全程参与、重在“育人”的长期工程。

5. 媒介策略

李锦记希望厨师项目利用微博、微信、短视频、KOL、自媒体、视频门户网站等方式，配合线上线下活动，并将招生、面试、开学典礼、毕业典礼、日常活动等在全国范围内进行广泛传播。

项目执行

李锦记成立了希望厨师项目小组，负责项目的策划、执行和对希望厨师的跟踪管理，实现全程务实、透明的项目运作。

项目自 2011 年创立，已建立完善的招录工作体系和面试评分标准。

希望厨师项目搭建了网络专题页面，候选人可以通过网络线上报名，方便快捷。

报名结束后，李锦记和合作学校专业教师组成招生小组，前往面试站点对申请人进行笔试、面试，体格检查，家访，等等。最终根据申请人的面试总分进行排名，择优录取，确定资助名单。

项目每年具体时间安排：5—6 月，启动招生，接受报名；7 月，筛选报名材料，笔试、面试，家访 ；8 月，确定录取名单；9 月，学员入学；9 月—次年 6 月，维护管理在校学生、已毕业学生。

针对在校学生，展开持续关怀，定期发放生活费，组织文化活动和各类社会实践活动；针对已经毕业学生，进行维护管理，开展李锦记希望厨师俱乐部活动。

为了保障李锦记希望厨师项目的培养质量，校企双方高度重视，共建希望厨师培育领导小组及工作小组，负责项目的整体设计、统筹规划、监督实施、质量评估、组织管理和条件保障，小组成员分工协作、各司其职，确保项目的顺利进行。

李锦记希望厨师项目小组对候选人进行严格的面试

项目评估

项目自 2011 年开始以来，捐资金额超过千万元，覆盖了四川、贵州、云南、甘肃、黑龙江、辽宁、广东等 21 个省份，招募了 873 名有志青年，其中 482 人已毕业，毕业后多在北京、上海、广州、深圳等大城市四、五星级酒店就业，月均收入多在 4500 元以上。

官方媒体和省级主流媒体都对项目进行了持续跟踪报道，对于李锦记希望厨师项目在帮助个人成才、家庭脱贫、家乡换新颜等方面的作用给予了肯定与认同，项目和企业获得了众多奖项与荣誉。

多年来，项目受到中共四川省委统战部、四川省政协、中共辽宁省委统战部、辽宁省政协、中国民主建国会广西壮族自治区委员会、哈尔滨市关心下一代工作委员会、北京市西部阳光农村发展基金会等地方合作伙伴的大力支持，它们在项目生源推荐、面试工作安排等方面提供了有效保障。

项目亮点

1. 助力教育扶贫，促进教育公平

李锦记希望厨师项目资助的对象主要来自农村，创新推出“扶志 + 扶智”的公益模式，把青年从偏远地区带到大城市学习，让他们对自己有信心、对未来有希望，有效阻断贫困代际传递链，推动教育公平，让更多家庭看到希望。

2. 示范引领作用

李锦记希望厨师项目通过联合共创的方式跨界合作，有效连接多方资源，这种共创共赢的模式可推广到更多城市。

3. 助推人人公益

李锦记希望厨师项目自诞生起，就携带互联网基因，以互联网作为项目报名窗口，通过网络报名、招募公益体验官等形式开展推广，同时配合线下的公益沙龙会等，邀请公众参与项目，让更多人了解公益、参与公益。

活动照片

亲历者说 赖洁珊　李锦记中国企业事务总监

李锦记希望厨师项目将企业的优势资源与经济欠发达地区的需求对接，激活了该地区的内生发展动力，我们欣喜地看到一批批成长起来的乡村青年逐渐有能力反哺家庭、回馈家乡、传递爱心。李锦记希望厨师项目在中国乡村洒下了汗水，也在中国乡村种下了梦想的种子。这些孩子勇敢地走出大山，把握住了这个来之不易的机会，并由此改变了人生。

李锦记对“思利及人”核心价值观的践行，是大格局、大担当的表现。这份坚持，已深深融入企业的血脉。通过 10 年来亲身参与李锦记希望厨师项目，我见证了这些乡村青年的进步和蜕变，感受到了李锦记的情怀和务实。“赠人玫瑰，手有余香”，我愿意带着李锦记的这份情怀，步履不停，砥砺前行。

案例点评

点评专家：陶西　益海嘉里金龙鱼粮油食品股份有限公司中央厨房事业部市场部总监

品牌公关意在实现公众认同，建树企业美誉。现如今，公众对急功近利的品牌造势早已习以为常，沦为自说自话、自娱自乐的公关案例不在少数。大家都知道公益营销是个好方向，但真正做出口碑的项目寥寥无几，究其原因，其初心是否纯粹，项目是否切实彰显企业社会公民责任是关键考量。李锦记希望厨师项目荣获金旗奖企业社会责任类全场大奖，源自企业“思利及人”的核心价值观，源自企业十年坚持初心的持续投入。项目成功主要包含以下要素。

1. 目标高远、贴近当下。精准扶贫与发扬中华优秀饮食文化相结合，通过招募并资助有志于从事中餐烹饪的经济上有困难的乡村青年，全额资助入读国家正规职业高中中餐烹饪专业，学成后投身餐饮行业。既紧

扣国家扶贫攻坚、助力乡村振兴的大方向，又“授人以渔”，助力有志青年学习一技之长，用双手改变命运，成就人生理想。让公益推广有效把握时代热点，更产生励志内涵。

2. 运作务实透明，贵在坚持。项目 2011 年创立至今已运行 10 年，建立起完善的招录体系和面试评分标准，创新“扶志 + 扶智”公益模式，助力教育扶贫，推动教育公平，将希望带给更多贫困家庭。10 年中，共有 21 个省份的 873 名热爱中餐烹饪的有为青年学厨圆梦，李锦记希望厨师项目传播视频中一个个改变命运的青年形象及其鲜活的故事，都具有感人的力量。

3. 整合传播，打造影响力。好项目也需要好传播，李锦记希望厨师项目借助平面、网络、微博、微信、短视频、社交媒体、视频门户网站等全媒体推广，配合线上线下互动活动，让品牌方培养赋能中餐业未来之星的公益善举，在全国范围内广泛传播。

罗氏儿童义走

执行时间：2020 年 6 月 1 日—18 日

企业名称：上海罗氏制药有限公司

品牌名称：罗氏

代理公司：达睿思国际传播咨询公司

获奖类别：金旗奖——2020 最具公众影响力全场大奖

项目概述

为帮助肿瘤患儿走出困境，让关爱不因新冠疫情止步，2020 年罗氏儿童义走正式启动，这也是罗氏第 11 年开展该项目。活动采用线上公益捐步形式，仅用两周就吸引 6 万余人参与，最终所捐步数为患儿提供了超 100 万元的善款救助。

项目调研

1. 儿童义走新十年，亟待突破

罗氏儿童义走是罗氏极具代表性的企业社会责任项目之一。2010 年，该项目进入中国，以员工义走、公司捐助及社会公募形式援助弱势儿童群体，并呼吁社会关注。2020 年是罗氏儿童义走“新十年”的开端，如何让项目进一步升级，需要新的思考和突破。

2. 肿瘤患儿，亟待帮助

中国每年儿童肿瘤新发病例约 2.2 万人，且 2000—2010 年，儿童肿瘤发病

率以每年 2.8% 的速度递增。长期以来，治疗周期长、费用高、负担重等难题亟待解决。每个患儿背后，都是整个家庭的挣扎。

3. 新冠疫情背景下的公益，亟待创新

在全球新冠疫情蔓延、传统活动形式受阻的大背景下，如何打破时空桎梏，让更多人参与进来，也对活动形式提出了新的要求和挑战。

项目策划

1. 目标

呼吁社会关爱、援助血液病及肿瘤患儿家庭，带孩子们“走”出困境、“走”向美好生命；展示罗氏的企业社会责任，进一步提升企业形象。

2. 传播策略

（1）与权威基金会合作，援助血液病及肿瘤患儿。

（2）通过创新形式，线上线下联动。

（3）采用多元化媒体组合，广泛覆盖受众。

3. 受众

血液病及肿瘤患儿和家属；罗氏内部员工及其亲友；公众。

4. 内容创意

（1）携手权威，专项援助。与爱佑慈善基金会携手成立专项计划定向捐助，覆盖全国 18 家医院，通过科学的方法和创新的模式帮助贫困家庭患儿就医。

（2）特殊时期，创新形式。在新冠疫情这个特殊时期，罗氏用线上“云义走”的方式让各地人士轻松参与捐步，以配捐形式将善举转化为善款，切实减轻血液病及肿瘤患儿与家庭的负担。

（3）联动多方，为爱发声。联合多方用艺术化的表现形式发声、传递爱心并吸引更多社会力量加入行动。

（4）“内外兼修”，扩大影响。对内打造“罗氏儿童义走公益月”，增加员工对于企业文化的认同感与自豪感，继而辐射更多公众，扩大影响力。

5. 媒介策略

（1）公众可以通过腾讯公益平台用微信扫描二维码轻松参与该活动。

（2）该活动联合全国疾病、健康等领域不同圈层优质媒体，产出符合媒体调性的多样化报道，并实现不同平台的全覆盖，扩大影响力，优化传播效果。

项目执行

1. 预热

（1）6 月初即在企业内部进行罗氏关爱血液病及肿瘤患儿《让爱传出去》公益 MV（音乐短片）歌手招募，邀请员工及其家人通过“全民 K 歌”自我录制参与选拔。入选者将出镜该公益 MV。

（2）围绕受助患儿“小弘扬”的经历拍摄短片，深入展示其求医经历与故事，引发员工对于贫困患儿境况的关注与共情。

（3）发布内部爱心义卖的预告，预热“6·18”直播活动，吸引员工积极参与。

2. 正式启动

（1）6 月 18 日，腾讯公益平台捐款及捐步平台正式上线。参与者每捐 1000 步，罗氏就配捐 1 元爱心基金，直至 100 万元目标达成。公众通过扫描二维码的方式即可加入义走队伍，参与爱心捐步。

（2）《让爱传出去》歌曲 MV 与救助患儿故事视频正式对外上线，通过真挚的歌声和真实的患儿故事，引起情感共鸣，吸引大众对广大患儿及其家庭的关注。

（3）罗氏园区举办公益回顾展，回顾罗氏儿童义走十年历程与振奋人心的成果。

（4）“6·18”公益义卖直播同时开启，义卖筹集到的善款将全部用于救助患儿。

3. 二次传播

（1）外部持续通过新华社、中国新闻社（简称中新社）、《人民日报》、《光明日报》、《健康报》、39 健康网等主流权威媒体扩大影响力，引发二次传播，巩固传播效果。

（2）内部员工实时通过罗氏头条、罗氏超话等内部线上平台进行“寻找罗

氏义行家”素材征集，通过传播员工公益故事进行内部二次发酵。

项目评估

（1）线上“云义走”公益捐步启动仅两周，就已达成一百万元的配捐目标。活动共吸引 283 支队伍、60777 名社会爱心人士参与，累计捐出步数逾 10 亿。

（2）此次活动共收获国内主流媒体的 66 篇原发报道及 148 篇转载报道，共计 214 篇，总覆盖人数达 39307 万人，覆盖网站、移动新闻客户端、微信、微博等多个平台。其中，微信平台阅读量达 31216 次。

（3）罗氏员工、医护人员、社会工作者、基金会代表等倾情录制的公益歌曲《让爱传出去》累计播放量达 29647 次；患儿“小弘扬”的故事短片被多家媒体平台转载。

（4）内部活动吸引了全国 4600 多名员工热情参与，使他们扩大了对罗氏儿童义走项目的认知并在深度互动中感受公益、践行公益。

项目亮点

1. 救助对象群体不断扩大

从关爱艾滋致孤儿童，到关注贫困家庭的重症及罕见病患儿群体，再到将救助领域扩大至所有血液病及肿瘤贫困患儿，罗氏儿童义走项目希望能救助更多孩子。

2. 救助网络不断扩大

往年，罗氏分别与单家医院合作，救助患儿。今年，罗氏携手爱佑慈善基金会开展合作，项目覆盖全国 18 家医院，为患儿就诊带来极大便利。

3. 公益队伍不断扩大

最初，罗氏儿童义走只是罗氏员工参与的内部项目，如今有更多公众参与进来，为爱心行动贡献自己的力量。

4. 活动形式不断与时俱进

从传统的线下义走及各地捐款，到 2016 年首次在微信平台开通“线上公募捐款通道”，再到今年创新性采用“云义走”公益捐步形式，罗氏儿童义走项目不断推陈出新，每次变化都暗含时代进步。

亲历者说 蒋婷　罗氏制药中国企业传播负责人

疾病可以在一瞬便给孩子的童年蒙上阴影，而要改写他们的命运则需要持之以恒的努力，所以罗氏儿童义走项目才年复一年、步履不停。

儿童血液病、恶性肿瘤是严重威胁儿童健康的重大疾病，高昂的治疗费用与较长的治疗周期让很多家庭举步维艰。帮助孤贫儿童是罗氏儿童义走的初心，也是我们一以贯之的坚持。

救助对象群体的不断扩大，强强联手的救助网络，参与主力军从罗氏员工扩展到了更多社会爱心人士——今年的活动在三个维度得到了扩大，它是罗氏儿童义走项目仍在不断成长、厚积薄发的证明。

站在“新十年”的起点，我们希望通过爱的传递，帮助更多的幼小生命，尽快“走”出困境，“走”向希望。

案例点评

点评专家：陈经超　厦门大学新闻传播学院副教授、厦门大学公共传播战略研究所所长

罗氏儿童义走公益活动是新冠疫情背景下重新定义时间和空间的创新性履行企业社会责任和公关活动的优良案例。

组织举办这个活动的核心并不在于说服，而是意在构建关系。从人际维度出发，罗氏采用内部动员到外部呼吁的联动策略，通过线上媒体渠道，打破时空桎梏，以“你走我捐”的形式，与公众建立公益关系。从承诺与信任维度出发，在切实增加就医便利性的同时也利于企业美誉

度的提升。

关系强度影响组织—公众关系质量感知以及公众的公益活动参与意愿。罗氏儿童义走项目已持续十年，且罗氏近两年在中国市场业绩猛增，充分体现了罗氏的企业社会责任与企业能力之间呈相互促进关系，公众对企业的信任感（态度）和企业公益活动参与（行为）通过“云义走”的方式使罗氏与公众之间的紧密关系得以提升。

新冠疫情加强了公众对“生命”的关注，罗氏以捐步的形式将锻炼与慈善相联系，疫情下更能够激发用户的参与热情。罗氏发动互联网集聚效应，利用线上平台打造创新公益生态圈，将治理主体从企业转为公众，联动企业自身、社会组织与公众，从而达成协同发展的局面。

7 美的春节品效合一营销——“车票变彩票”①

执行时间： 2019 年 1 月 4 日—2 月 8 日

企业名称： 芜湖美的厨卫电器制造有限公司

品牌名称： 美的

代理公司： 福建省共振体文化传媒有限公司广州分公司

获奖类别： 金旗奖——2020 最具公众影响力全场大奖

项目概述

2018 年 12 月末，在刚经历过“双十一”“双十二”大促的市场面前，结合返乡季提出“车票变彩票”的核心创意，销售总额突破 1.8 亿元，美的热水器单品百度指数上升超 500，实现美的厨热品牌力及产品销量双提升。

项目调研

春运期间，中国有 2 亿甚至更多人口进行“大迁移”，每个人手中的交通票据（火车票、飞机票、汽车票）都因日期、时间、车次、座位等元素的组成而具备唯一性，从而实现每张车票对应乘车人的唯一性。而大多在外工作者春节为家人尤其是长辈送礼物，为家人添置、更换家电，也成为春节营销的大趋势，

① 本文中所涉及的照片，福建省共振体文化传媒有限公司广州分公司均已得到被拍摄者的使用许可。

同时利用大众好“赌”的心理，将“车票变彩票”作为广告语。足够广泛的受众结合足够吸睛的广告语，为该项目的执行奠定了良好的基础。

项目策划

刚结束“双十一”的大量电商销售，又处于整合厨房、热水器、净饮水三大品类迫切需要塑造整体品牌形象的阶段，春节营销如何影响消费者消费习惯，交出漂亮的成绩单成为美的的最大课题。

美的春节品效合一营销——“车票变彩票”活动海报

1. 借由高举高打的大媒体，传递一个简单的信息给“贪婪”的年轻人

利用春运时期人人手中有车票的机会，结合美的厨热全品类大优惠，提出“车票变彩票”的核心创意，每个人凭春运车票均有机会获得美的厨热产品免单机会。

选择家电权威媒体及主流大众媒体进行活动宣传，并通过朋友圈“广播找人”H5（超文本 5.0）、动画预热小视频等趣味形式，激发用户自发传播。

2. 连续 10 天直播抽奖，对消费者形成持续正面刺激

连续 10 天分 8 个年味主题在 5 大平台直播抽奖，超 10 万人参与，销售总额突破 1.8 亿元，美的热水器单品百度指数上升超 500，达到美的厨热品牌力及产品销量双提升。

这次美的“车票变彩票”电商营销活动，突破以往传统方式，用大胆创意吸引所有人的关注，从曝光度、影响力方面为美的品牌春节电商营销带来了质的改变。

项目执行

预热期通过专业及权威媒体宣传，对活动的权威性进行印证，一方面制作原创预热动画视频，与微博 KOL 合作，实现超 2775 万人次曝光，同时发布“广播找人”H5，抓住 H5 流行趋势，从形式上吸引大众，让活动曝光同时兼顾公域及私域流量。

爆发期汇集众多网红，连续 10 天分 8 个主题进行直播抽奖，抽取 2019 个免单名额。现场采用 4 机位直播与录播相结合的形式，围绕主题设置趣味互动及话题，兼顾直播可看性及产品卖点、利益点输出，广州市电子商务协会全程见证增加抽奖公信力。同时以上海、广州两地高铁站为中心辐射周边，投放朋友圈、今日头条，精准引流，实现 1700 多万次曝光。

美的春节品效合一营销——“车票变彩票”直播抽奖活动海报

长尾期以线上“车票变彩票”活动全面开启返乡季营销，将线上活动延续至线下，在全国终端门店同步开启“车票变彩票”“购机抽免单”等一系列活动。

项目评估

“车票变彩票”一役实现超 10 万人参与的成绩，共售出 40 余万件产品，销售总额突破 1.8 亿元，2019 名幸运锦鲤瓜分 183 万元，单笔订单最高免单 8599 元。

行业试水双轨同播，两大演播室 4 机位同步直播，连续 10 天直播抽奖，超千万人观看。携手国内外网红达人，玩转品牌微剧场，广州市电子商务协会全程见证。天猫、京东、苏宁、一直播、映客直播、花椒直播 6 大平台同步直播，观看量超 1219 万次，收获点赞和评论 141 万次。

制作活动预热动画视频，合作微博 KOL，建立 # 车票变彩票 # 微博话题，实现活动曝光量 2775.7 万人次。80 多家国内主流媒体平台，以家居类媒体为核心，辐射上海区域旅游、母婴等媒体，百家号、新浪、腾讯等也在首页推荐了该活动。该活动的百度搜索结果达到 269 万个，活动期间美的热水器单品类百度搜索指数增长超 500。

美的春节品效合一营销——“车票变彩票”活动中奖公告

项目亮点

1 月 12 日—21 日连续 10 天直播抽奖，携手国内外网红达人，玩转品牌微剧场，广州市电子商务协会全程见证增加公信力，天猫、京东、苏宁、一直播、映客直播、花椒直播 6 大平台站内外同步直播，引爆全网关注。

自主代码 H5 强技术支持，突破平台壁垒，实现三大电商入口统一。传播入口集中声量，实现活动全程预告、参与、直播、兑奖查询一个平台。

亲历者说 冀斐 福建省共振体文化传媒有限公司广州分公司客户总监

在刚刚经历了“双十一”“双十二”的电商营销季，美的厨热“车票变彩票”跳出了传统的春节营销套路，将格局放大，瞄准全国 2 亿返乡人群。在如今人人讲求精准营销的大环境中，“车票变彩票”可以称得上是一个实验性项目。而该项目的执行是甲乙双方互相选择、互相信任的结果，双方基于对产品、消费者洞察及需求的深入理解，实现了美的厨热品牌力及产品销量的双提升。

案例点评

点评专家：银小冬 17PR 创始人

在营销策划上，本案例在“双十一”“双十二”大促之后，结合春节返乡季提出“车票变彩票”的核心创意，每个人凭春运车票均有机会获得美的厨热产品免单机会。这打破了传统节日营销以产品折扣为卖点的传播方式，不再单纯地用“卖货思维”与潜在的有家电购买需求的用户对话，而是将目标受众定位在更广泛的春节返乡群体，设定了更有温度更贴近生活的议题，具有更大的曝光度和影响力，而绝非一次简单的节日大促，为春节电商营销带来了质的改变。

在媒体传播上，除选择传统权威媒体、主流新闻 App 进行宣传以保证活动权威性以外，还通过制作 H5 页面，激发用户在微信朋友圈的主动传播，以保证活动热度，最后，在淘宝、京东、苏宁等主要电商直播平台连续 10 天进行直播抽奖，利用多元化主播阵容打造各种趣味话题，将活动推向高潮。通过完成的传播闭环和话题的层层引导，有效把控活动的节奏，使用户都能在第一时间掌握活动信息并能够及时参与，降低了用户沟通成本，提升了活动有效触达率，从而达到美的品牌力与销量双提升。

从活动最终效果来看，通过“春运”热点话题设置，“车票变彩票”的创意，以及完整闭环的媒体传播，最终赢得了用户的广泛参与。这个案例清楚地告诉我们，没有一成不变的营销模式，只有“用心”才能在营销红海中脱颖而出。

世界透明质酸博物馆

执行时间： 2020 年 6 月

企业名称： 华熙生物科技股份有限公司

品牌名称： 华熙生物

代理公司： 北京非彼群策品牌管理有限公司

获奖类别： 金旗奖—— 2020 最具公众影响力全场大奖

项目概述

世界透明质酸博物馆由华熙生物建立，并被山东省政府授予工业旅游示范基地称号，建筑面积 4154 平方米，2020 年 1 月启动策划，于 2020 年 6 月竣工开馆。博物馆以多种形式全景化展示透明质酸相关知识与应用，以及行业发展历程。

世界透明质酸博物馆外部

项目调研

透明质酸，俗称玻尿酸，是一种人体的内源性物质。华熙生物作为全球最大的玻尿酸原料生产商，销量占据全球半壁江山，并拥有世界上最全、横跨众多领域的终端产品。大众对玻尿酸具有严重认知偏见，认为玻尿酸仅仅是医美整形的物质，为了让更多人了解玻尿酸及其应用，同时了解中国在玻尿酸行业的领先地位，从而让更多国人树立民族科技自信心，并达到品牌营销的目的，华熙生物建立了世界透明质酸博物馆。

项目策划

1. 目标

改变人们对玻尿酸的固有认知，让更多人了解玻尿酸及其应用，了解中国在玻尿酸行业的领先地位，让更多国人树立科技自信，进而产生民族自豪感及文化自信。

2. 整体策略

建立世界级的玻尿酸博物馆，夯实中国玻尿酸产业优势，以公众科普带动产业及品牌，同时线下体验互动、线上传播联动。

3. 受众

社会公众、行业合作伙伴、媒体。

4. 内容创意

博物馆分为“活—力—新—生—态”五个展览单元，分别是透明质酸——人体不可或缺的物质、透明质酸的起源、提取法的黄金时代、发酵法诞生及发展轨迹、全球最大的透明质酸研发生产基地，以科普视频、文献史料、仿真模拟等多种形式，全景化展示透明质酸相关知识与应用。建立全景透明工业化示范车间，让参观者可近距离接触到全球先进的现代化玻尿酸次抛原液生产线，真正实现生产的可参观、可触摸。运用现代化多媒体技术手段，如仿真模型、真实文献史料、裸眼 3D（三维）科普视频、人机交互装置、智能机器人讲解等，让参观者更有沉浸感和代入感。

5. 媒介策略

数百家行业媒体线上同步公关报道引导舆论，扩大传播声量。百家美妆生活类 KOL 线下参观及场景化直播带货，半年内完成馆内直播 100 余场。以博物馆为场景，在抖音及微博平台获得大量内容传播，传播内容平均转、评、赞均在 5 万次以上。

项目执行

本项目于 2020 年 1 月 1 日启动策划，4 月展陈施工，并于 2020 年 6 月 18 日竣工开馆，项目总执行周期为 6 个月，项目内容策划周期为 4 个月。值得一提的是，除多种多媒体交互体验外，本馆首次将国内领先的玻尿酸次抛原液生产线还原至馆内，可让受众在馆内亲身体验玻尿酸次抛原液的生产流程。与线下馆内展陈相配合，华熙生物持续输出《了不起的生命科学》系列科普视频，其中以科普玻尿酸物质为主题的视频作品“玻尿酸是什么”全方位介绍玻尿酸的功效及应用场景，通过线上线下合力共建玻尿酸科普 IP 矩阵。在受众中获得广泛好评，受到山东省人民政府和教育厅的高度认可。

世界透明质酸博物馆内部

项目评估

1. 效果综述

世界透明质酸博物馆于 2020 年 6 月建成开馆至今完成 1000 余批次展陈接待，总参观人数逾 10 万人，100 余位 KOL 馆内直播，现已成为政府接待、学术交流、媒体公关、商业洽谈及科普教育等的重要场所，其 IP 属性不仅延展了线下空间场景，为扩大品牌传播及提升科技的影响力发挥出巨大价值。

2. 受众反应

开馆 6 个月接待 1000 余批次参观团队，超过 10 万人参观，500 余篇文章报道，及 100 余场自媒体馆内直播，抖音、微博等传播平台内容互动数量平均 5 万次以上。

项目亮点

（1）世界透明质酸博物馆为全球首家以透明质酸为主题的博物馆，以科普玻尿酸知识为主要内容。

（2）首次将全球领先的次抛生产线全景化展示，让受众亲身感受先进的生产线，从而使其建立民族科技自豪感。

（3）博物馆科普内容，生动形象地向观众传达了科普知识，又以科技实力及行业地位让国人产生科技自信，进而激发民族自信及文化自信。

（4）智能机器人讲解、裸眼 3D 视频、仿真模拟等现代化科技手段的应用及多媒体互动，让普通受众可短时间内理解并消化玻尿酸科普内容。

（5）世界透明质酸博物馆被授予工业旅游示范基地称号，奠定了华熙生物玻尿酸品牌龙头地位。

亲历者说 孙阳　北京非彼群策品牌管理有限公司品牌总监

大多数人对玻尿酸的印象相对狭窄和刻板，认为玻尿酸仅仅是医美整形的原材料，但其实玻尿酸是人体的一种基础物质，它陪伴了人类整个生命过程，有着非常广阔的应用领域。

这样一个 IP 的建立，让更多人走进了玻尿酸的世界，也让中国生产的玻尿酸走向世界，最终达成了内容科普和品牌营销的双重目的。

案例点评

点评专家：陈永东　上海戏剧学院创意学院教授，硕士生导师

博物馆以垂直领域的透明质酸为主题，特色鲜明，定位清晰。在博物馆的展馆策划中，“活—力—新—生—态”五个展览单元的设计，既让观众更容易记住各单元的名字，又突出了博物馆主题的特色。在博物馆的展示中，通过智能机器人讲解、裸眼 3D 视频、仿真模拟等科技手段，不但生动地向观众传达了科普知识，而且激发了观众的民族自信及文化自信。全景透明工业化示范车间的展示，让参观者可近距离接触到玻尿酸次抛原液生产线，公开、真实、直观地展示，有利于提升产品在受众心目中的信任度。在媒体传播过程中，既有数百家媒体几百篇文章的传播，还有百余位网红 KOL 在博物馆进行了直播，并充分利用抖音及微博等平台进行内容传播，加上线下体验互动、线上传播联动策略的应用，达到了较佳的传播效果。

腾讯 × 人民网国庆 H5“我的年代照”传播[①]

执行时间：2019 年 9 月 20 日—10 月 10 日

企业名称：深圳市腾讯计算机系统有限公司

品牌名称：腾讯

代理公司：北京锐易纵横公关顾问有限公司

获奖类别：金旗奖—— 2020 最具公众影响力全场大奖

项目概述

在新中国成立 70 周年的重大庆典之际，腾讯联合官方媒体向公众传达正能量，通过 H5 的创意形式展现 70 年生活变迁，为全年龄段用户合成极具代入感的年代照，用心还原“亲历者”时代记忆，打造一场跨越代际的全民回忆盛宴。

腾讯 × 人民网国庆 H5“我的年代照”个人穿越海报

① 本文中所涉及的照片，深圳市腾讯计算机系统有限公司均已得到被拍摄者的使用许可。

项目调研

在新中国成立70周年之际，人民群众爱国热情和民族自豪感空前高涨，借此舆论氛围，引发全民参与，是传播品牌正能量的绝佳契机。一个独特的切入点，是打破圈层、调动全民参与的关键。在洞察到“每个人都是祖国发展的亲历者”这个个体与国家之间最紧密的联系之后，项目便以此为核心进行创意构思，数名叫“建国”的人依次发声，以普通人的故事为切入点，通过不同年代场景和衣着生成专属年代照片，触动不同圈层不同年代的用户。

项目策划

1. 目标

借助极具代入感的H5，令7代人产生情感共鸣，引发全民参与，强化品牌正能量形象。

2. 整体策略

（1）高度：联合人民网传播品牌正能量。

（2）情绪：以“每个人都是中国伟大复兴的时代亲历者与见证者”为核心主题，引发一场从怀旧到自豪的集体情绪共鸣。

（3）技术：以腾讯云的AI（人工智能）技术为内核，通过“怀旧视觉＋人脸识别”的创意展现，增强代入感。

3. 受众

从1949年新中国成立到2019年70周年大庆的7代中国人。

4. 内容创意

（1）宏大命题和真实生活的浪漫重合。将普通人所经历的年代记忆与新中国成立70周年的时代变迁相结合，让用户以个人的回忆为切入点，进入全民共同的记忆盛宴。

（2）追求可执行性和还原度的完美统一。创意核心是历史巨变在每代人普通生活中的日常表达，既要符合史实，更要还原生活，细节的打磨成为重中之重。

（3）大众的故事永远是最好的材料。与微博 KOL 合作进行了情感故事的征集，充分利用好 UGC（用户生成内容）资源，再度发酵。

5. 媒介策略

（1）人民网权威背书：利用人民网新媒体影响力，进行微博层面的话题扩散，促进引流。

（2）下沉渠道精准推广：在大众社群进行 H5 投放，引发家庭内部几代人的讨论和参与。

（3）网络媒体全网扩散：基于 H5 热度，从科技、国家情怀、营销等角度复盘，持续扩大 H5 曝光和品牌影响力。

项目执行

1. H5 上线：人民网首发，朋友圈广告和闪屏同步投放

人民网微博和微信首发，朋友圈以及闪屏同步投放，涵盖北京、上海等核心城市以及重庆、天津等共计 10 个重点城市。

2. 知名微博 KOL 实力推荐

（1）微博端 KOL 发布内容针对 H5 进行扩散传播。

（2）与微博知名博主妥拉合作，进行 7 天情感故事征集有奖活动，将大国与小家相联系，让每个人都有故事可说，引发了网友的热情互动，在评论转发中收集到了大量优质 UGC。

3. 营销网站案例包装

输出优质营销稿件被广告门以及 SocialBeta 收录到案例库，并获得“案例”页面的推荐位置。

4. 微信自媒体扩散

（1）与微信自媒体账号“病毒先生”合作，针对国庆 H5 进行盘点总结。

（2）与科技唆麻合作，借助内部微视资源，进行二次扩散和发酵。

（3）与阑夕合作，针对情感故事征集输出优质案例稿件。

5. 活动及复盘 PR（公共关系）稿件传播

针对 H5 上线和下线进行稿件输出，全网发布相关信息。

项目评估

（1）H5 总数据：至 10 月 8 日，PV（页面访问量）达 40384157 次，UV（独立访客）为 26006047 人次，接口调用超 1 亿次。

（2）微博平台：# 我是亲历者 # 阅读量 1.6 亿次，讨论 2.4 万次，荣登话题总榜第一名；借助头部 KOL 影响力，覆盖粉丝 1.3 亿、阅读量超 1745 万次。

（3）微信 + 营销网站 + 其他全平台：科技角度稿件 1 篇，与科技唆麻合作，共计发布 18 个平台，阅读量为超 9.7 万次；营销角度稿件 2 篇，在广告门等营销网站获位置推荐，微信头部自媒体文章扩散至今日头条等 28 个平台。

（4）情感向稿件：与微博 KOL 妥拉合作，征集情感故事集结成文，阅读量超 2 万次。

（5）网络媒体 + 新闻客户端：新闻报道共计 45 篇，含自主投放 20 篇，转载 25 篇，总曝光量预计超 100 万次。

（6）数据盘点稿件：获得人民网等 8 家网络媒体推荐，4 家客户端推荐，阅读量 63.8 万次，推荐量 463.5 万次。

项目亮点

（1）海量互动：从 10 月 1 日上线到 10 月 8 日，7 天内点击量达到 4000 万次。

（2）微博话题霸榜：话题 # 我是亲历者 # 在国庆期间荣登话题总榜第一名。

（3）内容高度共情，打破圈层：用户年龄“破圈”，既有“00 后”，也有“60 后”“70 后”“80 后”；传播路径“破圈”，H5 通过个人分享到与之相关的家庭、朋友群中，生成的内容不仅可以发布在朋友圈，还可以在群内发布并讨论。

（4）掀起从行业到全社会的关注及报道：新闻稿报道共计 45 篇，环球网、央广网、人民网、中国新闻网、中国经济网、凤凰网等主流网络媒体推荐，以及 SocialBeta、广告门等营销网站推荐，并获得今日头条、网易、腾讯、凤凰网等各大客户端推荐。

（5）传播影响力传递至海外华人圈：生成的年代照在 Instagram（照片墙）平台的华人圈流传。

亲历者说 **张秀秀　北京锐易纵横公关顾问有限公司副总监**

业内人士都知道，H5 的人脸识别已经非常常见了，甚至可以说在现在的短视频时代，H5 已经成了不太被看好的创意形式，在新中国成立 70 周年的大热点之下，品牌如何“破圈”，吸引更多人注意力？

兼顾所有人群感受，打造有代入感的互动。

从“40 后”到“00 后”，横跨 7 个年代，兼顾不同年龄层的用户，通过人脸融合技术为不同年代的用户定制时代记忆的年代照，每个年代照片都有该年代典型的场景、服饰、道具等，引发用户对于自己年代的感慨，7 个年代的高度还原，让 H5 更具有代入感，引发不同年代用户的共鸣，刺激转发，同时使得 H5 可以适配各个年代出生的用户，在家庭群中广泛发酵。

案例点评

点评专家：陈永泰　123 Jump 创始人，香港中文大学广告系讲师

70 年不是一个短暂的时间，如果是个人，这 70 年来的人生，必然有着一段段精彩经历，高低跌宕荡气回肠。要想引起每个人的共鸣，本来就是一个难度挺高的事情。腾讯联合人民网国庆 H5“我的年代照”传播，优胜的地方是以照片作为记忆的载体，能够简简单单承载着不同时代的痕迹，让人们刻画不同时代的印记。而且，透过 AI，让整体的参与门槛降低，用户凭着自己的头像，就能获得一系列时代图片的产出。

在任何的传播里，我们经常关注的两个点：Engagement（参与度）

与 Empathy（同理心），前者志在提高用户的参与热情，让传播威力更大；后者志在让用户产生共鸣，在情感上加深连接。在这个传播创意里，凭着一个 H5，就能两者兼得。而且，更重要的是，当用户参与了这个传播，有助于提升大家对国家和民族的认同，能够产生自豪感，对本土的热爱更能达到一个高点。以情感作为连接，激发参与者的共鸣，这个就是本项目令人喜出望外的地方。

一叶子冠名《冰糖炖雪梨》释放品牌新活力

执行时间： 2020 年 3 月 24 日—4 月 10 日

企业名称： 上海上美化妆品股份有限公司（简称上美）

品牌名称： 一叶子

代理公司： 无

获奖类别： 金旗奖—— 2020 最具公众影响力全场大奖

项目概述

一叶子多维修护黄金蜂窝面膜海报 1

直播电商时代，传统营销已无法满足品牌营销需求。一叶子独家冠名《冰糖炖雪梨》，首创品、效、销三位一体的新营销模式，打通人、货、场，全链路实现品牌曝光。

项目调研

1. 深入的营销洞察

上美旗下品牌一叶子凭借多年来的营销洞察和经验，在新冠疫情期间诸多品牌都减弱媒介投放力度的背景下，抢占“全民追剧”热潮。

2. 精准的品牌定位

一叶子与年轻用户为伍，主要聚焦 18~25 岁年轻女性用户群体，洞察用户需求。一叶子定位植物科技护肤品牌，甄选全球稀有植物，运用前沿的植物萃取专利技术，在产品中添加高科技、功效好且具备社交属性的成分，满足年轻用户“新鲜更有效”的爆款产品需求。

3. 专业的评估体系

凭借多年深耕娱乐营销的经验，一叶子已打磨出一套成熟的资源评估体系，会从制作班底、演员阵容、题材、待播热度、匹配人群等十大维度对一档剧集节目进行评估。

项目策划

1. 目标

一叶子坚持做年轻人喜欢的品牌，希望成为消费者心目中“植物 + 科技”首选护肤品牌，传递“一叶子，新鲜更有效”的理念，打造一叶子“中国膜王”品牌。

2. 整体策略

运用全局营销观进行媒介投放，联合流量明星、头部主播、平台流量，快速打通人、货、场，实现品、效、销三位一体的新营销模式。

3. 受众

一叶子的用户群体主要聚焦在 18~25 岁的年轻人，主要是“95 后”“00 后”等 Z 世代。他们爱美、精致，独立、有个性，爱尝鲜、爱人设，喜欢圈子文化，生活中有仪式感，对产品的感性诉求也越来越高，希望产品兼具感性及功效属性。

4. 内容创意

一叶子独家冠名《冰糖炖雪梨》，通过剧中明星播报、mini（微型的）小剧场、前情回顾、超级角标等海量资源，充分绑定剧情，和剧中明星互动，不间断进行功效和口碑“种草”，释放品牌声量，从而打造明星爆款单品。

5. 媒介策略

采用“热门 IP+ 热门大剧”的策略，契合年轻用户心理需求，以创新营销赢得年轻用户深度理解和共鸣，解锁“内容场 + 电商场，大剧营销 + 淘宝直播，流量明星 + 头部主播”的新玩法。

项目执行

一叶子多维修护黄金蜂窝面膜海报 2

1. 剧中

一叶子独家冠名自带流量的爆款大剧《冰糖炖雪梨》，充分与剧情绑定，和剧中明星艺人互动，释放品牌声量，从而打造明星爆款单品——黄金面膜。

2. 剧外

先官宣代言人，后以“代言人官宣 + 代言人剧集冠名”的方式，实现声量翻倍，与粉丝深度对话。在《冰糖炖雪梨》热播期间，由一叶子新鲜代言人张新成发起的＃熬完夜 lu 个脸＃抖音挑战赛强势发布，全网年轻用户与“爱豆”共同参与，秀出熬夜护肤法宝。在《冰糖炖雪梨》收官阶段，张新成化身好物推荐官，空降雪梨直播间，为粉丝带去一叶子产品福利。

项目评估

（1）销售转换。项目期间，一叶子邀请《冰糖炖雪梨》男主张新成至淘宝主播雪梨的直播间，当晚整场直播观看量突破 1000 万次，刷新雪梨直播间单款面膜销售纪录，推动了双方直播年度框架的签订。从品牌大曝光，到“明星＋网红主播”双 IP 加持，独家“冰神”礼盒，上线电商新品，实现爆款销售。

（2）品牌大曝光。在《冰糖炖雪梨》热播期间，豆瓣开分 7.9，为同期最高。《冰糖炖雪梨》上线 22 天，近百位艺人与体育界人士组团应援，超 10 万大号集体追剧解密，各平台榜单指数节节攀高，实力揽获 82 个微博热搜；线上线下网络持续覆盖，全国 150 城高铁，29 城地铁、公交，7 城机场大屏核心曝光；联动阿里巴巴大生态多场景环绕式营销，总曝光量达 28.9 亿次。

（3）策略创新。该项目颠覆了媒介投放传统模式，打通了“内容场＋电商场，大剧营销＋淘宝直播，流量明星＋头部主播”，形成了全链路营销闭环，将媒介投放与直播形式有效结合，创新了品、效、销三位一体的新营销策略，创新了直播单一卖货的玩法。

项目亮点

（1）不断击穿 Z 世代圈层，影响用户心智。国民甜宠剧《冰糖炖雪梨》与“鲜肉小生”张新成的用户画像都是 Z 世代“新鲜”人群，二者十分契合，上美旗下品牌一叶子通过投资大剧、签约代言人等一系列新鲜、有趣的营销动作，和 Z 世代用户玩在一起。

（2）“明星＋网红主播”双 IP 加持，流量、口碑、销量齐飞。该项目找到了“雪梨”这个契合点，借力当红主播雪梨的人气，将剧中男主角即品牌代言人张新成送进“真”雪梨直播间，创造“冰神遇上真雪梨”的名场面，发挥 IP

影响力，极大地提高了明星产品在剧外的销售成交率。

（3）在投放时考虑后端链路，实现品、效、销合一。团队在做投放时有全局营销观，在更高的维度，以全链路思维和更广阔的视野看待整个项目，不仅在内容 IP 上实现了品牌端的拓展，还向后端如销售等方面延伸，实现了多维度的价值转换。

一叶子冠名热播剧《冰糖炖雪梨》海报

亲历者说 刘明　上海上美化妆品股份有限公司副总裁

上美旗下品牌一叶子的用户群体集中在 18~25 岁的年轻人。

基于对受众的洞察，我们在挑选一叶子代言人和投放大剧上都做了精准匹配。前期选定张新成作为品牌代言人，并投放他主演的甜宠大剧《冰糖炖雪梨》，中期发起抖音挑战赛，后期将张新成送进头部主播雪梨的直播间，成功打通人、货、场，颠覆传统，实现了品、效、销三位一体的新营销模式，形成全链路营销闭环，让花出去的每一分钱都落到实处，除了能实现品牌大曝光外，更能实现后链路转化。

案例点评

点评专家：陈小桃　海南大学政治与公共管理学院公共关系学系教授

新媒体时代的到来，全民共享的媒体生态环境、层出不穷的新媒体形式，为组织传播品牌信息、沟通目标公众等公共关系及营销带来了前所未有的技术可能性。同时也使得著名公共关系学者格鲁尼格所倡导的卓越公共关系传播管理模式——双向对称传播的公共关系模式成为可能。2020 年，风起云涌的短视频、全民直播等媒体形式，更是为公共关系提供了能够直达目标公众的可能，更好实现公关主体与目标公众双向沟通的最佳模式。一叶子面膜品牌通过独家冠名优酷甜宠大剧《冰糖炖雪梨》，有效利用优酷大剧吸引目标公众；通过上线电商新品实现爆款销售；通过剧中男主角走进雪梨直播间与网民面对面进行互动直播，首场直播创下 1500 万元的销售额。该品牌首创品、效、销三位一体的新营销模式，颠覆了传统公关媒介投放模式，是应用新媒体进行公关营销的成功尝试，取得了良好的公关传播实效。

2020 最具公众影响力企业社会责任大奖

"BMW 中国文化之旅"

执行时间：2007 年—2020 年

企业名称：华晨宝马汽车有限公司（简称华晨宝马）及宝马（中国）汽车贸易有限公司

品牌名称：BMW（宝马）

代理公司：励尚时代（北京）公关顾问有限公司

获奖类别：金旗奖——2020 最具公众影响力企业社会责任大奖

项目概述

"BMW 中国文化之旅"旨在探访和保护中国传统文化，促进非物质文化遗产（简称非遗）的传承与发展，始终秉持"授人以鱼，不如授人以渔"的理念，以 BMW 的品牌影响力，联结利益相关方，搭建"非遗走进现代生活"的社会桥梁。

2020"BMW 中国文化之旅"辽宁省探访

项目调研

辽宁省是华晨宝马的家乡，17 年来，华晨宝马在助推东北振兴和辽宁省制造业高质量发展中扮演了先行者的角色，为辽宁省经济社会发展做出了卓越贡献。

秉持着对家乡的回馈之心，“BMW 中国文化之旅”希望通过自身的品牌效应，凝聚更多社会资源，并以创新思维，搭建辽宁省传统文化与文旅产业的桥梁，助力家乡文旅产业的振兴发展。

1. 市场洞察

2020 年，在新冠疫情的冲击之下，公众对各种物品的线上消费需求激增，整体消费市场都更加倾向于依托电子商务平台进行线上消费。

2. 社会需求

BMW 战略型企业社会责任始终以解决实际的社会问题为导向，目前非遗传承“市场化”问题仍然存在，众多非遗传承人的销售渠道受限于线下市集，亟须进行销售渠道拓展。

项目策划

1. 目标

（1）助力文旅产业发展。

（2）持续赋能非遗传承人，助力构建非遗产业新生态。

（3）创新传播，更大范围地促进公众对非遗的认知。

2. 整体策略

（1）“BMW 中国文化之旅”发现，非遗的创新性转化及市场化是助力“非遗走进现代生活”的正确思路。

（2）将赋能非遗传承人从设计端拓展到消费端，构建赋能闭环。

（3）创新非遗传播：结合后疫情时代的受众特点，更多着力于线上；结合年轻群体喜闻乐见的直播方式，推广非遗文化。

（4）促进非遗消费：线上尝试直播带货等创新形式，更多地带动利益相关方参与；线下在城市地标开展非遗创新展览及市集。

3. 受众

非遗传承人、BMW 利益相关方、公众。

4. 传播内容

（1）发布第一批非遗文创成果。

（2）成功推选来自辽宁省和湖北省的 6 位非遗传承人进入“清华大学美术学院 BMW 非遗保护创新基地”，开发非遗文创产品。

（3）携手阿里巴巴公益“魔豆妈妈”项目，为女性非遗传承人进行电商赋能。

（4）联合旅行平台马蜂窝推出《BMW 中国文化之旅辽宁非遗旅游攻略》，持续推动辽宁省文化旅游产业的发展。

（5）成功为近 10 款非遗产品进行电商直播带货，以创新手段助力非遗文化传播与保护。

5. 媒介策略

（1）多领域、全方位覆盖：构建了文旅、生活方式、经济及汽车等多领域全国重量级媒体矩阵。

（2）新媒体联动，扩大传播声量：除微博、微信、抖音外，还利用淘宝直播、中国新闻社直播等创新性传播平台进行线上传播。

项目执行

9 月 7 日至 11 日，“BMW 中国文化之旅”车队深入沈阳、盘锦、朝阳、阜新等市，围绕辽宁省的满族文化、辽河口文化、红山文化，对沈阳故宫、二界沟排船技艺及牛河梁国家考古遗址公园等一系列物质及非遗项目进行了探访、体验。

探访期间成功推选来自辽宁省和湖北省的 6 位非遗传承人进入升级后的“清华大学美术学院 BMW 非遗保护创新基地”；宣布与阿里巴巴公益“魔豆妈妈”项目联手，启动“女性非遗传承人赋能计划”，为女性非遗传承人进行电商赋能，部分试点女性传承人非遗产品已上线“魔豆妈妈官方公益店铺”，同时，该项目第一批女性传承人已接受电商赋能培训；举办专场淘宝直播，带货非遗；活动

前，8 月上线两款针对国内不同区域定制的《BMW 中国文化之旅非遗旅游短途攻略》。

10 月 23 日至 24 日，在沈阳故宫举办 2020 年“BMW 中国文化之旅”非遗保护创新成果展：发布第一批非遗文创产品；发布《BMW 中国文化之旅辽宁非遗旅游攻略》；开展非遗市集。

11 月至 12 月：创新基地学习开启，持续进行中，成果预计 2021 年发布；“女性非遗传承人赋能计划”正式启动，传承人通过线上课程，学习电商技能。

首批非遗文创产品

项目评估

1. 效果综述

（1）通过多领域、多样化的媒体平台，在把控传播节奏的同时，创造了持续且强劲的传播声量。

（2）全面联动 BMW 内部自有媒体渠道和平台，全方位对活动进行预热和报道，收获相关方内部好评。

2. 现场效果

（1）淘宝专场直播，吸引超过 180 万公众参与；50% 带货非遗产品，突破了日常销量；所有产品销量实现 3~50 倍增长。

（2）《中国新闻周刊》直播文化论坛及非遗展演，有近 450 万人次观看量。

（3）截至 11 月，在马蜂窝上线的《BMW 中国文化之旅辽宁非遗旅游攻略》及其他两个短途攻略，观看人次超过 36 万。

《BMW 中国文化之旅辽宁非遗旅游攻略》

3. 受众反应

（1）清华大学美术学院赵超教授表示："清华大学美术学院与辽宁省沈阳市有着很深的缘分，新中国的第一枚国徽诞生在沈阳，而国徽的设计是由清华大学美术学院教授所完成。这次也很欢迎来自辽宁省的非遗传承人们走进清华大学美术学院，期待他们能够创作出既能体现当代技术突破，又能表现出中国传统非遗元素的成果。"

（2）探访嘉宾余长安说："作为一个外地人来到辽宁省探访，对我触动最深的一点就是辽宁省的很多文化都根植于民间，像我们看过的传统二人转展演，参观过的渔家号子、古渔雁民间故事等很多非遗项目，都与当地百姓的生产、生活息息相关。"

4. 市场反应

"BMW 中国文化之旅"借助品牌影响力，覆盖千万公众，并获得市场的极大欢迎。同时，带动超过 50 家 BMW 经销商开展非遗相关活动。

5. 媒体统计

2020 年媒体报道累计达 3274 篇，产生的广告价值为 69547356 元。

项目亮点

1. 创新传播，贡献本地社区发展

（1）举办直播文化座谈会。就满族文化、辽河口文化和红山文化举行三场文化座谈会，并通过重量级官方媒体对其中两场进行全网直播，覆盖广泛公众。

（2）首开电商直播，助力新冠疫情后的经济复苏。借助淘宝直播平台推广非遗产品，助力社会经济及文旅产业复苏。

（3）推出适应“后疫情时代”的非遗旅行攻略。推出《BMW 中国文化之旅辽宁非遗旅游攻略》，推进辽宁省文旅产业的发展。

2. 创新赋能，打通非遗经济全链条

（1）持续与清华大学美术学院合作。第一批非遗文创品正式发布；遴选 6 位来自辽宁省和湖北省的非遗传承人进入“清华大学美术学院 BMW 非遗保护创新基地”接受非遗文创研培。

（2）进一步对女性传承人进行电商赋能。携手阿里巴巴公益“魔豆妈妈”项目，为女性非遗传承人进行电商赋能。

亲历者说 尹忠华　辽宁省非物质文化遗产保护中心非遗保护部主任

这次有幸能够跟随 2020 年“BMW 中国文化之旅”再度深入重走一遍我们的辽沈大地，见识到我们这么丰富多元、源远流长的非遗技艺和民族文化，我真的深深地为我们辽宁省感到自豪与骄傲。

每次面对传承人，看到他们对非遗文化不朽的热情与锲而不舍的匠心精神，我十分动容，这才是我们文化自信最根本的基础，也是对我们民族、对我们国家最深沉的爱。同时，我很庆幸能够遇上宝马这次的活动，不仅能够对我们的传统文化起到更有意义的传承作用，对非遗传承人也有了更实质性的保护。作为一名在非遗中心工作的文化传播使者，这对我日后的工作与生活也是一种精神上的鼓舞。

案例点评

点评专家：张辉　亚虹医药企业传播及公共事务部总监

BMW 的可贵之处，在于独具慧眼地选择了中国传统文化和非物质文化遗产这样一个切入点，将“BMW 中国文化之旅”做成了可持续的长期的项目，并以此联结用户和消费者，该项目既有符合国家战略的宏观高度，又有接地气的市场考量。

在这个案例中，BMW 更是对年轻人和女性予以了特别的关注，通过电商直播等形式打开潜在消费者市场。从整个项目的顶层设计来看，策划者覆盖了非遗的筛选、孵化、培育、生产、设计、市场化及消费的全流程，传播上也考虑到了线上线下的结合，凸显了系统性的思考。

建议该项目在下一个阶段的策划中，在周到齐全的基础上，更加聚焦核心价值主张的输出和局部项目的引爆和突破，避免陷入大而全的资源分散的困境，从而更有效地创造社会影响力和价值。

“BMW 童悦之家”①

执行时间：2011 年—2020 年

企业名称：华晨宝马汽车有限公司及宝马（中国）汽车贸易有限公司

品牌名称：BMW

代理公司：北京长策天成公关策划有限公司

获奖类别：金旗奖——2020 最具公众影响力企业社会责任大奖

项目概述

2011 年，为带动全国范围内 BMW 经销商、车主、员工及社会爱心人士广泛参与，“BMW 童悦之家”儿童关爱计划正式启动。该项目旨在帮助留守、流动儿童拥有更平等的教育机会，促进经济欠发达地区儿童教育的发展。

“BMW 童悦之家”——非遗课堂

① 本文中所涉及的照片，宝马（中国）汽车贸易有限公司均已得到被拍摄者的使用许可。

项目调研

民政部联合教育部等 10 部门制定了《关于进一步健全农村留守儿童和困境儿童关爱服务体系的意见》(民发〔2019〕34 号)。可以说，流动、留守儿童是我们国家发展、城市化进程中必须要面对的问题。作为一个负责任的企业公民，关注这群孩子的成长义不容辞。BMW 从 2011 年就启动了“BMW 童悦之家”儿童关爱计划，深入、持续关注留守儿童的需求，通过利益相关方的陪伴，关爱留守、流动儿童的心灵成长。2017 年，根据留守、流动儿童的实际需求，项目由捐赠型升级为赋能型，聚焦于快乐足球与快乐运动，关爱留守、流动儿童的身心健康发展。

项目策划

1. 目标

(1) 通过快乐足球和快乐运动切实促进留守、流动儿童身心健康发展，弥补学校体育教学资源的不足。

(2) 提高公众对于 BMW 战略型企业社会责任的认知，以“创造共享价值”为战略目标，以创新思维的赋能为主要手段。

2. 整体策略

BMW 战略型企业社会责任从我国实际出发，以创新及可持续的运作模式，有效带动各利益相关方长期参与，创造共享价值。

(1) 长期发展：项目于 2011 年成立，始终以长期服务社会为原则，以可持续发展的理念不断演进。

(2) 全员参与：“BMW 童悦之家”作为 BMW 独特的利益相关方全方位参与企业社会责任的平台，积极带动 BMW 经销商、员工、爱心车主的参与。

(3) 实效为先：“BMW 童悦之家”项目针对留守和流动儿童需求，设定具有实效性的目标，通过创新的教育模式及可持续的运作模式，为中国广大留守儿童、流动儿童提供真正稀缺的体育课程和足球指导，并通过专业培训加强留守、流动儿童学校的体育教学师资力量，切实促进孩子们身心健康发展。

3. 受众

受助儿童、“BMW 童悦之家”利益相关方、社会公众。

4. 媒介策略

利用更多元化的新媒体和社交媒体增强事件在多领域的声量，如公益类媒体、教育类媒体以及电视媒体。

项目执行

1. “BMW 童悦之家”快乐足球夏令营

2019 年 7 月 22 日，由中华慈善总会宝马爱心基金与中国教育发展基金会联合举办的第二届“BMW 童悦之家”快乐足球夏令营在沈阳正式启动，宝马高层，中华慈善总会、中国教育发展基金会等慈善机构代表，车主，经销商以及来自全国各地的 46 位媒体老师作为利益相关方出席了仪式。夏令营期间，每日推送一条抖音视频记录儿童们在夏令营的生活。

“BMW 童悦之家”快乐足球夏令营——足球比赛 1

2. “BMW 童悦之家”校园足球培训

2019 年，在 20 所“BMW 童悦之家”学校中进行了每次为期 10 天的驻校培训，为孩子们提供专业系统的足球训练。

2020 年新冠疫情暴发后，BMW 向全国 44 所“BMW 童悦之家”留守儿童和流动儿童学校捐赠价值 70 万元的防疫物资，以解决学校开学复课的燃眉之急。受新冠疫情影响，校园足球培训和足球夏令营不能如期开展，BMW 为 9 所“BMW 童悦之家”学校捐建全新足球场，改善学校硬件设施。

“BMW 童悦之家”快乐足球夏令营——足球比赛 2

项目评估

1. 效果综述

自 2017 年起，“BMW 童悦之家”举办 2 届足球夏令营，共计 240 名师生参与，共组建 45 支快乐足球队，累计进行 49 次驻校培训，超 1600 名儿童从中受益。

2. 受众反应

媒体：2019“BMW 童悦之家”快乐足球夏令营开营，这是由全国留守儿童，流动儿童组成的足球夏令营。对于城市里的孩子，参加夏令营再平常不过，但是对于大山里、乡村里的孩子，这是他们第一次参与相关活动，相信此行可以给他们留下快乐的回忆。

学生：感谢“BMW 童悦之家”为我们提供了这样一个平台，让我们走出大山，看到外面的世界。

教师：其实足球能带给孩子们的不仅仅是比赛的胜负，更能带给他们聪明的头脑、健康的体魄。

3. 媒体统计

2019 年媒体报道累计达 1164 篇，产生广告价值 2836.1 万元。

项目亮点

该项目最大的价值在于从传统“授人以鱼”的捐赠转变为“授人以渔”的技能培养，通过快乐体育影响校长、教师和社会的观念，提高他们的教育技能，实现持续性的公益赋能。

“BMW 童悦之家”项目自开始以来就得到许多来自社会各界的关注与支持，社会影响越来越大。比如，2018 年 9 月，湖南省邵东市[①]佘田桥镇设立了一所“BMW 童悦之家”，并组建起快乐足球队。近一年来学校和球队得到了当地教育局的高度重视与大力支持，2019 年 5 月已经开始修建全新 11 人制足球场。

亲历者说 阮嘉富　湖南省邵东市佘田桥镇第二完全小学

我们比完赛之后，我感到了队伍的团队精神是多么强大，看到其他队伍的队员受伤也一直坚持，他们对自己队伍的付出和努力，值得我们学习，比赛中不知辛苦，不停奔波的精神值得我们学习。

① 2019 年 7 月 12 日，经国务院批准，民政部批复同意撤销邵东县，设立县级邵东市。

案例点评

点评专家：张洪伟　RDPAC（中国外商投资企业协会药品研制和开发行业委员会）资深总监

CSR（企业社会责任）是一种比较特殊的传播类型，很多品牌在选择 CSR 方向进行营销的时候经常陷入两个极端，或是过度营销，或是与品牌毫无干系。而这个案例很好地平衡了品牌与项目之间的关联。

第一，快乐是 BMW 的品牌核心价值，这个关键词在这个 CSR 项目中得到了充分的强化，不论是童悦这个项目名称，还是快乐运动和快乐足球的设定，都体现了 CSR 项目创意的底层逻辑：CSR 的灵魂是与品牌内涵的内外关联。

第二，BMW 品牌自带的运动、激情元素已经深入人心，留守儿童的运动主题公益似乎与一个汽车品牌有一定距离，但本质上也是一种对品牌内涵的挖掘，同时规避了产品的直接介入带来的商业化和营销倾向。

因此，我认为该项目的方向选择整体上是成功的，尤其是由捐赠转向赋能的定位，代表了传统 CSR 的新思维，为该案例增色不少。同时，我认为以下两点值得关注。

1. CSR 的传播效果向来有限，尤其是故事的呈现上，如果想产出真正有影响力的事件，还需要通过 CSR 传播，唤起社会的广泛关注，并让自己成为话题的一部分。

2. 与宝马几年前推出的丝绸之路与品牌和产品高度相关的案例相比，留守儿童的创意需要多几个弯，而且容易带来一个疑问：为什么是宝马？这就需要品牌方对相关理念与内涵进行细致阐释。

BMW 儿童交通安全训练营[①]

执行时间： 2005 年—2020 年 11 月

企业名称： 华晨宝马汽车有限公司及宝马（中国）汽车贸易有限公司

品牌名称： BMW

代理公司： 北京蓝色光标数据科技股份有限公司

获奖类别： 金旗奖—— 2020 最具公众影响力企业社会责任大奖

项目概述

BMW 儿童交通安全训练营项目是 BMW 2005 年发起的针对中国儿童交通安全社会问题的专长性企业社会责任项目。该项目旨在提高儿童及家长的交通安全意识，其过去 16 年的发展亦是 BMW 长期贡献中国社会的最佳例证。

交警教小朋友们交通安全手势

① 本文中所涉及的照片，宝马（中国）汽车贸易有限公司均已得到被拍摄者的使用许可。

项目调研

《中国儿童道路交通安全蓝皮书》(2017 版)指出，在造成 0~14 岁儿童死亡的原因中，按照死亡人数占比排列，道路交通事故高居第四位。同时，中国大部分学校没有建立有关儿童道路交通安全教育的体系，对儿童道路交通安全教育重视程度不足，这需要联合一切可以联合的力量，在全国范围内开展科学化、规模化、常态化的儿童交通安全教育活动，从小培养孩子的交通安全意识。

项目策划

1. 目标

(1)提高儿童及家长的交通安全意识，改善社会交通安全环境。

(2)带动广大 BMW 经销商、车主、员工等利益相关方共同参与儿童交通安全教育。

2. 受众

BMW 经销商、车主、员工等利益相关方。

3. 整体策略

(1)深度调查和响应社会需求，积极响应公安部交通管理局在全国开展部署的“一盔一带”安全守护行动。

(2)通过招募 BMW 儿童交通安全大使、建立 BMW 儿童交通安全大使培训基地等方式，联合政府部门、经销商、车主、志愿者、学校等在内的利益相关方共同参与该项目，扩大社会影响力。

(3)与时俱进，持续创新。基于 2020 年新冠疫情情况，BMW 儿童交通安全训练营积极调整工作重心，将线下体验转为线上教育，积极采用网络直播等线上传播形式。

4. 内容创意

2020 年 BMW 联合 BMW 摩托车，向所有汽车车主和摩托车车主发起“宝马好司机”和“宝马好骑士”倡议。在公安部交通管理局的指导下，由中国少年儿童新闻出版总社和公安部道路交通安全研究中心共同推出“少儿交通安全教育”平台，

BMW 儿童交通安全训练营首批入驻该平台。此外，项目还继续深化 BMW 儿童交通安全大使基地项目，在全国范围内选择 10 家 BMW 儿童交通安全大使培训基地作为模范基地，提供专业教具作为支持，吸引更多的利益相关者参与。

5. 媒介策略

（1）采用线上直播、互动 H5 等线上传播形式，扩大传播影响力。

（2）与政府部门、媒体、经销商、内部员工、车主等利益相关方进行联动，共同传播。

（3）通过政府平台和权威媒体发声，强调项目行业领导力，提升话题的权威性。

项目执行

1.“一盔一带，安全常在”公益交流会

2020 年，BMW 儿童交通安全训练营与中国少年儿童新闻出版总社主办“一盔一带，安全常在”公益交流会，邀请公安部交通管理局代表、教育专家、媒体、车主、经销商参加，结合“一盔一带，安全常在”活动主题，讨论城市文明出行与线上开展儿童交通安全教育的探索与尝试。交流会通过全媒体平台向公众播放，以此代替传统的线下发布仪式。

2.“宝马好司机，宝马好骑士”公益视频

继“宝马好司机”公益视频后，2020 年宝马集团大中华区总裁兼首席执行官高乐先生、华晨宝马汽车有限公司总裁兼首席执行官魏岚德博士再次共同录制公益短视频，发起做“宝马好司机，宝马好骑士”倡议。

“宝马好司机，宝马好骑士”公益视频

3.“宝马好司机，宝马好骑士”朋友圈接力海报

打造 H5 接力海报，通过朋友圈分享自拍海报的形式在社交媒体内发声，共同支持做“宝马好司机，宝马好骑士”倡议。

4.“少儿交通安全教育”线上平台

在公安部交通管理局的指导下，由中国少年儿童新闻出版总社和公安部道路交通安全研究中心共同推出“少儿交通安全教育”线上平台，BMW 儿童交通安全训练营首批公益入驻，联合推出了线上游戏、AR（增强现实）展厅、云课堂、网络教育视频等一系列在线教育模块。

项目评估

作为 BMW 在中国开展的时间最长的企业社会责任项目，BMW 儿童交通安全训练营成功构建了一套社会化的教育体系，弥补了儿童安全教育领域社会力量的缺失。项目已连续开展 16 年，走过全国 20 个省市的 69 座城市，惠及人群超过 1 亿人，是企业参与儿童安全教育的成功范例，赢得了政府相关部门、媒体、合作伙伴及公众的广泛认可。

截至 2020 年 11 月，仅 2020 年项目就收集到 3190 篇全部正面新闻报道。“一盔一带，安全常在”公益交流会线上直播观看次数超 182 万人次。由公安部交通管理局发起的“少儿交通安全教育”平台上线仪式网络直播在线观看人数达 3184

BMW 儿童交通安全大使基地车主志愿者进校园

万，当周微博直播排行第一。“少儿交通安全教育”平台于 2020 年 6 月 1 日正式上线，截至 2020 年 12 月 1 日，共计 2684722 人次使用“少儿交通安全教育”平台不同模块学习交通安全知识。此外，项目还在“12・2”全国交通安全日联合公安部交通管理局和中国交通频道在微博上发起“安安全全伴你行”线上公益传播活动，宝马集团大中华区总裁兼首席执行官高乐先生、华晨宝马汽车有限公司总裁兼首席执行官魏岚德先生携手公益明星、网红交警，号召公众和 BMW 车主发出安全出行寄语，活动最终吸引全网超 300 万社交媒体用户关注及参与。

项目亮点

在新冠疫情还未平息的 5 月，BMW 儿童交通安全训练营就积极适应社会变化，应时而动。首先，2020 年的 BMW 儿童交通安全训练营将部分工作重点从线下转为线上，入驻“少儿交通安全教育”线上平台，在新冠疫情期间持续满足社会在儿童交通安全教育上的需求；其次，BMW 儿童交通安全训练营与中国少年儿童新闻出版总社主办“一盔一带，安全常在”公益交流会，通过全平台媒体进行播放，成为新冠疫情期间首家企业社会责任活动采用线上直播形式的车企；最后，BMW 与公安部交通管理局积极联动，开展深度公益合作，参加公安部交通管理局发起的“少儿交通安全教育”平台上线仪式网络直播，在线观看人数达 3184 万，在当周微博直播排行中名列第一。

亲历者说 杨新斌 华晨宝马汽车有限公司公共关系与企业社会责任部高级经理

BMW 儿童交通安全训练营来到第 16 个年头，已成为 BMW 企业社会责任独特的 IP。2020 年年初新冠疫情暴发，但关于儿童交通安全的问题依旧存在，始终需要社会各方的长期关注。BMW 儿童交通安全训练营给行业和社会带来了启发，展示了企业如何在特殊时期践行企业社会责任。

做企业要有社会责任和长远的眼光，特别是在困难时期，企业更要团结利益相关者，如车主、经销商、政府机构，调整战略，以创新的思维解决社会热点问题。例如积极响应“一盔一带”安全守护行动；联动利益相关方，持续深化儿童交通安全大使培训基地项目；入驻“少儿交通安全教育”平台；等等。

拥有 16 年历史的 BMW 儿童交通安全训练营是宝马长期坚持企业社会责任的最佳例证。项目能长期保持活力离不开 BMW 对儿童安全交通领域的长期关注，对社会热点问题的研究，以及践行企业社会责任时的创新思维模式。

案例点评

点评专家：蒋冰　宇通品牌营销副总监

宝马作为豪华车品牌，能得到中国民众普遍的喜爱和称赞，除了优秀的产品与服务以外，更因为企业有着良好的价值观与责任感。公关传播，特别是企业社会责任的传播，能够使这种价值观与责任感更生动、真实、亲切地展现在大众面前。

宝马连续 15 年在儿童安全教育领域做出贡献，不因外部环境而动摇初衷，本身就是令人敬佩的行为，公关传播的意义已经不只是传递企业的价值观与责任感，更是对所有企业起到了示范与促进作用，对企业品牌产生了良好又深远的影响。

而且，在 CSR 活动的执行过程中，宝马主动调动起利益相关方，将政府、经销商、车主、媒体、志愿者、学校等多方力量联合在一起，在这样的氛围中，公益不再是简单的“施予方”与“接受方”，而是可共同参与的，人人皆是“主人翁”，打破了自说自话的传播，使参与的每个人同时成为了事件的传播者。

今年，科技进步为公益活动赋予了更多的可能性，线上游戏、AR 展厅、云课堂、网络教育视频，甚至直播互动，让公益活动不再局限于特定环境与条件，而是通过技术触达了更多的孩子，使公益的效果呈现几何倍数的增长，这样的创新也是值得所有企业借鉴的。

DHL“隔海不隔爱，传递始终在”海外留学生抗疫行动策略计划

执行时间：2020 年 3 月 5 日—4 月 16 日

企业名称：中外运—敦豪国际航空快件有限公司（DHL）

品牌名称：中外运—敦豪国际航空快件有限公司

代理公司：北京新客意维文化传媒有限公司

获奖类别：金旗奖——2020 最具公众影响力企业社会责任大奖

项目概述

DHL 爱心防疫项目于 2020 年年初新冠病毒全球蔓延的背景下应运而生，旨在为海内外华人提供及时、便捷的防疫物资国际寄送服务。为期一个月的项目得到了广大用户的积极响应，提供了超过 10 万个“爱心防疫包”全球寄送服务。

DHL 主视觉设计

项目调研

2020年年初，新冠疫情暴发，防疫物资紧缺，海外华人同胞第一时间组织购买和运输抗疫物资支援国内。进入2月，新冠疫情在全球蔓延，海外华人同胞也开始面临抗疫物资短缺的问题。留学生家长或有海外朋友的发件人致电DHL咨询个人防疫物资快递出口的数量暴增（短期内增长了15%），但国际物流运输受到新冠疫情的严重打击，同时个人用户对于国际物流所需要的手续、流程、费用都不了解，导致防疫物资寄送困难，无法及时送到海外华人手中。

DHL通过社交媒体和用户咨询迅速捕捉到用户需求，第一时间策划上线了“爱心防疫包”特别产品及服务，提供快速、清晰、便捷的防疫物资国际寄送服务，以解海外留学、工作的华人以及移民海外的同胞的燃眉之急。

项目策划

1. 目标

（1）彰显DHL GoHelp的企业责任，加强用户的信任。

（2）增强DHL品牌在个人用户中的知名度和好感度。

（3）提高DHL自有媒体的传播力及增加粉丝数量。

（4）为DHL在个人用户的业务未来推广中积累实操经验。

2. 整体策略

（1）快——用简单易行的方式提供最快的国际快递服务。

（2）明——清晰明了的防疫物资国际快递的注意事项及资料清单。

（3）惠——可负担的价格。

3. 受众

面向美国、加拿大、英国、德国、澳大利亚、日本等国的海外留学生们以及长期在海外工作和生活的华人们的家人与朋友。

4. 内容创意

以“隔海不隔爱，传递始终在”为核心传播创意，将DHL“爱心防疫包”特别产品的功能和情感利益点直接、明了地传达给个人用户，输出系列视觉创

意设计（主视觉海报、专属网站海报、社交媒体海报、线下服务中心海报、寄送指引海报、爱心优惠券、关怀卡片等），第一时间通过线上线下渠道发布，迅速获得广大媒体及个人用户的自主转载与转发，进一步扩散相关理念，超 10 万个“爱心防疫包”得以输送。

5. 媒介策略

（1）以 DHL 官方矩阵（官网 / 官方微信 / 服务中心 /DHL 员工）为主阵地，提升品牌信任度。

（2）以社交媒体（微博 / 微信 / 抖音）为二次传播阵地，扩大用户覆盖范围，并激发用户自发传播，加强品牌与用户的连接。

DHL“爱心防疫包”海报员工朋友圈版

项目执行

执行周期极短，从接到客户创意简报到项目策划和上线，仅用 10 天时间。

1. 项目进度

3 月 5 日接到客户需求，3 月 15 日项目上线，4 月 16 日项目正式结束。在为期一个月的时间内，专属网站实时更新各国海关政策动态。

在项目推进过程中，项目团队发现很多海外学子、华人在中国的家人和朋友年龄偏大，对国际快递的寄送流程缺乏了解，寄送难度较大，因此特在 3 月下旬及时上线和更新寄送服务指引，包括视频与图片，为用户降低学习成本，提高寄送效率。

2. 控制与管理

（1）上线第一天，专属网站 PV 即达 7922 次，并获得了今日头条的自发转载，个人用户反响强烈，导致 DHL 爆仓，不得不几度延迟 KOL 社交媒体投放；此后，随着个人用户自主产出的微博、微信、抖音等内容发散开来，最终取消了 KOL 社交媒体投放。

（2）由于海外国家的防疫政策差别，在项目上线前，项目团队已经预测了可能面临的负面评论，并提前进行了准备，在项目上线后，每日监测疫情，实时准备预案。

项目评估

1. 效果综述

（1）DHL 官方微信：3 篇“爱心防疫包”文章阅读量、分享量均超 80 万次，新增总关注人数超 4200 人。

（2）DHL 爱心防疫项目专属网站总 PV 达 1829672 次，总 UV 达 578661 次，注册留资用户达 7028 人。

（3）全国超过 120 个 DHL 服务网点总计揽收 DHL“爱心防疫包”快递超过 10 万个。

2. 受众反应

用户蜂拥至 DHL 全国的 120 个服务网点，在疫情防控的要求下有序投递，并自发在微博、微信、抖音分享并制作寄送指南，甚至有用户为 DHL 服务网点的工作人员送水、送咖啡等，多个 DHL 服务网点收到感谢锦旗。

3. 市场反应

DHL“爱心防疫包”项目获得空前反响，专属网站上线第一天，即获得今

日头条、微博热门的转载，上线两周即成交超过 5 万个订单，是目标成交订单数的 66 倍，目标收入的 22.5 倍。

项目亮点

（1）“爱心防疫包”产品本身满足了个人用户的刚性需求——寄送防疫物资至国外。

（2）引领行业：DHL 是针对疫情推出特别产品和服务的第一家国际物流企业，该项目上线后一周，其他国际物流企业才开始跟进并推出类似产品和服务。

（3）灵活快速的项目管理：根据用户体验及反馈，迅速提供清晰明了的寄送须知、指南和价格表，简化和加快国际快递的寄送流程。

（4）核心传播创意：温暖、简单、直接的创意在特殊时期能方便用户直观、快速地了解核心信息，尤其是年龄较大的用户。

（5）广泛积极的社会影响：个人用户将对 DHL“爱心防疫包”产品以及 DHL 品牌的喜爱自发地在社交媒体上进行扩散与分享，以表达对 DHL 品牌的感谢之情。

亲历者说 陈静　DHL 市场总监

整个项目从策划、准备到上线仅用了 10 天时间，团队成员 7 人，与时间赛跑，仅用 2 天时间就完成了 KV（主视觉海报）的创意构思与线上线下物料的延展制作，获得了多方好评；还完成了跨多平台、多系统的 IT（信息技术）对接，提升了个人用户体验；实现了每日实时更新与响应，满足了个人用户的极速需求。在微博和抖音上看到很多真实的用户反馈，说 DHL 是最快的物流。在病毒肆虐、未来未知的情况下，不论是对个人用户、品牌还是项目团队来说，都是莫大的鼓励和力量。

案例点评

点评专家：邵华冬　中国传媒大学广告学院公关系主任

DHL爱心防疫项目以“隔海不隔爱，传递始终在”为核心传播创意，并借助多层级媒体传播矩阵将DHL爱心防疫产品的功能及情感利益点与用户进行互动沟通，在项目实施过程中能够提前捕捉舆情风险点，最终取得良好的传播效果及销售成绩。值得关注的是，在全球新冠疫情的背景下，项目较为成功地将社会“公”利与企业“私”利进行统一，即在价值层面上向社会传递DHL积极防疫的良好企业形象，在商业层面上适应环境变化，实现产品升级并占领市场。从这一角度而言，该项目是对“价值向善、品牌向上”的品牌理念的践行。

但将企业社会责任与营销实效相结合，也存在着公众质疑活动公益行为动机与初心的舆情风险。但该项目在实施过程中较为准确地划定了传播的边界，即突出强调全球因新冠疫情封锁隔离状态下DHL国际快递产品的强功能及情感利益属性，而这使得公众更关注品牌的公益行为，对其隐含的商业目的也更为包容。公关人的职责恰恰如此，敏锐洞察环境变化，捕捉机会巧传品牌善音，这就要求其对时机与力度准确拿捏，二者缺一不可。

2020 · 武汉肺癌患者检测驰援①

执行时间： 2020 年 4 月 7 日—22 日

企业名称： 广州燃石医学检验所有限公司

品牌名称： 燃石医学

代理公司： 无

获奖类别： 金旗奖—— 2020 最具公众影响力企业社会责任大奖

项目概述

2020 年年初新冠疫情肆虐，众多肿瘤患者常规治疗被中断或无法得到及时治疗，承受着病痛的困扰。燃石医学与中国抗癌协会联合发起“接棒英雄城市，肿瘤患者检测驰援”公益活动，帮助患者在湖北省解封的第一时间得到精准、免费的 NGS（高通量测序）检测。

项目调研

1. 解决肿瘤患者诊疗难题迫在眉睫

2020 年，新冠疫情席卷中国，众多肿瘤患者面临着有史以来最难的就诊困境。对于肿瘤患者而言，延迟诊疗不仅意味着他们要承受病痛，甚至有可能因为病情加重而危及生命。

---

① 本文中所涉及的照片，广州燃石医学检验所有限公司均已得到被拍摄者的使用许可。

2. 精准检测是精准治疗的刚性需求

自新冠疫情发生以来，燃石医学一直心系湖北省，持续关注湖北省肿瘤患者的诊疗问题。精准检测是精准治疗的刚性需求，燃石医学希望用先进的业务实践解决患者迫切需求。

3. 诊疗秩序逐渐恢复带来契机

在春暖花开之时，原本新冠疫情严重的湖北省，传来了振奋人心的消息，2020 年 3 月 18 日湖北省新增确诊病例首次为零。4 月 8 日，武汉市正式解除了离汉管理通道，迎来重启，燃石医学帮助武汉市和整个湖北省肿瘤患者的计划立刻付诸行动。

项目策划

1. 目标

帮助湖北省肺癌患者在新冠疫情缓解的第一时间得到精准、免费的 NGS 检测，提供肺癌靶向治疗相关信息的一站式检测解决方案。

2. 整体策略

联动权威行业协会、地方重点医院，发起为湖北省肺癌患者提供无偿帮助的公益活动，同时开启线上直播科普，让更多受众获益。

3. 受众

肺癌患者及家属、医生和关注肿瘤防治的大众。

4. 内容创意

（1）紧急驰援疫区，鏖战 15 天，不让符合条件的肿瘤患者错过公益检测。武汉解封当日，项目团队启动肿瘤患者无偿基因检测。燃石医学志愿者们在武汉集结，奔走在公益项目落地医院的门诊和病理科，确保每位符合条件的肿瘤患者都能得到免费检测。

（2）火速搭建“空中战场”，发起公益直播科普，切实解决癌症患者问题。联动行业协会与 7 位权威专家，发起 3 场公益直播，科普癌症精准诊疗知识，提供病症免费咨询，助力全国诊疗秩序恢复。

（3）全方位联合权威行业机构、多家湖北重点医院。联合中国抗癌协会等权威行业机构，邀请了行业专家深度参与。同时，与 6 家武汉市重点医院、13 个地级市肺癌相关科室建立公益协作。

项目启动当天所有志愿者合影

医院病理科的活动海报

5. 媒介策略

活动前、中、后期全方位布局全国性媒体、行业协会，同时发动湖北省重点媒体与垂直类医疗行业媒体，尽可能让更多湖北省肺癌患者及其家属获悉公益活动，从而惠及患者。

项目执行

1. 项目实施细节

（1）项目前准备。2020 年 3 月至 4 月 5 日为项目前准备阶段，由市场部、政府事务与公共关系部、销售部联合进行创意策划，确定项目的实施节点、落地方向，实现行业协会与专家的沟通及公益落地医院的对接。同时，在燃石医学内部召集公益线下志愿者和线上小助手，参与活动具体落地与执行。

（2）预热。线上预热：4 月 6 日，燃石医学官方微信公众号，中国抗癌协会微信公众号，找药宝典、微医等企业、行业、垂直类医疗媒体均有覆盖。线下预热：4 月 6 日至 7 日在湖北省相关医院病理科张贴活动海报，精准定位受众，扩大影响力。

（3）活动开展。线上直播：4 月 7 日、4 月 15 日、4 月 19 日分别开展 3 场公益科普直播。线下执行：4 月 8 日至 4 月 22 日在湖北省各大医院对接各类患者，进行检测驰援。

（4）传播。提前策划传播内容，安排涵盖事前、事中、事后的发酵传播，对发布日期、选题、标题、渠道等各维度进行高精细度的策划和安排，确保各维度丰富的解读视角和传播量级。

2. 控制与管理

本次项目由公司总经理办公室发起并统筹管理，政府事务及公共关系部与市场部、战略准入部、销售部等相关部门形成了紧密的沟通与合作，保证创意设计、媒体宣传和项目细节的执行。

项目评估

基因检测无偿援助计划共使超过 100 名的湖北省非小细胞肺癌患者临床受益。同时，科普直播累计观看量近 4 万人次，精准的受众为肺癌患者，网友互动量百余人次。百度相关搜索信息达 8510 条，受到了社会各界的广泛关注。

本次活动百度搜索信息达 8510 条，各类媒体均对此次活动进行了跟进与报道，新浪、腾讯、搜狐等各大门户网站，找药宝典、医药健闻、药讲堂等垂直

医疗行业媒体对此次活动进行了报道，武汉新闻台专门赴湖北省肿瘤医院就此次活动进行电视采访，人民网专访湖北省抗癌协会理事长报道后疫情时代的诊疗恢复等，引发了社会各界的广泛好评。

项目亮点

1. 志愿者逆行而上奔赴武汉，打造城市级活动

在为期 15 天的活动期间，燃石医学志愿者主动请缨，奔赴武汉一线，全力保障肿瘤患者科学检测。

2. 无偿检测，切实解决肺癌患者诊疗难题

通过提供无偿基因检测产品，切实解决肿瘤患者诊治难题，为肿瘤患者带来经济、精准治疗指导，双重获益。

3. 多方合作，打造行业级活动

联合湖北多家重点医院，以及中国抗癌协会等国家级重点行业协会，全方位覆盖受众。

4. 深度协同、业务赋能，彰显燃石医学品牌与担当

结合燃石医学价值观与核心业务，在让更多肿瘤患者获益的同时展现燃石医学的品牌与担当。

5. 多维度渠道，扩大政府、行业及媒体的公共影响力

在 C 端（消费者市场）公众的基础上，建立多维度传播路径，在政府、行业、媒体端扩大活动影响力。

亲历者说 申雨晴　广州燃石医学检测所有限公司公关传媒经理

2020 年年初的新冠疫情，使众多肿瘤患者无法得到及时有效治疗。燃石医学心系湖北省肿瘤患者，寻找可以真正帮助湖北省肿瘤患者的机会。

4 月 8 日武汉解封，驰援活动开始，燃石医学员工主动请缨组成志愿者团队，于第一时间奔赴武汉，驻扎在湖北省多家重点医院，轮流值守，全力以赴，为每一个符合活动要求的患者提供无偿肿瘤基因检测。

他们奋战了15天，他们中有武汉本地人，在活动期间没有回过家却经常几百公里往返武汉和地级市来帮助更多患者，他们不是不想家，只是想全力以赴，尽己所能。而这只是志愿者中的一个小小缩影，他们秉持“点燃自己、照亮他人”的精神，在活动中更在日常工作中闪闪发光。

案例点评

点评专家：高源　北京知行博艺会展有限公司CEO

该项目以公益医疗及线上科普形式体现企业的社会责任与担当。受疫情影响，武汉封城后，众多肿瘤患者面临就诊困境，疫情解封后该企业第一时间奔赴武汉，为湖北肺癌患者进行无偿检测，并火速搭建“空中战场”，对肺癌进行线上直播科普，使肺癌患者临床受益。从传播价值、传播渠道到传播时间均定位精准。燃石医学品牌的担当和价值得以体现，在政府和媒体的协同作用下，公众影响力得以提升，达到多维度传播，无疑是一个多赢的优秀传播案例。该项目执行团队，充分利用企业高效协作的优势，从洞悉需求到项目定位，从创意策划到分步实施，都体现了一个优秀团队的整体素质。

华为云 Cloud for Good 抗疫广告①

执行时间： 2020 年 3 月 16 日—31 日

企业名称： 华为技术有限公司（简称华为）

品牌名称： 华为云

代理公司： 上海奥美广告有限公司深圳分公司（简称奥美深圳）

获奖类别： 金旗奖—— 2020 最具公众影响力企业社会责任大奖

项目概述

2020 年，在新冠疫情暴发之际，华为云联合众多合作伙伴，利用云与 AI 技术开展合作，助力新冠疫情防治，恢复社会生产，为个人、组织、社会带来积极影响。

项目调研

2020 年年初，新冠疫情暴发，全国各地医疗资源紧缺，为尽快控制疫情，大家积极响应居家隔离政策，但由此导致的停工停学在一定程度上影响了公众的正常生活和经济发展。

① 本文中所涉及的照片，华为均已得到被拍摄者的使用许可。

项目策划

1. 目标

（1）消费者认知目标：践行品牌理念，通过自身技术赋能行业，聚焦社会议题，为个人、组织、社会带来积极的改变。

（2）商业目标：以口碑效应吸引潜在合作伙伴的关注，激发商业合作可能性。

2. 整体策略

华为与合作伙伴一起，应用科技助力抗疫。

（1）华为支持湖北省运营商 3 天完成火神山医院 5G（第五代移动通信技术）建设，保障远程医疗运行。

华为支持火神山医院 5G 建设

（2）华为云携手多家医学团队，通过 AI 技术数小时完成千亿次计算，助力抗新冠药物筛查。

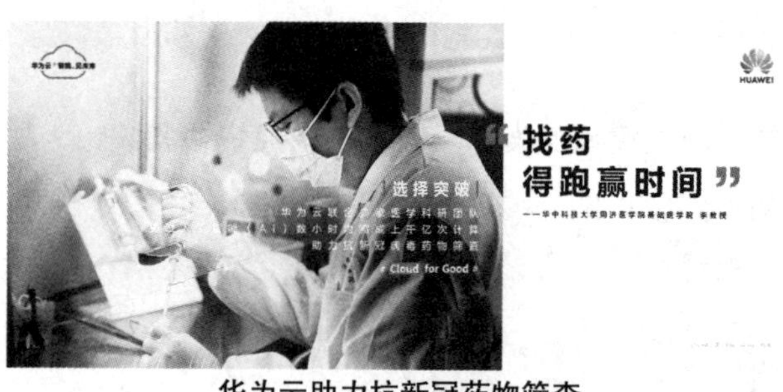

华为云助力抗新冠药物筛查

（3）华为云 WeLink（数字化办公软件）帮助多地医护人员通过远程会诊平台治病救人。

（4）华为云携手乐课网等多家教育伙伴为多地师生部署远程教育平台，助力停课不停学。

华为云助力停课不停学

（5）华为云应用数字化手段，与快成物流联合推出在线经营管理平台，打造货车司机的调度系统。

3. 传播策略

聚焦挑战、解决途径和前后对比，提炼技术价值，让大众感知到技术的强大。

4. 受众

受新冠疫情影响的所有人。

5. 内容创意

根据贡献者或受益人的真实画面，以独白的方式讲述抗疫故事，用真实细节呈现技术带来的改变，突出科技的力量与温度。

6. 媒介策略

（1）借助华为云 WeLink 全球通视频会议系统，将广告作为开机屏幕，所有 WeLink 使用者可以第一时间接触到广告。

（2）借助免费公益广告资源，配合华为内外社交媒体传播，引发讨论。

（3）话题引发中央电视台主动跟进，进行采访传播，覆盖超 120 万人。

项目执行

在新冠疫情中后期，现场拍摄及沟通等都非常困难。为了能拿到更真实的素材，项目团队使用华为云 WeLink 与一线人员连线，了解各个项目的运行情况，也请他们用自己手中的简易设备（多是手机），为我们拍下最真实、最能反映当下场景的画面。

项目评估

综合来看，华为云此次广告在社会、受众方面达到了预期目标，并且受到媒体关注，扩大了传播效果，成功助力抗疫、复工复产。

（1）从社会方面来看，与华为合作的乐课网已为湖北省、浙江省、山东省、江苏省、广东省、黑龙江省、辽宁省等近 30 多个地区、上百个教育部门、数千所学校、几百万师生提供远程教学平台服务，成功助力学校复课。

（2）从受众方面来看，阅读量超 120 万次，广告曝光量共计 1.13 亿次，产生了很大影响力。并且，华为云给大众留下了一个有温度、有担当的印象。

（3）从媒体方面来看，关于此广告的口碑话题引发中央电视台主动跟进，《焦点访谈》《在人间》等主动进行采访传播，最终覆盖人数超 120 万人。（阅读量：心声社区 22560 次 + 华为官方微信 32000 次 + 华为云微信 1622 次 +《南方人物周刊》60000 次 + 观察者网 52000 次 +《在人间》100000 次 + 华为头条 810000 次 + 华为官方微博 210000 次 =1288182 次；广告曝光量：机场 884 万次 + 公交候车亭 10466 万次 =11350 万次。）

项目亮点

以真实细节呈现技术带来的改变，以一线贡献者或受益人的真实工作状态画面及内心独白的方式，讲述一个个抗疫故事，突出科技的力量与技术的温度。

亲历者说 陈衡舟　华为火神山 5G 项目组经理

我跟大家说：“加把劲，三天就搞定。”我从不怀疑华为的执行能力，无论如何，我们都要完成任务，绝不掉链子。如果有哪里搞不定，也要想办法搞定，绝不能让项目断档。

这是一项基础业务，就像吃饭一样平常，当 5G 网络搭建好后，他们能正常通信，这就是对我们最大的肯定，因为我们的本职工作是做通信保障，而不是做一些锦上添花的事情。远程会诊时，CT（电子计算机断层扫描）影像诊疗没有花屏、卡屏，没有拖医护人员的后腿，就是最好的褒奖。

案例点评

点评专家：庞刚　灵思云途上海总经理

华为云的本次营销，充分把握营销背景和营销环境，并将品牌理念和产品利益点完美地融合到传播当中。公益营销的难点在于品牌传播尺度的拿捏，本次华为云非常巧妙地将品牌和产品营销植入其中。不仅赢得了政府、行业、机构的认可与赞誉，更赢得了大众的好感。本次营销及时把握了营销契机并付诸切实行动。营销行为和公益不违和、媒介通路清晰准确、传播效果突出是本案的亮点。

捷豹校园足球

执行时间：2019 年 7 月 19 日—12 月 5 日

企业名称：捷豹路虎（中国）投资有限公司

品牌名称：捷豹路虎中国

代理公司：智者同行品牌管理顾问（北京）股份有限公司

获奖类别：金旗奖——2020 最具公众影响力企业社会责任大奖

项目概述

作为梦想基金明星公益项目，捷豹校园足球积极响应国家号召，致力于推动足球运动普及和校园足球发展，自 2014 年启动以来，该项目已使北京、广州、成都、上海、西安、南京、深圳等地超过 16 万名师生受益。

项目调研

1. 社会背景

足球，作为深受广大群众喜爱的运动，对提高国民身体素质、实现体育强国梦具有重要意义。为了夯实中国足球人才根基，2015 年，《中国足球改革发展总体方案》制定了足球中长期发展规划，以推进青少年校园足球的全面发展。但是，足球教练力量不足、足球青少年普及度不高仍然是当前中国校园足球普及需要解决的两大难题。

2. 企业背景

捷豹路虎中国始终将企业社会责任作为企业战略的重要组成部分，不断深入践行对中国市场的长期承诺。截至 2020 年，“中国宋庆龄基金会捷豹路虎中国青少年梦想基金”已使超过 47 万名青少年从相关项目中受益。

项目策划

1. 目标

（1）强化“足球实力”——提升足球教练专业素质，培养中坚力量，推动校园足球普及。

（2）深化“共享价值”——充分利用企业优势，促进中英文化友好交流。

2. 整体策略

（1）持续受益模式：通过三位一体的培训模式和“授人以渔”的公益理念，将经过国际赛事验证的青少年训练理念和足球技能带给中国的小球员和基层体育老师，持续打造可复制的公益模式，全方位提升中国师生的足球能力。

（2）深化圈层影响：对内对外、线上线下深化传播，深入开展媒体合作，通过多维度、全平台媒体专题报道，以及热门社交平台，扩大传播圈层及影响力。

3. 内容创意

（1）预热期：定制倒计时解锁海报，持续预热升温；发布员工招募快闪视频，传播足球核心信息；发布员工及其子女招募海报，号召员工深入体验 CSR（企业社会责任）明星项目。

（2）活动期：活动 15 秒小视频于第一时间扩散，助力传播；媒体朋友圈发声，创造正面反馈；新闻稿深度输出核心内容，传播时效性强。

（3）后续期：深度稿挖掘车主故事，深化传播；足球小将 VLOG（视频网络日志）实时记录，通过官方微信传播，强化体验感。

4. 媒介策略

主流媒体报道奠定基调，新媒体实时传播，实现多元化、多角度报道，扩大传播声量。

项目执行

1. 捷豹校园足球启动仪式

（1）7 月 19 日，项目于上海正式启动，共有 165 位嘉宾见证，迈入与托特纳姆热刺足球俱乐部（简称热刺）战略合作的第二年。

（2）首创“绿茵绅士杯赛”，号召媒体、员工、车主、体育老师四方参赛，为热刺加油助威。

（3）核心媒体与高层深度对话，剖析捷豹路虎中国企业社会责任价值及对中国青少年的积极影响。

（4）媒体从品牌发展、企业社会责任、社会价值等角度对其进行深入报道，实现多元化、多角度报道，扩大传播声量。

2. 捷豹校园足球体验营

（1）7 月 20 日—21 日，捷豹路虎中国 CSR 部门与客户关系管理部门联袂，邀请媒体人员子女、员工子女等 10 名孩子深度参与捷豹校园足球体验营，接受热刺教练零距离指导，体验一流青少年训练理念。

（2）中国足球名宿成亮助阵，现场与热刺金牌教练、受训孩子互动。

（3）特设英伦礼仪小课堂，加深中英文化礼仪交流。

3. 捷豹校园足球中英足球文化交流

（1）邀请 14 家行业资深媒体及 KOL 深入参与中英足球文化交流活动，实时跟进报道，多角度、多层次输出原创内容。

（2）32 名优秀足球小将深入热刺俱乐部学习培训，并打卡经典地标，观看顶尖球队对决，和英国同龄人进行丰富多彩的文化交流。

项目评估

1. 效果综述

（1）项目得到主流媒体中热爱足球的主编级媒体人发声，最大限度地保证了传播效果；新媒体实时传播，不同类型媒体均在重点位置报道。

（2）活动公关价值达到 63104682 元。

2. 受众反馈

（1）媒体：今天参加足球活动也是想让中国足球能有更大的希望，能够“从娃娃抓起”，未来培养出真正冲出亚洲、冲向世界的人才 。

（2）车主：我本身是从英国留学回来的，对英国以及路虎品牌都有很深的印象，而且孩子这次表现很好，是五强之一，我感觉教练很专业，所以以后我也会积极参加捷豹路虎中国的活动。

（3）员工：活动将我们作为员工、车主、足球粉丝的三个身份融合在一起，而且孩子也乐在其中，很高兴能通过捷豹校园足球活动让孩子掌握一些技能，劳有所益，劳有所得。

项目亮点

（1）定制化人物手绘倒计时海报：发布倒计时解锁海报，并为受邀媒体手绘定制化的专属卡通人物形象，媒体与高层朋友圈接力传播，为项目持续预热升温。

（2）员工招募快闪视频：依托捷豹路虎中国的上海大本营优势，发布员工招募快闪视频，利用精练的语言文字传播足球核心信息，精准定位员工群体，号召员工深入体验 CSR 明星项目。

（3）打造全媒体平台矩阵：覆盖电视、广播、手机 App、自媒体等在内的全方位传播领域。

亲历者说 韩微微　智者同行品牌管理顾问（北京）股份有限公司助理客户经理

少年志则国志，少年强则国强！每年的捷豹校园足球项目，都让我们看到运动的力量。2019 年，我们延续传统，组织开展了捷豹校园足球启动仪式、捷豹校园足球体验营和捷豹校园足球中英足球文化交流三项活动，除此之外，项目还将在启动后的一年内为当地基层体育老师进行系统的足球培训。

这个项目一直在用行动说话，通过“英超教练—体育老师—受益学生”三位一体的培训模式以及“授人以渔”的公益理念，立志为中国足球的发展培养中坚师资力量，让足球回归教育，推动校园足球普及。

足球为我们带来了什么？带来的是运动快乐，也让我们见证了师生成长。看着一个个孩子脸上挥洒的汗水，就像一束照亮未来生活的希望之光。我们也从一年一度的 CSR 项目中看到了公益无界限的魅力。

案例点评

点评专家：王春雨　北京锐易纵横文化传播有限公司创始人

首先，企业愿意坚持做好公益是很不容易的，尤其像捷豹路虎中国这样的汽车类企业，能在中国市场坚持把一个惠及中国青少年的体育公益坚持下去，更是一件难能可贵的善举。捷豹校园足球项目跨越五载，把顶尖的英国体育资源、教练资源带到中国，给中国的小球员和基层体育老师传授通过实践验证的青少年培训理念，为孩子们提供更为全面的综合性培训课程，并且以足球为纽带，为中英两国孩子及知名球员搭建文化、球场交流的机会，促进中英文化友好交流，带来了深远的品牌社会价值。

其次，捷豹校园足球项目的调性与捷豹汽车品牌是匹配的。捷豹虽是大众品牌，却一直有独特的英伦风情和华贵气质的加持，体育公益项目中大量的英伦明星教练、英国文化交流，加深了公众对品牌格调的认知，公益项目本身也为品牌在公众心目中的形象添砖加瓦。

最后，从品牌社会责任的本源出发，公益是公共利益事业的简称，公益的内核是回馈社会，好的公益会滋养品牌，但前提是要先放下营销的私心、做得纯粹，如果打着公益的旗号做营销，就可能影响品牌形象。

抗疫中的党媒担当[①]

执行时间：2020 年 2 月 28 日

企业名称：人民日报数字传播有限公司

品牌名称：人民日报数字传播

代理公司：无

获奖类别：金旗奖—— 2020 最具公众影响力企业社会责任大奖

项目概述

武汉市抗疫宣传中，人民日报数字传播发挥电子阅报栏户外传播阵地独特的传播优势，尽显主流媒体担当：协同“梧桐树计划”百万屏媒征集新冠肺炎援助信息，解决病患燃眉之急；探索“社区防疫”融屏应急传播，守牢一线抗疫战线；第一时间进驻武汉方舱医院，为医患“屏”传精神慰藉；疫情后开设直播带货，为“六稳”贡献媒体力量。

项目调研

在武汉市新冠疫情阻击战最焦灼的阶段，人民日报数字传播积极推进城乡社区应急融媒传播体系建设，在武汉市方舱医院以电子阅报栏为基础，建成方舱应急广播体系。武汉市方舱医院投入使用，人民日报数字传播无接触式阅报栏随后

① 图片由人民日报数字传播有限公司提供。

进驻方舱医院。自 2 月 24 日第一台电子阅报栏进驻武汉体育馆方舱医院后，50 台阅报栏陆续入驻各方舱医院，让方舱医院内的医务人员和患者能够及时阅读当天的报道，了解疫情战况。在防疫应急传播中，电子阅报栏户外媒体渠道优势突显，获得人民日报社领导表扬——“危难之际尽职责，大疫面前显担当”，用实际行动践行习近平总书记“让人民日报离人民更近，做到人民日报为人民”的重托。

项目策划

自新冠疫情暴发以来，人民日报数字传播有限公司按照中宣部指示，积极构建满足医护人员和患者精神文化需求的平台，发挥主流媒体使命担当，启动“心系方舱·阳光行动”计划，全力铺设人民日报电子阅报栏至武汉会展中心方舱医院、武汉体育中心方舱医院、武汉客厅方舱医院、武汉国际博览中心方舱医院、洪山体育馆方舱医院、武汉全民健身中心方舱医院、武汉体育馆方舱医院、新华产业园方舱医院等地，构建起抗疫的精神文化平台。

人民日报电子阅报栏进驻武汉方舱医院

项目执行

1. 屏系方舱

人民日报数字传播有限公司闻令而动，制作电影、音乐、防疫科普、防疫助手、群防群控、全民战疫等主题按钮，满足方舱一线医护人员、患者的精神文化需求。

2020 年 2 月 24 日第一台电子阅报栏进驻武汉体育馆方舱医院，人民日报数字传播武汉分公司同志们为了让方舱医院里一线医护人员和患者第一时间了解抗击新冠疫情的战况，逆行方舱，身穿两层隔离防护服，靠肩扛手抬，将从全国紧急调拨的 50 台人民日报电子阅报栏陆续抬进 8 家方舱医院。电子阅报栏中设有学习强国、党报头条等模块，也有专门为方舱医院定制的疫情动态等新应用，还有可以播放音乐的“人民动听”、片源丰富的“人民影像”、趣味科普防疫知识的“全民战疫”……人民日报电子阅报栏进驻方舱医院，为医护人员和患者构建起了抗击新冠疫情的精神文化平台。

2. 开通“新冠肺炎求助通道”

人民日报数字传播有限公司根据人民日报社统一部署，在全国 2 万块人民日报电子阅报栏上发布“新冠肺炎求助通道开启”定制公益海报，全面覆盖党政机关、央企、国企、事业单位等，征集新冠肺炎求助者信息。

2 月以来，人民日报数字传播联合新潮传媒开通“新冠肺炎求助通道”，通过全国 80 个城市近 20 万部新潮电梯智慧屏，征集新冠肺炎求助者信息。此外，人民日报数字传播联合中运科技，在全国 2000 家长途客运站推出“新冠肺炎求助通道”宣传海报，征集新冠肺炎求助者信息。

3. 宣发抗疫故事

人民日报数字传播联合北京京信大厦户外宣传屏以海报形式宣传防控疫情中的感人故事，制作“社区防疫第一线，看看他们怎么办？”“社区防疫第一线，总有行动让人暖”等主题海报，展现全国各族人民坚定信心、同舟共济的坚强意志。

4. 宣发防疫知识

人民日报数字传播联合北京市疾病预防控制中心宣发防疫知识，推动公共卫生事业发展，共同推出科学防疫短视频，通过人民日报数字传播官方微博、人民日报电子阅报栏播出，引导公众科学理性对待疫情，科学抗疫，共渡难关，一起打赢疫情防控阻击战。

人民日报数字传播官方微信开设“社区防疫第一线”专题报道，专门报道各省市采取的疫情防控措施、社区防控典型经验；官方微博发布 # 拒食野味 珍爱生命 # # 我们社区防疫经验多 # # 致敬社区“逆行人” # # 方舱日记 # 等话题，报道抗疫一线医务工作者与病人朝夕相处的点滴；联动多家社属媒体发起“众志成城—共同战疫”联合倡议，科学抗疫、有效防护，致敬医者，共克时艰；制作“疫情谣言粉碎机”“防护用品生产企业查询”“新冠肺炎确诊患者同程查询”“新冠肺炎防护知识问答”等多款融媒产品。

5. 人民阅读推出全场免费阅读系列活动

人民日报数字传播旗下人民阅读充分发挥数字阅读平台快速、便捷触达的优势，推出全场免费阅读、上线防疫知识专题及“假期充电指南”知识礼包等系列公益活动，惠及百万读者。其中“疫情面前，我们不慌”系列知识专题，精选以往抗击疫情深度报道，以史为鉴，积极应对，先后推出“人类经历的世界级瘟疫”“毒从何来”“疫情后的商业经济”“病毒无情人有情”等子专题，帮助读者更全面地了解这次疫情，更理智地面对疫情带来的影响，共克时艰。

项目评估

人民日报数字传播官方微博重点围绕疫情防控的重要新闻、社会暖闻、防控知识等进行内容发布，互动阅读量平均每条超 3 万次；粉丝量截至 2020 年第一季度末为 220.5 万人，较 2019 年第四季度增长了超 20 万人。人民日报数字传播官方微信公众号在疫情防控期间共发布相关报道和评论 233 篇，最高阅读量为 1.6 万次。3 月 7 日起，人民日报数字传播官方微博 @ 人民日报数字传播，联合深圳量子云科技有限公司旗下公众大号 @ 卡娃微卡-Kawa，在微博发起了“你好天使”系列活动。微博 # 你好天使 # 话题的总阅读量达 2600 万次，讨论量超过 6.7 万次。“科学防疫 有你有我”明星公益防疫知识科普及心理建议系列视频共 20 期，自 2 月 1 日在有数青年官方微博首发以来，共有 20 位演员积极响应并转发，主题包括“自我隔离的时间我们可以做什么？”“返岗复工，如何做好个人防护？”“如何做好居家消毒？”“如何缓解心理压力？”“怎样饮食可以提高免疫力”等。系列视频发布在有数青年官方微博、人民影像抖音、快手平台，并被蜻蜓 FM、央视频、CCTV 等着我、哈尔滨共青团微博转载。截至 4 月 10 日，微博话题阅读量累计 8179.2 万次，视频播放量超 2000 万次，讨论数达 73.4 万人次。微博话题阅读量逾 9000 万次，总阅读量超 1 亿次，视频播放量超 2000 万次。还有“隔空拥抱战疫家书”项目，有数青年邀请 40 位文艺工作者、文化学者，联合优酷、蜻蜓 FM、央视频、湖南卫视等媒体，自 2 月 24 日开始制作发布 40 期家书视音频产品，微博话题阅读量达 2100 万次，总阅读量达 2210 万次，视频播放量超千万次。有数青年联合复星影业发布公益视频《复・春》，并在武汉解封（4 月 8 日）推出特别策划视频，4 月 7 日晚发起 # 长江大桥有汽笛声了 # 话题，话题阅读量达 230 万次，视频播放量超百万次。

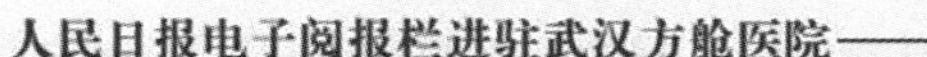

人民日报电子阅报栏进驻武汉方舱医院——

在战疫一线，也在医患身边

本报记者　张武军摄影报道

这两天，武汉硚口方舱医院的大厅里，在患者人流量最大的出入口旁边，摆放着一台“人民日报电子阅报栏”。

近日，人民日报数字传播公司启动“心系方舱·阳光计划”，在社会各界爱心企业、慈善人士的支持和帮助下，全力铺设人民日报电子阅报栏进驻武汉方舱医院，打通了一条爱心物资援助武汉的绿色通道。

患者熊阿姨拿出手机，扫描了电子阅报栏屏幕下方的二维码，APP很快呈现丰富内容：可以播放音乐的“人民动听”栏目、影片库超过400部电影的“人民影像”栏目，还有用小游戏科普防疫知识的“全民战疫”板块……阅报栏中还设有学习强国、人民日报、党报头条等内容模块，还有专门为方舱医院定制的疫情动态、在线阅读等新功能新应用。阅报栏还推出“你好，方舱”活动，用户可留言发送到方舱医院内的电子阅报栏内，为医务人员、患者传递温暖问候。据了解，人民日报数字传播公司拟在武汉全市8家方舱医院以电子阅报栏为基础，建设“方舱应急广播体系”，发挥党媒责任担当，为打赢疫情防控阻击战凝聚强大精神力量。截至2月27日，人民日报电子阅报栏已进驻武汉5家方舱医院。上图：硚口方舱医院的医务人员正在阅读电子阅报栏。

人民日报电子阅报栏进驻武汉方舱医院的相关报道

人民日报数字传播福建公司在抖音连续奋战 20 余天，共发布 165 个短视频作品，总浏览量达 1.5 亿次，总点赞数超 500 万次。人民日报数字传播安徽公司针对安徽省援助湖北省医疗队，联合安徽省卫生健康委员会，策划以“战疫日记”为主题，用日记体形式的系列报道集中宣传安徽省不同批次医疗队涌现出的典型人物，反映安徽省医疗队的精神面貌。在人民日报数字传播陕西公司精心设计下，一张承载陕西省地图的“陕西新冠肺炎疫情最新情况”专题海报诞生了。通过这张海报，全省各地每日疫情数据一目了然，此外还有“治愈出院情况”等好消息、正能量的信息展示。人民日报数字传播四川公司在电子阅报栏上开设“关注新型冠状病毒疫情”专题，采用信息化方式，以生动的图文形式每天实时跟进疫情最新情况。人民日报数字传播江苏公司及时宣讲了疫情预防知识，突出传递党和政府打赢疫情防控攻坚战的信心和决心，实时传递省内各地、各级、各行业疫情防控工作动态和举措，发挥主流媒体强有力的正面舆论引导作用。

项目亮点

（1）强烈的社会责任感。武汉市抗疫宣传中，人民日报数字传播发挥电子阅报栏户外传播阵地独特的传播优势，尽显主流媒体担当：协同“梧桐树计划”百万屏媒征集新冠肺炎援助信息，解决病患燃眉之急；探索“社区防疫”融屏应急传播，守牢一线抗疫战线；第一时间进驻武汉方舱医院，为医患“屏”传精神慰藉；疫情后开设直播带货，为“六稳”贡献媒体力量。

（2）传播渠道独特。人民日报数字传播发挥电子阅报栏户外传播阵地独特的传播优势，协同“梧桐树计划”百万屏媒，积极构建满足社会各界广大受众需求的抗疫精神文化平台，启动“心系方舱·阳光行动”计划，全力铺设人民日报电子阅报栏至武汉方舱医院，第一时间构建起“方舱应急广播体系”，让医护人员和患者可以及时获取权威新冠疫情实时动态信息。

（3）传播效果突出。人民日报数字传播根据人民日报社统一部署，在全国 2 万块人民日报电子阅报栏上发布“新冠肺炎求助通道开启”定制公益海报，

全面覆盖党政机关、央企、国企、事业单位等，征集新冠肺炎求助者信息。2月10日，在阿联酋阿布扎比举行的全球规模最大的关于城市未来的会议上，联合国人居署在世界城市论坛介绍了人民日报数字传播联合新潮传媒通过社区智慧屏媒有效征集新冠肺炎求助信息宣传案例，盛赞中国抗击新冠肺炎疫情的举措积极有效。

亲历者说　徐涛　人民日报数字传播有限公司董事长、总经理

新冠疫情发生以来，人民日报数字传播积极履行社会责任、彰显担当精神，第一时间带领公司协调落实N95口罩、外科口罩、防护服、消毒液、有机蔬菜等物资驰援武汉。2020年2月，策划实施“心系方舱·阳光行动”计划，带领人民日报数字传播协同全国楼宇播控平台立即行使社会职责，构建起抗疫的精神文化平台。人民日报数字传播全力推动全国楼宇播控平台的接入终端人民日报电子阅报栏铺设到方舱医院。

为了丰富方舱患者及医护人员的精神文化生活，舒缓紧张情绪与压力，人民日报数字传播有限公司内容团队不舍昼夜制作出精良的文化产品，通过播控平台进行内容传播，从音乐到图书再到影像，电子阅报栏中不仅设有学习强国、党报头条等内容模块，还有专门为方舱医院定制的新功能、新应用，包括疫情动态、用音乐温暖心灵的“人民动听”、超过400余部大片的“人民影像”、用小游戏科普防疫知识的“全民战疫”等，用优质内容传播希望与力量。

人民日报数字传播有限公司研发出高效远程协助平台“人民数字通”。在新冠疫情期间运用信息技术，服务疫情防控和企业复工复产。此外，公司联合北京市朝阳区呼家楼中心小学等学校推出在线教育系统，借助“人民数字通”强大平台能力，实现直播课堂、校园通知、疫情信息上报，并开展线上会议，切实把教育系统“防控疫情，停课不停学”落到实处。

案例点评

点评专家：陈先红　华中科技大学二级教授，中国故事创意传播研究院院长

人民日报数字传播项目尽显主流媒体担当，很好地践行了习近平总书记“让人民日报离人民更近”的嘱托，在危难之际尽职责，大疫面前显担当，满足了用户的精神文化需求。同时，其联动多款融媒体产品，引导公众科学理性对待疫情，为疫情防控做出突出贡献，体现了企业的社会责任。多场景、多终端实现新闻传播的全方位覆盖，努力占领新的舆论场，发挥主流媒体的舆论引导能力。此外，其开设了更多个性化体验专区，实现了与不同群体的连接，让更多的用户参与其中，体现了数字传播的媒介创新。

2020 最具公众影响力
体育类品牌传播大奖

DHL 中超“极速阵容，只为送达”营销计划①

执行时间： 2019 年 4 月 1 日—12 月 1 日

企业名称： 中外运—敦豪国际航空快件有限公司

品牌名称： 中外运—敦豪国际航空快件有限公司

代理公司： 北京新客意维文化传媒有限公司

获奖类别： 金旗奖—— 2020 最具公众影响力体育类品牌传播大奖

项目概述

DHL 赞助中国足球超级联赛（简称中超）的第六年，北京新客意维文化传媒有限公司携手 DHL 打造了一场“极速阵容，只为送达”线上线下整合品牌营销活动。借助中超球星的知名度，再次扩大了 DHL 中国品牌市场影响力。

DHL 中超“极速阵容，只为送达”营销活动海报

① 本文中所涉及的照片，DHL 均已得到被拍摄者的使用许可。

项目调研

DHL 作为国际知名物流集团，是国际快递市场的全球领导者。自 2014 年起 DHL 就开始了与中超的官方合作，借此契机实现 DHL“卓越，只为送达”的认知占位，充分利用中超资源权益，借势体育营销，联合线上线下资源，实现品牌曝光。

项目策划

1. 目标

（1）提升 DHL 的曝光量与关注度。

（2）强化品牌认知与记忆。

（3）与目标用户和潜在用户建立有效互动，实现品效合一。

2. 策略与方法

（1）受众策略：触及中超球迷，同时侧重精准人群，使 To C 向 To B 受众需求转化，彰显 DHL 的品牌优势和价值，强化潜在客户对品牌的认知。

（2）内容策略：通过线上线下联动的营销活动，与球迷和大众进行亲密互动，通过参与活动与对 DHL 价值进行深入传播，促进现有和潜在客户认同企业。

3. 受众

以“80 后”“90 后”为主体的中超核心受众，在职场历练，正值职场上升期，骨子里坚韧、奋进，追求卓越，愿为高标准服务全情投入。

4. 内容创意

“极速阵容，只为送达”运用 Digital Twin（数字孪生）的概念将五位球员定位成 DHL 企业中的一个完整工作流程岗位，体现 DHL 用极强的团队阵容和服务质量为合作伙伴提供优质的快递服务。线上联动垂直和自媒体资源，通过 # 给主队递个话 # 微博话题向球迷征集赛场主队助威语，线下借助中超赛场场边权益，设立中超助威快递柜，与现场球迷进行品牌价值服务的深度沟通，从内容到渠道进行双精准投放。

中超现场

5. 媒介策略

精选中超六大热门赛程，利用球场广告牌向主队递话，激发球迷自创内容，传递球迷情感，以精准的媒体渠道增强与潜在用户的互动。

项目执行

（1）线上外部传播：联动中超自媒体、六大主队足球俱乐部自媒体、懂球帝垂直媒体与球迷进行 # 给主队递个话 # 微博话题互动，借助中超全平台头部资源及俱乐部“双微”平台背书，与懂球帝以活动形式合作，效果远超行业平均水平。

（2）线下事件活动：优先关注中超六大焦点赛事，设立 DHL 中超助威快递柜，号召球迷到现场为中超助威加油，并向用户传递 DHL 确保快件安全、快捷抵达的优质服务。

（3）内部传播：加深 DHL 员工对 DHL 与中超合作关系的认知，强化员工主人翁自豪感，激发员工迎合中超赛事宣传 DHL 品牌，这次活动员工参与度极高，进一步激发和强化了员工自媒体传播。

DHL 中超“极速阵容，只为送达”营销活动现场

项目评估

在营销手段上，巧妙运用中超赞助权益，线上联动中超自媒体、六大主队足球俱乐部自媒体、懂球帝垂直媒体，每站曝光量超 1000 万次，阅读量几十万次，线上 H5 投票平台每站参与人次超 5 万次。

在营销创意上，借助 DHL 赞助中超场边 LED 广告牌资源权益，以 # 给主队递个话 # 的互动将中超广告资源权益分享给用户，激发球迷自创内容，传递球迷情感，成为此次营销的传播利器。

同时，DHL 内部联合 HR 团队开展中超知识问答活动，激发员工迎合中超宣传 DHL 品牌的热情，内部互动整体转化率平均在 10% 以上，北京国安转化率达到 40% 以上。

项目亮点

球星极速阵容：集结中超五大球星，以张琳芃、颜骏凌、蒿俊闵、吴曦、张玉宁为核心，联合中超六大焦点赛事，组成极速阵容，为主场送达胜利，为球迷传递助威热情。

赛事精选：精选中超六大焦点赛事。

话题曝光量：微博话题 # 给主队递个话 # 球迷助威语征集活动全网实现近 2 亿次的曝光量。

精准媒体传播：线上联动精准垂直媒体，精准定位目标人群，两场赛事营销活动已覆盖 7500 万人次。

阅读量：媒体平台累积阅读量高达 6347124 人次。

助威语投票：参与助威语投票 260498 人次。

球迷专属权益：区别于传统赞助商硬广告方式，将中超广告资源权益分享给用户，球迷助威语上现场大屏成为此次营销的传播利器。设立 DHL 中超助威快递柜，号召球迷到现场为主队助威加油，向用户传递 DHL 品牌价值。

亲历者说 张羽 DHL 品牌经理

DHL 作为中超官方合作伙伴、全球物流行业领导者，默契的“传递”是球场上胜利的关键因素，也是快件安全、快捷抵达的重要保证，这让我们找到了此项目立足之基础，将球迷、球星、球场以及足球文化进行了有机融合。高效的媒体运用，使得每站的数据都超乎预期。线下的互动设计，让球迷享受其中。历时一年的项目，经过六次的积累，我们共同成长，这是一段令人难忘的美好时光。

案例点评

点评专家：马利 中汽兄弟（北京）信息科技有限公司总经理

DHL 和中超讲究配合、速度的理念完美契合，是一个很适合发挥的案例。通过线上线下整合市场营销，取得了很好的传播效果。“给主队递

个话”活动的设置，掀起了传播巨浪，完美发挥了 DHL 的企业特征；“极速阵容”的搭建，传递了要想取得成功，需要团队成员互相配合，团队中不同的角色发挥各自的作用这一思想，彰显了客户的企业文化和中超的属性，此外，人气球星的加持，是本项目的另一大亮点。项目目的是实现品效合一，从品牌来看，项目充满亮点，实现了培育潜在用户的目标；从效果和转化来看，项目的表述没有明显的案例支撑，是为本项目的美中不足。

迪卡侬“多巴胺重启地球”——全民共创运动吉尼斯世界纪录①

执行时间：2020 年 7 月 24 日—8 月 8 日

企业名称：迪卡侬（上海）体育用品有限公司

品牌名称：迪卡侬

代理公司：无

获奖类别：金旗奖——2020 最具公众影响力体育类品牌传播大奖

项目概述

2020 年迪卡侬在全国开展“多巴胺重启地球”主题活动，推广运动健康大众化。活动由 15 位冠军助阵，全行业跨界支持，50 场线下运动嘉年华，100 个城市联动，谱写 4 项线上线下吉尼斯世界纪录，连接百万大众的运动梦想，传递运动健康重要性，鼓励全民参与运动，保持良好的运动习惯。这是新冠疫情稳定后国内唯一一场成功实现线上线下联动，掀起全民参与热潮的主题活动。

项目调研

运动运动，守护健康，点亮经济，激励生活。根据《全民健身计划（2016—2020 年）》，到 2020 年，参加体育锻炼的人数明显增加，每周参加 1 次及以上

① 本文中所涉及的照片，迪卡侬（上海）体育用品有限公司均已得到被拍摄者的使用许可。

体育锻炼的人数达到 7 亿人，经常参加体育锻炼的人数达到 4.35 亿人，体育消费总规模达到 1.5 万亿元。

根据迪卡侬与丁香医生联合发布的“2020 国民运动健康现状调查”显示，51% 的民众每周进行至少一次运动，但仍有 28% 的民众无法保证一个月一次的运动频率。国民对运动健康的意识和期待很高，但运动结果满意度与期待值存在差距。大众运动发展的广度和深度都亟须提升。

2020 年新冠疫情突如其来，上半年一系列史无前例的事件，令全人类不断受到冲击，社会需要正能量。在新冠疫情期间，运动展现出独特的力量，是居家抗疫的重要手段。新冠疫情让民众更加看重健康的运动习惯。生活常态化，运动更应该受到重视。

迪卡侬，全球最大的综合体育用品集团，也是世界上最早提出大众运动概念的品牌。迪卡侬以对人类和地球有益为宗旨，致力于让运动触手可及。由此，迪卡侬在全国开展“多巴胺重启地球”活动，旨在通过线上线下结合的方式，为全民提供创新、有趣的运动体验，倡导运动健康理念，呼吁全民保持良好的运动习惯。

多巴胺，是一种运动时分泌的神经递质，会令人产生兴奋和幸福感。“多巴胺重启地球”蕴含了迪卡侬 2020 年对大众的美好祝愿，也是迪卡侬向社会传递的正向能量。

迪卡侬“多巴胺重启地球”——多城点亮地标

项目策划

1. 目标

（1）社会层面：在后疫情时代，为国民提供创新的运动体验，传递快乐正能量，呼吁全民保持良好的运动习惯和健康的生活方式。

（2）品牌层面：履行迪卡侬作为大众运动品牌领导者的社会责任，用创新和多元化的方式探索品牌与运动大众的强联结，革新迪卡侬品牌在中国的传统形象，不断推广运动在大众市场的发展。

2. 整体策略

（1）助力普通人的运动梦想。在“多巴胺重启地球”期间，挑战 4 项吉尼斯世界纪录，参与挑战者全部为大众招募，让普通人的姓名也能载入吉尼斯殿堂，每个人都有机会拥有属于自己的世界纪录。以此次活动为契机，广泛吸引全国运动爱好者关注和参与，活跃 2020 年的大众运动市场。4 项吉尼斯世界纪录项目分别为：同一时间最多人同时进行羽毛球赛；最短时间内露营装备搭建与收纳；1 分钟内完成最多向后滑盘箭步蹲；单个活动收到最多的运动健康宣言。挑战成功者，将获得吉尼斯官方颁发的世界纪录证书。

（2）品牌跨界共推运动健康。丁香园、第一财经、平安人寿、冠军基金、体育大生意、全棉时代、林书豪—李群篮球联盟、网易哒哒、优阅达等各行业代表品牌共同参与，为国民健康发声，向大众倡导科学运动理念。

（3）吉尼斯之夜盛典。7 月 24 日，上海东方明珠和深圳中心书城广场，同时举办迪卡侬“多巴胺重启地球”——吉尼斯世界纪录之夜主题活动。奥运冠军，商界、文化界等各界代表，作为多巴胺大使助阵，共同见证普通市民现场挑战吉尼斯纪录和多巴胺活动拉开帷幕。

（4）冠军应援视频。由王丽萍、杨伊琳、郭伟阳、赵楠楠、程爽、李秉炜、毛庆等来自夏季奥运会、冬季奥运会、世界锦标赛、世界杯等各项国际赛事的 15 位冠军组成冠军“打 call[①]”团，他们来自不同的运动领域，但秉持同样的体育精神，热爱生活，乐于分享，鼓励大众动起来，用运动守护健康、点亮经济、

---

① 泛指对某人的喜爱与应援。

激励生活。

（5）名人明星应援视频。由杨毅、李群、吉克隽逸、黄霄云等 8 位名人、明星，为参与的大众录制视频应援，他们的共同点是热爱运动，形象健康，平时会与粉丝分享和交流运动习惯。名人、明星良好的个人形象与活动正面结合，也吸引粉丝关注“多巴胺重启地球”获取运动正能量。

（6）大咖“打 call”活动。13 位创始人、企业高管组成大咖团，他们国籍不同，有“95 后”也有“60 后”，他们是自己行业的佼佼者，也是普通的运动爱好者。在“多巴胺重启地球”活动里，他们以海报形式诠释自己对于运动的理解，为年轻人送上运动金句，鼓励大众保持运动习惯，改善自己，积极生活。

（7）KOL 探店。20 位泛生活类 KOL/KOC（关键意见消费者），带着共同的主题“运动体验到底能带来哪些能量”，走进各自城市的迪卡侬商场，体验各种运动，向网友传递最真实的欢乐体验和发自内心的运动感受。

（8）全国城市地标共谱运动正能量。上海东方明珠、深圳中心书城广场、杭州工联大厦、成都宽窄巷子、长沙万达广场、徐州金鹰国际购物中心等 12 个知名城市地标，共同刷上“多巴胺重启地球”的蓝色主题色，与市民共享运动正能量。

迪卡侬“多巴胺重启地球”——运动嘉年华

（9）全国50场运动嘉年华，100座城市变身多巴胺能量站。7月25日—8月9日，迪卡侬“多巴胺重启地球”活动在全国蔓延，50场线下运动嘉年华免费向民众开放，100个城市共同发放“多巴胺”福利，宣传运动健康理念。

3. 受众

爱运动人群，关注健康的人群，尤其是18~25岁Z世代，重启全球新一代的年轻力量。

4. 内容创意

（1）真正关注大众参与感。线下部分，将大型盛典主题活动、吉尼斯世界纪录挑战、运动嘉年华、探店体验等融入“多巴胺重启地球”主题，深入挖掘运动的大众普适性和融合性；线上部分，全面的社交媒体平台布局，H5互动、直播、话题讨论等多种功能充分应用。

（2）全年龄层多元化代表的运动发声。从“95后”创始人到“60后”企业高管，从奥运冠军到运动KOL，从影视明星到文化名人，从视频应援到海报“打call”，从运动金句到现场加油，迪卡侬邀请来自全年龄层群体的多元化代表，说出运动与自己的故事，为爱运动的大众发声助力。

（3）全国联动，线上线下结合。利用迪卡侬全国线上线下布局，让“多巴胺重启地球”两周之内在100个城市落地，尽可能覆盖全国爱运动的人，引发全民参与。

5. 媒介策略

（1）传统媒体与新媒体结合。“多巴胺重启地球吉尼斯之夜”活动获得中央电视台、上海电视台、浦东电视台、凤凰卫视、《人民日报》、《文汇报》、《新民晚报》、中新社等新闻媒体的报道；在运动嘉年华、探店、应援互动等体验式活动上，选取微博、微信、抖音、B站等新兴媒体传播，与消费者和爱运动的人产生情感互动。

（2）合作品牌传播联动。此次活动，以其覆盖范围广、具有积极主题意义等特点，获得众多品牌认可，与迪卡侬联合发起运动健康号召与倡议。合作品牌官方账号联合传播，向受众传递运动健康正能量。

（3）自有媒体矩阵。迪卡侬官方微博、微信公众号、微信小程序、抖音、B站，以及集团旗下其他功能型社交媒体账号齐上阵，向迪卡侬受众宣传活动，

尽可能提升参与度。

（4）全国城市户外媒介。上海市陆家嘴 100 块 LED 屏，杭州工联大厦巨幕，长沙万达广场巨幕，佛山顺峰山公园 LED 等户外媒介规模化传播。

（5）全国迪卡侬城市资源整合。全国 100 城迪卡侬整合当地城市线上线下媒介资源，本地化传播扩大“多巴胺重启地球”声量，实现活动影响力裂变。

（6）活动话题互动。在社交媒体发动活动话题，为运动大众提供平台进行交流分享，提升活动社交性和内容性。

项目执行

1. 预热期：7 月 21 日起

（1）冠军名人应援视频线上线下发布：15 位冠军与 10 位名人明星，为参与“多巴胺重启地球”的大众应援，微博、微信、B 站、抖音等社交媒体全面传播。

（2）合作品牌微博互动：迪卡侬发布具有品牌调性的运动金句，彰显品牌态度，助力大众参与活动。

2. 执行期：7 月 24 日起

“多巴胺重启地球”吉尼斯世界纪录之夜活动落地上海东方明珠：迪卡侬联合丁香园、平安人寿、第一财经、体育大生意等单位共同发起此次活动，腾讯、天猫、抖音、B 站等平台同步直播，迪卡侬全国 300 家商场实地连线播出。深圳中心书城广场为分会场，迪卡侬联合全棉时代、林书豪—李群篮球联盟等单位共同启动分会场活动。

3 项线下吉尼斯世界纪录产生，同一时间最多人同时进行羽毛球赛、最短时间内露营装备搭建与收纳、1 分钟内完成最多向后滑盘箭步蹲。1 项线上吉尼斯世界纪录产生——单个活动收到最多的运动健康宣言。它们的共同点是：纪录创造者为喜爱运动的普通人；由大众参与，与运动有关。

现场有来自商业界、文艺界、体育界、公益界等多个平台的“多巴胺大使”，共同为全民运动健康应援，共同开启“多巴胺能量站”，点亮东方明珠，点亮地球。

“多巴胺重启地球”活动于上海启动后，蔓延全国，全国联动共创多巴胺幸福能量。

全国100座城市共同联动，号召大众参与运动健康宣言征集活动，创下吉尼斯线上运动健康倡议世界纪录。

50场运动嘉年华，在全民健身日即将到来之际打造全民健身周，在运动中呼吁市民保持运动习惯，注重身心健康。

多品牌联合发起，鼓励全民参与运动，保持健康积极的生活理念，为民众提供健康福利，传递正能量。

深圳、广州、长沙、杭州、厦门、海口等城市点亮当地名胜地标，在地标建筑举办运动打卡，让运动健康理念深入市民生活。

商业领袖、行业权威、运动大咖等名人，现身说运动，为Z世代运动健康“打call”。

3. 收尾期：8月8日—9日

8月8日，所有线上线下活动结束，运动健康宣言吉尼斯世界纪录挑战正式结束。

8月9日，参与活动的大众兑换运动福利。

项目评估

1. 传播效果

迪卡侬“多巴胺重启地球”运动健康主题活动，作为新冠疫情后国内首场线上线下成功结合的活动，受到广泛关注。

媒体报道1704篇，总曝光量超70亿次，吸引761万人关注。中央电视台、上海电视台、凤凰卫视等多家媒体对活动进行深入报道。活动期间，迪卡侬品牌正面率高达91%。

社交媒体方面，45位微博“大V”参与传播，相关话题阅读总量破1亿次。

2. 活动效果

4项吉尼斯世界纪录诞生，纪录创造者全部为普通的运动爱好者；其中499490人参与运动健康宣言征集活动，成功完成世界纪录挑战。

9家品牌实现“破圈”共赢，充分探讨运动健康跨界的社会意义。

30 项运动的推广，为大众带来更多运动选择。

注册会员同比提升 42%，年龄主要为 18~25 岁。

3. 受众反应

（1）参与性强：全国超 100 万人参与迪卡侬线上线下各项运动体验。

（2）传播度广：活动新闻和信息的自发传播率高达 86.7%。

（3）好评率高：所有相关讨论中，“全民”“活力”“体育”“健康”“能量”等词汇成为迪卡侬关联词。

4. 衍生价值

（1）品牌合作延续：9 月，迪卡侬与丁香医生就运动健康主题进一步合作，“好动没毛病研究所”主题快闪店正式登陆杭州，迪卡侬线下场景体验与丁香医生大数据健康知识输出完美融合，迪卡侬线下门店化身“运动健康知识博物馆”，让消费者在运动购物体验中吸收科学健康知识，打造属于线下零售独有的创新场景应用。

（2）城市关系优化：活动为上海、深圳、佛山、杭州、厦门、徐州、常州等多个城市的公共关系和政府关系带来良好影响，助力品牌与当地合作。

（3）合作伙伴关系加深：以活动为契机，迪卡侬在全国各地的合作伙伴关系加深，共同在本地化方面创造更多价值。

（4）为行业和社会带来更多灵感：活动后，迪卡侬接到若干问询，探讨活动的可复制性和 IP 延续性，“多巴胺重启地球”活动将持续开展。

项目亮点

（1）体验创新：全国首个“云运动”体验 H5 由迪卡侬与网易哒哒共同开发，近 50 万参与运动健康宣言的挑战者都必须经过 15 秒的运动挑战，才能最终完成个人宣言；吉尼斯世界纪录与大众运动相结合，助力普通人实现运动梦想；15 项创新产品被应用于线下互动，提升运动体验。

（2）品牌跨界，大使应援，让影响力多元化：9 家品牌，13 位“多巴胺大使”，15 位冠军，45 位 KOL，让运动影响更多人。

（3）全方位资源整合：获得政府、媒体、KOL、行业合作伙伴等的高度认可，充分整合外部资源进行裂变性传播；全力调动企业内部资源，打造自有媒体传播矩阵，多角度、全方位进行品牌传播。

（4）从广度和深度上推动大众运动发展，让品牌为社会创造更多价值。

迪卡侬“多巴胺重启地球”——运动体验

亲历者说 朱轶玲　迪卡侬中国媒体事务总监

公关活动如何实现可衡量的品牌价值转化，是我们一直在考虑的问题。在“多巴胺重启地球”运动健康主题活动中，我们逐步找到一些答案——公关活动品牌传播的价值应该是多方面衡量的。

“多巴胺重启地球”的最初设想，源自新冠疫情期间我们想为大众抗疫带去更多能量。随着疫情稳定和生活常态化，我们发现大众的运动频率较疫情期间有所下降，从而调整并深化活动主旨，最终将“多巴胺重启地球”活动主题定为传递运动的快乐，倡导良好运动习惯和健康生活方式。良好的习惯和自我管理能够改变人生。

在活动筹备和执行过程中，我们共同进行项目管理，令人喜出望外的是，与合作伙伴的沟通、全国线上线下的联动、媒体资源的整合都超出预期。究其根本，我们认为是活动的主题触动了广泛的人群，其社会价值得到各方认可，一个对社会有益的项目，势必得道多助。而我们一直考虑的价值转化，也水到渠成，媒体传播、活动参与度、会员和销售增长都获得理想的结果。不仅如此，此次活

动还是一个相对完整的公关活动，对政府支持、伙伴合作、项目衍生等起到积极影响。我们坚信，追求品牌价值，实际上追求的是真正创造社会价值。

案例点评

点评专家：李兴国　中央党校（国家行政学院）公共关系专业教授

这是一次有助于全民健康的成功的大型公关活动。

第一，选题好，符合时代的发展，符合中国的国情。人类进入 21 世纪，追求生活和生命质量成为新的需求。2020 年中国彻底脱贫进入小康，在追求美好生活的时代推广体育运动大众化，恰如其分。

第二，事件抓手好。借助体育活动推广运动品牌始终是一个经久不衰的成功途径。

第三，时机选择意义重大。2020 年新冠疫情在全球持续肆虐，世界经济受重创，文体事业雪上加霜。但是，中国上下同心，其利断金，迅速控制了疫情，此时能够大胆启动线上线下大规模体育活动，鼓舞士气，难能可贵。

第四，规模大、组织能力强。100 个城市联动，谱写 4 项线上线下吉尼斯世界纪录，全行业跨界支持，这种规模并不常见。

第五，效果好，影响力大。充分利用了新时代高科技、多媒体与传统媒体结合。曝光量巨大，1704 篇报道的曝光量达 70 亿次，相关话题阅读量突破 1 个亿，成就非常可观。

康师傅借势中国女排世界杯夺冠

执行时间：2019 年 9 月—10 月

企业名称：康师傅控股有限公司

品牌名称：康师傅

代理公司：北京博睿创维体育发展股份有限公司

获奖类别：金旗奖——2020 最具公众影响力体育类品牌传播大奖

项目概述

从运动营养膳食角度来说，方便面是运动人群快速补充碳水化合物的极佳选择。康师傅通过塑造并传播运动员食用场景，向消费者传递正面品牌形象，并逐步改善消费者的品牌认知，延续康师傅支持中国体育事业的理念。

项目调研

中国女排凝聚了几代中国人的民族情怀。根据过往规律，每逢大型赛事，中国女排对消费者的影响力将达到顶峰。

2019 女排世界杯是中国女排在 2020 东京奥运会前最重要的国际赛事，赛事期紧邻国庆 70 周年，多重因素助推赛事关注度升级。

康师傅品牌长期为中国女排总教练郎平和队长朱婷这两大女排核心人物提供膳食保障服务并进行相关营销。

项目策划

1. 目标

（1）产品层面：通过塑造并传播运动员食用场景，向消费者传递正面品牌形象，并逐步改善产品固有印象。

（2）品牌层面：通过将产品与女排精神关联，升华营销高度，并输出“助力中国体育事业的民族企业”品牌形象。

2. 策略

由于碳水含量高、携带方便、符合中国人的饮食口味等因素，方便面比较适合运动人群食用，并应用于国家运动队的海外训练及比赛期间。相较大众食品，运动员食品往往需要通过更为严格的检测，且运动员人群拥有健康积极的社会形象。

中国女排在大赛期间会获得运动人群乃至大众极强的关注。大多数因女排世界杯由日本承办无法在现场加油助威的受众，需要通过电视以及“双微”等 App 关注包括郎平在内的与中国女排相关的赛事信息，并通过以上媒介在女排动态中植入品牌元素和产品信息。

3. 内容创意

新中国成立 70 周年是每一个中国人值得铭记的时刻，而国庆前夕中国女排取得的优异成绩正是中国体育界送给祖国的一份生日礼物。一碗“庆功面”，一碗“生日面”，可通过将康师傅的产品与女排精神关联，并传递“助力中国体育事业的民族企业”品牌形象。

赛事结束后，借势中国女排热度，康师傅邀请郎平、朱婷配合品牌共同开展青少年排球线下落地活动。在世界杯期间展开活动预热传播，并将世界杯期间的全部营销收入应用于青少年排球事业，在持续树立品牌形象的同时塑造青少年运动后产品食用场景并打造活动 IP。

项目执行

1. 预热期：#助攻郎平能量速达#话题引流

康师傅在郎平世界杯出征前送上“康师傅速达面馆国庆 70 周年纪念礼盒”

并录制预热视频，祝福她和中国女排旗开得胜，微博话题 # 助攻郎平能量速达 # 由郎平进行视频号召，跨界 KOL 助阵制造流量，并为后续传播积累素材。

2. 赛事期：紧随赛事进程，多角度立体传播

体育赛事期信息传播具有极强时效性。根据世界杯赛程安排，赛后第一时间发布植入品牌元素的“快反”海报、长图、视频；借助女排资源，制造郎平赛前研究战术吃夜宵面、魏秋月为丈夫暨女排助教送爱心便当等赛事期事件；联动体育名嘴韩乔生、李颖、美娜及健身达人、影评大师等自媒体网红，结合人物属性分别为郎平助威“打 call”并生成各类速达面馆食用场景，以此吸引大众。

3. 爆发期：关联国庆热点及女排精神

夺冠当晚邀请郎平携几代女排嘉宾在比赛地与球迷、记者及海外华人华侨共享康师傅国庆 70 周年定制版产品，为祖国送上生日祝福；世界杯期间走访十余位退役女排队员，剪辑制作国庆献礼视频，并由郎平等女排 KOL 在微博首发。

4. 延续期：整体盘点回顾，发掘深度内容

邀请多位专注中国女排的知名媒体人撰稿，通过升国旗、奏国歌等内容激发国人自豪感，回顾康师傅多年来为郎平、朱婷提供的膳食保障服务及相关营销事件，通过女排核心人物背后默默为中国女排予以助力巧妙嵌入品牌形象；与康师傅国庆前后其他体育营销项目整合，以身处世界各地的中国体育爱好者海外吃中国面、为祖国送祝福为契机，发掘中华美食文化符号、情感纽带等产品意象。

5. 训练营：借势中国女排，沟通亲子家庭

10 月 13 日“康师傅小小排球训练营”落地，郎平、朱婷亲自担任导师，众多排球嘉宾和知名媒体莅临现场，通过家长、排球教练、资深记者、KOL 等多方角度实现康师傅助力中国体育事业及青少年健康成长，全面沟通青少年家庭的宣传目标。

项目评估

康师傅品牌在中国女排世界杯期间传播效果出色，通过中央电视台、国家体育总局官网、郎平微博等，结合产品线、体育大众线、社会线、社会新媒体、社会大众媒体等，将康师傅与中国女排紧密结合，并落地大众圈层康师傅小小排球训练营带动电商销售，整体传播覆盖人群超 2 亿人。

电视媒体：CCTV-5（中央电视台体育频道）的《体育新闻》于 9 月 28 日播出夺冠聚会内容，播放时长近 3 分钟；CCTV-5、北京电视台播出训练营活动内容，播放时长共 5 分钟。

微信大号：共计发布相关内容 43 次；文章总计阅读量超 231 万次。

微博大号：共计发布相关内容 88 次；有效互动人数（转、评、赞）超 26 万人。

传播期间共计创作"快反"海报、长图 9 张；制作视频 14 个，累计播放量超 5000 万次。

权威平面媒体发布相关内容 5 次；新闻类 App、手机客户端发布相关内容 44 次；重点网络媒体发布相关内容 280 次。

在涉及品牌或产品的传播互动中，多数舆论对品牌给予好评，对速达面馆产品产生了深刻印象并对康师傅品牌助力中国体育事业发展表示支持。世界杯及"康师傅小小排球训练营"期间，媒体、亲子家庭及教师、学生等自发成为传播源进行口碑传播，通过自媒体成为品牌的传播者，将营销活动进一步传递给社会群体。

项目亮点

借势中国女排夺冠、上国庆花车的国民级社会热点进行布局，尝试打破体育营销仅限于体育人群的受众壁垒，将辐射圈层有效扩大至大众消费者。

在中华人民共和国 70 华诞将至、世界杯卫冕的聚焦时刻，精准地通过体育传承、人文情怀、民族荣誉等多个角度向大众诉诸情感，使消费者有感而发、由内而外地对紧密关联中国女排核心人物的康师傅及其产品产生正面联想。

沟通几代顶级女排 KOL，爆发期形成合力为祖国献"生日面"。

世界杯赛事期间提前预热青少年训练营线下活动，将长达一个月内的多个营销事件加以关联。

亲历者说 **尹艺　北京博睿创维体育发展股份有限公司高级客户经理**

2019年9月30日，中国女排不负众望，以全胜战绩卫冕女排世界杯冠军，在新中国成立70周年华诞前夕，习近平总书记第一时间接见中国女排并表示祝贺，成为体育头条乃至社会的热点。9月14日至30日世界杯期间，康师傅围绕#助攻郎平能量速达#微博话题，沟通新产品——速达面馆，并以视频号召、实时“快反”、夺冠庆功宴、女排为祖国献礼等内容进行传播。整个案例紧咬赛事节点，受到体育圈、各类媒体及社会大众的高度关注，深入传递了民族品牌康师傅助力中国女排及国家体育事业的企业形象。赛事结束后，郎平、朱婷旋即现身“康师傅小小排球训练营”，与热爱排球运动的青少年互动交流，活动反响出色，并成功带动品牌的电商销售。整个营销通过借势，成功沟通目标人群，巩固品牌与女排关联，传播覆盖人群超2亿人，有效升华了康师傅的民族品牌形象。

案例点评

点评专家：汪珺　海航集团国际公关传播总监

康师傅女排世界杯整合营销案例将体育营销的手法运用得淋漓尽致。首先，抓住了国内顶级体育IP——中国女排，为品牌输出奠定极好的IP基础；其次，瞄准女排世界杯和70周年国庆两大话题，能够结合两大难得一遇的社会热点，将品牌调性上升到“助力中国体育事业的民族品牌”；再次，综合运用多种媒体宣传手段，在项目执行不同时期，实现各圈层人群的全面品牌宣传覆盖，既有权威定调性质的官方媒体—— CCTV-5，又有触及最末端大众的多媒体、自媒体；最后，“为祖国献生日面”的视频创意吸睛，既契合国庆70周年主题，又符合康师傅的产品属性，在整个营销阶段令人印象深刻。

中国数字冰雪运动会

执行时间： 2020 年 8 月

企业名称： 数字冰雪（北京）科技有限公司

品牌名称： 中国冰雪

代理公司： 北京知行博艺会展有限公司

获奖类别： 金旗奖—— 2020 最具公众影响力体育类品牌传播大奖

项目概述

中国数字冰雪运动会由国家体育总局冬季运动管理中心、中国冰雪大会组委会主办，数字冰雪（北京）科技有限公司承办，是中国首个以冰雪加电竞为内容，线上线下同时进行的国家级运动会。

项目调研

国家号召与全球电竞浪潮推动构成传统体育与电竞结合的大趋势背景。

在习近平总书记提出“带动三亿人参与冰雪运动”的总号召下，国家体育总局冬季运动管理中心联合中国冰雪大会组委会，共同开展线上线下相结合的冰雪赛事活动。以冰雪题材电子竞技结合线下冰雪赛事，推动冰雪运动更大范围普及，更深入大众运动健康生活。

2019 年中国电竞市场规模为 1000 亿元，新冠疫情之后全球电竞观众暴增，预计在 2021 年将突破 1600 亿元。传统体育与电竞一次标志性的牵手是 2018 年雅加达亚运会。

2022 年冬奥会进入倒计时，其对经济的影响力更加凸显。中国数字冰雪运动会打造“中国冰雪第一 IP”，将与各个领域的品牌联合布局冬奥会，搭载最好的冬奥会活动平台，展现最优质的资源。

项目策划

以推动冰雪运动的普及，拉动中国冰雪资源经济，以“带动三亿人参与冰雪运动”为目标导向，以打造“中国冰雪第一 IP”为策略，通过线上线下的同步推进，触达中年、青年、少年三大年龄段人群，影响最有运动消费习惯的主流人群。

项目满足电竞爱好者从业余爱好者到业余选手再到专业赛事选手的上升通路；满足冰雪运动爱好者打破时间、装备、雪场距离的限制，创建时时可以体验、人人可参与的冰雪运动场景；活动内容紧贴受众需求，高密度信息占领心智，高黏性“种草”冰雪运动文化。

项目团队从开幕式起就布局了全矩阵媒体传播，超过 40 家主流媒体全赛季持续报道。媒体阵营包括国家级电视媒体、地方电视台、新媒体门户网站、直播平台、社交网站、官方微博、公众号等，从线上海选，校园联赛、区域赛，每一个节点的内容素材输出、包装制作、宣传，都在全媒体平台同步。区域赛活动当天媒体数据为：每场超过 20 家媒体在现场进行采访报道；线下超 1500 人到达现场参与活动；线上活动当地覆盖受众 20 万人；全国触达受众 1000 万人以上。

9 月广州站、10 月无锡站、11 月成都站、12 月哈尔滨站。在 2021 年 3 月的总决赛全面释放项目品牌赋能、传播影响力、资源整合力。中国数字冰雪运动会将会成为 2021—2022 年度冬奥主题极具影响力、极高规格、极具创意的体育电竞赛事，是企业进入冬奥宣传阵列的最佳平台资源。

项目执行

我们已完成开幕式、首站广州站、第二站无锡站、第三站成都站、第四站哈尔滨站的落地实施。

随着项目成熟度快速完成，影响力直线上升，更多合作伙伴加入，品牌赞助商进入，项目组实施分组集中式管理。分为商务合作组、媒体传播组、现场执行组，以打造“中国冰雪第一 IP”为内容指导，以满足赞助商及合作伙伴需求、做好服务为宗旨，集中所有资源，采用线上项目管理系统进行信息统筹与分发，在项目信息庞杂的情况下保证了各个接口信息完全对应。我们以国家级赛事执行标准筛选各品类服务供应商，严格控制项目质量。在每一站进行项目总结，提炼活动亮点并在下一站放大，补充遗漏、修正差错，保持项目创意不断翻新、实施品质不断提升。项目开展以来得到国家体育总局领导的一致好评，不断给予政策资源，指导地方政府共同参与。在稳扎稳打的基础上，项目获得了巨大的上升空间。

项目评估

自项目开展以来，迅速刮起冰雪电竞热潮，在媒体上多次引爆话题热点，“冰雪 + 电竞”“数字冰雪”“冰雪下江南”“热雪沸腾”“雪战巅峰”等关键词持续成为热搜。广州站单站新闻稿转发媒体达到 80 家，百度收录超过 200 篇，现场直播在线人数超 100 万人，网络传播总量超过 1000 万次。活动现场邀请电竞类、体育类 KOL 进行直播，直播间最高在线观看纪录达到 20 万人次。

广州站之后，64 位晋级选手都进行了社交传播分享，在《极限巅峰》游戏圈内引发观赛、参赛热潮。冠、亚、季军发出邀战视频，喊话总决赛 PK（对决），争夺百万元奖金，更助推激战氛围。

项目不断产出优质的原创内容，热度快速上升形成 IP 效应。与媒体建立起内容和传播渠道的互惠合作，在客户端构成资源型平台，受到越来越多客户的青睐，合作伙伴数量平稳上升。

项目亮点

项目的初始创意来源于新冠疫情下如何应对环境的不确定因素，继续为客户提供优质的创意活动资源。在深入调研了冰雪运动和电竞数据之后，大胆将冰雪与电竞结合，进行创新。在筹备过程中不断打破常规思维，突破范式界定，演变出新的思路。整合线上线下资源，快速启动项目，抢占消费者心智，打造“中国数字冰雪第一 IP”。

亲历者说 **高源　北京知行博艺会展有限公司 CEO**

这是一次在新冠疫情中成长起来的、由电竞推动的中国数字冰雪运动会，在该运动会举办过程中不断完善创意想法，将线上高山滑雪纯电竞项目变成结合线下冰雪联赛、趣味冰雪知识问答、冰雪 VR 体验、儿童冰雪秀、冰娃雪娃代言活动线上线下联动、冰雪运动与数字科技深度融合的精品赛事。

案例点评

点评专家：赵晓光　奥美集团北京经营合伙人

项目从策划到执行体现出了专业团队的经验与热情。该项目切入点具有很好的时效话题性，随着北京冬奥会临近，冰雪运动逐渐成为大众关注与喜爱的运动类别，进而成为社会热门话题。电竞是近几年在青少年人群中极流行的潮流休闲及运动形式之一，将冰雪与电竞元素充分融合，使该项目具有吸引青少年受众的天然优势。

活动巡展行程从南方逐步北上，从传统冰雪运动欠普及地区向冰雪运动流行地区推进，有助于不断提高活动热度与现场人群参与度。是比较巧妙的安排。

从执行内容来看，现场的冰雪运动体验与知识问答环节，对于吸引冰雪爱好者，普及冰雪运动有较多助益，联合专业滑雪运动组织共同发起，更加强了项目的专业性背书，对冰雪运动爱好者及感兴趣人群有较

强吸引力。

项目的电竞部分，受限于《极限巅峰》游戏的普及程度，受众参与度较低，未能充分兼顾冰雪体验与电竞互动的双重促进。如能更多结合一些流行的电竞项目，并找到与冰雪主题的结合点，则更能呼应“冰雪+电竞”的核心营销概念。

案例资料主要集中在现场活动策划与实施部分，未看到更多传播节奏与内容输出策划，单从传播效果数字来看，未有超乎寻常的亮眼表现。期待未来看到更多传播细节与效果，能够将“冰雪+电竞”的跨界热点组合效果发挥得更加充分。

2020 最具公众影响力
年度品牌传播大奖

比亚迪“汉为观止　星耀中国之旅”

执行时间： 2020 年 6 月—8 月

企业名称： 比亚迪汽车销售有限公司

品牌名称： 比亚迪汽车

代理公司： 北京播势品牌管理有限公司

获奖类别： 金旗奖——2020 最具公众影响力年度品牌传播大奖

项目概述

比亚迪“汉为观止　星耀中国之旅”于 6 月 20 日在全国范围内全面开启。成都、西安、广州、深圳、杭州、上海、天津，7 大城市，9 大商超，联袂上演“汉”的实车静态展览。作为比亚迪全新推出的新能源旗舰车型，“汉”在全国各地大范围的亮相让更多国人有机会近距离看见国货汽车界“尖儿货”的风采。更值得一提的是，展出期间国际化的外籍工作团队进行“艺术擦车”表演，将舞蹈艺术与擦车动作相结合，与“汉”所散发的中式豪华风完美融合，别具意境和韵味，让现场的观众流连忘返。

线上传播，通过剖析强大中国车汉上市的背后意义，将本次活动定位为国货的崛起，在社会化层面联合当红明星、知名“大 V”、权威媒体、百家品牌共同发声作为中国制造的崛起证言，引发大众对于国货的认可、对于中华民族文化和民族品牌的自信。

项目调研

没有比扭转人们的刻板偏见更难的事了，然而，在之前“进口总比合资强，合资总比国产好”想法占主导的汽车市场，人们的这种偏见正在改变。国货崛起源于中式内涵与世界文化的融合，“比亚迪·汉”的豪华之道就来自中国传统文化和现代工业设计的交融贯通，最终呈现出新中式豪华之感。

广大消费者在商超看惯了千篇一律的车辆静态展览，除了经销商的产品推销，很难感受到品牌文化，更不用说与民族文化相结合的展览内容。因此，做一次吸引人们关注，传递品牌精神与民族文化，兼具产品推广等多重效果的传播活动是本次项目的核心内容。

比亚迪“汉为观止　星耀中国之旅”活动现场

项目策划

1. 目标

树立“汉”车型的豪华形象，传递比亚迪作为民族汽车品牌的自信与强大实力。

2. 整体策略

（1）中西合璧的展台设计：以遒劲有力的中文产品口号“汉为观止”作为

背景，配合具有中式豪华感的木质展具以及民族精神的代表迎客松，整体的中式豪华装饰包围着一红一黑两辆“汉”车型样品，既有视觉冲突感，又凸显品位。

（2）演员风格混搭吸引关注：身着中式汉服的中国姑娘与身着精致西装的外国男生，伴随着优雅的音乐，现场进行“艺术擦车”表演，认真的神态与高雅的动作，成为商场中一道亮丽的风景线，吸引线下公众关注。

（3）围绕国货崛起的话题炒作：在线上引发国潮崛起、民族自信的探讨，联合当红明星、知名“大 V”、权威媒体、百家品牌共同发声。

3. 受众

关注中高档汽车的人群，尤其是年轻群体。

4. 内容创意

（1）视频引爆话题：以现场布展、“艺术擦车”表演、公众参观为素材，制作高品质活动视频，以此引发线上传播。

（2）定调文章深度评论：邀请知名评论员、主流媒体对事件进行进一步发酵、讨论。

（3）长条漫画解读新青年消费观：生动的漫画解读了年轻人对于国货的热情以及对于民族文化的追捧。

5. 媒介策略

（1）以微博平台引发话题：邀请当红明星毛不易发布活动视频，引出 # 为国货起舞 # 线上话题，微博 KOL 就该话题发表观点。

（2）近百家主流媒体转发造势：近百家汽车、财经、科技等媒体微博转发造势。

（3）百家“蓝 V”联动，助力话题热度提升：华为、百度、格力、方太等国产品牌参与了 # 为国货起舞 # 微博话题，并与消费者进行抽奖互动，引发了一波国货崛起的网络热潮。

（4）跨次元整合，引发集体共鸣：B 站 UP 主、知名舞者威力斯，结合“汉”的气质创作舞蹈视频；网易哒哒创意条漫及视频传播，形象化输出观点。

（5）定调文章深度评论：邀请知名评论员、主流媒体对事件进行进一步讨论，深度解读国货崛起背后的原因。

项目执行

比亚迪“汉为观止　星耀中国之旅”于 6 月 20 日在全国范围内全面开启。

首战开启时线上进入全面传播阶段，引发公众关注，为后续几站的线下活动进行引流，线下的持续关注热度又产生了大量 UGC 进行二次传播。

比亚迪“汉为观止　星耀中国之旅”海报

项目评估

（1）# 为国货起舞 # 话题阅读量突破 1.9 亿次，讨论量达 72 万次。

当红明星毛不易为话题发声，阅读量超 1148 万次，视频播放量达 443 万次。

网友评论积极正面，“国货之光”“国产汽车门面”“给力”“崛起”“逆袭”“技术实力”等品牌关键词和“颜值”“高端”“精致”“高配置”等产品关键词被多次提及。

时政、军事、时尚、科技等6位跨界KOL观点支持阅读量共计超4168.5万次，视频播放量超602万次。

汽车、财经、科技等多类型的80家媒体发微博参与话题，阅读量共计5262.5万次。

（2）生活、社会、时尚等抖音达人短视频（共5支）播放量突破1135.9万次，点赞数超69.7万次。

项目亮点

（1）项目预算较低，却通过借势国际形势与民族自信情绪，实现了大范围的话题传播。

（2）项目轻线下重线上，以清晰而紧凑的传播节奏，进行了热点话题传播，达到了线上线下双赢的效果。

亲历者说 韦荣 北京播势品牌管理有限公司副总裁

没有比扭转人们的刻板偏见更难的事了，然而，在一向认为“进口总比合资强，合资总比国产好”的汽车市场，人们的这种偏见正在改变。中系车从颜值到技术全面进阶，这在很多亲眼见证了中国车市发展历程的朋友来看，是非常了不起的进步。当具备硬实力的新国货开始重塑我们的自信，让我们的生活更美好时，我们应该感谢比亚迪这样的中国品牌，感谢对创新的敬畏和坚持，让我们真正成为一线的用户，拥有一线的实力。

案例点评

点评专家：张宁　中山大学传播与设计学院教授、博士生导师，中山大学公共传播研究所所长

作为一个突出中国文化的品牌传播方案，比亚迪“汉为观止 星耀中国之旅”在场合、视觉、链接和互动等多个方面实现了传播效果的叠加和扩大，可谓是一个能形成完整传播链的方案。

首先是场合，汽车品牌的最佳传播手段一般来说都是静态展示，这样能方便消费者近距离接触和增加个人体验感，如何在一成不变的静态展示中突出新意尤为重要，比亚迪“汉为观止　星耀中国之旅”的传播方案没有改变展示的场地，在能保证车辆和消费者近距离接触的情况下增加了动态表演，这种形式能保证同样的传播活动在不同的城市同时展示，不受客观条件的影响。其次是在动态表演中突出“汉”文化元素，通过汉服形象、独特的站台设计、中西演员混搭和舞蹈表现来加深观看者的印象，也让他们拍下了更多的照片或者视频，通过个人的社交媒体账号进行再次传播。最后是基于现场动态表演视觉的互动式传播，除了现场观看者的自我传播外，该项目还将活动视频同时在网络社交媒体平台上进行再次传播，近百家汽车、财经、科技媒体进行微博转发，这种链接式传播往往能引发较为瞩目的社会关注。除了主流媒体平台，还在青年消费人群聚集的B站等平台上再次进行传播联动，让线下线上形成同主题的互动方阵，在品牌与消费者、主流媒体与市场、社交媒体与个人，以及专业人士与目标消费者之间搭建了方便互动的路径。从这个角度来看，品牌的传播效应也应该是叹为观止了。

长城汽车30周年品牌传播

执行时间： 2020年7月12日—8月31日

企业名称： 长城汽车股份有限公司

品牌名称： 长城汽车

代理公司： 爱创营销与传播

获奖类别： 金旗奖——2020最具公众影响力年度品牌传播大奖

项目概述

长城汽车成立30周年之际，以“长城汽车挺得过明年吗”为话题掀起了一场“反常规”企业庆生宣传。通过多圈层领袖发声和公众参与讨论，引发了大范围传播共振，形成了一场跨越汽车圈层、影响社会公众的现象级传播活动。

项目调研

在30周年到来之际，长城汽车没有如行业和社会大众普遍所想举行一场盛大的庆典，而是以一部3分钟的微电影为核心，以一篇极具态度的“战斗檄文”为诠释，用“反思”代替了“宣传”，用“危机”代替了“成就”，用“命悬一线”代替了“前途无量”……体现出长城汽车作为中国汽车领军品牌的高度和引领作用，体现出董事长魏建军作为一名具有全球战略视野的企业家，在成就与荣耀面前的清醒头脑，以及强烈的危机意识，自我革新的决心和勇气。

项目策划

1. 目标

（1）传递领导者的企业家精神，强化领袖魅力，展现企业理念。

（2）解读影片核心思想，放大魏建军“敢于反思，敢于推倒重来，勇于置之死地而后生”的高度、格局和领袖特质，进而表达长城汽车敢于自我变革的新态度。

（3）提高企业在汽车行业以及全社会的地位与影响力。

宣传片截图 1

2. 整体策略

30 天，六重奏，速度快，节奏猛，以企业家精神和企业理念为核心立足点，利用成都车展前的传播空窗期快速出击，引爆声量，打好节奏明快的闪电战。

3. 传播策略

爆点唯快不破：10 天的传播快攻战役配合 20 天的振荡传播活动，密集触达公众，占领行业传播制高点，成为汽车圈内外众人津津乐道的话题。

紧抓公众爱好：用成就下的危机感，与同行业案例关联对照，并巧借大腕的金句吸引公众关注。

4. 内容策略

联动时代精神：与时代同频共振，用反思打动行业内外。魏建军敢于反思、敢于绝地求生的企业家态度，与时代精神联动，激发公众深度共鸣。

5. 媒介策略

全网立体“出圈”：在“刷爆”汽车圈的基础之上，通过政府、财经、营销、科技、时尚、泛娱乐等媒体组合矩阵，用爆文和深度评论打通多维圈层，实现全网霸屏、立体“出圈”。

项目执行

1. 预热发酵

首创云上“生死思辨会”，发布宣传片，承接热度顺势发布魏建军公开信：组织近 500 位各领域核心媒体参与 30 周年“生死思辨会”，重磅发布宣传片，以官方媒体发布和媒体人微博、微信转发、点评的形式将宣传片迅速传播开来，使“长城汽车挺得过明年吗”“命悬一线”等话题成功引发全网热议。

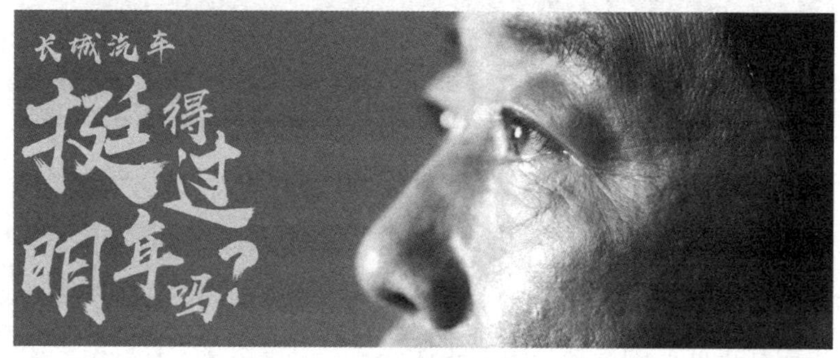

宣传片截图 2

2. 声量爆发

基于传播内容与时代格局共同的居安思危精神内核，回顾企业过去 30 年的成果，引发媒体与公众对于企业未来发展的思考，达成话题“出圈”、社会共振的效果。

跨圈层媒体结合时代精神，以公众视角解读在变革思维下逆势向上的长城汽车，将品牌深度反思、力求变革的态度升华为引起社会公众共鸣的话题，引发公众关注与热议。

3. 影响延续

营销类媒体对本次传播引发的巨大关注热情和话题进行深度复盘，深挖传播中映射的长城汽车从企业层面到营销团队的思维创新、举措创新，深度认可长城汽车在“全球化科技出行公司”新形象下创新、领先的新营销战略。

基于宣传片及公开信内容，包装金句、“热梗”，打造 # 长城汽车挺得过明年吗 # 微博话题，充分激发媒体和网民的关注与讨论兴趣。

项目评估

1. 效果综述

传播期间话题热度持续高涨：7 月 13 日至 31 日，百度指数“长城汽车”指数均值相较 1 月至 6 月上涨 288%，A 股市值持续高涨。

传播质与量双线发力：共达成 8280 次报道，触达量超过 1.6 亿次，产出 27 篇阅读量超 10 万次爆文，1 篇阅读量超 100 万次爆文。汽车圈层媒体大咖、垂直媒体纷纷从行业视角力证事件高度。党政媒体、财经媒体、权威电视媒体、社交媒体等“出圈”媒体多平台传播。

多元化创意产出，社交平台全面发力：策划并制作海报 2 张、九宫格组图 1 组、长图 3 张、小视频 5 只，媒体朋友圈扩散超 900 次，微博话题阅读量达 1.2 亿次。

2. 市场反应

有效增强了大众对于长城汽车 30 年来的贡献与成就的认知和了解，激发更广泛的群体与长城汽车产生情感上的共鸣和强关联。

3. 用户反应

长城汽车利用反向传播思维，在合适时机做一场打破常规但又暗合受众心理需求的营销活动，通过层层疑云的悬念布局，一步步实现从业内向跨界、再向全民热议的社会性话题突围，使用户感受到企业的底气、实力及企业家的前瞻格局，为中国制造实力点赞。

项目亮点

1. 行业泰斗主动点赞

宣传片的精神与内涵、魏建军接手长城汽车 30 年首封公开信的创新举措，获得了来自汽车行业和各圈层媒体领袖的高频点赞，行业泰斗集体主动手书寄言，对魏建军作为企业家的前瞻视野、长城汽车作为行业头部企业的品牌格局给予了充分肯定。

2. 优秀媒体积极主动原创报道

宣传片与公开信高度优质的内容与话题展现了极大的传播延展性，媒体记忆点和应用热情空前之高。各大媒体结合行业态势和社会话题，主动搭建报道专题、策划原创选题并进行多轮报道，真正形成具有深度社会影响力的超级话题。

亲历者说 曾宪墨　爱创营销与传播策略总监

从接到客户的创意简报到项目具体执行，整个周期不足两周，项目的对接与落实十分棘手。我们除了提前了解微电影宣传片的整体脉络，在其中寻找能够凸显领导格局及企业战略的情节并进行头脑风暴，产出多元化创意之外，还需前期针对媒体进行多次甄选，优中选优，确保传播资源与品牌调性、传播内容一致。

除了渠道上重视媒体属性与品牌在价值观与调性上的契合度，内容方面，我们重视打造与用户的情感连接，以更接地气、更贴合当前互联网传播语境的内容，形成广泛的大众热议焦点。

基于对用户的精准洞察，我们以吸睛话题吸引关注，并通过精耕运营不断在社交平台收获高曝光、高传播价值，诠释话题背后的品牌力量，帮助品牌吸引粉丝。

案例点评

点评专家：赵晖　众行传播集团首席策略官

长城汽车 30 周年，并没有采取绝大多数品牌会考虑的庆典形式，而是采取了“反思”这么一种更具深度、更有诚意的形式。说实话，品牌方易引起消费者反感自吹自擂，特别是在这个热衷“打脸”的社交媒体时代，品牌方稍微不慎就很容易被群嘲。我认为，此次长城汽车 30 周年品牌传播有三个值得肯定的地方：第一，真诚走心，由企业掌门人坦言“命悬一线”，容易让用户感叹做企业不容易，激发同理心；第二，接地气，物料品质也上佳，很多品牌容易剑走偏锋，以为接地气就是恶搞、就是自黑，但长城汽车的微电影品质感是非常符合大企业形象的，让人觉得可靠、实力强；第三，开放性话题机会提供者，很多品牌的推广行为往往是自嗨，没有人愿意讨论，但长城汽车的微电影照顾到了用户、同行、媒体、员工等，从不同角度去开放性讨论的可能性，创造了“出圈”的必要条件，让人可以感受到掌舵人心胸宽广、居安思危，品牌自身不谄媚、不吹牛，踏踏实实。

bilibili world 2020 上海站

执行时间：2020 年 8 月 7 日—9 日

企业名称：上海宽娱数码科技有限公司

品牌名称：bilibili

代理公司：上海达毅思创公关顾问有限公司

获奖类别：金旗奖——2020 最具公众影响力年度品牌传播大奖

项目概述

bilibili world 是 B 站的大型线下嘉年华活动，本次活动在逆境中孕育，作为集展览和互动游戏于一体的综合性娱乐嘉年华，其已然成为 2020 年夏天极受瞩目的 ACG（动画、漫画、游戏）展会之一。公司负责 3 大展台—— OGV 展台（专业机构生产的视频内容）、国家地理展台及动漫展台的设计及运营。3 大展台包含 20 多个 IP，多重设计风格及多重互动功能。

项目调研

bilibili world 是 B 站的大型线下嘉年华活动，于 2017 年创办，旨在带给大家一个实体化的 B 站，该展会有别于一般的动漫展览，让更多人可以深度体验动漫展览的魅力。

项目策划

在新冠疫情影响下 bilibili world 2020 上海站一直受到 B 站粉丝和漫迷的关注，在其逆境中孕育，承载着漫迷及粉丝的期望。毫无疑问，此次 bilibili world 2020 上海站是 B 站暑期给粉丝及漫迷们的一个完美夏季见面礼。

1.OGV 展台

OGV 展台主要分成了四大部分——大厅、番剧区、国创区、电影区。大厅采用了 2020 年比较流行的赛博朋克风格，以黑色为主色调，通过灯光色彩来打造未来科技感。番剧区和国创区主要做的是一些动漫里的场景还原，在客户能提供的素材有限的情况下，很多场景都是公司团队成员手绘进行完稿设计，活动现场结合高质量的 COSER（角色扮演）表演，获得了用户的一致好评。电影区的设计结合了赛博朋克风格以及真实电影院的风格，得到了 B 站客户及漫迷的高度认可。

2. 国家地理展台

国家地理展台以黑黄两色为主，公司做了类似画展的静态展示。在整体静态的设计风格中加入了翻转牌和视听装置两个互动结构。《国家地理》的主编在现场给予了高度认可。

3. 动漫展台

在没有模型的情况下，根据图片一比一做出了动漫场景里的隐树祈福摊，其成为本展台最大的一个亮点，在活动期间，更是吸引了形象大使蔡明老师在现场驻足采访游玩。还原了《月歌 2》的舞台设计，打造的 203 张原版 CD（激光唱盘）组成的 CD 墙，更是吸引了大批粉丝。

项目执行

从 2020 年 5 月到 8 月，项目共花费了 3 个月进行筹备及执行。项目在新冠疫情期开始筹备，展台设计涵盖 3 个独立展台、20 多个 IP 的设计，对设计创作创意提出了巨大的挑战，设计团队昼夜创作创意设计效果图，同时一些没有模型的平面动画效果的实体化呈现，也使创意设计难度升级。截至活动进行，共更新设计方案超过 20 套，出效果图超过 1000 张，为现场的效果呈现提供了极大的保障。

最终设计及呈现得到了客户的极大认可，包括合作独立展台的《国家地理》的主编也在现场对展台设计、还原度及运营情况给出了高度评价。

项目评估

bilibili world 从 2017 年创办至今，旨在带给大家一个实体化的 B 站，该展会有别于一般的动漫展览，让更多人可以深度体验漫展的魅力。2020 BW 在逆境中孕育，此次 BW 作为展览和互动游戏于一体的综合性娱乐嘉年华，已然成为今年夏天最受瞩目的 ACG 展会之一。

bilibili world 2020 上海站横跨国家会展中心（上海）3 个展馆，整体面积达到了 8 万平方米，UP 主、嘉宾、VTuber（虚拟主播）齐聚于现场 8 大舞台，场馆内涵盖 200 个知名展商。同时，活动延续历届互动玩法，保留了过去备受好评的交友舞台、自由舞台、签售舞台等 11 组趣味互动游戏平台。活动成为当下动漫展览新标杆，展会 3 天参观人数超过 10 万人，现场一票难求，展会影响力已深入人心。

案例点评

点评专家：银小冬　17PR 创始人

动漫展会的最大难点就是如何有效还原动漫设计效果以满足资深动漫迷挑剔的目光。在本案例中，执行团队面临 3 个独立展台、20 多个 IP 的设计任务，对创意设计提出了巨大的挑战。在客户提供素材有限的情况下，执行团队通过手绘进行完稿设计，最终完成设计方案超过 20 套，出效果图超过 1000 张，呈现效果得到了 B 站的极大认可。

一个活动执行团队最核心的就是执行力，再好的创意也需要执行方

案的严格落实才能取得预期效果。在本案例中，无论是与客户沟通的能力，在条件缺失情况下迅速提出解决方案的能力，还是最终效果体现的设计团队的专业能力都近乎完美。正是有这样一支执行力强的团队，本案例最终才得以达到效果预期。

创意是很容易被模仿的，但是团队执行力很难被抄袭。相信这个案例可以给传播行业从业人士以启发，一支具有战斗力的队伍才是一个机构最核心的竞争力。

2019 年勃林格殷格翰进博会公关传播

执行时间： 2019 年 11 月

企业名称： 勃林格殷格翰（中国）投资有限公司

品牌名称： 勃林格殷格翰

代理公司： 北京曼观公共关系顾问有限公司

获奖类别： 金旗奖——2020 最具公众影响力年度品牌传播大奖

项目概述

勃林格殷格翰参加进博会（中国国际进口博览会）是全面支持国家政策的体现，企业也期望通过进博会与政府建立更加紧密的关系，并助力“健康中国 2030”的宏伟蓝图早日实现。企业通过前期预热和展会期间的多项展台活动全面展示创新、前沿、极具代表性的产品和服务，在官方媒体以及全国重点媒体上获得了多方位、多角度的广泛报道，影响受众超过 11 亿人次，极大地提升了企业形象和美誉度。

项目调研

进博会作为中国市场向世界开放的重要标志之一，是企业与政府、合作伙伴及各有关群体沟通和对话的平台。

勃林格殷格翰本身处于医药行业创新前沿，拥有众多创新项目，与政府有深度的合作，通过进博会平台可以将企业影响力辐射至普通大众。企业可以借

助进博会平台进一步提升自身品牌形象及影响力。

“根植中国，服务中国”是勃林格殷格翰入华以来一直秉承的企业经营理念。同时，企业致力于为客户提供更好的创新解决方案和更优质的服务，共同推动行业进步并进一步改善人类和动物的健康。勃林格殷格翰希望通过进博会进一步表达对中国市场的长期承诺，并提升企业形象和品牌价值。

项目策划

2019 年勃林格殷格翰进博会公关传播 1

1. 目标

进一步加强与政府的关系，提高公司知名度，提升公司形象，并让客户和相关人士了解公司的核心产品和优势，增进媒体和公众对勃林格殷格翰的认知和关注。

2. 整体策略

围绕进博会“开放创新，合作共赢”的主题，策划前期预热以及展会进行时的活动方案，涉及电视台、电台、直播媒体等。

宣传公司四大业务板块（人用药品、动物保健、生物制药、健康创新）及全面布局、全方位发展的公司战略。

3. 受众

政府（部门）、行业内人士、公众。

4. 内容创意

2019 年《中华人民共和国药品管理法》修订，勃林格殷格翰作为生物制药试点企业紧跟国家政策，不断推进生物制药合同生产（CMO）项目进程。同时，国家不断推进“医共体与医联体”融合的医疗体系建设，旨在提高乡镇医疗卫生水平。勃林格殷格翰以服务于患者的最优先需求为主宣传点，区别于传统的药厂企业。在动物保健领域，勃林格殷格翰为中国市场带来了全新的动物保健理念，从预防到患病管理，在动物疾病、健康监测及服务引进方面更有利于农场主及宠物主对于动物健康的管理，这使得勃林格殷格翰在动物保健领域树立了行业旗帜。

5. 媒介策略

围绕进博会进行勃林格殷格翰百日传播策略规划，通过为进博会发声，紧扣政府政策，更好地为企业争取曝光机会，打造企业品牌形象，主要分为以下几个方面。

（1）对于媒体类型进行细化分类整理、准备资料，提高传播准确性以及媒体声量效果。

（2）聚焦“四叶草”媒体团队，通过关键词，占领社交媒体版面，扩大宣传范围。

（3）嫁接新媒体流量，强化品牌与用户之间的互动，增强品牌影响力。

（4）依托权威资讯发布平台，联动进博会官方微信公众号，拓宽大众化传播路径。

项目执行

1. 项目进度

（1）2019 年 9 月 19 日至 11 月 5 日，为项目预热阶段。公司完成了“920 总裁专访”、卒中全病程解决方案发布，全面预热进博会传播。

2019 年勃林格殷格翰进博会公关传播 2

（2）在倒计时阶段提前与媒体沟通，积极探寻和参与电视专题报道及展台扫播报道。

（3）11 月 6 日开幕当天为高潮阶段。安排主流媒体进行高层专访，抓住关键时间节点和话题响应权威媒体。开展了跨国药企在华 CMO 服务平台在沪建成的深度采访，邀请权威媒体、行业媒体参加。

（4）11 月 7 日至 8 日展会期间，热度持续上升。根据四大业务板块，面向不同的受众媒体，公司分别组织了 4 场新闻活动，邀请媒体亲临展台，共同见证项目启动。与 7 家国内领先的互联网医院签署战略合作协议，共促健康管理新模式建立，形成进博会期间对勃林格殷格翰人药业务关注的小高潮。

（5）闭幕，举行晒成绩单活动。在闭馆前 1 小时，发布各展台活动现场花絮，作为“成绩单”的重要内容进行二次传播和成果展示。

2. 控制与管理

本次公关项目由勃林格殷格翰传播部发起，其与北京曼观公共关系顾问有限公司联合负责项目的统筹管理，包括创意设计、细节把握与落地，涉及与勃林格殷格翰各相关部门的沟通与合作，同时把控制作内容品质与传播效果。

项目评估

1. 效果综述 / 现场效果（截至 2019 年 11 月底）

（1）进博会期间接待了多个中央及地方政府参观团、合作伙伴与各方嘉宾，详细介绍了勃林格殷格翰的企业愿景、发展成绩和各领域的创新解决方案。

（2）共计 61 家媒体出席了活动，包括行业、大众媒体。

（3）首次参展即登入苗建榜单 50 强。

2. 受众 / 市场反应（截至 2020 年 6 月）

（1）与采购商签订了总额为 2 亿元的药品采购意向单。

（2）进博会创新展品与项目后续落地。抗肺纤维化治疗药物尼达尼布（维加特®）在 2019 年进博会“首秀”后，2020 年 6 月收获了其在华第二个新适应证，此次获批仅比欧盟晚 1.5 个月。糖尿病创新药物恩格列净（欧唐静®）在 2019 年进博会结束当月被正式纳入全国医保目录。

勃林格殷格翰生物医药基地投入商业化生产后，其生产的第一款肿瘤抗体药物于 2020 年 2 月交付上市，勃林格殷格翰也成为中国首家基于新版《中华人民共和国药品管理法》进行生物药品商业化生产的公司。

3. 媒体报道统计

截至 11 月 11 日，共监测到 3312 篇有关勃林格殷格翰参展进博会的相关报道。中央电视台、人民网、新华社、上观新闻、第一财经、澎湃新闻、《解放日报》等重点媒体共发出 197 篇原发报道。活动在 CCTV-1（中央电视台综合频道）《新闻联播》、CCTV-2（中央电视台财经频道）《正点财经》以及 CCTV-13（中央电视台新闻频道）《新闻直播间》栏目得到曝光和采访报道，辐射观众规模达 11.34 亿人次。

新闻报道截图

项目亮点

本项目主要亮点为根据每个阶段的企业战略、曝光需求、相关受众的关注热点及竞品传播分析等多方面进行了周密策划，不错过关键的曝光机会。在实施整体布局时提前规划了需要进行的传播活动，又留有了一定的时间方便活动现场机动地进行相关布置。在项目预热阶段，抓住会展开幕前期这一关键期，展台在中央电视台的新闻报道中亮相。在进博会期间，团队接待了多个中央及地方政府参观团、合作伙伴与各方嘉宾，并且发布了 5 项具有重要意义的活动，其中内含多个首次发布，也为项目的持续性传播提升效果。根据不同活动的特点，团队也在实施过程中分领域传播，增强了定向传播的效率。

亲历者说 殷妤涵　勃林格殷格翰（中国）投资有限公司企业传播与政府事务副总裁

在本次传播中，我们在项目预热阶段发布两项重要活动为参与进博会发声，在展会进行期间发布了五项重要活动，中央电视台、新华社、第一财经等媒体均对活动进行了采访报道，可以看到媒体对于新闻的需求还是很明确的，这也鼓励我们借助这次媒体关注契机，全方位传播我们的发展理念。

项目预热阶段的媒体报道通过公司高层的专访传达了勃林格殷格翰与中国企业合作共创未来健康解决方案战略的理念，在展后，我们大胆晒成绩单，汇报参会成绩，进一步提高了传播力。今后在策划公关活动上，针对进博会的公关传播是我们考虑的一个重要部分，我们希望能进一步扩大宣传覆盖面。

案例点评

点评专家：吴志远　湖北自媒体协会会长，华中师范大学自媒体研究中心主任

勃林格殷格翰借势进博会的热点，扩大品牌在中国的影响力，这是一次中规中矩的借势传播。从传播效果来看，成效还是相当不错的。进博会预热期被报道了 1154 次，进博会举办期间被报道了 2158 次，其中原创文章 266 篇，覆盖 11.34 亿受众。众多国家级主流媒体都参与报道了该品牌。

像这样常规的借势传播，除了考验品牌方及代理公司与媒体的交情以及事业网络的成熟度外，一个非常重要的关注点就是对新闻眼的捕捉。

从这个角度来讲，勃林格殷格翰和代理公司的合作还是非常有成效的。例如，紧紧抓住《中华人民共和国药品管理法》修订之机，突出勃林格殷格翰作为试点企业的重要性；全社会高度关注中国成年人脑中风致死、致残现象，而勃林格殷格翰提供了有效解决方案；宠物经济蓬勃发展，勃林格殷格翰抢到了动物健康管理的风口。这些新闻眼的捕捉，为品牌方提供了大量曝光的机会。

当然，从长远而言，勃林格殷格翰在扩大知名度方面还有些基础工作要做。其中最突出一点就是勃林格殷格翰这个品牌名称比较拗口，不容易形成记忆，如能够按照中文习惯，将品牌名称重新翻译，符合中国人的习惯，容易记忆，一定会取得更好的效果。

“焕新·向上”荣威品牌日

执行时间：2020 年 5 月

企业名称：上海汽车集团股份有限公司乘用车公司（简称上汽乘用车）

品牌名称：上汽荣威

代理公司：上海哲基数字科技有限公司

获奖类别：金旗奖—— 2020 最具公众影响力年度品牌传播大奖

项目概述

中国汽车品牌上汽荣威以 2020 年 5 月 10 日中国品牌日为契机，线上线下联动打造了一场新国潮上汽荣威专属的“焕新盛典”，发布了新狮标和全新 R 标。上汽乘用车高管与脱口秀红人齐上阵，并由上汽荣威 App 及腾讯、天猫、新浪、搜狐、新华社等近 20 家媒体共同直播呈现活动。

项目调研

中国正在加速推进品牌强国战略，推动中国制造转向中国创造，中国速度转向中国质量，中国产品转向中国品牌。2018 年 4 月，中共上海市委、上海市人民政府提出全力打响上海服务、上海制造、上海购物、上海文化四大品牌。

此外，行业环境层面，新冠疫情使车企与用户线下见面受阻，通过 4S 店（集整车销售、零配件销售、售后服务、信息反馈为一体的销售店）沟通的传统方式面临挑战。此时，汽车企业急需转型升级。只有转变自身的曝光方式，才能与更广泛的受众建立关系，除了已有车主和目标车主，还要和以跨圈 KOL 为代表的当代年轻人进行积极沟通。

项目策划

1. 目标

联合多家媒体、国潮品牌，线上线下联动打造上汽荣威“焕新盛典”，强化上汽荣威自主品牌“焕新”进阶理念，公布“双标战略”，实现品牌产品与服务升级。

2. 整体策略

借势中国品牌日，上汽荣威品牌向上突破，将“双标战略”的正式发布、高端重磅产品的集体亮相、新国潮品牌合作的集中展示相结合，举办一台别开生面的“吐槽大会”。

上汽荣威高管成为脱口秀主角，将品牌升级的核心信息有趣表达，将上汽荣威品牌人格化；上汽荣威坚持品牌“焕新”而非“重塑”，给予车主代表展示的舞台，力求品牌资产可持续化，扩大品牌的公众影响力。

3. 受众

（1）关注国家发展进步的主流人群，他们关心时事要闻，支持并信任中国创造，是上汽荣威的基础客户。

（2）具有文化自信的年轻一代，他们热衷国潮单品，关注国产品牌，是上汽荣威以新国潮文化和脱口秀形式进行沟通的主要人群。

4. 内容创意

“双标战略”正式发布：新狮标积极部署“年轻化战略”，将以新的品牌形象深耕传统燃油车领域；全新 R 标成为上汽荣威高端纯电专属，将带来面向 5G 时代的智慧出行新选择。

高端重磅产品亮相：新狮标旗下新车荣威 RX5 PLUS、荣威 i6 MAX、荣威 iM8 Concept，全新 R 标旗下整舱交互 5G 量产车荣威 R MARVEL、荣威 R ER6 等。

品牌合作展示：上汽荣威与科技领域的新国潮品牌华为建立战略合作关

系，在 5G、智能驾驶、智能座舱等方面共谋新发展；升级与阿里巴巴合作打造的斑马智行 VENUS 系统，集成 90 秒全双工 AI 自然交互语音、声音克隆、车家互联等实用功能，全面打通阿里巴巴软件生态圈。

5. 媒介策略

（1）主流媒体发声，占领自主品牌形象认同高地：联合新华社旗下媒体、中国交通广播 FM99.6、《每日经济新闻》等主流媒体进行主题报道。

（2）创新渠道运用，触达更年轻、更广泛人群：与天猫合作进行直播，薇娅带货荣威 RX5 PLUS；运用抖音、今日头条等社交媒体发布金句视频，达到“出圈”效果。

（3）多位媒体 KOL 朋友圈扩散：全渠道媒体 KOL 共计发布朋友圈 527 次，提高荣威品牌之夜的圈内关注度。

项目执行

1. 整体传播节奏

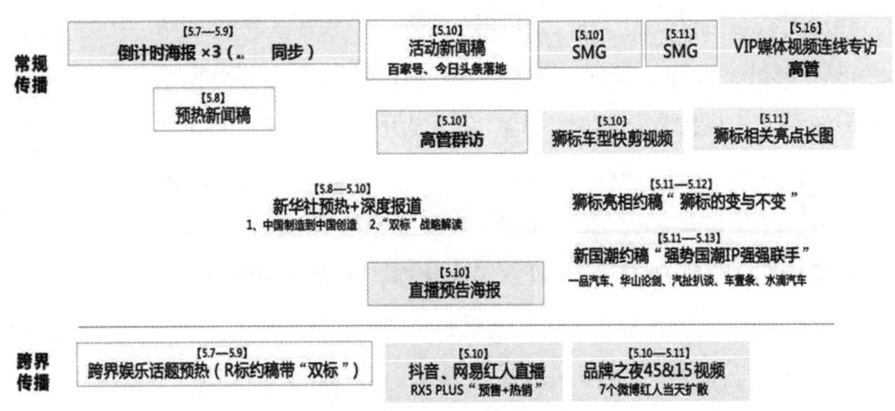

荣威品牌之夜（狮标）传播节奏

出于定位、传播侧重点、视觉风格等方面的考虑，上汽荣威在传播中后期将新狮标与全新 R 标进行了传播节奏的拆分。

2. 预热期：5 月 7 日—9 日，“双标”焕新，活动亮点提前曝光

上汽荣威通过品牌之夜倒计时海报与预热稿件的多平台传播，透露“双标”

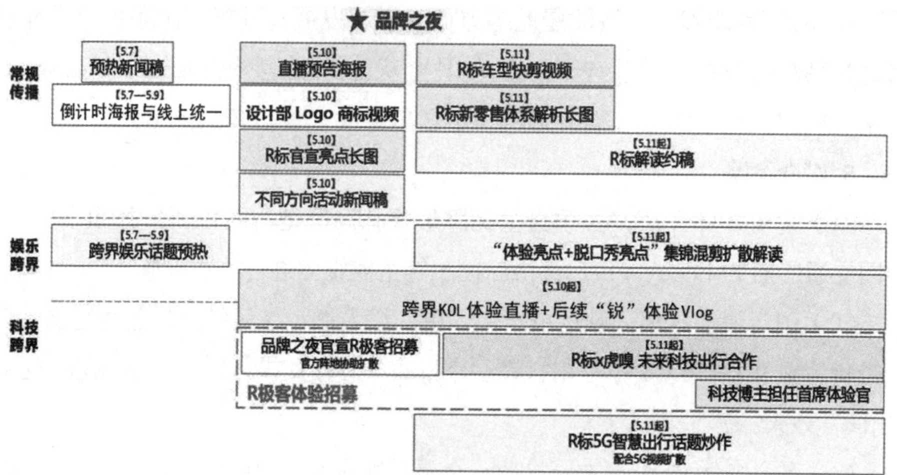

荣威品牌日 R 标公关传播节奏

焕新、品牌向上的信息，同时体现上汽荣威服务国家的品牌战略、勇担社会责任的品牌形象，并以策划品牌故事、产品预告、直播咖位透露等形式，吸引观众进行观看。

3. 活动期：5 月 10 日，多平台联动，直接触达更广泛人群

活动流程分为荣威红人说、荣威国潮秀、荣威红人粉丝互动。共有上汽荣威 App 及腾讯、天猫、新浪、搜狐、新华社等近 20 家媒体对活动进行直播，突破传统汽车传播圈层。同时，上汽荣威从用户兴趣出发进行传播下沉，通过汽车垂直类媒体、权威媒体、平台“大 V”资源等传播露出，赢得更多潜在消费者关注。

4. 延续期：5 月 10 日—16 日，二次传播，加深公众印象

在延续期，上汽荣威对发布会全程视频进行二次剪辑，打造领导金句视频，通过朋友圈、抖音、腾讯视频进行扩散。

以用户思维、赋能创新为主题，上汽荣威在狮标焕新和 R 标露出的次日扩散解读稿件，多平台、多形式传播，立体化传递品牌焕新信息。

传播渠道：媒体 KOL 朋友圈；汽车之家、搜狐汽车、《汽车商报》等专业媒体；EV 世界等新能源媒体；今日头条、车家号、凤凰、网易等视频媒体；上视新闻综合频道等电视媒体。

项目评估

1. 效果综述

上汽荣威品牌全网直播发布会累计线上总曝光超 3.7 亿次，荣威国潮红人馆的展现形式在公众中引发广泛共鸣，“新国潮”成了荣威跨圈层的品牌标签，丰富了荣威的品牌内涵。

2. 现场效果及受众反应

以“吐槽大会”的形式举办车企发布会颇具新意，上汽荣威高层亲自演绎品牌脱口秀，敢于吐槽和被吐槽的态度，戳中年轻人的“潮”点，全网直播观看人数超 3000 万人，弹幕与评论反响热烈。

3. 市场反应

集中亮相的车型中，荣威 RX5 PLUS 在薇娅直播间 30 秒即售罄下架，限量 4108 台被抢订一空，上市一个月销量突破 13000 辆，在车市中获得亮眼成绩。

4. 媒体统计

截至 2020 年 5 月 22 日，活动稿件已在 502 家媒体露出共 2217 次，总阅读量超 3000 万次。发布会专访稿件在 32 家媒体露出共 141 篇，总计 107 个焦点图及图文推荐，总阅读量超 225 万次。

媒体 KOL 共计发布与“双标”内容有关的朋友圈 527 次。截至发稿前，微博话题 # 国潮荣威焕新标 # 获得 1.4 亿次阅读、5609 次讨论，制造话题环境，提高荣威关注度。

项目亮点

“焕新 · 向上”荣威品牌日不仅是一次单纯的汽车品牌焕新活动，更是一次强趣味、高互动、高流量的跨界潮流盛典。

1. 吐槽式娱乐发布形式

活动以生动活泼的吐槽形式进行预热，在荣威红人说小剧场中，上汽荣威高管将品牌介绍融入段子，最后以脱口秀方式公布品牌焕新信息。

2. 红人大咖加盟

活动邀请到红人大咖加盟，脱口秀演员王思文、程璐、王建国、呼兰齐聚线下，知名娱乐主持人沈涛实力助阵，更有淘宝第一女主播薇娅天猫直播带货荣威 RX5 PLUS。

3. 多平台联动

活动以腾讯作为发布会主导平台，并针对不同内容在不同平台推出直播专场。新狮标主合作新浪、天猫、华为；全新 R 标主合作爱奇艺、搜狐、优酷。

亲历者说　俞经民　上海汽车集团股份有限公司乘用车公司前副总经理

这次活动我不只是作为嘉宾坐在台下，更是上台体验了一把当下极为时髦的脱口秀。当天晚上我就收到好多微信，朋友圈也被刷屏了，汽车圈里的老熟人都说这个发布会表现形式很新颖、很有趣。网上年轻人的反响也很好，都表示没想到原来上汽荣威能玩得那么开。

作为以“吐槽大会”的形式举办发布会的品牌，上汽荣威在展现了品牌年轻化态度的同时，也诠释了中国制造向中国创造转变，展现作为国产自主品牌的生命力与社会责任感。

本次活动我们得到了近 20 家媒体的直播支持，吸引 3000 多万网友在线观看，活动稿件总阅读量破 2414 万次。它必然在上汽荣威，乃至国产汽车的传播史上留下灿烂的一笔。

案例点评

点评专家：张景云　北京工商大学商学院教授，中国公共关系协会第五届常务理事及第六届理事，中国高等院校市场学研究会常务理事

品牌标识焕新是品牌战略升级的体现，也是品牌更新的方式。策划主题“焕新·向上”中，“焕新”通过 R 标和新 LOGO（商标）发布，借助活动来传播“新设计·新技术·新零售”，解读“新产品·新理念·新价值”，有助于推出新车型，适应新市场。“向上”在契合上汽荣威的品牌理念的同时体现了上汽荣威积极上进的正面联想。

在时机选择上，本方案借助了以下时机：一是 2019 年刚开展过的中华人民共和国成立 70 年大庆；二是中国品牌日；三是上海市从区域经济发展角度提出的四大品牌战略；四是上汽荣威“新四化”战略及品牌焕新。利用这些时机来开展“焕新·向上”荣威品牌日专题活动，将上汽荣威品牌融入中国品牌、上海品牌发展中，具有“大处着手”的战略高度，与媒体报道热点相契合。

新闻发布方式有新的突破。为了凸显新国潮概念，本次活动与故宫文创、华为等新国潮品牌进行跨界合作，不仅通过跨界扩大了客户圈层，也引领着互联网汽车的新时尚。与天猫、抖音、新浪微博等七大平台合作，邀请了网红主播薇娅直播带货，不仅带来了巨大流量，也提升了流量转化率。

在传播内容和方式方面，设置了年轻人关注的热点话题，采用了脱口秀、段子、自黑、吐槽等年轻人喜闻乐见的方式进行传播，拉近了与年轻消费群体的心理距离。同时，上汽乘用车高管、知名车主与新车主的沟通，也拉近了与客户的关系，提升了用户黏性。

不足之处是，案例正文中最好给出新标识的图片和官方释义，以便读者准确、清晰地辨识并了解新标识的理念。

《信心三问》

执行时间：2020 年 1 月—8 月

企业名称：中国工商银行股份有限公司

品牌名称：工银私人银行

代理公司：上海卡睿微文化传播有限公司

获奖类别：金旗奖——2020 最具公众影响力年度品牌传播大奖

项目概述

《信心三问》以抗疫为背景，以信心为核心传播概念，采用三段式广告形式，以精练、简洁的剧情展现出工银私人银行作为客户的伙伴，为客户带去稳健、创新和携手同行的信心。广告诉求清晰完整，层次分明，是国内金融广告中耳目一新的作品，令人记忆深刻。

项目调研

在创意阶段，团队调研了 20 位工银私人银行的资深财富顾问，匿名访谈了 5 位高净值人群代表，发现“信心”这个关键词既能代表 2020 年年初中国全民抗疫的精神状态，也能代表中国经济转型期财富阶层对未来充满希望。故本片以传统二代接班人的角色展开 3 段故事，讲述信心源于稳健、源于创新、源于伙伴同行。

项目策划

中国的强大和中华民族的团结在全球抗疫行动中一枝独秀，令世人叹服。在这个过程中，信心发挥了巨大作用。信心是什么？针对这个问题或许每个人的答案都不一样。而在工银私行人的眼中，信心是珍宝，重若千钧。主创团队在创意构思阶段，面向客户服务团队开展了充分且翔实的调研，深受启发：经验丰富的财富顾问分享在困境时陪伴客户一往无前，用信心迎来事业转折的故事；年轻活力的财富顾问讲述如何背靠中国工商银行品牌实力和自身努力去建立信心，并赢得客户认可的故事。一谈到信心，工作似乎都变得轻松起来，每个人都充满了对事业的热情。

1. 信心一问：精于毫厘、挚守稳健

在与一线服务人员的交流中，两个高频出现的词语吸引了创意团队的注意力——“稳健”“专业”。稳健是工银私人银行一以贯之的品牌核心价值，专业则是工银私人银行作为市场领军机构必须具备的能力。

系列片的第一个故事，取自上海老表匠的真实案例。每一块有人生纪念意义的手表都会被主人悉心保养，潮起潮落间，岁月可以无声，但那块表却足以尽显一代企业家的奋斗历程。正如一个优秀的财富管理机构，以稳健和专业之心守护第一代客户，年轻的财富顾问陪伴财富接班人去修表，更是对中国第一代创业精神的回顾和继承。

剧中老师傅的扮演者曾多次出演主旋律电影，沉稳的表演把第一代创业者的心路历程刻画得淋漓尽致。

宣传海报 1

2. 信心二问：助力突破、全新启程

在调研中，主创们发现年轻的二代客户们大多承袭了来自上一代的使命感和责任感。他们在时代更迭中不仅愿意担负起实体企业重担，更可贵的是有意愿且有能力带领企业挑战未知、开拓创新。经济长河波涛汹涌，市场环境复杂多变，无论企业规模如何、处在何种周期，企业焕新都较难通过一朝、一时改变完成。创新改革都需要章法，需要循序渐进，需要扎实稳健以打开新的局面，更需要一个有力的伙伴。

故此，在第二个故事中，主创们运用一个玻璃框的创意，将工银私人银行背靠母行平台资源，在创新理念、资源共享、投融策略等多方面，希望帮助二代客户们顺利将创新式接班的理念体现出来。同时，此次拍摄选角团队还大胆启用了年轻演员来饰演财富顾问，将伙伴同行、共同成长的理念注入影片。其亮点是在布景和特效上下足了功夫，以富有未来感的场景来体现近年来企业在金融科技能力方面的领先地位。

3. 信心三问：任重道远、君子同行

第三个故事的构思取材于工银私人银行年度品牌特色增值服务“财能实践营”暑期子女活动。财富的传续和家族精神的传承，是企业在客户服务过程中展现大行眼界、凸显大行实力的重要研究内容。财富家族第三代的教育体系和成长路径，决定了他们将来接过企业家权益的同时，必将肩负起更多更重的社会责任。

士不可以不弘毅，任重而道远。在第三个故事中，主创团队将影片设定为二代财富顾问与二代客户边看子女自行车骑行比赛边讨论的表现形式。二代客户对三代客户的期待，不仅是父亲对儿子的期待，更是整个家族传承的依托。从企业视角来看，企业能够提供给客户的不只是业务上的专业服务，更有稳健传承的伙伴之情。正如全篇结尾文案，也是企业几年来一直坚持的品牌主张那样——无论时艰时顺，无论企业家业，“君子偕伙伴同行”之信心，从不曾动摇。

信心源于同行，同行谓之伙伴，有伙伴的人，不会输。

宣传海报 2

项目执行

宣传片创意概念酝酿了三个月，3 月末团队与客户敲定了创意脚本，分镜脚本设计历时两个半月，期间无数次修改剧情转折点和台词，力求以最贴近客户内心的状态反映出信心的溯源、建设和充实。5 月底筹备拍摄，6 月初开机，又经历一个半月进行后期剪辑，8 月底交付客户投放。

项目评估

宣传片先在中国工商银行自媒体和其所有的线下网点进行投放，上线后受到广泛好评，客户在网点办理业务时还会与网点服务人员及财富顾问进行关于信心话题的讨论。之后宣传片得到总行的认可，进行主流电视和网络媒体追加投放。

项目亮点

三段精练独立小故事，并且人物在三个故事中得到成长，整体又可以串成一个故事的广告形式在金融行业为首创；片中演员均为影视行业的专业演员；

片尾音乐轻快又充满希望，为观看故事的人提供了丰富的想象空间，极具感染力。

亲历者说 **张羽　工银私人银行品牌经理**

立项之初，主创团队通过客户经理访谈、客户对谈等形式，梳理和审视中国工商银行作为国有大行，为客户提供财富管理和综合金融服务的本心和能力，给出了“信心”的选题方向。广告片创作期间，国际社会和国内经济环境出现变化，主创团队敏锐地洞察到外部环境的波动、其对高净值人群心态的影响以及企业应对变化的措施，对主题重新进行细化分解、艺术加工和创意升华，最终以三段式呈现，不仅展现了企业综合化、集团化、平台化服务优势，更是对“君子偕伙伴同行”品牌主张进行了又一次生动阐述和升华，得到了客户和市场的一致好评。

案例点评

点评专家：曹越　资深公关人

视频传播在近些年的中国正以前所未有的速度风靡，随着抖音、B站、视频号等平台的大火，大量视觉化的创意视频被品牌方格外青睐。而用心讲好故事，往往要比视频的拍摄技巧和光影效果更容易打动观者、传递品牌价值。

工行私人银行的品牌宣传片《信心三问》，在故事设计上尤为用心，非常巧妙地将工行私人银行精于毫厘、挚守稳健，助力突破、全新启程，以及任重道远、君子同行这样三个核心信息，用生动的叙事化手法，与传承感十足的老表匠及孩子的逆境坚持这样特定的情境、特定的故事巧妙结合，让人看后回味深长，铭记于心。这是品牌传播的上乘手法，将

故事“润物细无声”地深植人心。

从这只宣传片对场景和气氛的营造中，看得出制作团队耗费了很大心力，特别是老锁匠的塑造，无论是外貌神态还是精湛的台词，都传递出浓浓的百年积淀质感，这与工行私人银行希望传递的厚重、坚实、可靠的合作伙伴形象及定位相得益彰。

视频的拍摄技巧和调色也可圈可点，有大片的风范，让人视觉享受十足。

相对而言，比较整只片子的基调和水准，年轻演员的表现还略显青涩，没有完全表现出台词背后绵长的隐喻和深远的意味，但是这不影响该片依旧可以作为品牌宣传视觉创意表达的上乘之作。

岳云鹏代言老乡鸡公关项目

执行时间：2020 年 8 月 24 日至今

企业名称：安徽老乡鸡餐饮有限公司

品牌名称：老乡鸡

代理公司：无

获奖类别：金旗奖——2020 最具公众影响力年度品牌传播大奖

项目概述

企业通过老乡鸡董事长束从轩和岳云鹏在微博隔空互动，产生了一系列类似相声的抛“梗”、接“梗”等有趣的内容，用自然发展的故事情节，让网友成为事件的参与者、主导者，最终在网友助攻下，岳云鹏正式官宣代言老乡鸡。

项目调研

1. 项目背景

北京、上海、广州、深圳等一线城市市场调研显示，老乡鸡知名度不足 0.01%，迫切需要一位具有全国知名度和良好口碑，且与老乡鸡调性相符的品牌代言人，为品牌走向全国奠定基础。

2. 可行性研究

（1）岳云鹏与老乡鸡的契合度：岳云鹏是当红的相声演员，老乡鸡在 2019

年中国饭店协会发布的报告中位列快餐小吃榜单第一，双方地位匹配。岳云鹏的人设是乡土、喜庆、搞笑，老乡鸡社交媒体上的营销动作，定下了“土到极致就是潮”的品牌基调，二者气质形象相符。

（2）品牌差异化路线的可行性：其他大部分品牌代言人都是流量或者偶像明星，老乡鸡这次挑选岳云鹏作为代言人，是顺应网友意愿，顺势而为；也是老乡鸡坚持差异化路线定位的选择。

项目策划

1. 目标

通过在安徽省和南京、武汉等已有门店区域推广月上新战略，在全国范围内传播中式快餐榜首的名声，从而提高品牌在全国的认知度。

2. 整体策略

制造高讨论度话题，抢占传播高地，以耳目一新的创意内容，为明星和品牌牵线搭桥，并通过有趣、有“梗”的传播内容，带动网友自发生产创作有趣内容。

3. 受众

岳云鹏粉丝；娱乐、新闻等社交媒体用户；潜在消费者及全体社会公众。

4. 内容创意

（1）微博互动创意：以 # 束从轩挑战岳云鹏说相声 # 这一话题，制造活动声量，吸引网友初步参与；创建创意话题，与网友进行互动交流，为代言创造舆论基础，预热造势。

（2）素材创意：围绕各阶段传播话题，自主创造或全民自发创造传播素材。

（3）官宣海报创意：官宣海报采用表情包的形式，超出广大网友预期，引发广大网友热议。

（4）短视频内容创意：以官宣宣传片为基础，在短视频平台推出舞蹈挑战赛，邀请短视频达人参与创作，通过有趣的贴纸特效和夸张、搞笑的肢体动作，吸引用户自发参与。

5. 媒介策略

整合传播策略，形成媒体矩阵化平台，通过新媒体平台引流、品牌和代言人内容沉淀、正式官宣活动引爆等形式，建立起“明星软植入 + 全民 UGC 参与 + 话题推广 + 创意官宣”的模式，定制项目专属传播矩阵，收拢全平台流量。

项目执行

1. 项目进度

（1）8 月 24 日—27 日，老乡鸡董事长和岳云鹏隔空喊话互动。

（2）9 月 1 日，岳云鹏正式官宣代言。

（3）9 月 7 日后，持续推广传播，如发布代言广告宣传片、发起抖音舞蹈挑战赛等。

2. 实施细节

8 月 24 日，老乡鸡董事长束从轩发布微博视频，表演了一段“报菜名”的相声，并 @ 了岳云鹏，被广大网友戏称为“被餐饮事业耽误的相声大师”“德云社在逃相声演员”。

当晚，岳云鹏在微博发布炖鸭汤照片，并配文“亲手炖了一锅鸡汤”，被网友指出意在调侃束从轩说相声。

岳云鹏指鸭为鸡继续在微博发酵。对于岳云鹏指鸭为鸡的行为，束从轩又拍了一段充满“老营销号味道”的视频，在线教网友分辨鸡鸭。

8 月 27 日，束从轩在线喊话岳云鹏为老乡鸡代言。

9 月 1 日，岳云鹏以一张表情包海报，正式官宣代言老乡鸡，并火爆全网，被网友戏称为“史上最省钱的官宣海报”。

9 月 7 日，老乡鸡官方微博发布代言宣传片，以洗脑的乡村纪实风再次刷屏。

项目评估

1. 效果综述

本项目通过微博发起并引爆传播，引流至微信、今日头条、抖音、B 站，以点带面，多处开花，取得裂变爆炸式的传播效果。

2. 平台数据统计

截至 2020 年 10 月 13 日，全网累计总曝光量约 13 亿人次。

微信平台合计阅读量超 425 万次，官方共发布 4 篇，阅读量约 135 万次；第三方发布约 42 篇文章，阅读量约 290 万次。

微博相关话题合计阅读量超 6.7 亿次。# 束从轩在线喊话岳云鹏 # 阅读量达 1.5 亿次，# 岳云鹏代言老乡鸡 # 登微博热搜推荐，阅读量达 2.5 亿次。

今日头条平台阅读量超 6800 万次。抖音平台合计播放量超 5.2 亿次，# 老乡鸡岳云鹏海报 # 话题登上抖音热点榜 TOP2，# 挑战岳云鹏上新舞 # 话题视频播放量达 4.8 亿次。

新闻网站平台共计收录 50 篇相关文章，包括人民网安徽频道、安徽网等。

项目亮点

用隔空喊话引起双方互动，用丰富且多元化的内容创意，引发网友、“蓝V”等主动参与，为项目增加曝光量。使用表情包作为官宣海报，广告宣传片采用“土潮 + 洗脑的乡村纪实大片风格”，极大地增加项目传播点。

以微博连续剧的互动形式，将明星代言这一本应该是硬广的商业行为，转化为软植入的全民参与的“吃瓜”活动。

视频及图文内容打破传统传播渠道常规套路，通过短视频平台、权威媒体网站等传播，效果更为显著；多平台联动，同步爆发，引发更多关注。

通过缜密细致的策略，团队以内容创意为主导，循序渐进推动执行，最大化引导和扩散 UGC，以小博大，用较少的成本获取较大传播回报。

亲历者说 **汪芳芳　安徽老乡鸡餐饮有限公司公关部策划总监**

经过 2020 年几次传播，品牌知名度虽得到了一些提升，但就全国知名来说还远远不够。想要全国知名，明星代言是一种行之有效的方法。在经过集团内部的多轮沟通后，我们最终确定岳云鹏为代言人。至此团队进入“闭关头脑风暴”状态，历经多少日夜，代言前后的动作被设计出来。原本明星代言品牌，在普罗大众的眼中，可能只是一则不起眼的广告罢了，但是团队通过微博小编的 IP 形象鸡爪子、董事长与岳云鹏的各种线上沟通等，互抛包袱，让代言还未正式官宣就赚足“吃瓜群众”的关注，也正是因为前期节奏紧凑，极具戏剧性和观赏性，最终官宣当日的“奇葩官宣海报”成功登上抖音等话题热搜榜。

案例点评

点评专家：张明新　华中科技大学新闻与信息传播学院院长，传播学系教授、博士生导师

随着亚文化的发展，“土味”已从颇具贬义的词语转变为年轻人更为喜爱和更易接受的流行语。老乡鸡的几波趣味互动和土潮广告展现出最纯真的“原生态”，火速“出圈”，意外制造出网络热点，吸引诸多网友和“大 V”等主动参与，也让受众在邂逅广告的同时记住其品牌特性。

该项目最终引爆全网，得力于以下因素：第一，土味广告有趣生动，迎合网络流行文化潮流，捕获年轻人的心理，迅速吸引网友注意力。第二，以微博连续剧的互动形式与潜在粉丝进行情感交流，有利于品牌价值的长远积累，构造出差异化品牌形象。第三，营销方式和广告内容高度融合，融合了多媒体渠道，通过引发裂变式传播打通微博、抖音、微信等新媒体渠道，霸占社交平台头条；其广告内容也涵盖了新闻、美食、生活、营销等领域，受众覆盖范围广。

2020 最具公众影响力品牌公关大奖

长城炮越野皮卡助力国家再测珠峰新高度

执行时间：2020 年 4 月—12 月

企业名称：长城汽车股份有限公司（简称长城汽车）

品牌名称：长城炮

代理公司：北京迪思公关顾问有限公司

获奖类别：金旗奖——2020 最具公众影响力品牌公关大奖

项目概述

长城汽车作为丈量珠峰媒体官方用车授权车企身份，整合全网优质资源扩大传播范围，通过“世界新高度”赋能品牌高度，强化全地形量产越野大皮卡品牌认知，持续助力品牌向上。

宣传海报 1

项目调研

1. 项目背景

2020 年恰逢人类首次从北坡成功登顶珠峰 60 周年，也是中国首次测定并公布珠峰高程 45 周年，有关部门将重测珠峰高程。长城炮成为 2020 珠峰高程测量媒体官方工作用车，以其强悍的越野性能、装载性和舒适性为本次珠峰高程测量和媒体传播等相关工作提供保障。

2. 可行性研究

（1）大事件自带大流量——作为国家大事件具备大传播流量。

（2）与长城炮精神契合——无畏进取、勇攀高峰是中华民族世代传承的精神，与探索未知、挑战极限的长城炮精神相契合。

（3）具备时代意义——长城汽车作为国产汽车品牌领军企业勇担使命，助力国家登山队勇攀高峰，为英雄保驾护航，具备助力中国向上的时代意义。

宣传海报 2

项目策划

1. 目标

借助国家级大事件，整合全网优质资源，通过“世界新高度”赋能品牌，进一步强化“中国皮卡新高度”概念，为车型上市引爆传播热点。

2. 受众洞察

以中国实力彰显长城炮越野皮卡品牌形象，关联公众好奇心与探索欲，为新品上市预热造势。

3. 传播策略

放大事件传播声量，锁定长城炮与丈量珠峰 IP 事件的品牌关联，提升品牌好感度。

（1）丈量珠峰 IP 打造，全网覆盖及大流量引流，实现高空覆盖。

（2）两场全网直播发布会活动，以活动带传播，实现传播声量集中爆发。

（3）利用国家级媒体平台，整合全网优质媒体资源进行传播报道，将品牌与丈量珠峰事件深度捆绑。

4. 媒介策略及创意

IP 捆绑造势：将国家级 IP 与全地形量产越野大皮卡深度结合，回顾国家登顶史、品牌大事件，进行高度话题预热。

传播峰值打造：重至世界之巅、长城炮上市发布双“高度”抢占传播制高点，产品性能场景化展示与上市发布形成合力，打造阶段峰值。

用户价值深化：“流量 IP+ 场景实地体验”，将皮卡性能锐化；将皮卡文化与登山精神深度捆绑，使受众对皮卡文化产生深度共鸣。

巅峰话题重启：“珠峰新高度”话题发酵，重点内容二次扩散，品牌、产品 / 技术领先标签重塑，强化品牌认同。

项目执行

举办“长城炮 · 2020 珠峰高程测量媒体官方工作用车发布会”“丈量珠峰登顶成功暨长城炮越野皮卡全国预售会”邀请企业领导与皮卡头部媒体，以及登山类、越野类大咖线上对话。“珠峰画面实时回传 + 西藏日喀则发布会现场报道 + 北京直播间嘉宾访谈 + 线上全国数百家媒体参与”的多维互动直播方式，实现与登顶成功消息播报的无缝衔接。通过“百媒直播，千媒参会”的媒体传播矩阵，实现全网超高曝光，大幅提升品牌声量，完成世界第一高峰与长城炮品牌的强关联。

围绕活动策划创意，运用头部平台全网扩散，借珠峰地球之巅概念，与长城炮品牌进行强势捆绑，夯实企业在中国皮卡行业的领导者地位，突出体现企业勇担使命的社会责任感，为长城炮越野皮卡全国上市蓄势，提升消费者关注度，并兼顾线索转化的传播目标。

邀请权威媒体进行深度报道，以企业积极参与重大项目工程的角度诠释大国形象和大国品牌实力，突出体现企业积极践行社会责任，进一步提升品牌地位。

2020 年 12 月 8 日，依托珠峰高程测量结果公布这一国家级新闻事件，进行全网解读，突出长城炮作为中国品牌诠释中国力量。

项目评估

全网“长城炮助力丈量珠峰”内容曝光达 20022.7 万次，百度指数同比增长 730%。

两场发布会累计邀请媒体 600 余家，直播分发 2106 频次，观看量达 2929 万次。

通过官宣新闻稿、海报、视频等呈现长城炮产品及品牌实力，累计阅读量达 932.8 万次，微博 # 长城炮助力丈量珠峰 # 话题阅读量达 1553.2 万次。

在今日头条、一点资讯等平台围绕“长城汽车助力 2020 珠峰高程测量”等内容进行分发扩散，累计扩散 9498 频次，可统计阅读量为 4291 万次。

围绕“丈量珠峰”等内容，在朋友圈累计发布 4350 相关内容频次。

12 月 8 日珠峰高程测量结果公布，再次开展传播，创作致敬巅峰视频、海报、九宫格、长图等系列优质内容，累计发布各类传播素材 1502 频次，阅读量达 1080 万次。

项目亮点

应用多维网络直播互动，通过“珠峰画面实时回传 + 西藏日喀则发布会现

宣传海报 3

场报道 + 北京直播间嘉宾访谈 + 线上全国数百家媒体参与”的多维互动直播方式，实现了事件实时强传播、品牌利益强关联、核心信息强解读、全网信息强扩散；将国家珠峰测高事件与品牌绑定，实现传播价值最大化。

亲历者说 张昊保　长城汽车股份有限公司皮卡品牌营销总经理

能够为国家做出一份贡献，在我们看来，这个项目的意义已经远大于宣传品牌本身。从公关的角度来讲，一个自带大流量的大事件项目摆在眼前的时候，我们会思考的是项目如何落地。自带流量的项目会吸引更多人观看，不仅仅限于我们圈定的目标群体，所以在内容创作上，我们需要满足大众化的阅读需求。长城炮有着先进的技术，在商用、乘用之外，还有越野特性的加持，这样就让产品在户外的表现能力更加优秀，塑造出的场景包括越野、登山等，长城炮的皮卡文化与登山精神捆绑在一起并没有表现出违和感，而是相互支持、相互影响，产生了更大的化学反应。

案例点评

点评专家：李志军　中央财经大学文化与传媒学院广告系教授

在很多资深的公关人士眼中，好的事件营销一定是非常舒服、顺畅的，要“水到渠成”。就怕那种“拉郎配”，其实关系不大，自己都觉得勉强，受众自然更不会信服。

而本项目就是非常难得的顺畅，长城汽车作为丈量珠峰唯一官方授权车企当仁不让，与国家级 IP“2020 丈量珠峰”这样的项目合作，非常珍贵。同时，2020 年又正值人类首次从北坡成功登顶珠峰 60 周年、中国首次精确测定并公布珠峰高程 45 周年，能作为国家大事件的一部分殊为不易。更为难得的是，“世界新高度”这一概念与品牌的精神相契合，彼此呼应。事实也证明，此次项目对品牌的助力非常显著，特别是在 2020 年这样特殊的年份，是值得大书特书的。

2020 腾讯 99 公益日启动发布会

执行时间： 2020 年 9 月 3 日

企业名称： 腾讯公益慈善基金会

品牌名称： 腾讯公益

代理公司： 北京阶承传播顾问有限公司

获奖类别： 金旗奖—— 2020 最具公众影响力品牌公关大奖

项目概述

公益是“看似微小，实则伟大”的行为。2020 腾讯 99 公益日，企业凝聚社会中的每一份良善，致敬每一位“一块做好事”的公益伙伴，开展一场追忆时间的公益盛事，共绘“一块做好事（ together we can ）”的公益未来。

宣传海报

项目调研

99 公益日是由腾讯公益联合数百个公益组织、知名企业、明星名人、顶级创意传播机构共同发起的一年一度全民公益活动，99 公益日的主旨在于开发科技与互动的力量，开创公益新形态，引发全民可公益、全民信公益的新浪潮。2020 年全国人民众志成城一同筑起防疫战线，这是属于每一位平凡人的胜利，微小的力量凝聚起来就会产生强大的能量。2020 年一场特定的印有独特标签的 99 公益日——武汉特别版由此拉开序幕。

项目策划

1. 目标

一场对公益的思考认知之旅。

2. 整体策略

时间记忆 & 独特标签：2020 对于每一位普通人来说，都有着不尽相同的时间记忆。回顾 2020，以发现身边“微小”的良善之美来呈现公益事业与我们生活息息相关。为使时间记忆能产生更强烈的共鸣感，此次活动选取武汉作为独特印记的起点，将时间回溯到 2020 年年初，以新冠疫情中每一位亲身经历者的故事，开启一段带有独特标签的公益之旅。

3. 故事

从每一个新冠疫情下的亲历者角度出发，对话大爱共鸣，探讨未来公益发展新方向。

4. 受众

十五亿分之一的你、平凡且善良的你、心系公益的你。

5. 核心创意

独特的城市——武汉；独特的情感记忆点——方舱医院旧址；独特人物述说——张伯礼、王辰；独特的人民倾诉——《武汉伢》创作团队；一同经历的独特的 2020 年，为所有人打开记忆的入口，引起全民公益情感共鸣。

活动场馆

6. 媒介策略

团队以小红花为视觉元素，强化品牌在每位公益关注者内心的印记；以情感为暗线，环绕在线上与线下参与者之间。支持并建议腾讯公益与政府部门、公益企业等伙伴，以灯光秀点亮每一位公益人的心，两江四岸，包括黄鹤楼等著名地标在内的 1000 栋建筑，都布满代表爱与希望的小红花。

通过线下发布会的事件影响，促进线上用户关注与讨论，持续在全网扩散，扩大品牌与理念的传播范围。

项目执行

2020 腾讯 99 公益日启动发布会项目筹备近 60 天，虽不似以往项目日夜赶工，但每一个时间节点的背后也印刻着每一位项目组成员对项目细节的执着。整个过程少了一些商业化成分，增添了更多的敬畏与满怀希望的爱。

从前期启动，团队就无比坚定地选择在武汉开展项目。

从选址确定到紧张的项目筹备，让小红花绽放成为团队思考与设计的目标。于是从舞台布置到各个环节设计，从结构到内容，每一处都细致打磨。团队先后参与呈现黄鹤楼的灯光秀内容创作，制作宣传视频进行传播，让爱与希望之花在两江四岸点亮，让每一份微小的爱都得到回应。

发布会现场

项目评估

2020 腾讯 99 公益日启动发布会已圆满落幕，从前期筹备、联动配合，再到完美执行，此次发布会为 2020 年 99 公益日缔造了完美的开篇，成功将公益融合进战疫、消费、文创、社交等日常场景中，让“一块做好事”成为更多人的生活方式。

2020 年 99 公益日总捐款人次为 52847591 人；用户总捐款金额达 2201494587 元；公众互动量达 1886772837 次。

项目亮点

线下发布会打造独特城市标记，让小红花视觉印记融入时间记忆，深化品牌形象；朋友圈广告同步投放，让每一份微小的爱都得到回应；点亮两江四岸及黄鹤楼等城市建筑，以爱之名照亮未来公益新形态。

亲历者说 **张猛　北京阶承传播顾问有限公司客户总监**

99公益日让爱幻化为种子，遍布在每一个人心中。项目执行正值特殊时期，我们落地武汉，走在武汉的大街上，步入方舱医院，感觉突然间似乎一切阴霾散开，让我们重新审视未来，重新感受真切的爱与希望。

也许本项目不是一个超级大体量的项目，它不是一次可以娱乐大众的演出，也不是展现前沿技术的大会，它的意义更多的是让我们发现、感受、关注到身边的人、事以及真正的世界，让每一个人在尽小善的同时，共聚大爱无疆的全新生态。

案例点评

点评专家：矫龙　大颜色科技创始人

企业社会责任传播一直以来都是企业公关重要的工作之一，在新的时代，这一工作也面临着不同的挑战，即如何让企业的事情被全民关注，企业社会责任事件如何能够吸引更多圈层的人关注，变成一个全民事件。本项目非常好地解决了这个问题，无论是通过武汉、方舱医院这样的全民关注热点切入的创意事件，还是“一块做好事”这样朴实而又具有参与性的形式，都使企业的品牌公关事件变成了一个“破圈”的全民公益事件，这是我认为的整个活动最大的亮点。

福特 Mustang“云”生日[①]

执行时间：2019 年 7 月—2020 年 4 月

企业名称：福特汽车（中国）有限公司（简称福特中国）

品牌名称：福特

代理公司：伟达（中国）公共关系顾问有限公司上海分公司

获奖类别：金旗奖——2020 最具公众影响力品牌公关大奖

项目概述

2019—2020 年，福特中国共举办了两次 Mustang Birthday，通过线上与线下的联动，打通年轻群体，提升品牌知名度。

2019 年以北京和上海的线下活动为主，线下体验飘移快感，线上通过 KOL 传播造势，制造深度内容。2020 年福特自有平台线上联动，进行“宠粉”互动。

项目调研

在福特标志性车型 Mustang 生日之际，企业通过触达年轻人与福特粉丝圈层，调动粉丝的参与性，让车主发声，进而提升大众对福特品牌和 Mustang 车型先锋性、年轻化的认知。在洞察 Mustang 的车主和受众目标之后，团队发现其精神与 Mustang 有共同点。因此，此项目以与车主及粉丝互动为核心，面向

---

① 本文中所涉及的照片，福特中国均已得到被拍摄者的使用许可。

个性鲜明的 Mustang、车主和年轻人，通过线上线下体验，传递品牌文化精神，提升 Mustang 知名度和美誉度，引导客户到店并积极促进销售转化。

项目策划

1. 目标

实力“宠粉”，与粉丝互动；传播 Mustang 品牌定位——具有先锋精神的福特经典 pony car（小马车）；为 Mustang 建立年轻的品牌形象。

2. 整体策略

聚焦车主，用小众文化撬动大众流量；强化福特品牌，释放真自我；强化传播 Mustang 标志性外观、炫酷跑车配置等内容。

3. 受众

充满热情，最怕“低调”，具备先锋精神的年轻人；热爱美式跑车的人；Mustang 车主和梦想拥有 Mustang 的“准车主”。

4. 内容创意

（1）2019 年：Mustang Day 是福特 Mustang 首次在中国开展的全体验式营销活动，在北京与上海共举办两场活动。通过实操体验、性能展示等，企业不断增加 Mustang 的曝光量，提升品牌知名度，同时逐步传播 Mustang 的良好形象。线上通过门户网站、朋友圈广告定向投放，扩大上端开口，利用社交媒体和 KOL 产出大量 PGC（专业生产内容）和 UGC，提升美誉度。

与漂移大师共享漂移体验：邀请世界漂移冠军沃恩基汀（Vaughn Gittin Jr.）出场与战斗机赛道漂移共舞，以浓烟唤醒传奇。同时邀请嘉宾与专业车手零距离畅享漂移乐趣，包括漂移体验、弹射起步、定圆培训等。

KOL 联动助力扩散：利用社交媒体和 KOL 产出高质量内容。微博创建话题 #Mustang Day# 引爆社交媒体。汽车垂直媒体助力，促进转化，如李老鼠说车、鱼非鱼、汽车之家等。多位跨界类 KOL 通过文章多角度诠释 Mustang 和美式精神，如公路商店、InsDaily 等。

（2）2020 年：以为 Mustang 过 56 岁生日为切入点，福特中国多平台联动经销商案例全网传播。以“宠粉”为终极目标，福特中国通过多个线上创意活

动与粉丝玩在一起。

全平台合推“宠粉墙”：“Mustang 生日轰趴”在线征募态度海报与态度宣言。前期通过发起话题及征集活动，用已有 KOL 车主态度海报带动大众投稿。海报征集期粉丝带话题并 @ 福特中国，发布自己与 Mustang 的花式合影，并晒出自己的年代态度宣言。Mustang 生日当天官方公布优质车主态度海报，大家共同狂欢。

“破圈”转播，平台联动：联动经销商，抖音线上征集与 Mustang 的合拍视频，以漂移吹蜡烛的合拍方式，邀请经销商、粉丝等为 Mustang 拍摄合拍视频。另外，微信、抖音、快手深情联动 KOL，以“存钱买 Mustang”为切入点，讲述车主故事，致敬每一个以梦为马的人。

宣传海报 1

宣传海报 2

宣传海报 3

5. 媒介策略

（1）2019 年：线上平台强势曝光。

线上今日头条投放精准内容、朋友圈广告定位标签人群，同时创意 H5 为消费者提供线下体验报名入口。

利用社交媒体和 KOL 产出大量 PGC、UGC，如 Mustang Day 微博话题，跨界和垂直类 KOL 联合转发扩散。

汽车垂直类媒体助力，促进转化。汽车之家、懂车帝垂直内容发布，促进展厅引流。

（2）2020 年：整合资源，助力传播。

福特中国全渠道联动，打通流量。

微信、知乎深度文章阐释“Mustang，一个 icon① 的诞生”。

---

① icon 最早是一种图标格式，作为人机界面交互的功能识别图标出现。如今，icon 已经引申为一个集合的标志性代表，有偶像之意。

微信、抖音联手 KOL，推出“致敬以梦为马的你”车主故事。

抖音联动经销商拍摄合拍视频，用漂移的方式吹蜡烛为 Mustang 庆生。

微博联动 KOL，发起态度海报及态度宣言征集活动，用已有 KOL 车主态度海报带动大众投稿。

项目执行

1. 2019 年

线上 H5 打通活动入口，福特官方 +KOL 多渠道扩散：微信线上 H5 发布，为线下活动预热引流，同时征集漂移爱好者体验漂移快感；多平台发布 Mustang 历史、品牌、性能推文，强化 Mustang 先锋概念，同时，官方微博与高流量 KOL 互动，进行全网扩散。

北京与上海两站线下活动深化体验：在北京与上海共举办两场线下活动，广邀 Mustang 粉丝、漂移爱好者、KOL，通过实操体验、性能展示等，提升品牌知名度。

长尾期持续传播，品牌形象再升华：福特全渠道发布推文、视频回顾线下 Mustang Day 精彩瞬间。KOL 和媒体深度科普推文相继落地，传递品牌信息。

2. 2020 年

预热期全平台深度解析 Mustang，一个 icon 的诞生：福特中国官方阵地通过深度文章和迷你视频回顾 Mustang 的传奇历史，从第一代 Mustang 的诞生，到第六代 Mustang 的传承，再到 Mach E 的加入。

爆发期 Mustang Birthday 生日周“宠粉”狂欢：在线发起态度海报及态度宣言征集活动，同时联动 KOL 首发态度海报，用已有 KOL 车主态度海报带动大众投稿。官微公布优质车主态度海报，大家共同狂欢。官方抖音阵地强化车主互动，联合经销商进行合拍，并征集 UGC 视频。

长尾期力推车主故事，致敬以梦为马的粉丝：微信展现从“60 后”到“00 后”的 Mustang 车主系列故事；与 KOL 合作，用原创视频致敬每一位以梦为马的粉丝。

项目评估

2019年：微信、微博、抖音、知乎、快手共产出118篇原创文章，其中共计61篇官方文章，总阅读量达2.7亿次，互动量超70万次。线上微博话题浏览量2.5亿次，抖音话题浏览量1700万次，为平台吸引超过1万名新粉丝。

话题浏览量：借助完善的传播策略，各社交平台以#Mustang Day#为话题，通过丰富的PGC和UGC来打造社交热点话题。微博话题浏览量达2.5亿次，粉丝量增加1万人；抖音话题浏览量达1700万次，粉丝量增长9000人。

KOL联动：邀请不同领域的KOL，合力助推Mustang Day，拓展了传播渠道并开拓了新的视角，将Mustang Day推向高潮。来自汽车垂直领域，生活方式领域，电影、音乐等领域的20多位KOL产出原创内容，总浏览量达1亿次。其中KOL鱼非鱼的爆款文章在知乎上获得超600次点赞；李老鼠说车微信文章阅读量超10万次，公路商店微信文章阅读量超16万次。

爆款视频圈粉无数：项目期间为官方抖音吸引超1万名粉丝和1700万次阅读量。通过合作KOL桶姐“存钱买Mustang”的车主故事，提高粉丝对Mustang的热情，其视频观看量达1000万次。世界漂移冠军Vaughn Gittin Jr的短视频传达以驾驶为乐的概念，视频播放量超220万次。

2020年：福特自有平台全员联动，合作经销商、百位粉丝、KOL、媒体助力传播，在无预算情况下，全平台总阅读量超165万次，互动量1.2万次，全平台视频播放量超147万次。数只爆款视频频出，播放量超147万次。

干货传播实力圈粉：项目期间，福特中国四个平台粉丝增长量超1500人，其中知乎4篇高能长短答，深度剖析福特标志性车型Mustang的前世今生，讲述了其传奇故事，16天涨粉22%。抖音15秒短视频演绎半个世纪6代Mustang的变化，单只小视频播放量超35000次，16天涨粉781人。

福特全渠道联动：在抖音平台，共联动23个经销商，合拍话题#用Mustang的方式过生日#浏览量近7万次。同时，借助抖音KOL，视频曝光量达142万次。

粉丝互动：项目期间，官方推出为Mustang送生日祝福“宠粉墙”活动之后，微信、微博共收到219位粉丝投稿，“宠粉墙”上墙粉丝量71人。

项目亮点

（1）2019 年：福特 Mustang 首次在中国开展全体验式营销活动，福特中国首次通过全渠道社交传播推动整合营销活动；线下数据平顺转化，三天内获得 5401 个销售线索，超预期目标 20%，北京站现场参与人数 457 人，超预期目标 52%；线上强势曝光，H5 为消费者打通报名入口，使其获得与世界漂移冠军同台机会；线上福特中国官方平台、跨界类和垂直类媒体及 KOL、粉丝全员整合联动，总阅读量达 2.7 亿次，互动量超 70 万次。

（2）2020 年：福特自有平台全员联动，MKT（市场经理）和 PR 通力合作。利用吹蜡烛另类方式，联动经销商助力合拍送祝福。全平台总阅读量超 165 万次，互动量 1.2 万次，全平台视频播放量超 147 万次。打造创意“宠粉墙”收集粉丝祝福，百位 KOL、媒体、铁粉刷爆私域流量。爆款频出，多只爆款视频播放量超 147 万次。

案例点评

点评专家：何辉　北京外国语大学教授、博士生导师，历史语言与战略传播研究所所长

本项目是一个由两个阶段性传播活动构成的非常具有战略性的公共关系活动。Mustang 是福特旗下一个非常具有传奇性的品牌，在美国市场具有较高知名度。但是，如何在中国市场扩大其品牌知名度并进而提高销售量，对于公关和营销团队而言，具有很大的挑战性。

2019—2020 年，福特中国所举办的两次 Mustang Birthday 活动，通过线上与线下的联动，以年轻群体为目标受众，以提升品牌知名度为直接目标，以达成销售为最终目标，活动目标非常明确。活动在明确的目标的指引下，传播手段的设计和部署也层次分明，效果明显。从这些方面看，此次传播活动是典型的通过全渠道社交传播推动的整合营销活动，很好地贯彻了体验营销的精神。2019 年，该项传播活动以线下活动为主，线上则通过 KOL 进行传播造势。2020 年，在新冠疫情背景之下，及时地调整传播战略，在自有平台上实现与目标受众的线上联动、“宠粉”互动，从而达到良好的传播效果。

在深入的市场研究基础之上，圈定明确的目标受众，确定清晰的公共关系传播目标，合理配置资源，设定、部署合理的传播手段，并根据环境变化，灵活、及时地对传播策略和手段进行调整，是该项传播活动成功的重要原因，也是特别值得借鉴的地方。

“流光艺境”ILLUMINA COLOR 染发膏新品上市[①]

执行时间：2019 年 10 月 14 日

企业名称：COTY 科蒂集团

品牌名称：威娜（WELLA）“活彩光染”ILLUMINA COLOR

代理公司：上海乐智广告传播有限公司

获奖类别：金旗奖—— 2020 最具公众影响力品牌公关大奖

项目概述

全球知名的专业美发品牌威娜始终走在潮流前端，在普通消费市场却少有

活动现场

① 本文中所涉及的照片，上海乐智广告传播有限公司均已得到被拍摄者的使用许可。

人问津。因此，追求不断突破的威娜将专为亚洲人发质研发的高端染膏品牌“活彩光染”ILLUMINA COLOR 带到中国，全力开拓年轻市场。

项目调研

2019 年，极具突破精神的威娜品牌做出了一个重大决定，希望通过一系列举措打造年轻化品牌形象，并在年轻消费者中建立起一定的知名度。其中，最重要的举措是根据本土化的洞察，推出面向年轻消费者的高端染发膏产品——“活彩光染”ILLUMINA COLOR 系列。

该系列是威娜将目光聚焦于亚洲市场后，耗时 3 年研发出的效果震撼、易操作的染发膏产品。

试水的成功映射出专业美发市场产业链的变迁。与上一代以连锁业务为主的发廊相比，新一代发型师与年轻消费者之间更有共鸣，但也需要专业指导。作为发型师的良师益友，威娜一直坚持为他们提供专业培训，提升行业水准，发型师也会把消费者意见反馈给威娜。

活动场地

项目策划

1. 目标

快速获取年轻消费者关注，巩固品牌年轻化形象，彰显威娜年轻、时尚、有态度等属性。

全平台曝光，提升新品知名度，扩大品牌影响力。

2. 受众

年轻、有梦想、潮流尖端的沙龙主、发型师；正成长为消费中流砥柱的千禧一代。

3. 公关策略

邀专精领域的流量艺人、时尚博主、专业造型师联动消费者共同打造品牌声量；通过时尚潮流大秀诠释产品，提升品牌年轻化认知。

4. 内容创意

根据产品特色，我们决定以“透明材质”为主元素和“光”的艺术形式，用“流光艺境”的大秀诠释品牌理念和产品特性。异型透明舞台配合光影，为产品发布与展示注入流光魅力。

特邀沙宣美发学院、MONIKO 美发学院大师们及首批产品体验官，进行业界权威背书，此举还打通了全国美发业的商业脉络。

由 2 位艺人及 3 位意见领袖组成的“活彩天团”，代表产品五大色彩，通过走秀展示以传达产品个性态度。

5. 媒介策略

传统媒体：以新闻稿的方式针对 B 端矩阵宣传。

社会化传播：多渠道大面积曝光引流，增加互动。

垂直领域：以行业资讯、业界奖项等引发行业共鸣。

项目执行

因作品拍摄及人设需求，艺人的造型一般不会因商业活动而变更。然而在此次活动中，团队凭借良好的艺人关系以及产品特色与艺人个性的无缝对接，成功促成了艺人在造型方面升级迭代。在活动前一天，他们以各自代表的产品色系完成染发新造型，在第二天的时尚大秀中闪亮登场，彰显辨析度极高的独特风格。

由于项目体量较大，观众人数多，参与机构多，走秀环节多，在人员安排上团队按照创意策划、社会传播、落地执行及走秀管理四大部分进行分工，在推进项目的过程中随时沟通最新进展，确保信息统一。

项目中期，由于参与机构的增多和走秀的效果要求，模特人数由最初的 50 人左右增加到了近 100 人，后台空间压力剧增，但活动场地早早敲定，走秀流程安排上也不允许团队在场地外另找候场空间。于是，团队另辟蹊径，在外场红毯区域单独搭建了一个化妆室，并且通过动线规划与外场装饰，巧妙地将化妆室融合进了整个外场布局，成为当天大秀的点睛之笔。

走秀活动

项目评估

1. 效果综述

威娜不仅展示了全新的年轻化形象、提升了“活彩光染”ILLUMINA COLOR 系列的知名度，而且获得了极佳销售成绩。

2. 现场效果

视觉盛宴："活彩光染" ILLUMINA COLOR 的 5 大色系幻化成流光色彩，用极富创意的方式宣告产品来到中国。

业界盛事：云集了行业顶尖造型师，用"活彩光染" ILLUMINA COLOR 系列为模特打造发型，展现精湛的大师技艺；5 位特邀嘉宾也各自用独特方式呈现出 5 大色系所蕴含的张扬、优雅、冒险、自由、浪漫的活彩态度。

3. 市场反应

成为极受年轻人喜爱的商品，询问率、成交量远超同类产品。业内顶尖造型大师、知名美发机构与威娜都有深入合作。

4. 受众反应

5 大色系满足不同个性人群，染后发色呈现自然光泽的透明感和活力，让秀发出众。

5. 媒体统计

到场人数超 350 人，媒体价值超 3100 万元，KOL 影响约 500 万人次，抖音威娜活彩光染 UGC 总播放量超 100 万次。

项目亮点

以打造网红的方式打造传统品牌，使产品卖点更明确，直击消费者内心，以三场不同领域的大秀串联成一场新品发布会，多维度涵盖，创造传播热点，形成聚集传播核心事件。

邀请因爆火节目"出圈"的明星艺人出席活动，抓住他们商业价值处于顶峰的时机，性价比高，且吸睛十足。由他们亲身尝试产品不仅个性标签鲜明，便于与消费者进行沟通，也有效地凸显了品牌年轻化的形象。同时，邀请业界专业造型师成为首批试用者，为受众提供专业解决方案，强化新品产品力及口碑，将"获得行业权威认可"的专业形象深深根植于消费者心中。

消费者网络大赛产生大量自发性二次传播动作，同时，传播中产生大量优质 UGC。

亲历者说 **陈敏华　上海乐智广告传播有限公司客户总监**

整个项目历时近半年，工程量巨大，创意、媒体、艺人、执行等各部门通力合作，最终不负众望地呈现了一场“活彩光染”的新品发布会。

创意策划：准确传达品牌理念。威娜希望在保持专业水准的前提下完成自我变革，走近年轻消费者。因此，创意策划关键在于如何传达出威娜“变革”的信心。所以我们围绕产品主推的 5 大色系，进一步具象化为 5 个场景，传达威娜关注每一位年轻消费者个性的理念。

活动执行：将创意想法落地。活动现场使用了许多“透明材质 + 光影色彩”的组合，去呈现“活彩光染”主题，门头、展示区、楼梯、伴手礼包装，甚至 T 台和舞台都是拍照打卡点，也都是呈现主题的“窗口”。而这些优质素材，刺激着原创 UGC 在各个平台上自主传播。

案例点评

点评专家：胡远珍　湖北大学新闻传播学院教授

面向年轻消费者的高端染发膏产品——“活彩光染”ILLUMINA COLOR 系列，通过一系列时尚、震撼、具有强大气场的品牌公关活动，踩着年轻化的节奏，更能吸引目标消费人群去关注、认知和体验。

该活动目标受众与产品目标消费人群高度契合，在对其深刻洞察的基础上，敏锐抓住“生活态度”和“数字化生活方式”，策略性地将产品的概念“活彩光染”通过三场不同领域的大秀进行了视觉化、时尚化、个性化和高端性、先锋性、浪漫性的成功演绎，巧妙传达了“活彩光染”染发膏作为高端产品独特的调性——光与色的极致之美，引领产品美发时尚潮流；诠释了产品深刻内涵——“活彩光染”象征人生的多姿多彩。

活动的核心主旨明确，全方位体现时尚酷炫、新锐活力、专业高端

的产品气质。以震撼的舞台效果营造，专业美发师艺术化呈现，业界顶级美发学院大师、首批产品体验专家和模特们的现场展示，还有街舞联队、内地新锐歌手、当红时尚博主极富现代潮流感的表演，加上社交媒体与受众的互动传播，此次活动达到了品效合一的目的，激发了受众对品牌价值的认同。

现代汽车集团 2019 中国国际进口博览会

执行时间：2019 年 10 月—11 月

企业名称：现代汽车集团

品牌名称：现代汽车

代理公司：智者同行品牌管理顾问（北京）股份有限公司

获奖类别：金旗奖—— 2020 最具公众影响力品牌公关大奖

项目概述

借助进博会国家级展会大平台，以尖端产品、前瞻概念凸显现代汽车集团的领先技术实力，以技术产品首秀彰显深耕中国决心。

项目调研

进博会是世界上第一个以进口为主题的大型国家级展会，世界各国企业均可参展，是一个向消费者展示技术实力、品牌形象的绝佳机会。2018 年现代汽车集团第一次参展，以多款车型展示企业综合实力。2019 年现代汽车集团第二次参展，增加参展品牌与产品首秀，进一步凸显企业实力与品牌形象。现代汽车集团拥有众多实力产品与技术，未来均可进一步引入中国，夯实在中国的竞争实力。

项目策划

1. 项目目标

彰显现代汽车与起亚汽车品牌独特性，拉近其与中国市场距离。

2. 传播策略

（1）创新媒体矩阵，涵盖权威、行业、垂直、跨界等多维度媒体。

（2）产出多形式内容，包括权威媒体报道、行业深度稿件、趣味科普漫画、跨界 KOL 直播。

3. 内容创意

（1）预热期：通过线上曝光展品悬念海报，引起消费者兴趣。以参展展品中代表性车型氢燃料电池车 NEXO、即将参加电动 TCR 赛事的 NE-TCR 电动赛车及首次亮相 45 纯电动概念车为主要元素，展现出现代汽车致力于未来绿色环保出行的理念。

活动海报

（2）活动期：组织“超能观察团”，探秘现代与起亚展台。以权威媒体为代表的“超能正派官”与以跨界、专业媒体为代表的“超能敢玩团”组成“超能观察团”，携手探秘现代汽车与起亚汽车展馆。“超能正派官”从进博会、中国市场等方面诠释现代汽车集团以中国为先，为中国消费者提供优质的出行体验。“超能敢玩团”从展品、技术及体验方面入手讲解。跨界大流量 KOL 进行现场直播，通俗解析展品及技术，号召消费者来展台体验。汽车垂直类媒体对产品与技术进行深度体验，从专业角度解读现代汽车集团展品的创新性与领先性。

（3）延续期：多方媒体以金句及深度合作形式力证前瞻性绿色出行技术、智能知心创新技术及充满未来科技感汽车设计。

项目执行

（1）前期准备：物料方面——进博会参展证件注册领取，车辆通行证件注册领取，背景板、展牌、桌卡等制作；出行住宿方面——宾馆、餐厅、车辆提前预约，方便活动开展；活动推进相关——开展前夕实地探查车辆通行路线及人员进出位置，确保活动顺利开展。

（2）现场控制：时刻关注进博会，实时发送信息，及时确认活动路线的可行性；关注媒体对现代汽车与起亚汽车展品或技术的兴趣；及时答复媒体关于展品的问题；按时、按步骤推进活动，注意时间把控；活动结束后，按计划送媒体退场。

（3）活动结束后：把控媒体产出物，如稿件、视频、漫画等信息的准确性，同时及时对产出物进行传播，监测落地。

项目评估

（1）活动传播覆盖广，信息明确：传播多样，8 篇深度稿件、1 篇漫画解读、1 只抖音视频及 1 场 KOL 直播，内容兼具行业与 C 端受众，向行业表明了现代汽车集团深耕中国的决心，为消费者展现了深厚的技术实力与以消费者为中心的理念。

（2）活动现场火爆，众多观众参观并体验：消费者对现代汽车集团展出品兴趣十足，其中互动体验产品更是备受消费者欢迎，众多消费者参与体验。

（3）媒体传播覆盖广：新闻稿件共计落地 2467 篇，公关传播 ROI（投资

回报率）达 4174.4%。媒体传播力度大：权威媒体 CCTV、东方卫视、北京卫视累计播报时长达 659 秒；四川、湖北省以及北京、上海、广州，覆盖交通电台、音乐电台口播时长达 600 秒；垂直技术及门户类媒体总计近 70 家对此进行详细报道。

项目亮点

“超能观察团”由“超能正派官”与“超能敢玩团”组成，探秘进博会，解读现代汽车集团技术实力。

“超能正派官”由权威媒体组成，其中 CCTV、东方卫视、北京卫视进行现场报道及电视转播，《人民日报》和新华社进行了深度稿件传播，权威解读集团领先技术。

“超能敢玩团”由跨界大流量、垂直专业媒体组成，其中大流量媒体杨舒惠举行现场直播，吸引消费者关注；跨界媒体科技公元与好奇博士线上产出抖音视频与科普漫画，趣味玩转技术；车云、新出行、易车、网易汽车等垂直类媒体亲临现场，深度稿件实力解读未来技术。

亲历者说 王谦 智者同行品牌管理顾问（北京）股份有限公司项目经理

本项目对我们来说也是有挑战的项目。首先是创意上的挑战。如何在很严肃的展会上办出特色是我们一直在思考的问题。因此，我们组织“超能观察团”，从权威正派与跨界敢玩两个层面来进行探馆活动，多维度触达消费者，既有大家信赖的权威认证，又有新潮活跃的跨界与专业的通俗解读，二者相得益彰。其次是执行方面的挑战。进博会是一场国家级的展会，需要十分完备的执行规划，因此，无论是前期证件准备、活动路线安排，还是活动期的流程设置，抑或是活动结束的收尾工作，都需明确细节，并做好突发事件处理预案。

案例点评

点评专家：蒋楠　中国计量大学人文与外语学院公共关系系教授

该案例利用2019年中国举办第二届进博会时机，向媒体和社会公众传达了现代汽车集团新型电动车技术、内在智能化创新设计和外观表现等讯息，以强化公众对品牌的认知，赢得中国消费者的品牌好感与忠诚。活动利用海报预热、现场新闻发布、体验互动和专家解读，加上后期媒体报道的热度持续，成为人们热议的焦点。从效果上看，应该基本达到了企业预设目标：预期回报率高达4000%，传播区域覆盖广泛，参与媒体多达70余家等。

我们知道，一个公共关系活动策划的核心是组织与公众的平等沟通，可以使传播的方式更具创新性、传播的内容更具亲和力、传播的过程更具流畅感、传播的效果更具深入性。从本项目来看，传播的内容够精彩，载体彰显了科技感与时尚感；传播媒体公众的参与比较充分；因此，该活动是一个比较精彩的策划案例。

2020 最具公众影响力

市场公关大奖

重组带状疱疹疫苗上市媒体传播

执行时间： 2019 年 11 月—2020 年 7 月

企业名称： 葛兰素史克（中国）

品牌名称： 欣安立适

代理公司： 睿桥公关咨询（上海）有限公司

获奖类别： 金旗奖—— 2020 最具公众影响力市场公关大奖

项目概述

葛兰素史克重组带状疱疹疫苗欣安立适于 2019 年 5 月获批，用于 50 岁及以上成人预防带状疱疹。该疫苗于 2020 年 6 月在中国分批上市。

企业在该疫苗上市前一年启动媒体传播，借助进博会、后疫情时期疫苗价值话题传播、媒体疾病教育、上市发布会和首针接种传播等活动，提升了公众对疾病的认知和预防知识储备，激发了广大目标受众的疫苗接种需求。

品牌 LOGO

项目调研

根据调研，公众对带状疱疹的严重程度和预防必要性认知度不高，媒体讨论声量不及其他已上市疫苗预防的疾病。此外，相对于儿童疫苗，成人疫苗的话题缺乏权威性的讨论。因此，有必要在上市前开展大规模的疾病教育，上市后对该疫苗的价值进行传播。

项目策划

1. 目标

企业希望在上市前能够获得政府、公众和医疗健康行业对带状疱疹这一疾病的关注，加深公众对带状疱疹的疾病认知，树立预防意识，带动主要城市政府部门对这一疾病预防的支持，最终激发公众对重组带状疱疹疫苗接种的热情和需求。

2. 受众

企业委托第三方机构，对 50 岁及以上人群进行画像分析，并针对其对该疾病的认知、预防意识，对疫苗的认知，以及其消费习惯、触媒习惯等进行了深入的调研，将目标受众进一步锁定为具有较高收入或退休收入、受过良好教育、具有独立生活和消费决策能力的“新老年”群体，并根据人口结构和经济发展状况等要素，确定了十个首批上市的城市：北京、上海、广州、深圳、成都、重庆、杭州、宁波、南京和武汉。

3. 内容策略

（1）建立受众和带状疱疹疾病的关联度，包括让受众了解带状疱疹疾病的发病率和严重性。

（2）强调疫苗价值，破除疫苗偏见，包括疫苗在消除部分传染病方面的重大作用、世界卫生组织等权威机构对疫苗价值的肯定等。

（3）强调对子女人群的疾病科普，利用他们对父母健康的关注，以及对疫苗更加开放的态度，通过他们更好地实现 50 岁及以上人群带状疱疹疾病预防教育。

4. 媒介策略

（1）抓全国主流、权重性较高的大众、健康媒体。媒体教育先行：对其先进行科普教育，为上市前后更科学地向公众开展疾病和预防教育做好准备，同时避免上市前后媒体对该产品产生认知误区。公众科普主要阵地：疾病信息、预防信息、上市信息等均通过主流媒体渠道发布，提升整体疾病和疫苗信息的可信度和权威性。

（2）与各城市的权威皮肤科及带状疱疹疾病预防领域专家合作，传递疾病科普信息，提升科普信息的可见度和可信度。同时借助他们在行业内的权威性，影响更多的医疗专业人士。

项目执行

（1）上市时间宣布，重磅信息引发关注（2019 年 11 月—12 月）。2019 年葛兰素史克首次参加进博会，打算借此机会宣布其重磅疫苗产品欣安立适即将在中国上市。为了确保传播效果最大化，在进博会前一个月邀请媒体对葛兰素史克疫苗事业部负责人进行专访，提前炒热话题，吸引其他媒体关注。在进博会期间组织媒体科普分享会，第一时间向上海、北京地区主流媒体公布欣安立适上市时间。

（2）疾病科普教育分阶段引爆市场（2020 年 1 月—5 月）。2020 年上半年，为了在疫苗上市前持续为带状疱疹疫苗预热，巧借母亲节热度，通过与媒体共创内容和在线疾病教育的方式，向全国多家主流媒体科普带状疱疹疾病的治疗及预防信息、疫苗价值，更将带状疱疹疫苗的上市城市、可接种时间等信息分批透露给媒体，持续增进媒体和公众对带状疱疹疾病的关注。

（3）全国上市发布会配合首针传播激发需求（2020 年 6 月—8 月）。6 月 28 日，重组带状疱疹疫苗欣安立适正式在全国上市，55 家地区主流媒体参加了此次发布会，更有 13 家全国主流媒体参加了发布后群访环节，该群访共产生数十篇深入的疾病教育科普稿件。7 月，重组带状疱疹疫苗欣安立适陆续在上海、北京、广州、深圳完成首针接种。团队针对接种城市进行了全方位的媒体策划，实现宣传平台传播共振，在社交媒体和传统媒介都实现了高热度的报道和讨论。

项目评估

重组带状疱疹疫苗上市共获得超过 11000 篇媒体报道、15 亿次曝光量，广告价值高达 3 亿元。

根据百度搜索，带状疱疹这一疾病的搜索指数比 2019 年同期增长 700%（2020 年 1 月至 7 月与 2019 年 1 月至 7 月数据对比），同时“带状疱疹疫苗”被纳入百度关键词，带状疱疹疫苗被纳入“带状疱疹”搜索关联词。

1. 媒体层面

在整个上市阶段，项目获得了新华网、澎湃新闻、第一财经、环球网、《人民日报》、《科技日报》、《北京日报》、《新京报》、《健康时报》、《每日经济新闻》、《21 世纪经济报道》等大众、医药、经济类主流媒体多次报道。

其中值得一提的是，带状疱疹疫苗上市两次登上上海广播电视台王牌新闻访谈节目《新闻夜线》，获得北京卫视、广东电视台等省级卫视报道。

带状疱疹疫苗北京、上海首针接种登上微博城市热搜榜，阅读量高达千万次。

2. 政府层面

在整个上市阶段，项目多次获得上海发布、北京发布、北京市人民政府、人民政协网、多地区疾控媒体平台的权威报道。

3. 专家层面

在整个上市阶段，项目获得多位皮肤科及带状疱疹疾病预防领域专家的大力支持。他们积极向公众科普带状疱疹疾病的治疗与预防知识，录制疾病科普视频、参加疾病科普直播等媒体活动，并大力肯定了带状疱疹疫苗在预防带状疱疹中所起到的重要作用。他们也成为带状疱疹的第一批核心科普传播者，进一步帮助吸引更多专业人士的关注与支持。

项目亮点

（1）巧借新冠疫情树立“疫苗全周期覆盖”意识。面对突然暴发的新冠疫情，免疫系统和疫苗成为众多媒体关注的焦点，团队以企业开展新冠疫苗研发合作为切入点，唤起公众对成人疫苗价值的认知，树立“疫苗全生命周期覆盖”的意识。

成人疫苗价值相关内容获得了包括第一财经、《每日经济新闻》、《中国新闻周刊》、《健康时报》、《生命时报》等主流媒体的大量报道和传播，并且企业在这些媒体中成功树立了“成人疫苗价值”提倡者的意见领袖形象。

（2）接种首日获得媒体高度曝光。首针接种传播是唤起大众需求的最佳时机。为了更深入地触及本地消费者，团队从当地主流视频及平面媒体入手，以权威媒体带动传播节奏，获得多家电视台、平面媒体报道。带状疱疹疫苗上市及开打，获得上海电视台、北京卫视等主流媒体报道。三次获得上海发布平台的疾病科普和疫苗预防信息曝光。“带状疱疹疫苗接种”更是分别在北京和上海登上城市话题热搜榜前三。

案例点评

点评专家：姚利权　浙江工业大学广告学系系主任、硕士生导师、副教授，信息与传播研究所副所长

本项目目标人群定位精准，媒介选择合理，活动开展有序，与政府、公众和医疗健康行业产生共鸣，填补了我国这一疾病预防领域的空白，形成了较好的社会影响力，体现了企业良好的社会责任形象。

这个案例主要的亮点有以下几个方面。

一是调研深入与洞察到位。该项目前期经过了深入调查与分析，将目标受众定位在“新老年”群体，同时确定欣安立适首批上市的城市为经济发达、民众对新事物认知与接受程度较高的国内一、二线城市，为项目的开展定下整体基调和方向。

二是媒介选择与组合恰当。一方面，针对“新老年”受众群体，项目选择了全国主流、权威的大众、健康媒体，与该群体的触媒习惯相吻合，能提高信息到达率与接受率；另一方面，针对公众对带状疱疹疾病的严重程度和预防必要性普遍认知度低的现状，通过一段时间内较高密度的媒体报道与传播，从而提高媒体的讨论声量，吸引疾控和政府部门关注。

三是各阶段借势营销活动精准。在长达半年多的预热阶段，通过参加进博会、巧借新冠疫情和母亲节等进行借势传播，提升了公众对该疾病的认知；在上市引爆阶段，通过新闻发布会及会后群访、首针接种，产生高热度的报道与讨论，激发了目标受众的疫苗接种需求。

2019 年东风 HONDA 品牌之夜暨全新 CIVIC 思域上市发布会

执行时间：2019 年 5 月 17 日

企业名称：东风本田汽车有限公司

品牌名称：东风本田

代理公司：北京海奕风尚品牌管理有限公司

获奖类别：金旗奖—— 2020 最具公众影响力市场公关大奖

项目概述

为深化品牌调性、强化与“90 后”年轻消费者的沟通，2019 年 5 月 17 日，全新 CIVIC 思域在网红城市西安的大明宫国家遗址公园燃情上市，诠释传承与创新的交相辉映。逾 600 位媒体人、经销商和车主朋友们亲临现场，见证了这场别具一格、动感十足的发布盛事。

项目调研

1. 项目背景

（1）“CIVIC 精神”：输出经历十代传承提炼而出的“CIVIC 精神”，并以此为传播核心，展开与消费者对话的全新篇章。

（2）“C 位绝不让位”：结合网络热词“C 位”与“CIVIC”谐音的重合，全新定义目标消费人群，提炼出上市口号“C 位绝不让位”，以年轻化的口吻对

正处于社会 C 位的年轻消费者内心状态进行解读。

（3）传承与创新交相辉映：作为一款融合传承与创新的车型，全新 CIVIC 思域选择在网红城市的耀世古迹前恢宏上市，将品牌的历史传承感和面对年轻消费者的时尚鲜活感融合。

2. 可行性研究

（1）户外发布：这是一种新潮流，场地更开放，形式更丰富，视觉冲击更强烈。团队针对户外活动可能遇到的突发状况，制订了全方面（雨天、雷电、大风、火灾、地震、医疗）的紧急预案。

（2）城市选择：从用户的角度出发，选择年轻人喜爱的城市，通过抖音城市大数据与头条指数的研究，锁定了西安这座“90 后新 C 位”城市。

项目策划

1. 目标

传播全新品牌主张；传递上市信息，吸引粉丝互动，引导用户参与；多渠道扩散上市信息，提高声量，增强上市影响力。

2. 整体策略

以上市发布会作为核心引爆点，以一个核心事件、两种传播施策（“C 位曝光 +C 位好感”）及三类活动展开来打造上市话题，全网扩散，全方位输出上市信息及“CIVIC 精神”。

3. 受众

“90 后”年轻用户。

4. 内容创意

（1）新品上市亮点信息：外观、动力、配置、价格、“C 位客计划”信息集中释放。

（2）发布会精彩瞬间：“CIVIC 精神”微电影、逃跑计划表演、出车视频互动。

（3）车主圈层信息扩散：从车主视角发布现场纪实内容，以车主口碑佐证新款产品带来的超值体验。

5. 媒介策略

（1）PR（联动媒体、区域、车主集中式传播）：主流媒体发声；合作媒体集结；区域联动车主；专业媒体深度报道；上市新闻稿全面扩散。

（2）社交媒体（“双微传播 + 嘉宾、粉丝用户朋友圈刷屏”）：上市直播预热海报、上市当天信息长图、上市发布精彩瞬间（照片、短视频）。

（3）论坛（新车信息广泛讨论）：上市现场图扩散、“粉丝情怀 + 新车推荐贴”、车主标签塑造。

（4）直播平台（抖音、今日头条、火山小视频、西瓜视频、懂车帝）：亿级流量传播；多名抖音网红达人现场互动，形成话题传播；流量达人创新打造上市发布会“第二直播间”，开启直播新纪元。

项目执行

1. 项目执行时期

（1）预热期（5 月 4 日至 16 日）：# 我为 CIVIC 精神代言 # 结合车主招募，传播“CIVIC 精神”。

媒介：# 我为 CIVIC 精神代言 # 媒体扩散传播。

公关：# 我为 CIVIC 精神代言 # 互动 H5 预热信息传播、试驾活动传播。

线下：# 我为 CIVIC 精神代言 # 招募活动、媒体试驾活动。

（2）上市发布期（5 月 17 日至 8 月 31 日）：品牌之夜暨全新 CIVIC 思域上市发布会。

媒介：# 全场景覆盖 # 媒介施策展开。

公关：上市信息最大化传播，“C 位客计划”传播。

线下：品牌之夜暨全新 CIVIC 思域上市发布会。

（3）延续期（9 月至 12 月）：“CIVIC 精神”持续传播，产品价值解读。

媒介：# 全场景覆盖 # 媒介施策延续。

公关：“品牌 + 产品”价值传播。

线下：“C 位客计划”持续展开。

2. 控制与管理

（1）过万平方米纯户外场地：现有的基础设施很少，团队搭建了休息间，自找了发电机、照明设备，甚至还有活动前后的安全与清洁人员，希望最大限度保证嘉宾的体验感。

（2）非遗场地的报批：提前进行文化、公安及航空管制相关报批，确保现场每个环节的顺利进行，同时尽可能地将无人机的使用发挥到极致。

（3）突发状况管理：户外活动遇到突发状况在所难免，在彩排期间团队经历了变幻莫测的天气，无论是阴雨还是烈阳，每个人都坚守在自己的工作岗位上，通过一次次的现场彩排达到完美的效果。

项目评估

1. 效果综述

发布会的网络视频总播放量超过 2100 万次，以抖音为主阵地的五端同步直播及第二直播间共超过 625 万人次观看，传播声量集中引爆。

2. 现场效果

发布会获得了现场参与者与品牌方的高度好评。

3. 受众反应

上市关注指数成为行业标杆。从预热期到上市期间，百度指数出现明显增长，并先后于 5 月 14 日及 5 月 17 日达到峰值，发布会 5 月 17 日当天指数高达 66000。

4. 市场反应

上市当月月均百度指数高达 26000，持续保持行业高峰数值。上市后首月客流量突破 10 万人，单月销量再次突破 2 万台，上市后口碑和销量稳步提升。

5. 媒体统计

媒体邀约与落稿：计划邀约 415 家，到场 436 家，到场率 105%；24 小时内见刊 145 家，152 篇，扩散 1745 篇次，截至 5 月 25 日累计见刊 334 家。

项目亮点

1. 产品：运动基因的极致诠释

DHRT 冠军车手谢欣哲携纽博格林北圈赛道王者思域 Type-R 降临现场，诠释“CIVIC 精神”。车手环绕赛道，伴随 Type-R 引擎的轰鸣声驶入舞台右侧集装箱内，配合现场影像呈现画面，全新产品从集装箱一侧惊喜亮相，点亮赛道。

2. 用户：首播车主故事改编微电影，引发车主共鸣

品牌通过真实故事改编的车主微电影《CIVIC SWEET 一颗糖》诠释了“C 位客”充满爱心、正能量的车主形象，并借车主形象带入车主营销，通过现场赛道、城楼和 CIVIC 座席区的惊喜点亮，共同见证“C 位客计划”的正式启动。

3. 互动：品牌嫁接粉丝偏好

知名乐队逃跑计划压轴登场，用《夜空中最亮的星》引发全体大合唱，将产品历经十代成为中国车市同级别市场里“最亮的星”诠释得淋漓尽致。

亲历者说 成娟　北京海奕风尚品牌管理有限公司高级客户经理

整个项目从立项到执行足足用了 4 个月的时间，从城市选择、场地考量到活动形式确认，无不渗透着我们对“CIVIC 精神”的深入解读。

立项之初，针对发布会整体创意和视觉设计，我们力求将 CIVIC 的赛道基因发挥到极致，经过无数次思维的碰撞，产生灵感火花，最终将工业风与赛车文化巧妙结合。

我们经历了有史以来耗费最长时间、使用最复杂工艺以及最多工人的搭建工作，尘土飞扬的古建筑广场被激活，搭建团队真正做到了所见即所得。

最困难的还是彩排期间变幻莫测（暴雨、曝晒）的天气将彩排计划全部打乱。现场设备、人员均受天气严重影响，彩排时间大幅压缩。各部门昼伏夜出，只为呈现一场别样的亮相活动。这场活动不但为所有观众成功献上了一场充满激情与表现力的发布会，更为车企活动增添了几分个性。

案例点评

点评专家：彭焕萍　河北大学新闻传播学院副院长

项目秉承“以用户为中心”的整体运营思路，瞄准年轻化的消费者群体，全力打造营销新方式。发布会在城市选择、流程设计、产品口号创意、场景打造等方面都充分考虑到与目标消费人群的匹配度。改款升级的产品在外形上继续迎合年轻消费者，充分满足他们时尚个性的消费需求；以 CIVIC 思域的中期改款上市为契机，结合网络热词“C 位”与“CIVIC”的谐音重合，提炼出产品的 Slogan（标语）——“C 位绝不让位”，以激励年青一代在面对生活、工作压力时坚持自我、迎接挑战的“C 位精神”，强化与用户之间的情感共鸣；发布会场景和氛围营造大胆使用了各种赛道、时尚、运动元素，旨在赢得“90 后”目标用户的关注。

通过持续性话题营造，一步步构建并升华品牌的内核价值。为了体现 CIVIC 思域的传承与创新，上市地点选择千年古都、网红城市西安；以车主故事改编的微电影《CIVIC SWEET 一颗糖》展示了“C 位客”的爱心和正能量，源于真人真事的温情故事和价值传递，更易赢得年轻消费群体的好感；顺势启动了粉丝养成计划——“C 位客计划”，完成营销核心目标从产品销售向车主营销的转换，借力粉丝圈层营销，深化品牌与客户的关系。

在媒体资源运用方面，从力度、广度和深度三维发力，集中引爆上市传播声量。发布会当天网络直播平台 42 家，总播放量超过 2100 万次，以抖音为主阵地的五端同步直播及第二直播间共超过 625 万人次观看；400 多家参会媒体全国覆盖形成传播矩阵；区域联动车主做好信息圈层传播；专业媒体深度报道更是实现上市新闻稿的全面扩散。

红豆居家红豆绒柔软型内衣羊绒系列整合营销项目

执行时间：2020 年 7 月—8 月

企业名称：无锡红豆居家服饰有限公司

品牌名称：红豆居家

代理公司：广州海嘉明哲公关顾问有限公司

获奖类别：金旗奖—— 2020 最具公众影响力市场公关大奖

项目概述

立足红豆绒品类优势，打造国民内衣品牌形象，是红豆居家品牌传播的长远目标。此次传播围绕红豆居家红豆绒新品上市展开，通过公关传播提升公众对红豆居家的品牌认知和红豆绒的品类认知，提升大众好感度，助力销量转化。

项目调研

1. 项目背景

立秋前后正处换季阶段，消费者开始购买秋季衣物。面对品类繁多的内衣市场，企业本次推出高性价比的红豆绒柔软型内衣羊绒系列，并发布相关企业标准，推动柔软型内衣标准化、规范化，为大众消费者提供舒适的穿衣体验，唤醒消费者对柔软型内衣的需求。

2. 市场洞悉

（1）结构分散的初级竞争。传统国产品牌面临品牌老化、设计落后、渠道受限等问题；区域小型利基品牌发展，但在品质上缺乏严格控制；国外品牌主攻中高端市场，提倡型美。因此，国内市场上大众舒适型内衣出现空位，缺乏全国领导品牌。

（2）内衣消费的核心是对专业的需求。对内穿的秋衣秋裤来说，时尚本身就是悖论，专业性和功能性才是破题关键。而红豆居家的品牌内核是“舒适”，这是一个具功能性认知的基因，因此更加应该强化与放大。

项目策划

1. 目标

借新品上市强化品类认知，拉高品牌认知；借势小米营销跨界，输出品牌新国货口碑；公关传播助力，实现销售转化。

2. 整体策略

（1）针对主销 6 大片区女性受众，购买力覆盖家庭消费：女性为家庭消费主力，通常承担全家内衣选购工作，本次聚焦 6 大片区 25~50 岁女性；内容同步男装产品优势及买成人套装送童装，打动家庭选购，实现 1 对多引流。

（2）线上传播拉新转化，线下联动流量变现：消费者选购内衣时习惯先试后买，本次线上以拉新为主，通过产品优势输出新国货口碑，并匹配区域生活号和 LBS（基于位置的服务）小程序发放到店无门槛优惠券，实现线下导流。

3. 内容创意

（1）聚焦柔软，强化品类认知：重复强调深化品类信息；结合新品卖点，强化柔软体验。

（2）量化“柔软”，图文视频多管齐下：“柔软”作为主观词较难传递，但通过长图、视频、文章等将其量化，使消费者感受产品差异。发布期内不断变化素材搭配，实现感知最大化。

（3）中外行业专家大咖背书，拒绝自卖自夸：发布会共邀 8 位中外权威，从行业、工艺、原料、设计探讨产品利益点；行业协会颁发认证证书，夯实口碑。

4. 媒介策略

前期："小米手机开屏强曝光 + 社区互动引流直播"，使声量攀升。

中期："6 大片区朋友圈广告 + 私域流量点燃"，老粉到新粉快速辐射。

后期：权威科普、穿搭、测评、亲子 KOL 深化新国货标签，强化产品柔软特性，焕新品牌年轻化印象。

日常：KOL 场景化"种草"挖掘增长点，大量 KOC 新品分享，打造早秋全民热购狂潮。

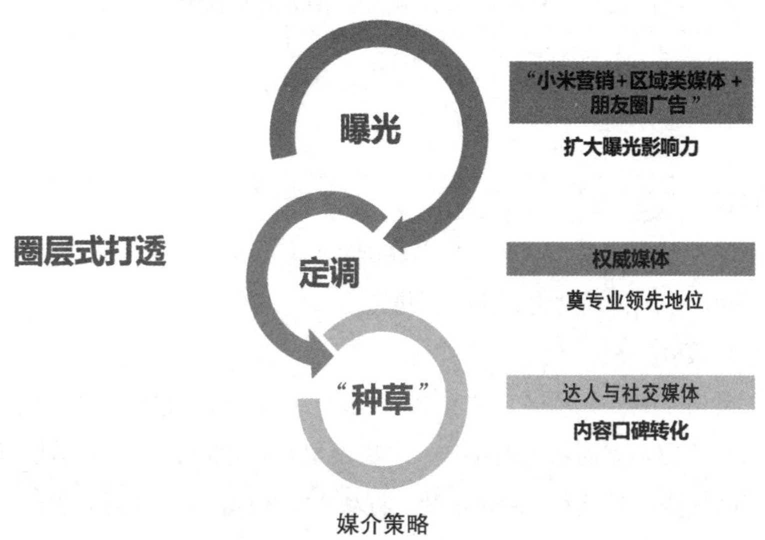

媒介策略

项目执行

本次项目执行共分为四个阶段。

阶段一（7 月初—7 月中旬）：实地考察，具象化柔软传播目标。到品牌工厂和红豆绒羊绒原产地体验红豆绒羊绒，将柔软品质具象化为"精选 6 国柔软原料，9 道柔绒工艺，3 级柔软面料"三大核心传播点。

阶段二（7 月中旬—7 月末）：跨越 10 大行业，寄品检测机构、行业专家、资深媒体、头部 KOL 进行评估。本次发布的样品产出后，立即寄出进行评估检测。例如，送检中纺标检验认证股份有限公司验证 3 级柔软面料，并共同起草相关企业标准；寄送丁香生活研究所进行选品，邀请资深媒体为优质的新国货品牌

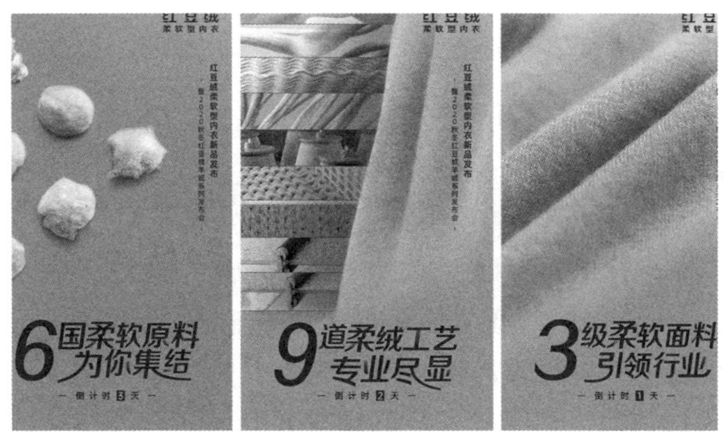

宣传海报

进行推广；以高端、真实的柔软品质打动各行业大咖，邀请其为红豆绒证言。

阶段三（8 月 5 日）：飞越上千公里齐聚鄂尔多斯，共同见证 3 级柔软面料诞生发布会。国内知名秀导张舰亲手打造发布会现场，还原草地、蒙古包及山羊，增强沉浸式体验感；8 位专家不远千里到现场为品牌证言、多家权威媒体参与见证，为红豆绒新品发布造势。

发布会现场

阶段四（8 月 6 日—8 月下旬）：流量变现，以福利拉新转化。利用强曝光平台扩大品牌声量，抢占消费者心智，并配合“种草”口碑铺设，将线上流量引到品牌小程序和线下门店；依靠新品上市优惠福利刺激销售，进行流量变现。

项目评估

（1）总曝光量超 4942 万次，提升红豆居家品牌知名度和红豆绒的品类认知。发布会直播无外部引流渠道协助下，播放量超 160 万次；朋友圈广告曝光溢出超 584 万次，高出平均溢出率 26%；官微增粉 6 万余人，小程序新增会员 3 万余人，粉丝增长数高出 3.8 文胸节（品牌拳头促销节点）近一倍。

（2）场景化“种草”创造新需求，打造私域流量，助力反季节销售。本次传播着力活化一线店员私域流量，优化社群营销。密集式传播新品信息，实现上市 48 小时销售额破百万元，5 天总销售额超 1010 万元。顾客调研显示，微信端成品牌信息主要接收渠道，91.7% 的用户从朋友圈了解活动；品牌核心信息成为入店客户普遍认知，私域传播效果显著。

（3）发布会深受媒体好评，知名媒体邀约专访。16 家权威媒体主动报道，会后知名媒体主动邀约专访，稿件发布 1 小时登上首页，被主流门户网站转载。

项目亮点

（1）场景化“种草”——将大草原搬进发布会，内衣也能有型有秀。将草原搬进发布会现场，带给观众沉浸式体验，营造与产品特性相符的温馨气氛，将秀场设置为蒙古包、野餐、时尚三个主题模块，别开生面的场景化走秀打破大众对内衣的刻板印象，构建新的品类记忆。

（2）反季节营销成果——销售额 48 小时破百万元，5 天破千万元。夏季营销秋冬新品，一开始，这种反季节营销遭权威媒体质疑，平台达人拒绝合作。后来，用调研结果说服媒体，并积极探讨传播内容与形式。新品上市 48 小时销售额破百万元，5 天破千万元。

（3）创意创新——出其不意的 IP 联动。敏锐洞察红豆居家和小米两大品牌共同点——新国货，联名小米营销发布内衣礼盒，硬核科技与柔软内衣联动，夯实红豆居家新国货地位。

亲历者说 李超君　广州海嘉明哲公关顾问有限公司高级项目总监

接到要在炎夏 8 月推广羊绒秋衣、执行周期不到 1 个月，而且品牌要求实现品效合一的项目简报时，我已觉得不可能。加上媒体纷纷拒绝合作，项目组的压力曾非常大。

但成员们迎难而上，深化思考如何让消费者在线感受柔软、如何组团打造权威品牌、如何深挖场景促进消费、执行时如何切实用产品优势打动媒体。为完成某权威媒体的产品评测稿，小伙伴们累计参加语音会议不下 10 次，总时长超 20 小时。

在品牌方大力支持下，我们紧张有序地开展整合营销，从品类立信、科普推广、拉新维稳、销量转化等层面进行内容策划、渠道匹配及福利政策落地，最终达成夯实红豆居家柔软型内衣开创者地位，及反季节销售目标，完成“不可能的任务”。

案例点评

点评专家：马志强　浙江传媒学院教授，温州商学院传媒与设计艺术学院特聘教授

本项目的策划和整合营销传播有以下几个特色。

第一，项目背景分析准确。

一般来说，策划实施一个项目，背景和市场分析是一个项目营销的关键，只有背景分析准确到位，恰到好处地找到定位，才能给营销铺好路。本项目的执行时间定在立秋前后，正处于换季阶段，消费者正开始准备秋季衣服；市场定位于面对品类繁多的内衣市场，本次推出高性价比的内衣系列；产品定位为“红豆绒柔软型内衣羊绒系列，推动柔软型内衣标准化、规范化”；目标定位为为消费者提供舒适的穿衣体验，唤醒消费者的柔软需求。几个方面的定位为红豆居家红豆绒柔软型内衣羊绒系列的营销做了极好的铺垫。

第二，策划里有亮点。

其一，传播策略亮点。项目传播主要针对女性受众。对中国家庭来说，家庭消费的主力肯定是已婚女性，丈夫和孩子的穿戴多由家庭主妇说了算。女性群体作为家庭消费的主力，承担着一家几口的内衣选购任务。因此，本次传播投放渠道主要选择以25~50岁女性群体为主的生活号、“种草”测评号。内容上承接买成人装送儿童装优惠活动，并点明男装的独特设计，打动其为家庭成员选购，实现一对多销售引流。

其二，产品内容创意亮点。谁也不喜欢穿那些面料硬、粗的内衣，一定都会选择柔软和舒适的。本次内容创意重在强化红豆绒品类“柔软”基础上的“舒适”认知，传播核心为输出红豆绒品类“精选6国柔软原料，9道柔绒工艺，3级柔软面料”信息点，通过传播的反复强调，增加了用户记忆点；再通过品类切入羊绒系列卖点，深化“柔软”体验，扩大产品优势。“柔软”作为主观形容词，是难以客观传递的。本次内容传播的重点是将“柔软”通过长图、视频等形式，将主观感受“柔软”量化，使得消费者能切身感受产品差异点。并根据发布周期，进行不同素材的搭配发布，最大限度利用素材进行转化，尽量把“柔软”传递给消费者。

其三，传播方式亮点。本次传播采取线上传播拉新转化、线下联动流量变现的方法，可以说是非常高明。针对消费者在内衣选购时习惯先试后买，综合上身效果评估的情况，线上传播以拉新为主要目标，传递红豆绒柔软型内衣羊绒系列柔软、舒适的特点并进行“种草”，输出品牌新国货口碑；线下传播利用优惠券进行门店引流。这种线上和线下互动、相互配合的品牌传播方式非常符合现代人的购物习惯，尤其对内衣营销来说更是煞费苦心。

酷我畅听“脑海发布会”品牌营销传播

执行时间： 2020 年 4 月 17 日—5 月 20 日

企业名称： 北京酷我科技有限公司

品牌名称： 酷我畅听

代理公司： M+ 传播 | 北京品智尚诚文化传媒有限公司

获奖类别： 金旗奖—— 2020 最具公众影响力市场公关大奖

项目概述

酷我畅听是腾讯音乐娱乐集团（TME）旗下的长音频平台。此次酷我畅听“脑海发布会”品牌营销传播以品牌传播推广为核心，从品牌视觉设计、品牌 Slogan 设计，到发布会联运一气呵成，打造立体化整合营销效果。

项目调研

（1）行业洞察：长音频市场潜力巨大。2018 年，中国在线音频市场用户规模达 4.25 亿人。到 2020 年年底，中国在线音频用户规模达约 5.42 亿人。随着在线音频内容的开发，以及用户场景需求得到挖掘，长音频市场潜力巨大。

（2）用户洞察：暂闭“视界”，重回脑海。短视频、网剧、综艺充斥着当下的娱乐环境，视觉的负荷即将过载。在目不暇接的世界中，保留一块空间，让音频内容重新点亮人们的脑海世界。

（3）品牌理解，“听见所想”：让音频点亮脑海世界。凭借前期对行业的深入洞察和对酷我畅听的理解，团队快速抓住听与想象的联系，区别于其他长音频产品的定位，强调对声音的想象，希望通过酷我畅听上线提高长音频的整体渗透率。

项目策划

1. 传播策略："B 端 +C 端"组合的重拳出击

从零开始打造酷我畅听，既要抢占用户流量，又要在行业内塑造品牌形象，团队选择了"B 端 +C 端"双管齐下的打法：C 端通过 B 站"脑海行为大赏"专题活动、微电影、微博热搜、朋友圈广告、抖音定制化贴纸等方式广泛辐射目标人群，制造霸屏形象；B 端传播则通过 4 个不同维度，覆盖发布会前后平面媒体、广播、微信自媒体等，传播 TME 战略方向、酷我畅听高维切入、内容创作者利好、长音频市场格局等，共计发表多达 18 个角度的文章。

2. 内容策略："制造悬念 + 广泛触达 + 长尾效应"

新品牌的诞生必须吸睛，团队通过明星大咖预告和预热海报制造悬念预热、吸引关注；同时，通过多平台、多形式的传播方式，利用明星微博、朋友圈广告和微电影等形式广泛触达目标人群，让内容精准触达客户群体；在沉淀期，塑造平台上内容节目的宣传和跨品牌联合，留住触达用户，打造多个记忆点，形成传播的长尾效应。

3. 媒介策略

平台：为了更全面、更立体地传播和捕捉用户，团队选择了 B 站、微博、最右、LOFTER 等多个社交平台，进行多角度的内容输出。

媒体：覆盖发布会前后平面媒体、广播、微信自媒体等，发布会在线集结百名记者线上同时观看。在发布会之后，团队随即召开了媒体座谈会，为品牌发声再添亮点。

项目执行

以酷我畅听品牌内容为核心，策划"脑海"故事线有机联结北京发布会主现场和深圳分会场，打造沉浸式舞台，保持整场发布会直播内容完整流畅。

发布会现场

（1）预热期：丰富资源聚焦，精准触达用户，设置悬念互动，感知品牌主张。团队选择 B 站、朋友圈广告和微博作为活动预热的阵地，聚焦资源，吸引流量。通过 B 站“脑海行为大赏”视频、两款朋友圈广告和微博话题三管齐下，多平台聚焦。

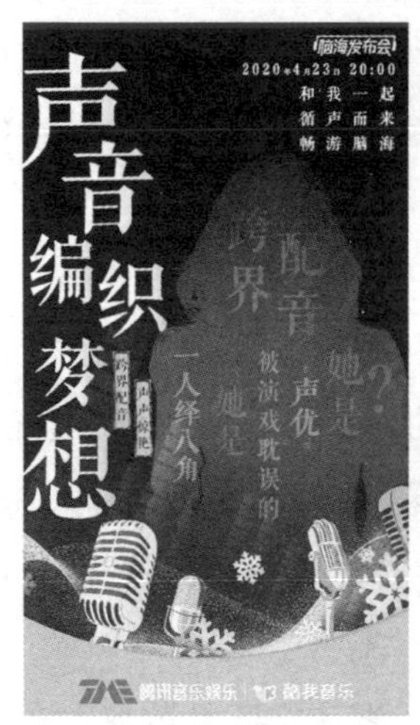

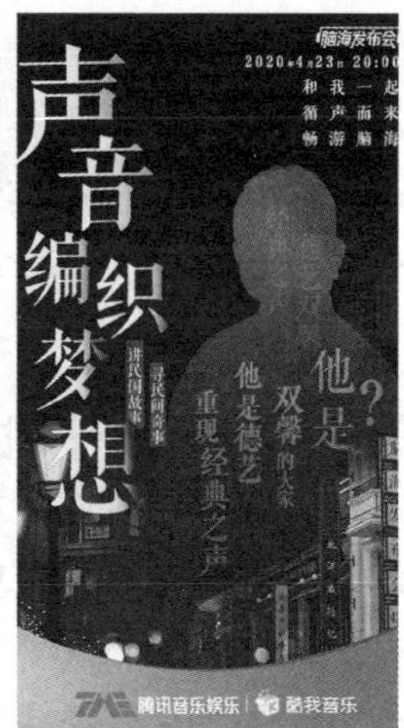

活动海报

（2）爆发期：强化品牌特色，放大 IP 价值，展现独特创意，获得持续关注。发布会以品牌特色和 IP 资源为重心，强化品牌价值。同时借助大咖形象制作了 4 款有声海报以及倒计时海报、一图看懂、视频混剪等传播素材，炒热 # 酷我

畅听上线 # 等话题。

（3）沉淀期：特色内容助力，顶级流量聚焦，精准释放信息，深入解读战略。深度内容植入，抢占消费者心智，实现品效双收。通过品牌“互撩”、入驻主播联动、大咖官微互动等多种方式带动传播。通过外围博主推广会员福利，实现营销闭环。发起了 # 听见你的剧本身份 # 抖音挑战赛，结合抖音年轻用户属性，定制贴纸让大众参与，真正赋能品牌传播。此外，推出“五一宅家听什么”“会员限时 1 元”活动，进一步实现拉新和转化。

项目评估

（1）发布会直播：联合 40 余家直播平台，集结百位媒体在线直播，4 月 23 日当晚发布会吸引了超过 900 万名网友观看，全平台曝光达 3000 万次。

（2）媒体：财经、文娱、科技类媒体等全网共计发布 120 余篇原创稿件，累计转载超过 1000 次。

（3）微信：集结雷帝触网、镜像娱乐等 9 名行业头部 KOL，深入解读集团战略以及酷我畅听在长音频领域的发展，累计阅读量超过 50 万次。精准定位目标人群，紧抓粉丝，打造 4 篇阅读量超 10 万次的爆款内容，近 30 位微信 C 端 KOL 参与传播，累计阅读量超 62.9 万次。

微信朋友圈广告：在用户端扩大曝光，为发布会打造悬念。朋友圈广告投放累计曝光超 1300 万次。

（4）B 站：谷阿莫等 8 位头部 UP 主参与活动，制作原创脑海想象视频；借助 8 位 UP 主的创作内容为发布会引流，为酷我畅听品牌发酵传播。B 站 App 端、PC（个人电脑）端信息流广告、开屏等资源位置均准时上线，总曝光量超 1.82 亿次。

（5）微博：14 位明星“大 V”在线“打 call”，累计打造 # 脑海发布会 # 等 12 个微博话题，话题累计阅读量超过 10 亿次。

（6）抖音：“听见你的剧本身份”视频播放量达 3.1 亿次，视频互动量达 638 万次；贴纸“听见你的剧本身份”使用次数为 2619 万次。

项目亮点

（1）赋予品牌价值：设计出“用声音打造内容之海，连接想象之海，让你听见所想”的品牌 Slogan，从品牌 VI（视觉识别系统）设计到战略咨询，打造差异化定位，并利用微电影和传播物料，充分解读并触达客户。

（2）传播策略：之前品牌积淀与私域流量几乎为 0，为了让广大用户了解品牌，以及站内的海量内容、会员福利，团队定制了三大营销策略，从创意输出、粉丝营销、树立品牌形象方面入手，通过“明星 +IP+ 流量平台 + 用户福利”，促进酷我畅听品牌上线事件影响最大化以及让用户快速理解品牌并产生共鸣。

（3）转化效果：通过整合营销，使酷我畅听实现 91.1% 的强势增长，冲入行业 TOP3，真正达到品效合一。

亲历者说 吴尚　北京品智尚诚文化传媒有限公司创始人、总经理

酷我畅听“脑海发布会”的整合营销活动是一次紧迫而又极具挑战的任务。我们用了 1000 个小时来筹备，让 3 亿音频类用户了解到了全新的酷我畅听品牌。我们用了 20 天，从用户触媒习惯和平台差异出发，策划整体传播节奏，定制传播内容，先后在 B 站、微博、微信、抖音等主流传播平台进行持续营销造势，以“脑海行为大赏”“脑海发布会”“听见你的剧本身份”等平台定制化内容有效触达和撬动用户。我们用了 14 天，从人群洞察出发，抓住听与想象之间的联系，为品牌找到差异化定位，并为酷我畅听全面打造一系列品牌语言：以耳机为原型的独特品牌 LOGO，“听见所想”的品牌宣传语，以及“以内容之海连接想象之海”的品牌释义，多维度、一体化打造品牌形象，并向用户释放品牌价值。在新冠疫情之下，我们和时间赛跑，打造了一场营销传播的“极限挑战”，我们做到了。我们用整合营销的思路、全面服务的态度和团队协作精神，圆满完成了此次酷我畅听品牌发布，并持续陪伴酷我畅听品牌成长。

案例点评

点评专家：邵松岩　北京阶承传播顾问有限公司总经理

一个好的项目、好的案例，往往是“生逢其时”“应运而生”的。该项目成功的前提：一是区别于碎片化的文化现实，对丰富、完整、有内涵的文化产品的需求是人类永远的主题，当今环境下也是如此；二是依托腾讯集团强大的资源系统，是强大产品力的有力保障；三是企业足够的预算，让“巧妇”有“米”可“炊”。

这个项目是一个典型的、教科书般的“事件战役”推广案例。传统媒体、互联网媒体、新媒体全面覆盖，力图实现全面联动；名人资源、草根领袖悉数到场，各领风骚；视觉表现、听觉渗透、内容挖掘面面俱到。对于一个从 0 到 1 的新品牌而言，这是一个“高举高打”的策略，策略的贯彻执行也全面、完整，可圈可点。

完成这样的项目，需要代理公司稳健踏实、有足够的经验储备，了解项目总体的布局谋篇。做好这些基本面，如果再有几个亮点，那就是“上乘之作”了。该案例在形象输出、活动现场的氛围营造等方面，都给观众留下了深刻印象，这是很值得称道的。

台铃助力国家登山队再测珠峰

执行时间： 2020 年 5 月 20 日—6 月 5 日

企业名称： 东莞市台铃车业有限公司

品牌名称： 台铃

代理公司： 北京汉诺睿雅公关顾问有限公司

获奖类别： 金旗奖—— 2020 最具公众影响力市场公关大奖

项目概述

借势国家大事增进台铃品牌宣传效果；结合台铃品牌、产品、科技发展历程与攀登珠峰活动所体现出的拼搏、挑战、进取精神，设计感性契合点；通过世界高度，映射台铃的全球化视野及社会责任心。

项目调研

借势台铃助力国家登山队再登珠峰这一核心事件，在权威媒体平台发声，深化本次赞助活动的意义，提升台铃的品牌势能。台铃作为中国电动车行业登顶珠峰的品牌，是立足全球视野、引领中国电动车品牌走出去的先锋军。

项目策划

1. 目标

借助登顶珠峰活动，制造品牌公关事件，抢占稀缺传播资源，展现品牌实力，提高品牌势能，强化品牌知名度。

2. 传播策略

围绕活动展开，从国家荣耀、民族自信、中国品牌、世界高度等理性大视野，借助中央电视台、新华社、人民网等权威媒体提升企业担当、品牌势能，同时以勇攀高峰、挑战极限、征服进取、登峰造极等感性视角来凸显台铃产品、技术、品牌内涵。

3. 创意内容

（1）深度传播内容：中国台铃，世界高度——台铃成为行业唯一登顶珠峰的电动车品牌。

（2）内容梗概：简述台铃赞助攀登珠峰事件，助力国家登山队再登全球之巅，台铃品牌旗帜插上珠峰；此次登顶珠峰传达了超越极限、不断探索的攀登精神，展现出了民族自信；作为电动车行业的领导者，台铃电动车也一直超越极限、不断探索，在节能省电科技方面业界领先；作为联合国电动出行合作伙伴，台铃也一直站在世界高度，为推动全球绿色交通事业发展贡献力量；此次活动中台铃再次站在了世界高度，吸引全球关注，为传达民族自信贡献力量，为中国电动车品牌的国际化担当表率。

4. 媒介策略

利用靶心传播逻辑，通过权威媒体“官微 + 百家号 + 新闻客户端”构建投放矩阵，利用优势媒体资源为品牌背书。

项目执行

项目于 5 月 20 日开始执行，做前期准备工作，在 5 月 27 日登顶之时，撰写文章《登顶珠峰！台铃于世界高度彰显中国品牌力量》。于 5 月 29 日在权威综合门户网站和行业垂直媒体网站发布 30 频次相关内容，同时于今日头条等新媒体发布 7 频次相关内容。头部微博 KOL 搭载话题 # 中国台铃世界高度 # 并发布相关内容、头部微信 KOL 发布相关内容。文章在《人民日报》客户端、《环球时报》客户端相继发布，获得良好反响。在 6 月 1 日于新华社客户端发布、6 月 2 日于澎湃新闻客户端和《光明日报》客户端发布相关内容。

活动海报

项目评估

总曝光量达 3000 万次，台铃电动车百度指数上升至 35000。累计发布网络传播内容 47 频次，其中包括权威门户网站及垂直门户网站 30 频次；权威媒体客户端 5 频次（《环球时报》、澎湃新闻、《光明日报》、新华社、《人民日报》）；客户端 KOC 7 频次；微博 KOL 3 频次（《扬子晚报》《新闻晨报》《凤凰周刊》）；微信 KOL 2 频次（《财经国家周刊》《南都周刊》）；输出 1 篇深度解析文章，2 个文字快闪视频。

项目亮点

5 月 29 日，《人民日报》客户端发布相关内容，为台铃点赞。6 月 1 日，相关内容发布于新华社客户端，两小时内阅读量突破 120 万次，并在后续累计增加，阅读量提升至 128 万次以上。

微博端 3 个 KOL 发布相关内容，累计阅读量达到 260 万次以上。

在此次项目中，台铃充分发挥了自己的品牌影响力，将整个电动车市场环境提高至国家层面，成为国内首家赞助国家登山队的电动车企业。

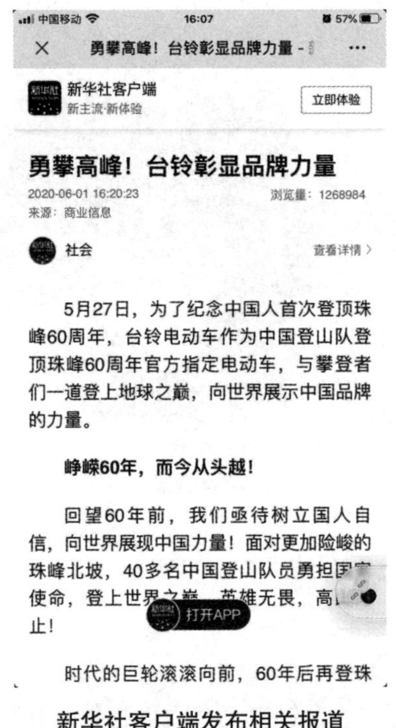

新华社客户端发布相关报道

亲历者说　刘纪奎　北京汉诺睿雅公关顾问有限公司客户经理

在接到项目需求后，我们第一时间对相关的资源公司进行了全面考察，思考如何通过此次事件实现台铃“品牌领跑”的目标。

对事件整体有所了解之后，我们马上做出行动：通过分析整体事件，根据以往经验判断，设计了 B 端高度占位的整体传播策略。在整体传播执行中，务必展现“中国台铃，世界高度”的行业形象。

为保证项目顺利执行，我们提前做好一切准备：确定好方向后，第一时间输出文章稿件和快闪视频，第一时间邀约媒体，协调内容发布，为后续传播铺

好道路，待登山队回传登顶的照片素材后，立刻按照传播规划执行。

各个岗位的同事紧密配合，将此次的项目做得近乎完美。

案例点评

点评专家：尚恒志　河南工业大学新闻与传播学院党委书记

项目立意高远。登顶珠峰传达的是超越极限、不断探索的攀登精神，展现的是中华民族的自豪与自信。作为电动车行业的领导者，台铃一直在不断探索，试图在节能、省电方面引领业界，为推动绿色交通事业发展贡献力量。赞助珠峰事件，助力国家登山队再登全球之巅，当中国登山队员把五星红旗插上珠峰，台铃的品牌旗帜也插上了珠峰，由此台铃站在了世界高度，吸引了全球目光，实现了与攀登珠峰的进取精神的感性契合，映射出台铃品牌的国际视野及社会责任心，传达了台铃为民族自信贡献力量、为中国电动车品牌的国际化担当表率的企业精神。作为国内首家赞助国家登山队的电动车企业，台铃借助登珠峰活动提升了品牌知名度，充分发挥了自己的品牌影响力，也将整个电动车市场环境提高至国家层面，开启了电动车行业与国家共同发展的新道路。

项目传播矩阵权威有效。借助传统主流媒体的新媒体平台和权威门户网站及垂直门户网站发布信息，构建权威媒体投放矩阵，利用优势媒体资源做品牌背书，传播范围广、影响力强，从中央电视台等主流媒体和勇攀高峰的感性视角提升了台铃产品、技术、品牌内涵，树立了台铃世界高度的品牌形象。

项目的不足之处在于整个活动依靠的是登顶珠峰的独特光环，企业创意及工作细节有点欠缺。

2020 最具公众影响力公关活动大奖

黛安芬“不一样精彩”整合营销传播

执行时间：2019 年 10 月

企业名称：黛安芬中国

品牌名称：黛安芬

代理公司：开域集团

获奖类别：金旗奖—— 2020 最具公众影响力公关活动大奖

项目概述

百年内衣品牌黛安芬，以“不一样精彩”为传播主题，合作个性鲜明的艺人热依扎，呈现她不同状态下尽兴而活的态度，鼓励女性不受世俗眼光所限，自由活出多面精彩。话题传播结合线上电商活动和线下快闪店，实现品效合一。

项目调研

创始于 1886 年的德国专业内衣品牌黛安芬，在 130 多年的历史中始终致力于支持女性，为她们增添自信。2019 年秋冬全系列的各款不同内衣，为女性带来自信提升、舒适自然、精致优雅、温暖贴身、透气自在的各种体验，支持每一刻的她们。

黛安芬“不一样精彩”整合营销传播 1

项目策划

1. 目标

整合资源，强化黛安芬百年内衣专家的形象，有效提升消费者对其全系列不同功能内衣产品的认知，带动全渠道销售。

2. 受众

黛安芬的主要目标客户为 25~45 岁的女性，作为社会的中坚力量，在多种身份与场合中游刃有余的她们是生活的多面手，拥有各不相同的风采。

3. 内容创意

女性到底怎样才符合传统意义上的“精彩”？对于女性话题的讨论在社交平台上从未淡出。黛安芬充分尊重不同女性的多面精彩，主打不同功能的全系列内衣，满足女性不同场景和心境的需求，希望帮她们活跃于各种场合，展现多面的自己，创造独一无二的、不一样的精彩。

黛安芬选择个性鲜明的女艺人热依扎作为“不一样精彩”话题的最佳代表，呈现她在工作中散发自信魅力、居家时闲适放松的两种不一样的精彩状态，表

黛安芬“不一样精彩”整合营销传播2

达生活无须条条框框限制、活出“不一样精彩”的态度，连接黛安芬主打不同功能的内衣，支持女性各种不同的精彩时刻。

4. 媒介策略

（1）线上：品牌官方自媒体、艺人自媒体官宣，时尚媒体及KOL广泛跟进报道，接力讨论引爆话题，引流线下体验。

（2）线下：杭州、深圳重点商场“不一样精彩”快闪店巡展，结合现场咖啡体验、内衣专家小讲堂讲解内衣知识，打造全系列产品的全方位互动体验，最大化引流销售。

黛安芬“不一样精彩”快闪店

项目执行

（1）引爆期：热依扎“不一样精彩体验官”身份官宣，大片及独白视频素材上线传播；时尚 KOL 及时尚媒体跟进“不一样精彩”话题，从热依扎的“不一样精彩”态度，引出生活中各种具有不同生活方式女性的“不一样精彩”；杭州、深圳主要商场“不一样精彩”快闪店体验同步落地；电商渠道预热素材上线，“不一样精彩”专属主页引流明星同款产品。

（2）发酵期：热依扎“双十一”电商引流 KV 及口播视频上线传播；电商渠道热依扎明星同款产品“双十一”预热传播。

项目评估

高传播声量，高互动率：250 多篇媒体报道，总影响人数高达 2.8 亿人，总互动数量达到 6400 万次。

传播主题与艺人性格高度符合，弱化广告感，受众反应优：广告片效果和传播主题大获成功，热依扎粉丝纷纷赞叹本次主题与她的性格高度贴合，甚至可以说是量身定制，感受得到品牌倡导的“不一样精彩”理念。

整合营销，品效合一：线上线下整合，引流销售效果显著，实际销售量超过预期，为线下门店显著引流。

项目亮点

如今的女性内衣营销传播，早已跳出了不受新时代女性欢迎的“性感”营销，要想在“情感”营销上更打动消费者，不是靠输出某种价值观，而是靠理解、尊重和鼓励。

女性到底活成什么样才符合传统意义上的“精彩”？对于女性话题的讨论在社交平台上从未淡出。黛安芬充分尊重不同女性的多面精彩，尊重不同生活方式的差异性，鼓励女性无惧他人的目光，不去迎合任何人，活出自己的“不一样精彩”。

亲历者说 费扬 开域集团高级客户顾问

女性到底为了谁而穿内衣？现代女性扮演着多重社会角色，在生活的各种场景中展现着不一样的光彩。她们既有魅力四射、充满自信的一刻，又有回归自我、自在舒适的一刻。我们希望借助黛安芬针对不同场合需求的内衣产品，号召女性遵从内心，礼赞自己的多面精彩。

为了讲好这个故事，我们与个人形象和经历与产品调性极为契合的艺人合作，由艺人大片及视频的生动演绎，形成话题爆点。线下快闪店的接力落地，门店及电商同步引流，引起女性情感共鸣的同时，更强化其对品牌的全系列产品的认知，迅速转化销售。

案例点评

点评专家：孙瑞祥 天津师范大学新闻传播学院广告学系教授

百年内衣品牌黛安芬，面对不同生活状态下的现代新女性的个性化需求，适时打造出“不一样精彩”传播主题，找准了市场定位和产品卖点，取得了显著的传播效果和不俗的销售业绩。

要想强化黛安芬内衣专家的鲜明形象和消费者对秋冬全系列不同功能产品的认知，必须精准把握用户心理，持续深耕目标受众，找到统一的产品诉求点，进而展开系统性立体化全要素的公关推广活动。本案例以个性女艺人热依扎尽兴而活的精彩态度自述为话题中心，产品形象与代言人形象实现了高度契合，给目标公众留下了深刻好感。

本案例跳出了女性内衣传统的“性感”营销窠臼，在“情感”营销上做足功课。通过施展一系列卓有成效的网上网下公关组合拳，充分彰显了黛安芬的价值观：充分尊重不同女性的多面精彩，尊重不同生活方式的差异性，鼓励女性不受世俗束缚，无惧他人目光，活出自己的精彩。

本案例的媒介策略也运用恰当，实施线上线下多种渠道整合营销，将明星话题和全系列各款产品特点紧密结合，借势明星效应触达更多人群，扩大了传播声量，充分展示了产品带给消费者的自信提升、舒适自然、精致优雅、温暖贴身、透气自在的美好体验，提升了品牌亲和力，实现了公关目标。

2019 年海南黎族、苗族传统节日“三月三”陵水主会场开、闭幕式

执行时间：2019 年 2 月—4 月

主办单位：海南省政府

品牌名称：“三月三”

代理公司：和智传信品牌管理顾问（北京）有限责任公司

获奖类别：金旗奖——2020 最具公众影响力公关活动大奖

活动场馆

项目概述

2019 年 4 月，海南黎族、苗族传统节日“三月三”陵水主会场开、闭幕式

暨主题文艺晚会举办，带着各族人民的美好祝福，怀着“爱与感恩”之情，演员们共同赞美幸福的生活及美好的未来，近万名市民及游客到场观看晚会。

项目调研

“三月三”是海南黎族、苗族同胞祭祀祖先、庆贺新生、赞美生活、歌颂爱情的传统佳节。1984 年，根据人民的意愿和要求，广东省人大和广东省人民政府决定将“三月三”确定为节庆日。每年“三月三”，海南会举行规模盛大、内容丰富的庆祝活动。如今“三月三”成了丰富旅游产品、传播民族文化、促进民族经济发展的盛会，每年都吸引数万名国内外游客。国家非常重视非物质文化遗产的保护，2006 年，黎族三月三节经国务院批准列入第一批国家级非物质文化遗产名录。

项目策划

本次活动以“爱与感恩”为主题，表达爱的含义，对“爱”的主题进行了升华，从青年男女间的“小爱”上升到人间“大爱”。通过不同的节目形式展现出黎族、苗族群众对家乡的热爱、对生活的热爱、对祖国的热爱，并用“爱”来感恩我们当下的幸福生活，表达对新时代的美好憧憬。展示黎族、苗族优秀传统文化风情风貌，宣传优秀传统文化魅力，传承优秀传统文化精髓，弘扬民族和谐、团结、进步。

本次主会场舞台的呈现突破了传统舞台的单一表现形式，采用实景与多媒体结合的艺术效果，既有传统山水实景风光，也兼顾了现代多媒体元素。其灵感来源于海南独有的山水风光。山养育着勤劳智慧的黎族、苗族儿女，水孕育出多姿多彩的黎族、苗族文化，黎族、苗族世代生活在这片滋养、哺育了他们的山水之间，对这片山水十分热爱。

项目执行

现场根据不同的节目背景精心搭建了舞美装置，用光影和屏幕将海南的美做出了最好的呈现。大片的光影点亮了陵水的夜空，动人的歌声澎湃了游人的心绪，热情的舞步踩着鼓点，走进了每个人的心。

最终经过各方共同努力，2019 年海南黎族、苗族传统节日“三月三”陵水主会场开、闭幕式得以顺利举行。本次活动充分展示了陵水的人情风貌，也将黎族、苗族的传统特色展现给了更多的人。

项目评估

活动从 4 月 6 日开始，直至 9 日结束，历时 4 天。活动内容丰富，形式新颖，通过增加爱情主题活动，营造浪漫氛围，突出“三月三”作为黎族、苗族青年男女相知、相会、相爱的传统节日的重要意义。除了让参与者感受和体验到海南黎族、苗族传统文化以外，陵水还将爱国爱故乡、爱家爱亲人的新时代“三月三”精神贯穿其中，唱响中华民族和谐发展的时代主旋律。

项目亮点

在开幕式和闭幕式上，团队以“爱与感恩”为主题，以黎族、苗族歌舞为载体，融合爱情、感恩、欢聚等元素，邀请知名导演执导演出，聘请知名制作团队对现场视觉效果进行包装设计。活动还邀请了深受群众喜爱和欢迎的吴碧霞、侯丽娟等艺术家倾情献艺，以精彩的文艺节目展现了民族文化的独特魅力，彰显了团结友爱的民族氛围，展现了黎族、苗族同胞十指相连齐筑中国梦、万众一心迈向新征程的美好愿景。

活动现场

亲历者说　李晓根　和智传信品牌管理顾问（北京）有限责任公司项目总负责人

由于活动流程的专业需求，本次活动特聘请中央电视台导演组团队联合创作此次盛会。在海南近 40 摄氏度的高温下，导演组和项目组克服重重困难，奋战两个月，坚持完成了项目。绚丽的舞美设计、精巧的节目构思、别出心裁的“服化道”以及对非遗项目的尊重和展示正是本次活动的最大特色。舞台恢宏而绚烂，向所有观众朋友们显示了大美陵水，更体现了黎族、苗族传统民俗的风貌。经过各方共同努力，本次活动得以顺利举行，并得到了领导、参与演员、观众以及工作人员的一致高度评价。

案例点评

点评专家：丁韬　HARMAY（话梅）品牌市场总监

民族的才是世界的，此项目是一个非常纯粹的民族文化宣扬的公关事件。其通过对海南黎族、苗族传统节日“三月三”的包装，对主题“爱”进行了升华，从青年男女间的“小爱”上升到人间“大爱”。不仅展现出黎族、苗族群众对家乡的热爱、对生活的热爱、对祖国的热爱，更是将黎族、苗族优秀传统文化风情风貌展示给了全世界。项目在组织形式以及传播渠道上持续创新，采用更加流行的社会化营销形式，利用当下流行的新媒体平台将民族文化更大范围地传递出去，同时保持了纯粹、深厚的民族内涵和优质的文化内容，这才是项目成功的关键。

2020 地球一小时[①]

执行时间： 2020 年 3 月 10 日—4 月 10 日

企业名称： 世界自然基金会（WWF）

品牌名称： 世界自然基金会（WWF）

代理公司： 华扬联众数字技术股份有限公司

获奖类别： 金旗奖—— 2020 最具公众影响力公关活动大奖

项目概述

受新冠疫情影响，WWF 发起的全球最大规模环保公益活动“地球一小时”无法如期举办线下熄灯仪式。公关公司临危受命，将其调整为线上熄灯仪式。直播观看量达 154.4 万次，抖音话题讨论量达 821.2 万次，媒体报道超 515 篇，相关内容全网点击访问量超 26 亿次。

项目调研

“地球一小时”是由世界非政府环境保护组织 WWF 发起的一项全球规模最大的环保公益活动。每年三月最后一个周六晚 8:30，全球多地都会举办线下熄灯活动，号召公众为保护地球发出同一个声音，中国也不例外。然而 2020 年受新冠疫情影响，在全国人民面临疫情的紧张气氛下如何集体发声？在这一特殊

---

① 本文中所涉及的照片，WWF 均已得到被拍摄者的使用许可。

时期，团队希望为公众提供情绪出口和价值观引导，也通过活动让人们更加重视全球气候变化与生物多样性的保护。为贯彻科学防控的精神，公关团队快速反应，将传统的线下活动创新调整为线上熄灯仪式。

宣传海报

项目策划

WWF 希望通过活动让社会各界重视全球气候变化与生物多样性的保护，重新深刻认识人与自然的关系，为公众提供情绪出口和价值观引导。对此，团队设定了三个传播目标。

（1）增强公众对生物多样性的认知，强调人与自然的连接，深刻反思人与自然的关系。

（2）促使 2020 地球一小时活动主题“以生命之名，为地球发声”口号深入人心。

（3）呼吁人们为自然发出自己的声音，从改变行为开始，保护自然生态环境和野生动物。

团队根据前期受众洞察，并结合 WWF 多年的实践提供解决方案，为公众提供情绪出口和价值观引导，引发关于人与自然的理性反思，为此，提出了“环保知识植入 + 故事设置 + 沉浸式自然场景”的创意策略，引发公众共情、共鸣、共同发声。

在预热期，发动企业、公众及媒体 KOL 等参与发声，整合各合作伙伴资源，充分考虑各利益相关方的需求，以“为地球发声”为主题，通过云发布会表达了参与公益环保的决心，并受到 WWF 瑞士总部和新加坡等地区代表的高度赞誉。3 月 28 日当晚，联动八个直播平台用自然音乐会、音钵静心、诗歌朗诵、故事演绎等形式，并融入向抗疫一线工作者致敬、向逝去的生命静默的环节，倡导每个人通过行为改变自然，与自然和谐共生。

活动现场

项目执行

预热期为激发公众参与热情，推出 H5 创意答题小游戏，植入地球环保知识，潜移默化加深网友对地球现状的认知和反思；微博、抖音发酵话题 # 地球一小时 # # 为地球发声 #，联动众多明星一同许下环保承诺。

3 月 27 日云发布会在微博平台上线，视频回顾了地球一小时在中国的历程及展示各公益伙伴们过去的环保成果，邀请安踏集团、万科公益基金会、京东公益基金会、伊利集团、摩登天空等的领导一同许下环保承诺，向世界传达了中国低碳发展的决心。

3 月 28 日晚，WWF 举办了前所未有的地球一小时线上熄灯仪式，多位知名企业家、明星艺人等进行互动“连线”，用音乐与视频结合的方式在线演绎环保故事，通过亲身经历与感受倡导人类与自然和谐共生，仪式中还特别设置向抗疫一线的奋斗者致敬、为新冠疫情中逝去的生命静默的环节。仪式在一直播、新浪微博、抖音、央视频、斗鱼、爱奇艺、新京报、澎湃新闻八个平台同步直播。

通过邀请记者线上观看，产生的优质内容引发众多主流媒体主动报道，进行全网扩散，其中包括 CCTV-2、CCTV-12（中央电视台社会与法频道）、中国新闻网、环球网、人民网、*China Daily*（《中国日报》)、《公益时报》等。

项目评估

相比往年线下活动，2020 年线上活动获得了更为广泛的参与和讨论。受到 WWF 瑞士总部和新加坡等地区代表的高度赞誉。

地球一小时直播当晚观看量超过 154.4 万次，点赞、评论超 5 万次；抖音直播话题获得 821.2 万次讨论，达到热搜榜第一；云发布会和熄灯仪式观看量达到 145.5 万次。微博话题 # 地球一小时 # 引发 573 万次讨论，17 亿次阅读，热搜置顶。线上媒体新闻稿件覆盖约 515 篇，包括中国新闻网、环球网、人民网、*China Daily*、《公益时报》等媒体自发报道。PV 超过 26 亿次。H5 阅读量超 15 万次，WWF 招募熊猫客志愿者超 6 万人。

项目亮点

同心战“疫”，紧跟时事。为贯彻科学防疫，活动通过云发布会与地球一小时线上熄灯仪式直播。直播前，邀请到 WWF 武汉工作人员、志愿者还有合作伙伴员工参与，既代表了全中国人民齐心发声，也表达了对抗疫一线工作人员的致敬和祝福。

融情于景，以情动人。熄灯仪式包括生灵、海洋、森林三大环节，穿插优美的自然环境视频，由发言人讲述自己与大自然的故事，将网友的代入感最大化，从而实现共情。

亲历者说 **周媛　WWF 传播总监**

作为全球最大的公益环保活动，地球一小时在 2020 年由于新冠疫情影响迎来了前所未有的挑战。如何将线下聚会改为线上，还能引发更广泛的大众参与和关注呢？活动从内容设计、传播形式上都融入很多创新的内容。知识问答 H5、明星海报、短视频、云发布会、音钵静心、自然音乐会、嘉宾朗诵等丰富的内容设计，引发大众共鸣；调动文体明星、企业家等各方力量积极参与，呼吁“以自然之名，为地球发声”；抖音、微博热搜话题上榜，八个平台同步直播，大众媒体纷纷主动报道，传播声量极大，得到一致好评。

案例点评

点评专家：王晓晖　国际关系学院文化与传播系副教授，中国国际公共关系协会学术委员

该项目最大的挑战在于因为新冠疫情，熄灯仪式无法线下举办；最大的机遇是因为新冠疫情，许多人重新思考人与自然的关系。项目以录播和线上直播的方式创造性地将“2020 地球一小时”中国区活动移至线上，“以生命之名，为地球发声”的口号触达人心、发人深省。熄灯仪式中加入点亮烛光的环节，缅怀新冠疫情中逝去的生命，为人们提供情绪出口；熄灯仪式后的线上音乐会用音乐歌颂大自然，引导大家深刻反思人与自然的关系。项目使用预热海报、H5、VLOG 短视频、音频、线上直播、长图文、花絮视频等多种类型的物料，充分联动明星艺人、志愿者及多个中国品牌，引发了公众更广泛地参与和讨论，引导公众充分认识生物多样性的价值以及人类与大自然的“命运共同体”这一事实。由于对特殊情境下集体情绪的深刻洞察和人文观照，该项目在挑战中把握住了机遇，振聋发聩地向世界传达了中国低碳发展的决心。

HOLOGIC“525 女性健康关爱节”

执行时间：2020 年 5 月 7 日—27 日

企业名称：豪洛捷医疗科技（北京）有限公司

品牌名称：豪洛捷（HOLOGIC）

代理公司：北京凯莱博尔公关顾问有限公司

获奖类别：金旗奖——2020 最具公众影响力公关活动大奖

项目概述

“525”谐音“我爱我”，“525 女性健康关爱节”是豪洛捷发起的针对女性“两癌”（乳腺癌、宫颈癌）防治健康科普的公益宣教及品牌传播项目。在每年的 5 月 25 日期间，企业通过一系列活动的开展，号召社会大众关注女性健康、积极重视和参与“两癌”及相关女性疾病的防治和筛查。2020 年 5 月，豪洛捷联合中国人口福利基金会、腾讯健康，携手江南布衣、新元素、爱彼迎（Airbnb）、滴滴出行共同发起第二届“525 女性健康关爱节”活动，在线下落地北京、上海、武汉三座城市，线上覆盖全国受众，以“衣食住行”的健康生活方式科普和落地福利惠及女性，共同构建“525 女性健康生态圈”。

项目调研

（1）女性健康意识和行动力不强。企业联合清华大学健康传播研究所，针对包括北京、上海、广州在内的十座城市女性，开展关于“两癌”的认识及行

动力状况调研。结果显示，大多数女性存在主动筛查意识不强、对精准筛查的认知不足、行动力欠缺等问题。因此加强女性对于“两癌”筛查的科普教育和宣传刻不容缓。

（2）社会大众尚未完全认知“两癌”等疾病，预防大于治疗。2020 年，新冠疫情带来全社会对健康的共同关注，但“两癌”“防大于治”和“早筛查、早诊断、早治疗”的理念仍不够普及，大多数女性无法做到定期体检和筛查，等到发现时已将近晚期，也是造成死亡的主要原因之一。而事实上，乳腺癌和宫颈癌只要早查、早诊、早治，均是可防、可治的。

项目策划

1. 目标

（1）“跨界出圈”——打造“525 女性健康生态圈”。打破医疗品牌和消费品牌之间的壁垒，打破大众对“两癌”防治的认知盲区，联合社会公益群体和优质品牌，共同构建关爱女性健康的联盟力量。

（2）“整合资源”——整合合作伙伴的优势资源。为女性带来健康的“衣食住行”观念，运用合作品牌的大众影响力，以其核心产品、服务和触及渠道，给广大女性朋友带来“低门槛、高福利”的实惠和关爱。

（3）“深化 IP 影响力”——深化品牌健康 IP。继续深化“525 女性健康关爱节”这一健康 IP，树立并夯实“早筛查、早诊断、早治疗”的健康观念。增加媒体关注度、大众知晓度，为未来持续打造具有影响力的公益活动积蓄力量。

2. 整体策略

（1）发挥品牌在女性医疗健康领域的专业优势。始终以专业的筛查和防治手段、积极的健康观念、权威的专家团队和资源为保障，始终以女性疾病科普、健康观念提升、健康生活方式的倡导作为前提。

（2）开创医疗品牌和消费品牌的全方位跨界先河。与“衣食住行”领域内有相同女性健康基因的四大“国民品牌”——江南布衣、新元素、爱彼迎、滴滴出行携手，让活动更贴近女性、融入女性生活。

（3）邀请公益机构参与，提升活动影响力。联合中国人口福利基金会，从公益组织层面助力活动开展，使活动更具备公信力、影响力和社会意义。

（4）联合多家媒体平台和意见领袖，通过健康科普直播、探店体验等多种方式，加强“525 女性健康关爱节”IP 知晓度。

3. 受众

直接惠及女性群体，进而普及至社会大众。

4. 内容创意

全方位、多层次、高声量打造“525 女性健康生态圈”，与志同道合的品牌合作伙伴建立起良好的合作和信任关系，将健康优势予以整合，以“破圈”效应结合彼此优势，共同影响女性群体的消费观念。

5. 媒介策略

（1）在媒体多平台合作层面，邀请腾讯健康作为此次活动的首席合作媒体，通过全程参与、平台直播、健康专家面对面等形式，将女性疾病防治趋势及“干货”知识有效普及和输送。

（2）在各领域媒体传播层面，邀请包含光明网、环球网在内的主流官方媒体，《三联生活周刊》在内的新闻及文化类媒体，腾讯网、凤凰网在内的门户网站，医趋势、好医生在内的健康垂直媒体，VOGUE 时尚网、GQ 男士网在内的时尚和生活方式媒体，第一财经网、财经网在内的专业商业和财经媒体等共计 32 家媒体进行专题合作和综合报道，有效触及和影响社会大众。

（3）在社交平台层面，与新榜前十位的情感生活方式大号“思想聚焦”，北京、上海、武汉等地本地生活资讯大号“潮生活”账号，以及在新冠疫情期间，武汉极受关注的新媒体之一“HANS 汉声”合作；联合微博亲子博主“小慕双 peggy”、时尚博主“Glassrose”、美食博主“Janna 只吃一口”分别从女性健康观念树立和潮流生活资讯分享的角度，通过 VLOG、现场打卡等形式，一方面普及筛查观念和健康知识，另一方面图文结合带来真实、轻松、有趣的健康现场体验。

项目执行

（1）豪洛捷 × 江南布衣：展现对“两癌”患者和女医生群体的人文关爱。

邀请 5 位女性康复患者和健康专家光临江南布衣门店，为她们设计和打造健康、自信的服装造型，在镜头前分享她们的故事，拍摄专题视频片。除此之外，免费为 200 位女性提供江南布衣集团的“不止盒子”服务，提供足不出户的服务，包括 6 次私人专属服务搭配，服装寄送到家，先试后买。

（2）豪洛捷 × 新元素：通过“时尚轻食套餐”特享赠送和特价售卖，传递健康理念，提供健康轻食的“体验分享 + 福利优惠”，凡购买指定套餐赠送“粉红健康福利”礼盒并有机会获取女性“两癌”筛查名额；邀请新元素总裁参与直播健康话题分享。

（3）豪洛捷 × 爱彼迎：邀请女性房主以 KOL 身份加入直播，并在上海“老洋房”民宿内拍摄健康居住主题的视频，向广大女性和家庭分享“健康民宿”打造的故事和居家健康的新理念。

（4）豪洛捷 × 滴滴出行：针对新冠疫情期间备受关注的城市武汉，活动期间在当地打造女性健康“彩蛋专车”，凡搭乘到专车的女性乘客，将获赠专车关爱礼包及女性健康筛查幸运名额。

（5）线上直播：豪洛捷联合腾讯健康、中国人口福利基金会、健康专家以及女性消费者代表共同做客“腾讯健康直播间”，共话女性“两癌”等疾病趋势及防治知识，从“衣食住行”的角度探讨当代女性健康生活方式的新趋势。

项目评估

从活动的预热、执行到圆满结束，共计超过 50 家媒体报道了本次活动，整体新闻传播量覆盖超过 500 万人次；相关内容在微信、微博的整体阅读量超过 300 万人次。

腾讯健康官方直播间 5 月 25 日当日直播实时在线观看人数超 25.2 万人次，累计观看直播人数超过 50 万人次。

豪洛捷携手国内健康时尚轻食品牌新元素，在北京、上海、武汉三座城市的 23 家门店开展健康轻食特享体验活动。活动期间，千名以上女性顾客自发打卡，在博主的带领下，更加生动地呈现了品牌从线上到线下的健康全程服务。

项目亮点

（1）多维度：实现从女性健康的专业领域到女性“衣食住行”领域的跨越。从提倡女性“两癌”筛查，到关注女性身体健康，再到建立“525 女性健康生态圈”，从单方面发展到多维度，让健康意识渗透人们生活的方方面面。

（2）多品牌：打破从品牌认知到合作的壁垒。合作崇尚极简穿搭风格、健康生活方式的——江南布衣旗下 less 品牌，健康和时尚轻食的引领者——新元素，共享住宿的先锋者——爱彼迎，国民出行网约车平台滴滴出行专车品牌——礼橙专车。邀请中国人口福利基金会提供支持，加入公益组织的解读，将活动向社会大众普及。联合腾讯健康，扩大健康影响力。携手平安好医生平台，打通健康管理闭环。

（3）多地点：活动范围跨越北京、上海、武汉三地，特别是在新冠疫情后的“复苏”阶段，在大家带着珍惜当下、温暖前行的心态下，共同将关爱的目光和重点的福利聚焦在武汉，引发社会大众对女性的关注。

（4）重云端：关注全国人民“复工复学”后的线下福利及视频传播、直播开展。新冠疫情给人们的生活方式带来了一定的改变，在原有的线下活动的基础上，增加了许多包括直播在内的线上活动，方便更多的人参与活动。

亲历者说 张禹　北京凯莱博尔公关顾问有限公司总经理

HOLOGIC“525 女性健康关爱节”在第一届活动成功启动的基础上，将后疫情时代女性对饮食、出行、运动、居家等方方面面的健康需求，和疾病防治的科普观念有效结合，使“防大于治”“早筛查、早诊断、早治疗”的观念深入人心。

在跨界品牌的合作下，邀约在女性消费者中具备普遍影响力的品牌并达成合作，做到了相互之间覆盖产品、服务、触及人群等方面的借力和“破圈”共享；考虑到当下传播模式和营销方式的优化转变，活动开展及传播更多地以“线下体验 + 线上传播”形式进行，合理运用网络云直播、社交媒体互动、小视频传播等有效形式，将活动效果最大化。

豪洛捷作为深耕女性健康领域的领军品牌之一，一直视中国女性的健康为己任，将目光重点放在普通的女性消费者群体上。豪洛捷协同公关公司共同策划、执行、开展了多个以医生、女性群体、大众为对象的活动及传播项目。“525 女性健康关爱节”通过连续两届的开展，已成功地由起步走向成熟，我们也将持续打造和维护好这一健康 IP，在未来不断为其注入更多新的活力。

案例点评

点评专家：董天策　重庆大学新闻学院院长

2020 年 5 月，豪洛捷联合中国人口福利基金会、腾讯健康，携手江南布衣、新元素、爱彼迎、滴滴出行共同发起第二届“525 女性健康关爱节”活动，形成了多维度、多品牌、多地点、重云端的鲜明特色。活动成效显著，超过 50 家媒体报道了活动相关内容，线下活动引发千名以上女性顾客自发打卡，获得 2020 年金旗奖，可谓实至名归。

本项目跨界营销的成功秘诀何在？首先，注重科学调研，弄清女性健康的两个薄弱问题：健康意识和行动力薄弱，尚未认知“两癌”等疾病防大于治；其次，策划专业，活动目标的确立、整合资源策略的制定、活动内容的构思、媒介策略的运用，都形成了有机而巧妙的组合效应，有利于 IP 影响力的深化；再次，项目执行到位，无论是联合江南布衣、新元素、爱彼迎、滴滴出行所开展的线下活动，还是线上直播、“话题 + 互动”、“创意海报 + 病毒视频 + 小爽文”等传播活动，都有板有眼，有条不紊；最后，项目评估精细，对活动的媒体报道、线上线下的传播效果，都有精确统计，这也为下一届活动奠定了良好的基础。

M 地铁·运动“城市徒步”活动①

执行时间：2020 年 8 月 3 日—10 月 16 日

企业名称：北京京港地铁有限公司

品牌名称：京港地铁

代理公司：无

获奖类别：金旗奖—— 2020 最具公众影响力公关活动大奖

项目概述

2020 年 8 月，京港地铁联合世界卫生组织驻华代表处、北京市交通委员会、北京市卫生健康委员会等，结合地铁出行场景与线上运动平台，开展 M 地铁·运动“城市徒步”活动，通过全媒体传播实现品牌强曝光。

项目调研

1. 项目背景

十八届五中全会公报中，建设“健康中国”已上升为国家战略，国家高度重视健康中国建设；新冠肺炎疫情以来，公众对健康的重视程度也在进一步提升。

北京于 2020 年印发了《北京市城市慢行交通品质提升工作方案》，深入落实“慢行优先、公交优先、绿色优先”发展理念，以提高绿色出行比例，增强城市魅力。

① 本文中所涉及的照片，北京京港地铁有限公司均已得到被拍摄者的使用许可。

2. 可行性研究

有研究机构就北京、上海、深圳、广州等 36 个全国主要城市的通勤情况开展调研，其中，北京以 11.1 千米成为平均通勤距离最长的城市。以此推算，若一位私家车主每周选择一天搭乘地铁通勤，每年可以减少约 90 千克的碳排放量。

2020 年 1 月至 6 月期间，京港地铁共收到疫情相关问询和反馈近 700 条，反映出受众希望了解更多健康资讯。

项目策划

1. 目标

落实“慢行优先、公交优先、绿色优先”理念，缓解城市交通压力，提升京港地铁品牌美誉度。

2. 传播策略

以互联网思维增加受众的参与感，利用全媒体平台多方联动，形成传播闭环。

3. 受众

线下活动以地铁乘客及沿线居民为目标受众，线上活动辐射全国爱好运动、健身的年轻人群体。

4. 内容创意

首次打造地铁线上健康打卡活动，并在地铁朝阳公园站内设置彩绘楼梯和奇幻镜面墙，打造城市健康出行空间；邀请世界卫生组织驻华代表、北京市疾病预防控制中心副主任、2008 奥运会冠军等行业专家及带头人共同呼吁乘客关注健康；在快手平台推出挑战赛，有效激发受众参与热情。

北京地铁朝阳公园站奇幻镜面墙

北京地铁朝阳公园站彩绘楼梯

5. 媒介策略

围绕不同媒体渠道，差异化传播并形成合力。

项目执行

1. 预热期（2020 年 7 月中旬—8 月上旬）

（1）利用地铁车站媒体以及内部宣传渠道等，投放预热宣传物料，营造热烈的氛围。

（2）在快手平台上线 # 地铁快舞蹈 # # 地铁快运动 # 活动页；京港地铁在微信、微博、快手、抖音发布倒计时预热海报、视频、直播预告；世界卫生组织、悦跑圈等合作方同步展开预热。

2. 爆发期（2020 年 8 月 7 日—28 日）

（1）活动 H5 上线。

（2）在社会、交通、健康、生活类权威媒体实现多种形式的传播。

（3）通过官方微信、微博、抖音、客户端等进行宣传，并在快手直播、合作方新媒体端口同步宣传。

（4）通过内部邮件、网站等形式开展内部宣传。

（5）全面启用车站、列车电视、屏蔽门媒体、电子屏、广告灯箱、梯牌以及包站资源进行线下推广。

3. 持续期（2020 年 8 月 29 日—10 月 16 日）

通过媒体、媒体人、京港地铁官方新媒体各端口及车站媒体资源持续传播，合作方同步传播。

4. 项目控制与管理

由项目活动负责人协调统筹内外部资源，制订详细的项目排期及分工，每日跟进各项筹备工作进展，及时解决项目执行中的问题，确保项目最终落地，呈现效果。

由项目负责人统筹各宣传端口的传播推广，各宣传端口由专人负责推进，每天汇总传播进展，及时解决执行中的问题，确保传播效果。

车站广告灯箱推广

项目评估

该项目线上总参与人数为 221354 人，在新闻媒体及新媒体各渠道得到了广泛传播，收到了受众的积极反馈，提升了公众对京港地铁品牌的辨识度及美誉度。

在新闻媒体方面，形成范围广泛、形式多样的立体化传播，国家权威通讯社、党媒、北京及中国香港主流媒体等 40 余家媒体发布报道，其中包括交通、健康、生活、社会类等各类传统媒体及其他新媒体、直播平台，通过图片、文字、视频、广播、直播等多种形式进行传播，新闻媒体报道的广告价值超过 1143 万元。

在新媒体方面，形成积极的话题讨论场，其中微博主话题 # 悦享健康 # 累计阅读超过 248 万次；官方微博、微信原发图文阅读量超过 132 万；快手标签页播放量超过 2550 万；直播在线观看人数约 310 万人，点赞约 330 万次。

项目亮点

（1）贴近社会热点进行议题设置，在新闻媒体中实现强有力传播，提升品牌形象与影响力。

（2）聚合多方资源扩大项目社会影响力，包括联合国下属机构、北京市政府机构、线上运动平台、短视频线上社区、广播电台、互联网票务服务平台等各领域十家合作方，充分调动各合作方的优势资源，为项目提供支持，扩大项目的社会影响力。

（3）打造独具地铁属性的地铁线上活动，将“最后一公里”“绿色减碳”理念融入活动项目设计中。

（4）原创“地铁快舞蹈”，在传播中凸显品牌形象，加强品牌在年轻人群体中的价值，提升该群体与京港地铁品牌的互动。

（5）形成线上挑战赛并设置话题页，提升公众参与感，带来公众对品牌价值的认同，强化与品牌的关联。

亲历者说 徐梁晶　北京京港地铁有限公司高级公关主管

2020 年的新冠疫情，让人们对健康高度的重视，为了向公众倡导健康环保的生活方式及低碳出行的理念，我们特别推出了本次 M 地铁·运动“城市徒步”活动。

为了避免人群聚集而产生健康隐患，我们突破传统线下公关活动思维，首次尝试将地铁这一公共出行空间与线上运动平台相结合，并将绿色低碳出行的环保理念融入项目环节的设计中。此外，活动还联合了卫生防疫、体育、营养学等各领域权威机构、专家共同发声，向乘客传达专业、科学的健康知识。

在整体筹备过程中，我们经历了合作方众多、协调难度大，线上技术壁垒高等困难，面临预算、时间等挑战，在公司领导的支持和信任下，团队不断调整、优化方案，最终克服了重重困难和挑战，成功执行项目，并获得了各方的高度认可。

案例点评

点评专家：殷俊　重庆工商大学高层次人才特聘教授、博士生导师，艺术学院院长、现代国际设计艺术学院院长、传媒发展中心主任

人民健康是民族昌盛和国家富强的重要标志，公共交通是人民日常生活的重要构成。纵横交错的城市地铁则是城市公共通勤的生命线，围绕地铁的公益活动也能很自然地激活人民群众的参与度。M 地铁·运动“城市徒步”活动既是对“全民健身日”的有益探索和积极拓展，更是契合和响应了“健康中国”的国家战略，具有很好的创新价值和示范意义。在防疫常态化的当下，开展 M 地铁·运动“城市徒步”活动，能够在人员密集流动的公共空间传播健康知识，提升人民的健康意识，营造城市生活的健康生态。在地铁通行与媒介传播高度融合的融媒介环境中，在线分享健康出行新时尚，融媒体传播健康理念的效果十分显著。相信在不久的将来，我们定能看到更多城市地铁与健康运动联手的线下活动。

“因美而生”世界淋巴瘤日公众宣教活动

执行时间：2019 年 9 月 7 日—15 日

企业名称：上海罗氏制药有限公司

品牌名称：罗氏

代理公司：达睿思国际传播咨询

获奖类别：金旗奖——2020 最具公众影响力公关活动大奖

项目概述

“因美而生”世界淋巴瘤日公众宣教活动聚焦淋巴瘤高危人群，结合知识与艺术，拍摄创意短片、打造中国首个淋巴瘤主题交互式舞台剧，吸引全国专家、患者及家属、媒体、各界爱心人士广泛参与，有效提高对淋巴瘤的认知度。

项目调研

1. 淋巴瘤认知度亟待提高

中国淋巴瘤发病率约为 6.68/10 万人，每年约有 10 万名新发淋巴瘤患者。发病率逐年提升，并呈年轻化的趋势。

尽管电影《滚蛋吧！肿瘤君》，以及罗京、李开复等“名人患者”，让公众对淋巴瘤知晓度有所提升，但调研显示公众对“淋巴瘤的高危因素”“需分型而治”“高治愈率疾病”等重要信息的认知度仍然较低。

2. 规范的治疗方式亟待普及

对抗淋巴瘤，早诊早治、规范治疗是关键。目前中国靶向治疗的使用率不到 50%，5 年生存率仅为 37.2%。但北京大学肿瘤医院的数据显示，非霍奇金淋巴瘤患者在进行为期 6～8 周的标准疗程后，5 年生存率可达 61.64%。

因此，无论对患者还是专业医护工作者来说，推广早诊早治、规范治疗的概念势在必行。

项目策划

1. 目标

（1）提升公众对淋巴瘤疾病的正确认知。

（2）加强医患交流理解，呼吁社会给予淋巴瘤患者更多关爱。

（3）致敬中国淋巴瘤事业，联结罗氏与淋巴瘤领域专家及患者，巩固罗氏行业领先地位。

2. 整体策略

（1）化科普为艺术。运用舞台剧、创意短片等艺术形式，给受众带去全新体验，传递疾病知识，吸引高危年轻群体关注。

（2）化知识为故事。通过情感化叙述展示患者真实故事，让受众走近患者生活，将专业知识转化为剧情短片，让科普“更好懂”。

3. 受众

淋巴瘤患者及家属、关注健康问题的大众，尤其是淋巴瘤高危人群——高压生活的年轻人。

4. 内容创意

（1）悬念短片“三部曲”。将淋巴瘤高危人群、发病机理、问诊过程等关键知识点与当代青年人的生活状态融合，构成充满张力剧情，再配以专家解析。

（2）中国首个淋巴瘤主题交互式舞台剧。联合患者、专业医生、患者组织和志愿者共同创作并参与演出，还原淋巴瘤患者积极抗击病魔的生活，在观众心中留下感性认知。

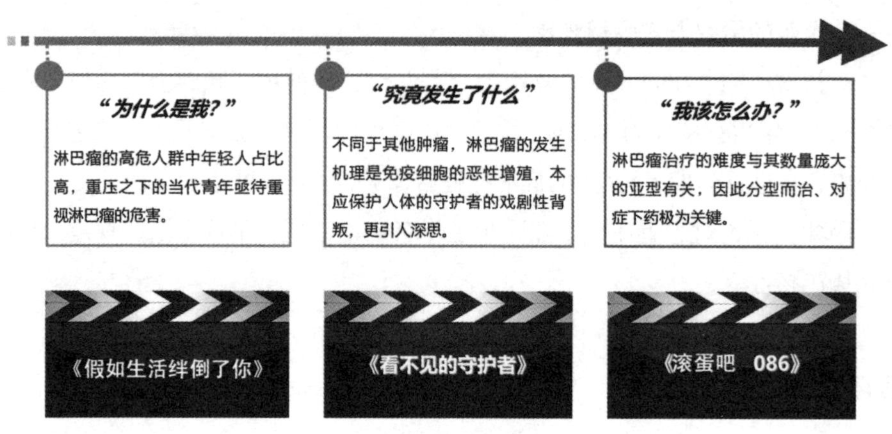

悬念短片三部曲

5. 媒介策略

（1）在腾讯视频以及《健康时报》上为活动预热，大范围覆盖受众。

（2）在世界淋巴瘤日覆盖全国垂直疾病、健康、大众领域等不同圈层优质媒体，产出符合媒体调性的多样化报道，实现平台全覆盖。

（3）在全国最大淋巴瘤患者组织——淋巴瘤之家进行全程直播。

项目执行

1. 预热

（1）9 月 15 日世界淋巴瘤日前一周，在腾讯视频 App 健康频道首页以及《健康时报》微信公众号有节奏地投放悬念短片三部曲，在科普的同时，为 9 月 15 日的正式活动预热造势。

（2）在天津、西安、郑州、广州等十多个城市的 15 家医院同步开展形式多样的以“因美而生”为主题的公益宣教活动，最大范围提升不同地区人们对淋巴瘤防治的关注。

2. 集中引爆

（1）9 月 15 日当天，上演中国首个淋巴瘤主题交互式舞台剧，配合悬念短片揭开淋巴瘤的神秘面纱，帮助现场观众在情节的跌宕起伏中，生动、深入地理解淋巴瘤及淋巴瘤患者的真实状态。

（2）云集来自全国各地的数百位淋巴瘤领域专家学者、医护人员、淋巴瘤患者及其家属、各界爱心人参与，从专业角度共话淋巴瘤诊疗发展，共助患者走向治愈。

（3）通过网络直播让无法亲临活动现场的朋友们在屏幕前实时感受淋巴瘤患者永不言弃的积极信念，和权威专家们仁心济世的风采。

3. 二次传播

通过现场媒体产出不同角度的大量报道，形成二次传播，辐射更大范围受众，持续提升活动影响力。

项目评估

40 多家国内主流媒体及专业媒体出席活动并报道，包含国内权威性通讯社如新华社、中新社，主流电视媒体如中央电视台、上海电视台、北京电视台等。活动共收获 194 篇媒体导报，总覆盖人数 346809283 人。

三支淋巴瘤疾病创意短片《假如生活绊倒了你》《看不见的守护者》《滚蛋吧 086》，在腾讯视频播放量均突破百万，总播放量达 330 万。

活动共吸引了来自全国各地的近 500 位淋巴瘤领域专家学者、医护人员、淋巴瘤患者及其家属、社会各界爱心人士参与。

近 8000 位患者通过直播在线观看了演出，他们纷纷表示剧中故事令人动容，在观看过程中收获了共鸣与勇气。

项目亮点

1. 寓教于“艺”，以情动人

单纯的疾病知识科普往往较为生硬，而通过舞台剧、创意短片等新颖、通俗的艺术形式，能够将专业的知识融入情感性的故事中，提高了知识的接受度，也更易吸引作为高危人群的年轻人的关注。

2. 依托权威，以理服人

疾病科普关系健康，信任尤其重要。在创新形式的基础上，携手患者组织、配合知名专家背书，通过“病友”“医生”等更为患者信任的形象，为项目的权威性、影响力加持。

3. 持之以恒

2019 年，“因美而生”宣教活动步入第二个年头，并将在未来继续开展。从精彩的摄影展到动人的舞台剧，“因美而生”将医学与艺术、疾病宣教与人文关怀相结合，持续提升了整个社会对淋巴瘤的关注与认知，推动了诊疗领域的交流与发展，带给了患者切实的帮助。

亲历者说 郭鲲　罗氏制药中国传播业务伙伴与媒体事务总监

很高兴参与“因美而生”宣教活动的筹备，在活动中，比较专业的医学信息、疾病知识、治疗知识，可以通过通俗易懂而不乏艺术性的方式得以展现，能够在医护工作者、患者乃至公众之间架起一座互相理解的桥梁。

印象最深的是，我们听到很多患者说，在观看舞台剧的过程中，他们感受到了强烈的共鸣，也因此更坚定了与病魔抗争的信心。这也让我们坚定了继续支持“因美而生”的信念。

2019 年是“因美而生”宣教活动开展的第二年，从一幅幅动人的摄影作品，到以真实患者为蓝本改编的舞台剧，项目积极尝试了很多富有新意的形式，而背后想要传递的意义是不变的：向社会各界展现淋巴瘤患者积极抗击病魔的精神面貌和生活状态，展现他们对生命的敬畏以及对美好生活的向往。

案例点评

点评专家：王兵　独立智库首席赋能官创办人

科普传播通常会面临几个大的挑战。一是如何避免形式枯燥乏味、缺乏趣味性？二是如何兼顾品牌、产品和理念等多个纬度核心信息的一

致性和协同性？三是如何做到内容通俗易传播的同时，又不触碰特定法律法规的监管约束，比如本案例所承载的产品是一款处方药，需要遵守一系列严格的宣传限制。

本案例结合世界淋巴瘤日这一特定节点，以首个淋巴瘤主题交互式舞台剧为创意形式，有效地实现了与目标人群的情感连接，辅之得当的线上媒介组合与同步落地医院的线下活动，形成了立体化的传播覆盖格局。而且，这是该项目延续的第二年，策略的整体性也是一个值得注意的亮点。不过，项目的主题“因美而生”感觉稍微生硬了一些，或者是案例呈现中诠释得不够充分。

“中秋夜·喝习酒”醉美赏月行

执行时间：2019年8月12日—9月12日

企业名称：贵州习酒销售有限责任公司

品牌名称：贵州习酒

代理公司：广州拓源新思广告有限公司

获奖类别：金旗奖——2020最具公众影响力公关活动大奖

项目概述

“中秋夜·喝习酒”醉美赏月行活动依照15个“醉美赏月胜地”设计了15组极富美感与文学意味的高品质海报，对候选赏月胜地进行诗意推荐，获得了众多网友共鸣与好评。本次活动携手《中国国家地理》、携程旅行网跨界合作，进行醉美赏月地评选活动，同时抽选20名嘉宾（其中包含5名携程旅行达人），与习酒的嘉宾们一同前往贵阳天文小镇参加醉美赏月行活动。

项目调研

2018年，贵州习酒首度发起“中秋夜·喝习酒”系列主题活动，借助全渠道联动，实现“中秋夜”与“喝习酒”的强关联。

2019年，将贵州习酒与中秋节建立高度绑定，打造“中秋夜·喝习酒”醉美赏月行主题活动——借助“赏月”“饮酒”等中秋节流传已久的文化习俗，联手《中国国家地理》与携程旅行网，从情感共鸣、长假出行等角度切入，寻找

能更多与社会大众的连接点，让更多人知道“中秋夜·喝习酒”的概念。整体传播分别围绕醉美赏月地 H5 评选、醉美赏月行两大部分来展开，撬动更多人的关注。

高势能：倡导君子风范的“酒文化”，《中国国家地理》杂志加持、携程旅行网助阵

新模式：线上、线下结合，参与便捷，活动免费。

多福利：贵州习酒奖品福利、去天文小镇参观天眼的资格、免费参与醉美赏月行活动的资格。

项目策划

1. 目标

将品牌文化和创新的设计理念诠释给目标受众，发布新的品牌战略规划。

2. 整体策略

通过创意互动，推送产品信息，运用流行的新平台，推广创意传播物料；全领域覆盖的核心媒体、核心广告位环环相扣，达成全渠道覆盖，实现“中秋夜”与“喝习酒”强关联。

3. 受众

粉丝、各大知名旅游博主、爱酒人士、经销商、核心消费者以及天文爱好者。

4. 内容创意

依照 15 个醉美赏月地景点设计系列海报，将贵州习酒的经典瓶型植入画面中，实现美观与产品信息的同步输出。

5. 媒介策略

（1）醉美赏月地评选。贵州习酒携手《中国国家地理》、携程旅行网分别推出权威版与驴友版的醉美赏月地评选 H5。同步启动新媒体矩阵推进醉美赏月地评选，为醉美赏月行埋下预告。

（2）醉美赏月地榜单公示。以微博、微信、今日头条以及其他新闻网站为主要传播阵地，重点对外释放习酒十大醉美赏月地榜单信息，强化贵州习酒与

月亮、中秋夜的关联。

（3）醉美赏月行集中释放。借助长图海报、专题网页、精剪视频、新闻通稿等，集中释放贵州习酒的“中秋夜·喝习酒”主题系列活动中的IP醉美赏月行。

（4）项目整体长尾传播。借助酒业、营销、公关等专业领域的视角重新回顾2019年“中秋夜·喝习酒”中的重要环节内容，强化品牌的信息输出。

项目执行

1. 内容设计活动主题

主：“中秋夜·喝习酒”。副：醉美赏月地、醉美赏月行、“醉·赏月”。

2. 传播策划

（1）醉美赏月地评选H5权威版（《中国国家地理》）及驴友版（携程旅行网）。

（2）新媒体矩阵传播规划。

3. 活动筹备和执行

（1）视觉设计：平面设计，包含活动海报5张、候选景点海报15张、长图海报2张、专题网页2版、H5设计1项。

（2）视频剪辑：醉美赏月行精剪视频。

（3）稿件筹划：活动通稿3篇、深度稿件1篇、微博文案25篇、朋友圈文案10篇以及其他文案工作支持。

4. 现场及后期总结

活动当日现场统筹并线上监测9月12日醉美赏月行派对直播动态。依据现场实时状况，快速整理花絮图片，分配给媒体，并完成花絮长图制作。

及时跟进网络红人抖音视频拍摄、携程达人的旅拍视频拍摄制作。

后期总结剪辑醉美赏月行精华视频、全程实况，在活动后5天内陆续提交抖音视频、旅拍视频、精简视频，及时提供内容支持，助力长尾传播。

项目评估

初次合作，公关团队与贵州习酒“中秋夜·喝习酒”项目处于磨合期，从

提案到项目执行时间较短，整体执行周期紧张，执行前一周内公关团队多次沟通调整，提供了“中秋夜·喝习酒”方案及亮点提炼，尽可能增加沟通了解机会。

前期对资料的消化及对项目的充分理解，使活动传播筹备期间，能够快速调动媒介资源、设计与技术的支持。在不足两周的时间里，团队完成与《中国国家地理》、携程旅行网的合作细节沟通，并完成醉美赏月地评选 H5 的开发，以保证在执行过程中项目能够顺利推进落实。

8 月 24 日至 9 月 17 日为项目筹备与执行期，其间共产生了 25 项设计、60 份文案稿件，执行团队提前准备，并及时依照当下的传播需求，主动完成海报、花絮长图、精剪视频等传播物料的制作。

为快速应对醉美赏月地评选活动中的传播需求，调整传播媒体渠道，执行团队主动提出增加传播渠道，用以匹配实现传播需求与目标。

此次合作在执行过程中的沟通与推进流畅，经过此次与贵州习酒的磨合学习，希望在后续合作过程中可以更深度地参与到内容策划，双方合力打造撬动更多受众关注的社交传播。

H5 数据总览

《中国国家地理》– 醉美赏月地评选 H5– 权威版（8 月 26 日—31 日）

点击阅读量：4292361 次

参与人数：184642 人

总票数：445391 张

提交中奖信息：392 次

创中秋节时间窗口内，官方阅读量与互动之最。

创中国国家地理官方平台互动量之最。

携程旅行网 – 醉美赏月地评选 H5– 驴友版（8 月 26 日—9 月 4 日）

广告位曝光量：96719208 次

广告位点击量：462934 次

活动页面 PV：741920 次

获奖人数：660 人

互动量（点赞、转发、评论）：1136958 次

晒图参与人数：96600 人

活动页面 UV：476878 人

中国国家地理微信公众号 -《中秋节，想好去哪里赏月了么？》

链接：https://mp.weixin.qq.com/s/3WBD9gE8RWJfz3PlXdV5sQ

阅读量：113433 次

转发量：2020 次

评论量：293 条

在看量：708 次

项目亮点

“传统的中秋节，现代的情意结。”贵州习酒和都市人一起“玩转”中秋月：“你愿意嫁给我吗？”

中秋前夕，贵州省平塘县的天文小镇上演了浪漫一幕，一位男子手持戒指缓缓走上舞台，趁着淡淡酒意和月下花前之景，单膝跪地向女友求婚。台上的小提琴手也适时地改变乐曲风格，在现场观众的喝彩欢呼下，一段月下佳话就此促成。

“中秋夜 · 喝习酒”，是贵州习酒送给人们的中秋赏月狂欢夜，当来自全国各地的人们从 99.99 米高的天文时空塔观星归来的时候，现场那颗巨大无比，仿佛自宇宙空运过来的“月亮”早已微微亮起，标志着醉美赏月盛宴“醉·赏月”派对正式开启。

亲历者说 曾文良　广州拓源新思广告有限公司项目总监

活动成功的背后，是辛勤的积累。

从 2019 年 6 月初接到项目需求到 9 月 11 日至 12 日活动期间，整个团队都进入紧张的战斗状态，由于整个活动涉及的业务范围比较广，酒店会务接待、接送机、餐饮、会场布置、活动流程等每个细节都需要考虑得非常仔细。所有参与项目人员都一丝不苟、兢兢业业地准备着自己负责的工作，熬夜加班成了常态，但他们却毫无怨言，与客户的沟通也是非常顺畅，没有甲方、乙方的立

场分明，而是培养出了深厚情谊，成了一起战斗的战友。团队的共同目的就是确保活动的每一个环节都布置到位。每一场活动都不能单靠一个人就全部完成，它是一项需要一大群人团队分工合作，步调一致地统筹配合而完成的工程，整个过程体现更多的是信任与合作。整场活动下来，我们与客户成了朋友，留下了友谊，客户在活动结束给予我们感谢的拥抱就是对我们所有项目人员，对团队的最大认可。

案例点评

点评专家：闫浩　资深品牌营销专家

“中秋夜·喝习酒”是一个比较典型的场景营销策划。在产品层面，将产品和特定场景关联，中秋夜是一个特定的时刻，也是一个特定的场景，喝习酒是一种消费观念的塑造。该策划从小场景，引导消费兴趣，是一种比较诚恳且积极的营销手段。从小切口渗透，逐渐进入更大的场景，引发更大的营销效果是移动互联时代营销比较“靠谱”的手段。另外，“中秋夜·喝习酒”在品牌层面也做了很好的功课，将品牌形象和赏月关联，以 15 组极富美感与文学意味的高品质文案，对候选赏月胜地进行诗意推荐，获得众多网友共鸣与好评，这对品牌美誉度起到了很好的加持作用。所以“中秋夜·喝习酒”是一个比较典型的场景营销策划，也可以说是一场非常不错的品牌公关活动。

“总有人正年轻 正在发生的未来”招商银行信用卡新产品发布

执行时间：2019 年 12 月 3 日—15 日

企业名称：招商银行信用卡中心

品牌名称：招商银行信用卡（简称招行信用卡）

代理公司：爱创营销与传播

获奖类别：金旗奖——2020 最具公众影响力公关活动大奖

项目概述

招行信用卡结合自身消费大数据带来年轻人对消费、生活、世界的理解，洞察年轻人需求的变迁，对品牌年轻化策略提出自己的见解，并基于洞察打造全新年轻客群专属的信用卡，通过新产品发布会，重构与年轻人之间的连接。

项目调研

中国银行业协会发布的《中国银行家调查报告（2018）》显示，有近五成的银行将信用卡业务列为个人金融业务的重点，在个人金融业务重视度中排名第三位。当下的线上消费市场，早已迎来“80 后”“90 后”时代。《2019 中国互联网消费生态大数据报告》显示，“80 后”是中国互联网消费的中坚力量，“90 后”的消费力也正迎头赶上，成为消费升级的重要驱动力，二线及以下城市的“小镇青年”群体消费潜力巨大。

数据显示，截至 2019 年上半年，招行信用卡累计发卡 9061 万张，信用卡消费 2.04 万亿元，双双在股份制商业银行中位居第一，这离不开招商银行充分践行的年轻化战略。以此为背景，在发卡 17 周年之际，招行信用卡推出年轻客群专属的“星座守护信用卡”和“自由人生白金信用卡”，重构与年轻人的连接。

项目策划

1. 传播策略

（1）与以往不同，本次活动从场地选择到活动形式，整体调性需要年轻、富有活力。

（2）新推出的两款卡产品专门面向年轻客户群，本次新产品发布会邀请年轻人关注的短视频、运动健康、旅行、二次元等领域的知名博主参与共同讨论，为后期传播提供更多内容，通过紧凑的传播节奏，达到短时间吸引年轻人关注的目的。

2. 内容创意

（1）不一样的新产品发布。一场关于年轻人的交流“总有人正年轻　正在发生的未来”，奠定活动“年轻活力”的主基调。

（2）一场漫步在云端的发布会。发布会选在被誉为离天空最近的书院——朵云书院。简洁的象牙白建筑，在蔚蓝天空下，呈现出纯洁梦幻之美。穿过“网红”路牌后是发布会的“颜值担当”，由上千只纸鹤组成的巨型飞鸟艺术装置——“自由人生”。

（3）让有料、有分量的人说。本次活动除了邀请多领域的媒体外，还邀请了年轻人喜爱的 B 站等合作方，由内而外展示对泛 Z 世代的洞察与判断。

（4）环节紧凑、节奏高效，引爆关注。从活动前期“年轻范儿”的预热海报，到活动后的全方位报道和招行信用卡自有自媒体矩阵图文、视频、大咖海报等多种形式集中发声，再到后期结合“自由人生白金信用卡”及“星座守护信用卡”这两款新产品的针对性传播，活动吸引了大量行业、媒体、用户的关注。

项目执行

本次发布会选址在上海中心的朵云书院，一个被誉为“离天空最近的书院”。现场以简洁的象牙白为主色调，呈现出纯洁梦幻之美。由上千只纸鹤组成的巨型飞鸟艺术装置——“自由人生”，是本次发布会的“颜值担当”。流线型的飞鸟在阳光的照耀下熠熠生辉，与招行信用卡全新发布的“自由人生白金信用卡”飞鸟形象相得益彰，构建出专属于年轻人的自由人生意象。

本次活动除了邀请财经、TMT（数字新媒体产业）、科技等领域的媒体外，还邀请了年轻人喜爱的B站、小红书、穷游、喜马拉雅、抖音、盛力世家等合作方，由内而外展示对泛Z世代的洞察与判断，为结论输出提供更多有价值的内容，后期传播中针对“星座守护信用卡”“自由人生白金信用卡”所涉及的不同的卡片内涵，邀请相应领域的热门公众人物发声，为品牌背书。

项目评估

1. 现场效果

（1）特色场地——朵云书院契合“自由而无用”的理念且曾经多次承办文学类活动，文化气息浓郁，高度符合活动调性。

朵云书院

（2）创意装置——“自由人生”飞鸟艺术装置，结合“自由人生白金信用卡”的“因为热爱，自由人生”的标语及卡面飞鸟形象，完美契合“自由人生白金信用卡”的精神寓意。

2. 媒体统计

（1）活动被 300 多家网络媒体多从不同角度进行了报道。

（2）相关领域知名博主为新产品发声，并在后期传播中结合自有渠道及外部传播，为“星座守护信用卡”及“自由人生白金信用卡”造势，吸引了大量用户的关注。

（3）借招行“星座守护信用卡”上市，招行信用卡与知乎开展专项合作，由知乎问题商店发起品牌提问，配合渠道资源，引导网友关注并讨论“星座守护信用卡”上市 TVC，品牌提问总曝光量为 376 万。

知乎问题商店关于招行信用卡的相关页面展示

项目亮点

（1）活动呈现有活力。

（2）交流对象更垂直。

（3）媒介组合更宽泛。

亲历者说 张沛森 爱创营销与传播高级客户经理

在发卡 17 周年之际，招行信用卡推出年轻客群专属的“星座守护信用卡”和“自由人生白金信用卡”，重构与年轻人的连接。所以我们将“年轻活力”定为这场活动主基调，举办了一场“漫步在云端”的发布会。本次活动除了邀请多领域的媒体外，还邀请了年轻人喜爱的 B 站等合作方，由内而外展示对泛 Z 世代的洞察与判断。此外，邀请知名作家刘慈欣、韩寒入驻掌上生活 App 为两款新产品造势，吸引了大量用户的关注。活动累计联合多家行业自媒体 KOL 进行报道，其中知名博主早橙旅行相关内容阅读量达 4.9 万、生活 Vista 平台稿件阅读量超 10 万、星球研究所相关内容阅读量超 10 万、两个质子平台稿件阅读量为 5.8 万、LOGO 大师平台稿件阅读量为 2.1 万。本次活动画上了圆满的句号。

案例点评

点评专家：姚曦 武汉大学新闻与传播学院广告系主任、教授、博士生导师

在此，我从广告内容创意、传播方式的创新、传播效果以及广告的美感度四个方面评析。首先，广告内容创意的新颖度较高，针对目标客户人群的喜好，提炼出“星座守护”和“自由人生”两种信用卡立意，重建了信用卡与年轻人之间的连接。其次，传播方式的创新度，在使用

年轻人聚集的B站、小红书等线上传播渠道之外，线下的“漫步在云端的发布会”的布景、邀请网络“大V”刘慈欣以及韩寒，与产品提出的年轻和自由的立意实现了很好的契合。再次，从传播效果上看，TMT、财经垂直、行业自媒体全方位报道和招行信用卡自有自媒体传播集体发声，实现了较好的品牌曝光度。最后，广告的美感度是此案例的一大亮点，“星座守护”和“自由人生”信用卡的宣传片画面精美度高，未来感、自由感十足。在“朵云书院”举办的线下发布会中，选择与央美团队合作打造“自由人生飞鸟”创意装饰，在契合了自由人生白金信用卡宣传口号的同时，具有较好的艺术价值，带给了受众审美上的享受。

2020 最具公众影响力
内部沟通大奖

大众汽车集团（中国）CEO 节日祝福系列视频

执行时间：2019 年 6 月—2020 年 6 月

企业名称：大众汽车集团（中国）

品牌名称：大众汽车集团（中国）

代理公司：飞拓无限信息技术（北京）股份有限公司

获奖类别：金旗奖——2020 最具公众影响力内部沟通大奖

项目概述

在中国传统文化中重要的节日节点，通过更创新的体验式故事化的视频表达，展现大众汽车集团（中国）CEO 冯思翰博士对中国传统美食的好奇和探索，深入理解和体验中国传统文化，建立与目标受众的情感联系。

项目调研

以往围绕企业领导人展开的企业形象传播都非常固化且形式单一。在综合考量大众汽车集团（中国）作为多年在华企业，是中国汽车工业成功的国际伙伴的企业身份后，项目团队从中国传统文化出发，将中国传统节日和企业核心信息相连接，成为项目的有效突破口。

对外，以被社交媒体广泛接受的轻松、真实、幽默及生活化的全新方式，由 CEO 形象展现大众汽车集团（中国）的品牌凝聚力和企业核心价值。对内，大众汽车集团（中国）公关部数字化传播团队和 CEO 团队、财务部、人力资源部、工会、书法协会，以及集团德国总部团队通力协作，保证项目成功实施，达成内外联动的线上传播。

项目策划

1. 活动目标

通过展现 CEO 对于中国文化的学习和深入了解，传达大众汽车集团（中国）的品牌精神和核心价值，展示企业对中国传统文化的尊重和人文关怀，增强企业内部的交流，提升凝聚力。

2. 受众人群

（1）广泛意义的受众。

（2）大众汽车集团拥趸和消费者。

（3）媒体及意见领袖。

（4）大众汽车集团内部员工。

3. 内容创意

（1）中秋众团圆——中秋祝福传播活动。大众汽车集团（中国）CEO 冯思翰博士在中秋节来临之际潜心向烘焙师傅学习制作月饼，为员工带来 CEO 烘焙的专属月饼，同时为网友送出中秋祝福。

中秋海报

（2）2020，年在一起——春节祝福传播活动。春节之际，冯思翰博士和公司茶水间薛阿姨学习制作八宝饭，并与薛阿姨一家共同欢度新春佳节，表达出大众汽车集团（中国）希望2020年与所有人继续“年”在一起。

（3）2020年开端——端午节祝福传播活动。这是冯思翰博士节日祝福系列的首支动画视频。视频中以大众员工为原型的动画形象分为两组进行赛龙舟比赛。视频中鼓舞士气的比赛情节和多元配音，展现了大众汽车集团（中国）与大家共进的姿态。

端午海报

4. 媒介策略

集团官网及媒体中心网站、大众中国官方微博微信账号、CEO官方领英账号、短视频汽车博主及微博美食博主分别结合自身账号特点和平台特点对视频进行传播。

项目执行

将用户及员工放在整个传播的中心，通过对内和对外多平台有机联动地把控，最大限度地保证传播效果。

对外：保证全平台同步上线，引爆话题。包括集团官网及媒体中心网站，大众中国官方微博账号，包括大众中国、大众汽车职通车和面对媒体的大众汽车集团中国记者驿站等官方微信公众号，CEO 官方领英账号，全平台（抖音、微博和火山小视频等）汽车博主及生活方式类博主，分别结合自身账号特点和平台特点对活动进行传播。

对内：内部热度讨论，配合外部传播。通过邮件、电脑屏保、电子显示屏、集团内网和微信公众号 VGC Move 发布祝福视频，引起集团内部积极反馈。

项目评估

大众汽车集团（中国）CEO 节日祝福系列视频创造了较好的传播话题和传播声量，在集团内外都获得了积极反馈，活动期间线上传播共计获得：

超过 1400 万次视频播放量，全新尝试大获成功。

传播期内共触达超 5200 万人次社交媒体用户，广泛影响目标受众。

超过 4600 名粉丝和 1300 名员工参与互动活动，获得内外热烈响应。

项目亮点

全新的体验式故事化表达，创造优质内容。以“中秋众团圆”“2020，年在一起”和“2020 年开端”作为三期活动的核心立意，视频内容趣味性强、节日气息浓厚，品牌理念表达自然。

部门跨区域团结协作，展现企业核心价值。由公关部策划联合 CEO 办公室、财务部等多个部门倾力协作上下共创，从视频演员推选、视频物料准备、传播渠道支持等多维度贡献力量，更增强了企业内部的凝聚力。

善用平台矩阵，保证传播效果。对内对外多平台联动，最大限度地保证传播声量。对外建立自有平台和第三方媒体平台联动的传播矩阵，对内充分发动大众汽车集团内部平台的力量。

巧妙的互动机制，激发用户参与。发起节日互动话题，配合节日专属定制礼品，吸引受众参与。

亲历者说 **程婧　高级经理，大众汽车集团（中国）公关部数字化传播团队**

突破传统固化的传播模式的束缚，从受众洞察角度出发寻求解决方案，转变思路，应对时代挑战，找到激发内部热情和外部响应的沟通方式方法，提供不同以往传统公关信息传递的创新体验，是大众汽车集团（中国）CEO 节日祝福系列视频项目的出发原点。

这个项目给我触动最深的是 CEO 及员工倾情配合演出、跨部门协同合作以及传播上内外兼顾的多媒体融合手段。这种合力造就了整个项目的完美呈现。

另外，我们在探索更有效的媒体传播策略和内容规划时，一直把用户及员工放在整个传播的中心，通过对内和对外多平台有机联动，避免粗放式传播，最大限度地保证了传播效果。内部同事们的多番好评及网友们的积极互动，是对我们工作的最大认可。

案例点评

点评专家：沈健　迪思传媒集团副总裁

借助大众汽车集团（中国）CEO 冯思翰博士对中国传统美食的好奇和探索，在中国传统节日，中秋节、春节、端午节时刻，推出了以月饼烘焙、制作八宝饭等充满趣味的创意视频。在传播内容的选取上十分巧妙，体现了大众作为跨国公司对于中国文化的深刻理解与尊重，且事件的表现形式也十分亲切自然。

传播渠道方面，项目在多个社交媒体平台上全面发力，包括抖音视频、微信公众号等，对于新媒体平台运用完整。另外，在同一个传播项目中注重对内对外等多个利益相关方的传播，既向客户、粉丝进行传播，也向大众内部员工进行传播。不仅增加了企业的亲和力，还增强了企业

的凝聚力。并且该项目还有较为合理、明确的传播节奏，包括项目预热、高潮、扩散等。另外传播物料也准备得十分丰富，包括长图、视频、屏保等，充分挖掘了传播价值。从传播效果上看，充分促使了外部粉丝和内部员工的参与，在我国和全球都引起了良好的反响。

总之，该项目突破了以往外企高管“冷冰冰”的形象，通过跨国公司高管借助中国传统节日学做中国传统食品并发出祝福等方式，很好地拉近了 3 与中国消费者的情感距离，并在员工中树立起亲切的高管形象。该项目在领导形象和跨文化传播方面进行了很有意义的创新和探索。

2020 最具公众影响力
内容营销大奖

比亚迪“大音希声，汉为观止”NVH 技术传播

执行时间： 2020 年 6 月

企业名称： 比亚迪汽车销售有限公司

品牌名称： 比亚迪汽车

代理公司： 北京播势品牌管理有限公司

获奖类别： 金旗奖——2020 最具公众影响力内容营销大奖

项目概述

NVH 指噪声（Noise）、振动（Vibration）和声振粗糙度（Harshness），是影响一辆高品质汽车舒适度的关键因素。我们在比亚迪声学实验室，将“汉”车型的车身框架作为音箱播放儿童歌曲，邀请小朋友现场探秘，同时将整个实验过程录制成视频，将现场实验视频和科学原理包装成六一儿童节礼物，利用节日热点传播，将 NVH 这项艰涩的汽车技术生动而通俗易懂地传播给受众。同时，邀请汽车类专业媒体参观比亚迪声学实验室，与工程师进行深度交流，产出专业报道。整个项目就 NVH 这项专业技术从浅显有趣到专业解读，进行了全方位的传播，为即将上市的汉车型进行了有力的技术背书，更打破了汽车科技常用的技术传播手段。

项目调研

NVH 技术体现了汽车企业对于车辆整体噪声控制的高技术水平，是高品质

车辆的重要衡量指标之一，优秀的 NVH 技术表现代表了比亚迪在研发上的大力投入。但专业技术本身晦涩难懂，原理也很难被受众理解，汽车企业常用的技术讲解、专业解读文章等手段效果差强人意。因此如何将这一项高价值的技术生动活泼、浅显易懂地传递给消费者，是本项目的核心。

项目策划

1. 目标

树立“汉”车型的豪华形象，传播比亚迪在技术研发上的专注与投入。

2. 传播策略

（1）出人意料才能引起兴趣。汽车企业在宣传 NVH 技术时通常会强调车内的静音效果，以图文、实验等手段来证明产品的优秀表现。但本次活动反其道而行之，利用车身框架来播放歌曲，以此证明这项技术的核心是工程师对于车身特点的把握与控制，静音仅仅是 NVH 技术的一个方面，舒适的声音环境才是高品质的更高表现。

（2）反差萌更能加深记忆。基于“车身唱歌”的创意，我们选择了一首儿童歌曲，使实验本身更加具有童趣，兼具轻松愉悦和可观赏性。因此，将整个实验过程拍摄并制作成为一支兼具童真与科普的视频，更具传播力。

（3）借势节日营销，邀请小朋友亲身参与。让小朋友在实验室中寻找歌声来自哪里？车身为什么会唱歌？这些问题由小朋友提出来更加生动有趣。借助六一儿童节，本次活动将“车身唱儿歌”包装成为比亚迪送给小朋友们的儿童节礼物，在工程师原有的严肃与严谨形象上，增加了温情与关爱的特性，使品牌形象更加贴近消费者。

（4）专业解读和背书不能少。在视频拍摄的同时，团队邀请了主流的汽车专业媒体到场，参观比亚迪声学实验室，与工程师深度交流，并产出专业技术图文内容，对技术进行专业解读。

3. 受众

关注中高档汽车人群，尤其是有孩家庭。

4. 内容创意

（1）用创意吸引流量。汽车工程师在实验室播放儿童歌曲，让孩子们现场聆听并寻找歌声的来源，工程师现场为孩子们讲解为什么车身会唱歌。

（2）用专业打动人心。现场邀请汽车专业媒体参与并与研发人员深度沟通交流，产出深度技术内容。

5. 媒介策略

（1）创意视频传播。选择微信平台用户末那大叔、酷玩实验室、窈窕妈妈，B站的思维实验室、混乱博物馆等社会新闻自媒体、跨界媒体、科技类媒体发布创意视频，使技术传播真正“出圈”。

（2）专业技术传播。邀请汽车之家、易车、新出行等垂直类汽车媒体，参观比亚迪声学实验室，解读 NVH 技术。

项目执行

1. 视频筹备期

在视频拍摄的同时，邀请专业媒体参观并做专业分享会，在两周的时间内完成了脚本创意、线下活动以及视频剪辑制作等一系列筹备工作。

2. 创意视频发布期

在六一儿童节当天，开始发布“车身唱歌”创意视频，并投放今日头条信息流进行推送。

3. 专业技术解读

创意视频发布后，线下参观的专业媒体开始产出专业的技术解读。

知乎平台同步产出专业问答内容，回答消费者疑问，强调 NVH 技术不仅仅是静音一项，更重要的是舒适的环境音体验。

4. 营销复盘

微信平台用户姜茶茶复盘整个传播项目，为比亚迪创新传播点赞，获得行业认同。

项目评估

累计媒体文章发布 433 篇次，曝光量超 2.1 亿次，总计阅读量为 5607 万；

腾讯视频播放量超 42.9 万；

酷玩实验室微信公众号阅读量超 12 万；

末那大叔微信公众号阅读量超 14 万；

窈窕妈妈微信公众号阅读量超 10 万；

好机友微信公众号阅读量超 21 万；

思维实验室 B 站播放量超 31.2 万；

混乱博物馆 B 站播放量超 14.8 万；

科学旅行号抖音播放量超 202 万；

官方微信公众号总阅读量 6.3 万。

项目亮点

（1）开创了国内首个汽车车身框架播放歌曲的实验性传播。

（2）将晦涩难懂的技术进行了创意性的策划与传播，弥补了传统汽车技术传播内容难懂、传播范围小的缺陷。

（3）传播时机的选择恰到好处，六一儿童节热点借势传播获得远超单纯技术传播的广泛影响与实际效果。

亲历者说 韦荣 北京播势品牌管理有限公司副总裁

NVH 对于绝大多数人来说，是一个陌生的技术词语。技术的内容是枯燥的，如何让普通的受众对 NVH 产生兴趣是本次传播遇到的最大的挑战。在和工程师的沟通中，团队偶然间捕捉到一个信息：不同的材质，在一定的频率振动下，可以传导声波并放大出来，就像音响一样。于是这给团队带来了一个灵感，在此灵感的激发下，团队打造了一个 NVH 工程师献礼六一儿童节的特殊传播方案：通过汽车车身框架播放歌曲，让小朋友寻找声音发出的源头，进而了解车身发声的原理。

在这个创意视频的铺垫下，让普通受众了解到，车内的噪声一部分是通过车身来传导的，NVH 工程一方面做噪声源头的隔绝，另一方面优化噪声的传导。

对于汽车而言，一个简单的原理往往会牵扯出一项复杂的工程。噪声、振动、声振粗糙度是影响豪华汽车品质的三大挑战，NVH 工程就是要将振动与噪声化于无形，将悦耳悦心的感受留在车内，这是比亚迪 NVH 技术团队的一贯追求。新能源汽车的 NVH 技术更代表着汽车工程的新境界，为此，比亚迪凭借国际一流的 NVH 技术实验室和开发团队，为即将上市的新能源中大型豪华轿车——“汉”创造全球最好的 NVH 技术体验。

“汉”在时速 120km/h 时，驾驶员内耳噪声为 62 分贝，已达到德系豪华车的水平。脱胎于比亚迪强大的 NVH 技术开发实力，作为“颜值”与“内涵”兼备的新能源中大型豪华轿车，“汉”将为消费者带来前所未有的驾乘品质。

案例点评

点评专家：肖辉　势能整合营销传播机构总经理

比亚迪新能源车，作为中国民族品牌的骄傲，很多技术能力以及制造工艺已经走在了行业的前列，很多消费者受限于以往固有观念和刻板印象，还无法了解，更别说熟悉这些变化和改观了。这些品牌在打造和重塑的过程中，既要影响新用户对品牌的认知与了解，又要兼顾教育和改变老用户对品牌重新认识的难题。作为产品品牌中一项晦涩难懂的技术的整合型传播，这个案例的立题、破题和解题的环节做得非常出色。整体创意和执行、渠道选择、资源配置都很专业、到位、有效。视频的创意和内容通俗易懂，容易与用户产生深度感性共鸣，化解了技术的理性与枯燥。媒体的参观和传播，更从权威的第三方角度深入地诠释了

NVH 技术。本案例利用的 KOC、KOL 资源广泛、全面，易于触达用户并影响用户，凸显传播的立体性。也许是因为预算或者是此项功能对于企业方产品品牌建设的重要程度受到局限，创意的丰富性和立体性，以及声量的持续性等还有待完善。

钙尔奇“骨气成就心愿”

执行时间： 2020 年 1 月 12 日—26 日

企业名称： 葛兰素史克日用保健品（中国）有限公司

品牌名称： 钙尔奇

代理公司： 艾特内容整合营销

获奖类别： 金旗奖—— 2020 最具公众影响力内容营销大奖

项目概述

在新春之际，钙尔奇以“用骨气成就心愿”为主题，借助女排和她们的精神象征推出同名微电影短片，并在女排精神最佳诠释者——郎平的带领下，启动全网传播，创造热搜话题，进一步提升品牌形象，通过情感交流有效触达目标人群并加强互动，继续打造品牌在骨关节领域的专业形象。与此同时，推出“骨气心愿礼盒”，实现传播到销售的转化，促使产品电商渠道销量上涨 95%，助力钙尔奇成功在竞争激烈的新春营销战役中抢占一席之地。

项目调研

现今中国营养保健品消费群体呈现年轻化趋势，越来越多的年轻人也会选择购买保健品来呵护自己或者家人的健康，营养保健品行业有望继续保持持续上升的市场规模。作为保健品行业的知名品牌，钙尔奇一直倡导全民运动，正确补钙的健康生活方式。

钙尔奇作为国际知名的钙补充剂品牌，一直以来致力于呵护广大消费者的骨健康与关节健康，同时也希望帮助消费者维护精神层面的心理健康。品牌利用电影《夺冠》这一热点开展社交活动，女排精神人物郎平与钙尔奇携手合作 10 年，其形象与钙尔奇建立了很强的关联，能增强钙尔奇品牌知名度和品牌形象，建立与消费者的情感共鸣，进一步确立了品牌在钙市场的地位。

项目策划

1. 目标

钙尔奇致力于建立“骨气”品牌资产，无论是从精神层面还是身体层面。恰逢 2019 年，郎平执教的女排取得了世界杯 11 连胜的成绩，向全世界人民展示了中国女排“永不放弃，坚持到底”的精神。女排精神与钙尔奇想向消费者传递的“骨气精神”高度一致，钙尔奇希望借助女排和她们的精神象征，以“用骨气成就心愿”为主题，通过情感交流有效地触达目标受众人群并加强互动，最终达到品效合一的目的。

同时，钙尔奇推出微电影短片在各类社交平台传播，强化品牌传递的“骨气精神”，成功打造钙尔奇正能量的品牌形象，以及品牌在骨健康领域领导者的地位，通过对郎平及女排精神的传递，以及发售心愿礼盒的方式，激发消费者在新年期间购买，促进产品销量提升。

2. 策略

广告审查规定不能直接使用郎平形象宣传品牌。团队巧妙地将 30 年来女排的拼搏历程历史素材与素人成长历程融合在一起，从而表现出普通中国女性身上熠熠生辉的“骨气精神”。同时，围绕女排热点话题和品牌与郎平的形象绑定，传递出只要坚持不放弃，骨气终将成就你的心愿！

3. 受众

30 岁及以上女性，保持骨骼强健，更有“骨气”。

4. 内容创意

（1）围绕“用骨气成就心愿”的核心创意，推出微电影短片《用骨气成就心愿》。该短片讲述一代又一代的女排姑娘一直用“永不放弃、坚持到底”的女排精神激励着每一个平凡人，用“骨气”成就自己的心愿的故事。短片选取了1986 年、1996 年、2016 年中国女排历史中的几场经典赛事，通过素人的视角，刻画了一代代女排姑娘们遇到低谷，始终没有放弃，坚持到底成就冠军心愿的坚强形象，素人在女排姑娘们“永不放弃、坚持到底”的精神激励下，实现了自己的心愿，并教导自己下一代在遇到困难时，也可以学习这份“骨气精神”，体现了“用骨气成就心愿”的延续和传递。

（2）发布有态度的女排系列 KV，助力传播。用消费者情感连接的方式，激发消费者对于钙尔奇和女排的关联，强化品牌“骨气”的关键理念。同时通过与排球相关的画面和金句，向消费者传递“用骨气成就心愿”的核心创意，加强互动。

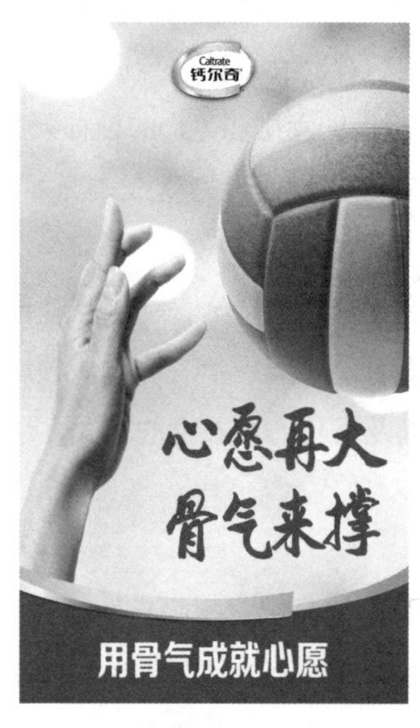

钙尔奇 KV 1

钙尔奇 KV 2

（3）把握时机，打造钙尔奇新年特别款礼盒包装“骨气心愿礼盒”。“骨气成就心愿”项目上线期间，正值 2020 年新春来临前夕，钙尔奇结合项目核心创意的内容，推出“骨气心愿礼盒”。礼盒设计采用特殊的封套设计，整体调性隆重且富有仪式感，从整体红金配色到新年祝福语、灯笼、烟花等元素无一不呈现着喜庆的新年氛围，同时在礼盒中备有心愿明信片，满足消

费者为亲人送上新年祝福语的需求，满足传递健康理念和新年祝福的双重需求。

项目执行

新春期间，借势女排的热点话题以及郎平的名人效应，在社交平台上进行传播。在新年伊始，用“有骨气不放弃”的女排精神激励大家去实现新年心愿。从郎平到官方媒体号再到外围微博、微信 KOL，层层扩散，通过情感交流有效地触达目标消费者受众人群。

（1）与视频类头部 KOL 共创内容，共同推出微电影短片《用骨气成就心愿》，并借助他们的影响力在全网进行传播，迅速传播话题，提高品牌声量。

（2）邀请女排代表人物郎平，在微博直发微电影短片。借助郎平在消费者中正面的形象以及她与女排的紧密联系，吸引消费者关注，传递钙尔奇品牌的“骨气”精神，与粉丝进行情感互动。

（3）邀请官方媒体号传播品牌正能量，借助官方媒体号的声量积极传递品牌形象，传递品牌“永不放弃、坚持到底”的精神。同时，还有更多“蓝 V”账号自发加入传播矩阵，传播品牌精神，提高品牌声量。

（4）邀请多个外围 KOL，扩大微电影传播范围，“种草”骨气心愿礼盒，导流电影。借助不同 KOL 的不同粉丝群体影响力，覆盖传播更多不同的人群。

（5）项目上线期间在新浪微博开创热搜话题 # 用骨气成就心愿 # 帮助导流，最大限度地扩散核心理念，向消费者传递“用骨气成就心愿”，鼓励每一个平凡人去实现自己的心愿。

项目评估

1. 可量化结果

用骨气成就心愿 # 话题在社交平台上引起网友广泛讨论，分享自己的想法与态度。

用骨气成就心愿 # 热门话题上线 2 小时，阅读量突破 1000 万次，话题讨论超 1.2

万次，微信总阅读量超 32 万次，微博总阅读量超 81 万次，总互动量超 8 万次。

用骨气成就心愿 # 微电影全网播放量超过 2400 万次；携手郎平、官方媒体以及十余位 KOL 一同为 # 用骨气成就心愿 # 话题发声。

较去年同期对比，产品电商渠道销量上涨 95%。

2. 成就认可

优质的内容与传播资源的配合，成功将“用骨气成就心愿”的理念传递给消费者，鼓励每一个消费者在新的一年努力实现自己的心愿，同时赢得了消费者对于钙尔奇传递的价值观认同。

项目亮点

1. 围绕“用骨气成就心愿”的核心创意，推出微电影短片

与视频类头部 KOL 二更进行微电影内容共创，充分利用其原有粉丝量进行传播，20 个平台全覆盖传播，实现“传播 + 内容”双赢。

2. 把握时机，打造钙尔奇新年特别款礼盒包装

推出定制限量版“骨气心愿礼盒”：采用特殊的封套设计，整体风格隆重有仪式感，配合新年元素和心愿明信片，满足“送礼 + 祝福”的双重需求，提升产品电商销量。

3. 郎平第一时间在微博发布视频，为“骨气精神”加持

郎平的参与以及对项目的加持，强化了与消费者的情感交流，强调了钙尔奇品牌致力让 30 岁及以上的女性保持骨骼强健，更有“骨气”的目标，增加了社交平台互动性和消费者的品牌认同感。

亲历者说 周敏　艾特内容整合营销资深客户总监

在项目创意产出的过程中，品牌方一直与团队探讨，什么样的诠释才能真正体现“女排精神”；对于国人来说“女排精神”到底意味着什么；“女排精神”与品牌的契合点又在哪里。最后我们用“永不放弃、坚持到底”来概括该项目想要表达的想法。虽然最后因为疫情原因，电影延期上映了，但项目传递的思

想和态度是永不过时的。借势电影热门话题，表达的不仅仅是品牌的主张，更是国人的思想高度。符合实际、从消费者立场考虑的社会使命感才是品牌真正想要传递的。

案例点评

点评专家：来向武　西北大学新闻传播学院副院长、教授、博士生导师

钙尔奇“用骨气成就心愿”项目的诸多精巧之处，可以让这一创意营销成为一个可被经常讨论学习的经典案例。

从内容制作而言，项目巧妙而敏锐地抓住了一个全社会高度认同与尊重的关键点“女排精神”。在其转化为“骨气精神”的过程中，也在多重含义的叠加中，自然地延伸了产品的功能诉求，也提升了产品从“物”的层面到精神层面的意义诠释，让说服过程从具体信息的接受深入情感的认同。在更大的社会心理层面，这一创意内容，对很多家庭所面临的“成长焦虑”给予了一定的纾解，能够引发更多情感和心理的触动、认同和接受。

这种近似妙趣天成的创意，让《夺冠》的观影效果和社会热点话题讨论所激发的情绪，有了一个具体“物”的承接。更进一步，定制礼盒让这种从“骨气精神”到“物化实现”的过程更顺畅完整。以微电影作为主要传播方式，契合 5G 小屏传播、社交媒体传播的特点，在实际的营销宣传过程中，结合多种社交媒体的组合传播，有效触发了多层次的自发传播，实现全网 7400 万次的传播频次，2400 万次的视频曝光，让整个创意取得了非常好的落地实效，而 95% 的销量上涨业绩，是最好的市场回应和认同。

大众汽车集团（中国）科技创新媒体行之“解码大众”

执行时间：2019 年 10 月—12 月

企业名称：大众汽车集团（中国）

品牌名称：大众汽车集团（中国）

代理公司：北京明思力公关顾问有限公司

获奖类别：金旗奖——2020 最具公众影响力内容营销大奖

项目概述

面对飞速崛起的数字化浪潮，大众汽车集团（中国）通过创新的交互模式，大胆尝试了数字化传播的新玩法、新平台，与国内头部科技媒体对话，针对年轻一代受众进行贴合群体特征的品牌输出，解码大众的“技术”基因。

项目调研

在迅猛的科技攻势之下，传统车企与技术的整合将催生出崭新的业态，大众汽车集团（中国）正在逐步推进其数字化的进程以及整个集团向技术驱动型企业的转型，在此背景之下，需要前沿的技术媒体向中国的目标受众传递这一重要信息。

目前的中国，新一代的初创技术企业正在致力于通过人工智能、数字化创新来引领世界，世界对于中国的迅猛发展有着怎样的反应？面向下一代打造新出行工具时，大众汽车集团（中国）在技术、生态以及人才方面有着怎样的思考，又面临怎样的挑战？

为此，大众汽车集团邀请国内互联网行业头部媒体“极客公园”以及新生代社交媒体达人们解码大众的“技术”基因，与大众汽车集团高层领导人对话，并进一步了解大众面对下一代的消费者和受众时，做了哪些准备。

项目策划

1. 目标

（1）通过与国内头部科技媒体对话，了解中国汽车科技行业发展近况，向中国汽车及科技行业受众传递大众技术转型的进程与决心。

（2）邀请新生代社交媒体达人前往位于德国沃尔夫斯堡的大众汽车集团总部参观交流，并针对年轻一代受众进行品牌内容输出。

（3）创新交互模式，大胆尝试数字化传播的新玩法、新平台，为日后大众汽车集团数字化传播的创新转型提供借鉴与思路。

2. 策略

（1）“故事线”预设。面对如何将复杂的数字化议题传播给年轻受众这一挑战，项目团队与媒体团队预设传播内容框架，通过将“解码大众”这一命题贯穿全程，解构复杂内容，让内容更平实动人，易于理解。

（2)交互形式突破。有别于以往对谈的方式，本次科技媒体行采用“脱口秀”的操作模式，以“极客公园”自有脱口秀视频节目“鹏友说”为载体，邀请大众的三位高管从集团、采购以及数字化三个角度来一同解码大众，输出系列脱口秀视频，并通过全网推送，吸引流量。

（3）传播形式创新。抖音和短视频形式对于产品传播来说已不陌生，但是对于企业级别传播还是更为年轻化。在本次科技媒体创新行过程当中，执行团队邀请了来自抖音的汽车达人，来自微博的 VLOG 短视频创作者以及来自自媒体平台的行业专家一同参与，并在过程当中输出符合新一代年轻受众触媒方式及触媒习惯的品牌内容。

项目执行

大众汽车集团数字化团队与德国总部团队联动。中国的数字化团队与沃尔夫斯堡总部的相关工作人员自项目伊始便紧密合作，在行程、访谈以及内容输出等环节达成有效配合，大大提升了项目交付的效率，同时两地团队在项目策划过程当中也互相学习并理解了当地数字化传播的新形式及新做法。

硬核内容与轻松视频联动。在考虑最终输出内容时，执行团队充分考虑了内容所面向的专业类受众群体和部分品牌导向的非专业类受众群体，因此在内容设置上也做到了专业硬核内容（主要由“极客公园”产出）和偏品牌输出的轻松视频相结合，增加了内容的丰富程度，同时也拓宽了受众范围。

全媒体平台联动。基于本次媒体行产出内容的不同形式（脱口秀视频栏目、VLOG、抖音短视频、长图文以及深度文章），执行团队在项目前期对产出物及媒体资源平台进行了整体评估，并有策略地进行了全平台传播。

项目评估

自 10 月 27 日项目开始至 12 月 3 日项目结束，用时仅 37 天，该项目实现了超过 4000 万次的总体曝光，比既定目标（1500 万次）高出近两倍。

其中新生代年轻族群贡献了超过 3100 万次的曝光，同时以“极客”[①]受众为主的科技媒体平台也实现了 1000 多万次的触达，实现了该项目走进“极客”群体，辐射年轻群体的目标。

“大众汽车集团正在向技术型企业转型”这一核心信息输出，为 2019 年年末及 2020 年年初集团在中国面向科技受众的传播打下了坚实的观点基础。

① “极客”用于形容对计算机和网络技术有狂热兴趣并投入大量时间钻研的人。

项目亮点

1. 以“极客”的方式谈大众

走出汽车行业及车企传播的“定式”思维，以“极客”的思维方式和语气传递一个“极客”关注并喜爱的大众。在传播中融入技术主导的风格，打破受众对大众汽车集团的固有印象，为目标受众带来意外惊喜。

2. 以“开放”的心态问大众

在内容策划当中，鼓励媒体以不设限的开放态度来看大众，并融入脱口秀当中，给受访者提供了辩证思维的空间，更为观众留下了讨论的话题。

3. 以“年轻”的视角看大众

在科技媒体创新行过程当中，执行团队设置了更年轻化、数字化和交互化的参观交流环节，如参观柏林的 Digital：Lab（大众汽车集团旗下的软件公司）等，激发参与媒体以更为年轻化的视角输出内容，吸引年轻受众并改变其对大众的固有认知。

亲历者说　程婧　高级经理，大众汽车集团（中国）公关部数字化传播团队

“解码大众”是大众汽车集团站在未来数字化转型路口对中国受众的第一次核心信息输出，从这个项目当中我感受到了大众汽车集团源源不断的创新动力以及决心，更让人激动的是，一家拥有 80 多年历史的企业在面对数字化浪潮来袭时表现出的生命力和年轻感。在项目执行的过程当中，很高兴能够与一群年轻的媒体及 KOL 朋友们相识，他们让我能够以更加开放和年轻的视角去换位思考，了解“极客”们想要的科技故事，了解年轻人喜爱的沟通方式，这些对于我们未来的数字化传播工作都会有非常重要的帮助。

案例点评

点评专家：张勇　北京清控道口投资管理公司董事、总经理，资深品牌传播专家

大众汽车集团（中国）科技创新媒体行之“解码大众”，体现了数字经济新时代营销传播的颠覆创新。一是传播路径的颠覆。打破了传统汽车行业和车企的传统传播模式，采取了新媒体的表达方式和传播路径。二是传播通道的颠覆。采取新媒体方式，实现了由“硬”到“软”软硬兼并、由“冷”变“热”冷热兼并的传播，使得传播更为柔性，企业更可亲可爱。三是传播方式的颠覆。通过脱口秀形式，更能将艰涩的技术用语以更通俗的语言表达，获得良好的受众解读。四是传播到达的颠覆。摒弃传统的传播媒介，使得企业传播对象不断下沉，极大扩散了传播受众的覆盖面，也在普通用户间进行了广泛的企业形象普及传播。同时通过新媒体传播，赢得了“新世代”年轻人对大众汽车的了解和认同。

舍得酒 9 月社会化视频营销[①]

执行时间：2020 年 8 月 15 日—9 月 15 日

企业名称：四川沱牌舍得营销有限公司

品牌名称：舍得酒

代理公司：北京德润天瑞科技有限公司

获奖类别：金旗奖——2020 最具公众影响力内容营销大奖

项目概述

本次舍得酒邀请歌手白举纲、舞蹈演员敖定雯、骑行达人徐鑫灵作为“舍得热爱官”进行跨界合作，以三位真实的“为热爱而活”的经历为视频创作基础，表达品牌“我就舍得”的态度，触发年轻群体的生活态度共鸣。

“舍得热爱官”

① 本文中所涉及的照片，北京德润天瑞科技有限公司均已得到被拍摄者的使用许可。

项目调研

根据《2018 天猫酒水线上消费数据报告》显示，“80 后”是目前白酒最主要的消费人群，不过“90 后”与“95 后”消费占比正在迅速提升，消费潜力巨大。随着市场消费主体的更迭，白酒品牌势必要在保障原有消费群体的同时吸引各个年龄段用户。

近年来，随着经济增长放缓与“内卷”加剧，一种“丧”的情绪在年轻人群中不断蔓延。Z 时代人群虽然偶尔会展现出自己“丧丧的”一面，但同样也不缺乏勇气与担当。当面对各种大事时，无论是冲到一线还是在后方提供支援，这代“年轻人”都在积极应对。舍得酒本次舍弃“丧”文化另辟蹊径，以更加青春和热血的方式，触发年轻群体的生活态度共鸣，激励他们对热爱的舍得精神。

项目策划

1. 目标

（1）在中秋、国庆双节前，锁定白酒产品核心，用全新方式演绎与赋能“舍得酒，每一瓶都是老酒”，并最大范围提升舍得品牌曝光度及偏好度。

（2）通过主题创意视频，传递“我就舍得”的舍得态度、舍得智慧、舍得精神，以年轻人群聚集的社交媒体为主要传播载体进行社会化传播，活化及年轻化品牌形象。

2. 策略

以“为热爱而活，我就舍得”的态度视频为核心爆点，根据品牌受众及潜在受众的媒介偏好及内容喜好多平台同步上线及推广。通过情感触动的形式引发年轻群体的关注。以真人、真事、真经历使品牌舍得精神与热爱主题深度融合。

3. 内容创意

真正的热爱从不是选出来的，在追求热爱的旅途中会出现很多干扰和诱惑，我们必须学会舍弃。“为热爱而活，我就舍得”主题所表达的正是当下年轻人生

活的一种态度，敢于坚持、拼搏，用最真实的情感去表达自己喜欢的事物。这种为热爱而活的态度就是舍得想要传播的舍得精神。

视频以“时间”为衔接点，搭建出年轻人群与舍得品牌精神之间的桥梁，而后通过“时间沉淀老酒”，点出双方精神契合点。将受众从对热爱的热情，转向对品牌的认同。同时也以全新方式演绎与赋能“舍得酒，每一瓶都是老酒”的品牌理念。

舍得酒传播规划

项目执行

1. 强势官宣，引爆热点

预告海报上线，以白举纲、敖定雯、徐鑫灵三人海报为引，强势官宣“为热爱而活，我就舍得”的品牌主张视频。以态度视频官宣为核心爆点，同步微博、微信公众号、视频号、朋友圈、抖音等多平台上线及推广，引爆话题让品牌“出圈”。

作为核心的内容传播平台和传播的放大器，微博平台产生“为热爱而活，我就舍得”的微博话题，利用明星白举纲及其后援粉丝的微博声量，和敖定雯，徐鑫灵的圈层影响力，扩大整体传播声量。

2. 持续造势，深度挖掘

与抖音、微信平台 KOL 建立深度对话，深度解读“为热爱而活，我就舍得”的品牌态度，同时利用微信营销圈层 KOL 对核心视频进一步解读与扩散，帮助受众更深刻地了解和认知品牌的舍得精神核心内容。

项目评估

项目期间，海报及视频上线当天，“舍得酒”关键词微博指数上升 40000%，引发受众高度关注与讨论。

媒体统计全网总曝光约达 11.4 亿次，视频总播放达 1478 万次，总互动达到 80 万次。

项目亮点

联手白举纲、敖定雯、徐鑫灵三人“为热爱而活，我就舍得”的真实经历故事引发年轻人群广泛共鸣，并在相应圈层内引发热议。

深度洞察年轻人关于热爱的态度与舍得精神的关联，借助 # 因为热爱，所以舍得 # 话题输出舍得品牌态度。并以“时间”为衔接点，以全新方式演绎与赋能“舍得酒，每一瓶都是老酒”的品牌理念，加持品牌认知。

亲历者说 张方方 北京德润天瑞科技有限公司客户经理

本次项目从前期沟通规划到上线执行，用时非常短暂。团队内部与客户间是第一次合作，所以执行期间双方团队需要快速磨合和了解，中间也遇到了很多困难，例如由于前期筹备时间较短，与艺人洽谈合作期间就因为档期等原因多次调整视频拍摄规划，甚至差点错过与艺人的这次合作机会，档期原因导致原定 2 天拍摄计划，最后增加至 3 天才完成。现场拍摄期间也遇到天气骤变、修改脚本与内容规划等一些临时状况，好在这些问题最后都得以解决。幸运的是，创意视频也顺利拍摄完成，并在最后时刻按时上线，且最终传播效果也远远超出预期。

案例点评

点评专家：杨魁　广东外语外贸大学新闻与传播学院教授、博导、学术委员会主任、中国新闻史学会公共关系学分会副会长

在 2020 年八九月期间，是新冠肺炎仍然在全球肆虐，我国取得了阶段性成就的特殊时刻，舍得酒不失时机地邀请歌手白举纲、舞蹈演员敖定雯、骑行达人徐鑫灵作为“舍得热爱官”进行跨界合作，以三位真实的“为热爱而活”的经历为视频创作基础，通过表达品牌“我就舍得”的态度，力图触发年轻群体的生活态度共鸣。本次活动策划创意洞察力强、定位精准、运用策略得当、执行到位、亮点突出、效果显著，是一次全媒体时代“社会化营销”成功的范例。

本次活动在前期调研的基础上，能够深刻洞察消费文化的变迁，特别是对年轻一代消费者时代精神与价值取向的及时准确把握，得出了极具价值的结论：“Z 时代人群虽然偶尔会展现出自己‘丧丧的’一面，但同样也不缺乏勇气与担当。当面对各种大事时，无论是冲到一线的工作人员还是后方的支援人员，我们这代‘年轻人’都在积极应对。”所以，舍得酒本次才能够舍弃“丧”文化另辟蹊径，以更加青春和热血的方式，触发年轻群体的生活态度共鸣，激励他们的舍得精神。

本次舍得酒“我就舍得”社会化营销活动，亮点突出，成效显著。其关键在于能够深度洞察年轻人关于热爱的态度与舍得精神的关联，借助 # 因为热爱，所以舍得 # 话题输出舍得品牌态度。并以“时间”为衔接点，全新方式演绎与赋能“舍得酒，每一瓶都是老酒”的品牌理念，加持品牌认知。

腾讯视频《三十而已》“她浪潮”整合营销

执行时间：2020 年 6 月—8 月

企业名称：腾讯科技（北京）有限公司

品牌名称：腾讯视频《三十而已》

代理公司：北京蔚蓝视界科技有限公司

获奖类别：金旗奖—— 2020 最具公众影响力内容营销大奖

项目概述

《三十而已》是一部聚焦三十岁都市女性的现实主义题材都市情感剧。面对非流量、非 IP 以及播前低期待、低认知的逆势，为实现“打造全民爆款剧”的市场目标，传播上立足“新女性题材剧”的定位，项目团队通过以“她浪潮”为核心价值的人设营销、话题营销、事件营销和“出圈梗”玩法的整合传播方式，成功将其打造为 2020 年第一爆款剧集，实现了剧集在声量、流量、会员拉新等多维度的巨大突破。

项目调研

1. 在竞争激烈的暑期档劣势明显

暑期档向来是各大视频平台必争之地，市场上大卡司（演员阵容）、大 IP 作品争先抢占流量高地，《三十而已》相比同期竞品劣势显著。一方面，该剧没有大 IP 和大卡司的先天优势；另一方面，女性现实题材在年轻用户主导市场的

暑期档并不吃香。前期调查显示，《三十而已》的播前期待值、认知度在暑期档剧集中双双垫底。

2. 女性现实题材剧传播机会与挑战并存

当前舆论环境对于涉及女性成长、女性社会困境的内容高度敏感，剧集中高现实性的内容话题与对 30 岁及以上的女性困境的深度展现为舆论引导带来较大挑战，也提供了与受众情感共鸣的巨大的机会点。

项目策划

1. 目标

（1）打造全民爆款剧。通过打造极致人设与传播多维话题，提高剧集社交声量，引发全网关注，实现“破圈”，掀起“人人聊三十，处处见三十”的社交热潮。

（2）为腾讯视频站内引流，带动播放量增长与会员拉新。将社交热度转化为站内流量，拉动播放量增长与会员拉新。

2. 传播策略

（1）极致化人设营销，配合“出圈梗”玩法打响“破圈”第一枪。

（2）话题营销组合拳，辐射多圈层用户，增强“扩圈”渗透力。

（3）全域式跨界营销，拉新促活夯实“出圈”引流力。

（4）官媒、党媒齐点赞，深度表扬内涵价值，盖章“她浪潮”影响力。

3. 受众

三大圈层受众，逐层传播触达。

（1）核心圈层：对 30 岁女性话题有天然关注力的中青年女性受众，以及都市现实题材剧的类型受众。她们关注剧中的内容话题，易产生代入感，并乐于在社交网站讨论，是剧集热度与口碑发酵的核心受众池。

（2）“破圈”人群：重度娱乐用户，以及关注时尚、职场、情感等相关垂直类领域的机会受众，她们追踪主流社交网站热点，有明确关注的兴趣话题，易受意见领袖及 KOC（关键意见消费者）影响产生追剧行为。

（3）泛娱乐大众：兴趣点与话题性分散，需要病毒式传播与高话题性内容多次触达，口碑是影响追剧的重要因素。

4. 传播内容

（1）首创“辩论式”发布会，“剧型女团”出道，提升播前热度。

前置话题卖点，通过《三十说》辩论式发布会密集输出剧集话题，提升播前认知度。

首次打造“剧型女团”—— 30K，借势《无价之姐》打响剧集热度第一枪。

（2）极致人设连打，以“梗”带动话题热度提升，打造“出圈”利器。

基于剧情亮点，打造 # 顾佳顾学 # # 林有有高段位绿茶 # # 陈养鱼　许放炮　梁海王 # 等“病毒”人设话题和 # 三十而已糟心男团 # 群像人设话题，衍生“林有有舔冰激凌”“富太圈包包”等社交“热梗”，引发高度讨论。

（3）内容话题差异化运维，强吸用户带动社交热度提升。

针对繁多的内容话题，采用差异化打法，针对“爽点、趣味点”内容进行了病毒二次创作，实现玩“梗”传播，如 # 顾佳人间过绿器 # # 梁正贤空间管理大师 # 等话题；针对“痛点、共鸣点”话题强化真实度，增强关怀治愈性，如 # 王漫妮社畜缩影 # # 江疏影呼应良性职场竞争 # 等话题；针对“争议点、敏感点”内容展开讨论，带动话题热度提升，并加以合理引导，如 # 王漫妮感情观 # # 钟晓芹陈屿的沟通方式 # 等话题。

同时，借势内容热度，引导剧情话题上升至社会议题高度，促使话题“扩圈”带动受众“扩圈”，例如，立足顾佳全职太太这一人设，引导 # 全职太太算不算独立女性 # 的话题讨论，联动艺人打造 # 童瑶回应顾佳全职太太 # 相关话题，持续吸引用户关注与讨论，打造无空窗式热点讨论氛围。

（4）跨界联动，进一步吸引更广泛圈层受众关注。

各领域媒体权威解析：《今日说法》关注王漫妮职场困境，法律角度呼吁职场良性竞争；《中国法院报》关注王漫妮租房问题，依托剧情权威普法；《中国妇女报》关注顾佳角色争议，为全职太太发声。

垂直类“大 V”专业科普：丁香医生、天眼查等垂直类“大 V”立足剧情点进行专业科普。

多领域达人梦幻联动：头部带货主播薇娅作为“女性力量大师”强势安利，女团“硬糖少女 303”作为“青春撑腰官”为 30 岁及以上的姐姐点赞。

5. 媒介策略

三位一体触媒渠道，实现逐层破壁。

（1）核心渠道抢占话语权。针对“双微一抖”（微信、微博、抖音）等主要社交平台，KOL 联合 KOC 打造陪伴式追剧矩阵，全期造势引导。

（2）垂直类渠道定制化“投喂”。针对“破圈”受众，合作垂直类 KOL 定向“投喂”，包括但不限于健身、美妆时尚、情感心理等领域，实现机会人群全覆盖。

（3）下沉渠道触达再“破圈”。下沉打通育儿教育、代购等社群，达成深度触达再“破圈”。

项目执行

1. 预热期：7 月 14 日—17 日

策略：基于播前低认知、低期待值的状况，深度联合艺人为开播造势，前置剧集看点，借势女团浪潮带动热度。

话题看点前置：“三十说”开播特别企划。

女团借势带热：30K 女团出道，打造 # 三十而已版无价之姐 # 话题。

2. 开播期：7 月 17 日—20 日

策略：合作影视垂直类 KOL，打造顾佳“爽感”人设，蓄力打造“出圈”名场面话题，多领域“玩梗”。

顾佳人设：打造 # 顾佳顾学 # # 顾佳人间过绿器 # 等话题。

多领域“玩梗”：打造 # 富太圈包包 # 话题，时尚 KOL 对包进行深度解析，抖音“网红”模仿，搞笑 KOL“病毒式玩梗”。

3. 热播期：7 月 21 日—8 月 3 日

策略：人设营销、话题营销双线并行，配合跨界玩法深化“出圈”。

人设营销：打造王漫妮“社畜”缩影、许幻山“山渣”、林有有高段位“绿茶”、“陈养鱼”、“许放炮”、“梁海王”等形象。

话题营销：# 顾佳当妈的修行 # # 林有有舔许幻山冰激凌 # # 陈屿靠许幻山洗白 # 等剧情向、人设向、病毒向话题全面开花，同时上升至社会话题从而深化影响，如 # 全职妈妈算不算独立女性 # # 父母为了孩子上学有多拼 #。

跨界联动:《今日说法》《中国法院报》的权威解析；丁香医生、天眼查的专业科普；与薇娅、女团“硬糖少女 303”梦幻联动……

项目评估

《三十而已》腾讯视频站内播放量超 69 亿次，单日播放量超 3.72 亿次，打破平台纪录，平台剧集弹幕量创新高，获播放量、热度双冠军，2020 现象级爆款实至名归。

全网热搜热榜超 700 条，单日最高 48 个热词霸屏；微博热搜累计上榜 235 次，单日最高 24 个热搜霸榜，创 2020 年电视剧单日最高热搜纪录，剧集话题总阅读量超 260 亿次，讨论量超 800 万次，衍生子话题超 450 个，总阅读量超 500 亿次。

抖音收割热点 164 次，上榜热词 116 个，连续 20 天登顶剧集榜单榜首，剧集话题总播放量超 961 亿次，剧集相关话题讨论量突破 315 亿次，追踪热点话题突破 10 亿；抖音站内点赞量破百万视频 100 余个；总覆盖超 10 亿人；创剧集单次征稿播放总量最高纪录，累计参与达人超 530 人，产出作品超 800 件，累计播放量超 11 亿次。

狂揽其他平台热搜超 250 次。登知乎热搜热榜超 90 次，单日最高 5 个问题同时霸榜；头条热搜超 50 次，小红书、快手、百度热榜等各揽热搜热榜超 20 次。

猫眼全网播放量及全网热度连续 21 天第一名，德塔文电视剧景气指数连续 19 天第一名，Vlinkage（纬岭传播）指数连续 18 天第一名，艺恩指数连续 18 天第一名，骨朵热度连续 11 天第一名。

各项指标称霸 2020 年电视剧、网络剧作品圈。微信指数峰值超 6846 万，微信“自来水”多维度讨论，超 10 万次阅读量文章超 700 篇，微指数、百度指数等多平台指数爆表。

项目亮点

（1）极致人设，全员“出圈”。

（2）剧集话题多而不散。

（3）社交热度真实转化。

（4）聚焦“她浪潮”价值沉淀。

亲历者说 曹瑾　北京蔚蓝视界科技有限公司客户总监

从默默无闻到全民热议，《三十而已》的爆款之路艰辛与惊喜并存，这其中饱含着“给力”的团队小伙伴与专业的甲方朋友的共同努力。遇见《三十而已》这样聚焦 30 岁及以上女性生活困境的作品，是每一位被看到，被表达的 30 岁及以上女性的幸运，愿我们无论何时，都保有“而已”的勇气，乘风破浪，直挂云帆！

案例点评

点评专家：左跃　国家核应急协调委委员、硕士生导师

腾讯视频《三十而已》“她浪潮”整合营销，是一次高播放、高热度的双料冠军之作，实现播放量超 69 亿次，单日播放量超 3.72 亿次的优秀成绩。该营销目标清晰、受众精准、策略巧妙、效果明显。通过极致人设打造多维话题传播，提高剧集社交声量，引发全网关注，实现“破圈”，掀起“人人聊三十，处处见三十”的社交热潮。

《三十而已》通过首创“辩论式”发布会、极致人设连打、内容话题差异化运维、跨界联动等一系列连环动作。在媒介策略上实现了三位一体触媒渠道，核心渠道抢占话语权、垂直类渠道定制化“投喂”、下沉渠

道触达再“破圈”，成功实现逐层破壁的效果，尤其是借助垂直类“大V”专业科普，特别是头部带货主播薇娅作为“女性力量大师”，女团“硬糖少女303”作为“青春撑腰官”等强势传播，不断扩大影响力，获得了极佳的流量效果。

本案例具有较好的教育、示范和推广价值，对于营销策划、品牌推广、实战营销都可作为优秀的借鉴案例，是一次策划精、实施好、效果实的好案例。

月月舒痛经宝颗粒 2020 年品牌年轻化传播项目

执行时间：2020 年 6 月 1 日—7 月 1 日

企业名称：仲景宛西制药股份有限公司

品牌名称：月月舒痛经宝颗粒

代理公司：广州海嘉明哲公关顾问有限公司

获奖类别：金旗奖—— 2020 最具公众影响力内容营销大奖

项目概述

本案以品牌年轻化为目标，洞察年轻人追求快乐的特性，在微博、抖音、小红书三大年轻人社交聚集地制造话题内容，通过与年轻人对话，构建品牌年轻形象，打造产品社交属性，为月月舒品牌年轻化战役取得阶段性成果。

项目调研

1. 项目背景

内忧：S.H.E 那句“那个不痛　月月轻松”广告语曾让月月舒成为医药品类最“出圈”的品牌，13 年过去，品牌老化严重，年轻群体认知度低。

外患：近年受大量“中医黑”媒体影响，年轻痛经人群对中医治疗持怀疑态度，更倾向选择西药的即时止痛类药品。

2. 市场洞悉

女性健康引关注，痛经问题刻不容缓。随着生活与工作节奏加快，处于亚健康的女性数量不断增长。据《中国职业女性健康状况白皮书》调研结果显示，最常见的女性健康困扰中，手脚冰凉、月经、痛经占比近五成，痛经成为不少女性的“健康噩梦”。但很多热卖产品如暖宫贴、红糖都治标不治本，治疗型产品较为空白。

养生意识提高，后疫情时代中药走入“Z 世代”。虽然国家一直大力推广中医药，可年轻人接受度依旧不高。但因疫情期间中药发挥了良好疗效，获得全球认可，结合近年来“Z 世代”养生模式的开启，年轻人也逐渐对中医、中药敞开了怀抱。

项目策划

1. 目标

对话年轻人，焕新品牌活力，让月月舒痛经宝颗粒重回年轻人视线焦点。

2. 受众

18~25 岁女性为痛经高发人群，月月舒购买的男女比例为 3∶7。主要消费群体有以下三大特征。

（1）经济压力小，易冲动消费，易与品牌产生情感连接。

（2）经济尚未独立或收入较低，月月舒价格较竞品相对偏高，相当一部分购买者为妈妈、男友等。

（3）社交需求旺盛，社交平台活跃，追求快乐，享受关爱。

3. 传播主题

姨妈痛，找 TA 付 # 话题。

“TA 付”是关心、是责任、是健康 、是社交。

找“TA 付”就是找“快乐”。

4. 传播策略

立足目标用户，诉诸品牌情感共鸣，打造产品社交属性。三大平台逐级深化，四维解读产品特点。

（1）三大平台：微博、抖音、小红书。微博：“TA”是谁？ 6 月 10 日—11 日，

引爆话题，引发讨论。抖音：“TA”是男友、老公、闺蜜、自己，6 月 12 日—14 日，深化话题，赋予产品社交属性。小红书：找“TA”付，6 月 15 日—16 日，转化流量，打造“仙女快乐水”标签。

（2）马斯洛四维解读。自我层面：不要痛，要快乐！月月舒 = 仙女快乐水。社交层面：月月舒是男友、老公、闺蜜对女性的一种关心、照顾、责任。安全层面：更安全的配方和成分，相同效果下，月月舒效果更好，更放心。生理层面：调理寒凝气滞血瘀，解决女性痛经问题。

5. 媒介策略

种子发酵传播以及 KOL 全面“种草”，两步走。

（1）头部媒体大曝光定基调，告诉受众“TA 是谁”、为什么“让 TA 付”，形成话题事件。

（2）中部媒体围绕 # 姨妈痛，找 TA 付 # 解读产品，营造“种草拔草”氛围。

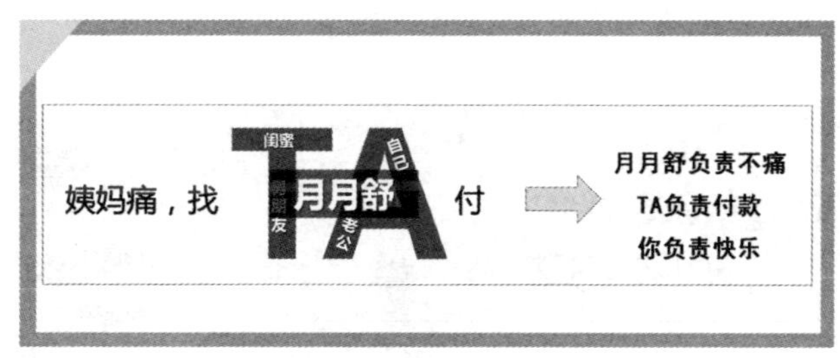

产品解读

项目执行

1. 全网找“TA”，预热发酵

合作高校 KOL@ 拜托啦学妹，以“女生来大姨妈的时候，谁更痛苦？”为题产出街访视频，@ 休闲璐、@ 正常人办不出这种事儿、@ 银教授、@ 校园聚焦四大高校 KOL 转发，自然植入产品。

视频总播放超 216 万次，总互动量达 18790，@ 拜托啦学妹产出的街访视频的播放量和转发量是近一个月该账号商业视频第一。

2. 四大 KOL 发布海报，引爆传播

从男友、老公、闺蜜三个角度输出海报，由 @ 同道大叔、@ 不二大叔说、

@豆豆说、@思想聚焦联合发布，在热搜停更、关注七天以上可评论的微博流量枯水期引发大量讨论。

微博总阅读量超 718 万次，总互动量达 6836。

3. 反转结局搞笑视频，打造产品社交属性

联合 @Honeycc、@唐梓 Neil、@塑料姐妹三位抖音头部达人，围绕“男友、老公、闺蜜”3 个“TA”角色的社交场景，将产品融入其中，打造产品社交性质。

视频总播放量达 242.4 万，总互动量超 29 万，@塑料姐妹相关视频点赞量是该达人近一个月内带广告植入视频第一。

4. 小红书中腰部 KOL 发力，铺开“种草”

十位小红书博主以个人体验、经期知识科普为主，在“种草”阶段进一步具象用户形象，更利于用户二级身份标签的优化。

总曝光超 170 万次，总阅读达 7.9 万次，总互动量超 2700，其中 @咪总超有钱视频登上 #姨妈期喝什么# 话题热门首位。

KOL 发布男友、老公、闺蜜视角海报

项目评估

传播总曝光量超 1.7 亿次，传播总阅读量超 2400 万次，传播总互动量超 32.6 万次，抖音单一平台播放量超 256 万，CPM（千人成本）为 8.99 元 / 千人，话题阅读量超 3161 万。

引发大量网友参与讨论，品牌在年轻人中认知度提高，“种草”效果明显，品牌交易量上升 67.65%。

效果综述

1. 焕新品牌形象，扭转中医认知误区

新兴的内容形式引发关注，焕新品牌老化陈旧的形象，有效提升年轻群体对月月舒品牌的认知度，科普内容正面回应“中医黑”的观点，扭转了痛经治疗的认知误区。月月舒靠一次强曝光补票“年轻化”这辆车，完成品牌年轻化第一步。

2. 打造社交属性，“种草”月月舒

包围目标消费者线上社交场景入口，“男友送”“闺蜜送”等话题构建初步打造了月月舒的社交属性，消费者对品牌的反应链为“看到—记住—‘种草’”，为下一步品类教育及产品销售转化打下坚实基础。

项目亮点

1. 创意亮点

内容：锁定人群，趣味为王。洞察年轻人“追求快乐”特性，搭建社交场景，创作社交性强的趣味内容，引发分享，形成裂变式传播。

渠道：多平台开花，多元覆盖。多平台传播逐级深化，多类型 KOL 发声，触达不同兴趣圈，最大范围覆盖目标消费者，做到多平台“开花”。

2. 执行亮点

OTC（非处方药）品类在各平台投放受限，本次传播通过内容和渠道创新应用，成为医药品类首例通过微博热搜广告审核和首例抖音无硬广合作特殊白名单产品。在遭遇热搜停更七天情况下，资源调整、素材准备快速，保证了传播节奏的正常进行。

亲历者说 **彭甜芬　广州海嘉明哲公关顾问有限公司客户总监**

虽然这次项目整体体量较小，但在项目团队的理解里，这是一场打破代际沟通障碍，为中医药品牌年轻化建立最大可能性，助力中医药文化现代传承的战役。同时也是一场女性生理差异与大众认知的碰撞，通过社会化内容打破性别沟通障碍、刻板印象，为争取女性经期健康关怀的舆论发酵。

而在执行上，月月舒痛经宝颗粒属非处方药，各大平台传播受限，项目一度陷入困局。

平台端，我们反复沟通品牌露出比例；内容端，通过内容创新、软性植入，最终通过微博热搜及抖音星图审核，成为医药品类首例。

然而，艰难过审后，热搜停更七天成了项目推进的又一巨大考验。对此，项目团队快速启动备案调整资源，最终实现了在微博枯水期互动量依旧超同期话题 3 倍。可见，年轻人并不是抗拒中医药，而是过往的传播并没有引起他们的共鸣。

中医药传播、女性健康话题依旧任重道远，未来项目团队将和品牌一起继续努力共创辉煌。

案例点评

点评专家：刘晓程　兰州大学新闻与传播学院博士、副教授、硕士生导师

对人类社会而言，性别是个恒久的话题。从生理差异到心灵沟通，性别之间总有一堵无形的墙，难以穿越。对公关而言，对话是“元理由”

和“传播的最高形式”，但能否抓住对话的“节点”是关键的问题所在。

十几年前，歌手组合 S.H.E 一则“那个不痛，月月轻松”的广告风靡一时。她们录制的这则广告更像几位女生的家常“独白”，借助电视广告的宣传，影响了不少年轻女性。

十几年过去了，年轻人对女性生理问题的认识发生了很大改变。不仅女生敢于公开表达她们的生理问题，男生也逐渐明白女性生理的特性，并积极参与互动，进而促成真正的性别对话。

月月舒痛经宝颗粒 2020 年品牌年轻化传播项目显然感觉到了上述的“对话”问题：一方面，与年轻人对话，通过戏谑、调侃、娱乐的手段，让更多年轻人重视女性生理问题，对目标公众形成直接的科普教育；另一方面，通过鼓励青年两性之间的互动，让男女生在对话沟通中达成对女性生理问题的共识，进而形成文化上的共构。

在这个意义上，月月舒痛经宝颗粒本身也是促进性别对话的重要媒介，但必须说明的是，作为一个中药产品，其背后的科学对话仍需谨遵医嘱。

2020 最具公众影响力营销实效大奖

飞利浦电动新风口罩新品上市整合营销

执行时间：2020 年 1 月—8 月

企业名称：飞利浦（中国）投资有限公司

品牌名称：飞利浦

代理公司：北京福莱希乐国际传播咨询有限公司

获奖类别：金旗奖—— 2020 最具公众影响力营销实效大奖

项目概述

飞利浦力破传统科技壁垒，创新推出电动新风口罩，精准定位目标人群，高能联动流量明星矩阵、头部电商主播、热门综艺 IP、百位 KOL 造势，在疫情笼罩的特殊市场环境中步步为营，以脉冲式的声浪化营销，创品效合一的傲人战绩。

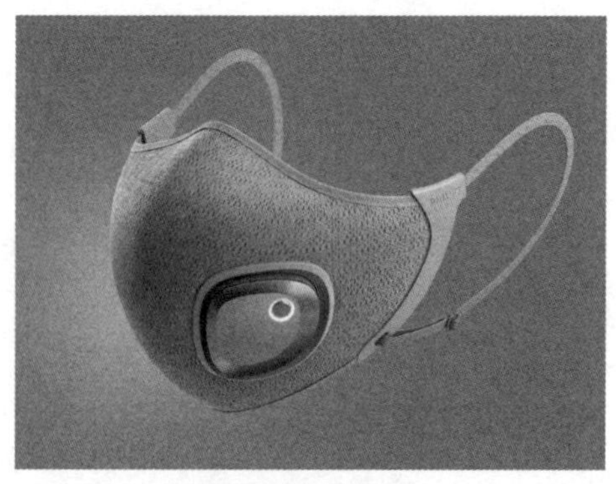

飞利浦电动新风口罩 1

项目调研

飞利浦中国创新研究中心基于大数据分析，发现中国现行市场中存在普通口罩久戴闷热发潮、N95 型口罩更易令人呼吸不畅和勒耳，难以同时满足消费者对“高舒适、高防护、高颜值”需求的三大问题。飞利浦主动进军近乎空白的市场，集结近百位专家自主研发电动新风口罩并获近十项相关专利。

2019 年，飞利浦携手战略合作伙伴天猫全面拥抱消费者，与天猫策略中心和创新中心深度合作，耗时超半年沉淀行业洞察、消费者细分及心智测试，提前布局人、货、场的优化方案。2020 年年初，飞利浦敏锐察觉疫情下的市场变化，及时推出历经三年打磨的颠覆性创新产品。

项目策划

1. 营销难点

传统口罩市场竞争激烈，在价格不占优势的情况下，作为非原生流量品牌，飞利浦该如何突围，迅速占领目标消费者眼球？如何锻造个性鲜明的产品印记，提升产品形象？如何与核心目标消费者做持续有效的沟通，拉动品牌业务增长？对此，飞利浦有的放矢地制订了一系列营销计划。

2. 营销目标

提炼飞利浦电动新风口罩产品个性与传播印记，圈定分散在“饭圈”、“潮圈”、科技圈等各兴趣部落中的目标消费者人群，与 Y 世代（千禧世代）、Z 世代建立起具有共性的深层对话，快速抢占市场，提升产品好感度。

立足实时传播环境，有序引导市场教育，打破口罩只能承载单一功效的思维定式，引导市场对“电动新风口罩”品类的更高层面认知。

借新品潮酷质感，为品牌注入时尚年轻化的形象标签，利好品牌吸纳新兴流量，实现“种草”与“收割”两驾马车并重齐行。

3. 核心策略

（1）合作伙伴要更“门当户对”（有影响力和话题度）。

（2）品牌故事要更“投其所好”（切中目标消费者爱好）。

（3）落地形式要更“妙趣横生”（赋予飞利浦主角光环）。

（4）内容立意要更“有章可循”（形成长尾传播效应）。

飞利浦电动新风口罩 2

项目执行

1. 找准传播杠杆，搭乘直播带货与粉丝经济快车，赋能品效合一

（1）产品上市初期，绑定天猫头部主播薇娅，传播黑科技探秘视频，打开市场认知。

（2）定位实力明星，官宣代言人任嘉伦并推出明星限定礼盒。

（3）飞利浦天猫超品日前夕，与薇娅联手打造明星直播首秀。

2. 多个圈层齐头并进，以小博大抢占消费者心智

（1）渗透“饭圈”：积极盘活明星好友矩阵，通过欧阳娜娜等近 20 位人气明星街拍示范，固化“明星同款”产品印记。

（2）深耕“潮圈”：跨界合作热门综艺 IP《这就是街舞》，推出联名限定款口罩礼盒。打造情侣选手视频，携往届冠军舞者叶音担任产品形象大使，共创主题街舞。

（3）走进科技圈：锁定数码科技党社群“什么值得买”App，加强产品创新科技形象定位。

3. 紧跟时代氛围，捕捉话题热点，提出与时俱进的内容创意

（1）聚焦目标用户画像与产品卖点，提出“吸一口鲜气”大主题。

（2）响应 2020 多变的传播环境，提炼多阶段产品关键词。

（3）近百位 KOL 持续“种草”，多维内容覆盖，协力维护口碑舆情。

4. 整合全网生态力量，主动布局多元渠道，缩短品牌与消费者的沟通路径

（1）锁定 Y 世代、Z 世代人群，携手战略合作伙伴天猫打造阿里系全渠道传播。

（2）飞利浦天猫旗舰店 2.0 升级，装修口罩店铺，打造多产品、多场景的营销矩阵。

项目评估

飞利浦电动新风口罩锁定 Y 世代、Z 世代消费新势力，从目标客群及其多元需求为核心出发激活消费潜能，悉力探索更多维立体的营销新玩法，创造傲人营销硕果，真正实现了品效合一。上市大半年间，AIPL① 人群沉淀量级近 290 万，占据天猫电动口罩市场份额高达 93%，成为当之无愧的“电动口罩”代名词，更引领电动口罩品类爆发式增长 59.72%。该项目总曝光超 8.2 亿次，全网话题讨论量超 300 万次。

此外，飞利浦电动新风口罩主动尝试多个“首次”：首次携明星打造限定礼盒与密语设计，首次深度绑定头部电商主播，首次力邀明星代言人坐镇直播间。其中，3 场直播累计观看人数达 5355 万，进店 UV 达 106 万，口罩成交额破 577 万元。

项目亮点

基于对中国消费者的深入洞察，对大数据及平台生态系统的合理运用，和对传播命脉的精准把握，产品一经上市即突破了传统口罩品类壁垒，树立行业全新标杆，引发业内争先效仿布局“电动口罩”新市场。

整个营销过程中，飞利浦联动头部电商主播、实力明星背书、明星好友矩

① 指 Aware（认知）、Interest（兴趣）、Purchase（购买）以及 Loyalty（忠诚）。

阵、跨界综艺 IP、百位 KOL“种草”，精准社群耕耘，社交电商互动升级，阿里系全域多媒体定向触达……

此外，通过锁定分散在各兴趣部落中的目标消费者人群，飞利浦精细化运作，通过与时俱进的话题创意和多元渠道的主动布局，实现从“饭圈”、“潮圈”、科技圈到泛消费人群的跨圈层“种草”，持续营造良好舆情，形成了脉冲式的传播声浪。

案例点评

点评专家：王洪波　中国对外文化集团有限公司新闻总监，清华大学国家形象传播研究中心智库专家、高级研究员

文章合为时而著，歌诗合为时而作。一个好产品也必须是应运而生的。人类一向善于把功能性的生活物品不断变成美的事物，这是人的乐趣所在，也是市场需求的关窍所在。无论是空气污染还是疫情，都使得口罩从普通的劳保用品，变成了生活用品，成为与人长期相伴的生活必需品。如果这一状况短期内得不到改观，则人类在服装鞋帽上下过多少功夫，未来一定会在口罩上下同样的功夫。飞利浦电动新风口罩也许是这个潮流的领先者。在功能上，该产品高防护、高舒适、高颜值，不仅让口罩在提升防护功能的同时不再憋气，而且还更加时尚漂亮。全媒体的传播，从“饭圈”、“潮圈”、科技圈入手，注重时尚人群的示范性引导，确定简单上口、有趣接地气的传播关键词“我罩着你”“就很解闷”等，让人在解颐一笑中，会意到该产品的大气与担当精神。好的营销，首先，必须是从产品本身出发的，立足为公众创造和提供新的价值与服务；其次，在解决别人痛点问题时还把金子贴到被服务者的脸上，从功能和颜值同时入手，最容易引起消费者共鸣和愉悦；最后，面向市场的时间节点选得好，正是市场上对普通口罩有些厌倦、对新型口罩产品有所期待之时。任何成功都不是偶然的。

"6·18"小度老年人群圈层营销

执行时间： 2020 年 6 月 1 日—18 日

企业名称： 百度在线网络技术（北京）有限公司

品牌名称： 小度

代理公司： 新动力（北京）文化传媒有限责任公司

获奖类别： 金旗奖—— 2020 最具公众影响力营销实效大奖

项目概述

一年一度的"6·18"是电商促销极为重要的节点之一，如何借势拓展消费用户圈层，对于提升小度二季度线上渠道销量至关重要。为强化小度对老年人群的使用价值，此次项目方案旨在以小度在家 1S 智能视频音箱（简称小度智能屏 1S）为主推机型，配合电商平台大促活动，发起专项营销活动，从情感价值出发，以社会化、场景化内容传播，直播带货、达人推广、电商站内外"种草"、跨平台营销创新等动作，配合大促期间电商站内曝光资源，快速促成转化，引发购买用户共鸣，增强产品热度同时，为站内引入流量促进销售转化。

"6·18"大促小度产品电商展示页面

项目调研

“银发人群”移动活跃设备用户规模超过 1 亿人，老年人圈层营销亦已成为品牌营销的重要一环。基于品牌方提供的用户画像数据分析，小度智能屏 1S 产品的购买者及使用用户以家庭用户为主，其中儿童和老年都是重度使用人群。对比小度的购买人群画像，老年人占比偏少，巨大的消费潜力尚待挖掘。

小度智能硬件产品具有丰富的娱乐内容及智能语音交互等实用功能，操作简单、使用方便的产品优势十分契合老年人群的使用场景，对其具有天然的吸引力。同时，营销也侧重于成年子女，触达拥有核心购买力的人群，激发他们孝敬和陪伴父母的同理心，从侧面扩大小度智能硬件产品在老年人认知度与消费力。

项目策划

1. 项目目标

扩大购买用户对老年人群产品价值的认知提升，传递小度智能屏 1S 产品及促销信息的同时，拉动小度系产品整体的声量以及线上销量。

2. 营销策略

以“让陪伴无需久盼”为传播话题，以老年人群情感层的渴望“陪伴”的人文关怀及产品使用层的“陪伴”体验为契合点出发，结合产品功能使用场景，针

小度智能屏 1S 传播话题——“让陪伴无需久盼”

对中老年人群及其子女传递产品核心价值，突出“小度在家　陪伴在家”的品牌理念。

3. 执行策略

（1）制定一个方针：聚焦老年人群及其子女目标人群及产品使用场景。

（2）围绕一个主题：“让陪伴无需久盼”。

（3）实施两条路线：传播层以营销事件让产品“既促又销”，渠道资源层以强势曝光资源引流电商导购。

4. 内容创意

以“你多久没有像这样陪伴父母了”为主题的情感视频演绎了老年人群的孤独，通过对子女的采访唤醒其对父母陪伴缺失的关注，塑造“小度在家　陪伴在家”的品牌价值认同；从多种角度植入小度使用场景，趣味化、生动化表现小度丰富的影音娱乐、实用百科、智能助手等功能，实现产品价值连接。

5. 媒介及渠道选择

以抖音为主阵地，微博、微信为分战场，通过 KOL、达人、短视频直播等形式打造撬动多方联动的品牌事件。

资源渠道聚焦老年人群垂直平台，内容“种草”与硬广资源位引流，卖点“种草”与促销导购并举，实现精准转化。

项目执行

（1）6 月 9 日—11 日抖音活动 & 微博事件，扩大传播声量。小度官方抖音发布主题视频，配合抖音话题有奖征集活动，号召网友在抖音上晒出家庭陪伴时光短视频；同时，20 家企业认证账号联合扩散活动信息，并提供抖音挑战赛活动联合大礼包，引导粉丝参与征集活动。

（2）6 月 9 日—17 日围绕“6・18”促销节点，“种草”产品，促进销售。

三位百万粉丝级抖音 KOL 参与活动，引发用户参与抖音话题挑战；十位带货 KOC 同步参与挑战，助力挑战赛参与热度，实现引导转化。

超 600 个 KOC 及微商社群带货：在广场舞、社区导购类等老年人聚集社群引导转化。

小度发布抖音话题有奖征集活动海报

（3）6 月 18 日抖音直播带货，涛儿妈等多位达人直播带货，引导粉丝转化。

（4）围绕“6·18”电商大促节奏，与平安好医生、趣头条、肚肚机互动装置、京东金融等平台深度合作，利用广告位等多元内容形式，向电商引流。

肚肚机互动装置

项目评估

此次项目方案精准聚焦及触达核心目标用户，是小度面向老年人圈层展开的首次营销实践，取得了可喜成绩。整体针对精准目标人群曝光超 5000 万次，总销售额超 300 万元，超额完成预期目标。

项目亮点

内容传播层以情感价值为核心，与消费者达成有效沟通，拉近与用户距离，实现了品牌核心价值与产品功能认知双效提升，达成了对老年人群及其子女这类细分目标用户的广泛影响，引发共鸣，有效拓宽消费圈层。

围绕抖音全域开展内容营销，通过制作抖音挑战赛活动爆款内容、KOL 短视频营销及直播带货，向定向人群精准投放，内容累计播放量突破 800 万次，高效实现了产品曝光与精准转化，充分释放抖音平台内容营销与销售转化能力。

流量及时变现，传播也能带货。“线下 + 线上”媒体资源合作，围绕核心目标用户展开场景化卖点“种草”与多元内容营销，带动目标消费者对产品理念的认同，激发购买欲望，为最终完成项目 KPI（关键绩效指标）起到重要作用。

亲历者说 何哲　新动力（北京）文化传媒有限责任公司项目总监

“6・18”小度老年人群圈层营销项目是团队开展圈层营销的重要实践，取得了市场的高度认可。这充分证明了通过情感价值传递产品卖点及使用场景，能够有效触动圈层人群的情感共鸣和价值认同，从而带动目标受众对产品理念的认知，激发潜在消费者的购买欲望。“银发经济”时代，老年人群营销越发成为品牌传播不容忽视的重要组成部分。

案例点评

点评专家：左跃　国家核应急协调委委员、硕士生导师

“6·18”小度老年人群圈层营销针对老年人群及其子女这一目标群体，将情感层的人文“陪伴”与使用层的体验“陪伴”巧妙地结合起来，借助抖音、微博、微信等社交媒体平台进行事件营销，以营销事件促进产品销售，以宣传曝光引流电商导购，很好地实现了宣传小度产品，强化品牌认知，促进产品导购，提升销售预期的目标，让“小度在家　陪伴在家”的品牌理念深入人心。

本营销事件目标群体及营销事件点选取比较准确，在传播载体的选取上也比较明确清晰，尤其是将情感价值与产品价值实现了有机融合，堪称精妙。营销实现了曝光超 5000 万次、总销售额超 300 万元的优秀业绩，是一次策划精、实施好、效果实的品牌营销案例。

本案例具有较好的教育、示范和推广价值，是学习培训、营销策划、品牌推广时都可借鉴的优秀案例。

神兽宝宝免疫力提升指南

执行时间：2020 年 4 月—7 月

企业名称：黑龙江飞鹤乳业销售有限公司

品牌名称：飞鹤乳业

代理公司：品木世纪（北京）营销科技有限公司

获奖类别：金旗奖——2020 最具公众影响力营销实效大奖

项目概述

2020 年年初，疫情成了人们关注的焦点。疫情期间婴儿被感染、被治愈的话题备受妈妈们的关注，母婴垂直类平台访问量激增，平台上对婴幼儿安全、防疫的话题讨论量激增。本项目在延续飞鹤“更适合中国宝宝体质”战略的同时，基于疫情的舆论环境，为飞鹤品牌策划了“免疫不焦虑，宅家玩新鲜”这一感性与理性相结合，既突出品牌利益点又结合当下热点的营销策略。本次项目得到了业内人士的关注及消费者的认可，以新鲜之名打造“防疫新看点”，加强了线上人群的感知，实现了与线上人群的深度沟通。

项目背景

2020 年年初，新冠疫情使母婴垂直类平台访问量激增，如何提升孩子的免疫力一时间成为妈妈们重点关注的话题。本项目在延续飞鹤“更适合中国宝宝体质”战略的同时，抢占线上市场，在疫情尚未结束的大环境下给飞鹤带来营销新升级。

项目策划

1. 目标

借势疫情宣导飞鹤产品对于免疫力提升的帮助，强化“新鲜”标签，宣导“新鲜 + 母乳化 = 更适合”的理念。

2. 策略

借疫情环境下的“免疫力”话题，强化飞鹤“新鲜”的标签；与消费者展开“飞鹤更懂中国宝宝”的专业沟通。

通过竞品分析，团队发现婴儿配方奶粉的营销传播趋势是理性与感性并行，既讲产品利益点，又借助情感属性让营销效果最大化，传播的同时尽可能将产品成分与潜在消费者的切身利益点绑定，并突出产品喂养效果接近母乳喂养效果。营销中兼顾专业内容输出（发挥飞鹤长期深耕母婴垂直领域既有优势）和新鲜形式包装（区隔竞品有效手段）；飞鹤品牌以新鲜之名打造“防疫新看点”，带用户玩起来；倡导积极乐观有趣的带娃态度，疏解压抑恐慌焦虑的情绪，实现突围。

3. 受众

孕晚期及 0~3 岁宝妈。

4. 内容创意

免疫不焦虑，宅家玩新鲜。

倡导科学乐观的防疫态度，在焦虑的情绪下实现突围，不仅用趣味性的内容，打造吸睛热点，抢夺用户注意力，还以专家背书的方式从专业性角度宣导产品优势。

项目团队设计了三只“神兽”来形容宝宝们疫情期间在家时的表现。

（1）“吃吃兽”——贪吃：宝宝眼里一切皆食物，随便啃食易引发防疫危机，同时营养不全面也引发家长担忧。

（2）“摸摸兽”——“拆家”：宝宝眼里一切皆新奇，乱摸乱拿易引发防疫危机。

（3）“跑跑兽”——噬菌：宝宝眼里大自然充满魔力，哭闹要出门易引发防疫危机。

飞鹤从不同层面进行阐述：产品功能层面，用“新鲜”为宝宝锁住更多生牛乳中的天然免疫因子；品牌理念层面，倡导科学育儿，鼓励宝爸宝妈为宝宝科学提升免疫力。“免疫”不焦虑，让“吃吃兽”“摸摸兽”“跑跑兽”统统变成百毒不侵的“免疫神兽”。

项目执行

聚焦垂直媒体用户，选择宝宝树、妈妈网、育儿网、亲宝宝等知名的母婴媒体。

4 月 16 日，开启宅家“神兽”视频的预热阶段，通过趣味的“你家神兽测试”H5 引发妈妈们网上热议，带出“神兽”话题，保持“神兽”热度。6 月 5 日，“神兽”视频于母婴垂直类媒体进行投放，首选第一位信息流位置，进行大量曝光及播放，随后针对视频中出现的育儿问题，制作特色专区——育儿指南 H5；同时，通过医生和专家发布的观点文章，及站内顶级优质红人的亲身体验文章，围绕“神兽”内容进行再次发酵和延展。

项目评估

截至 8 月 15 日，媒体主编针对疫情期间宝宝在家里的表现撰写文章，深挖用户带娃痛点并吸引用户关注“神兽”话题，文章阅读量超 177 万次，并为后续活动炒热话题。随着“神兽”热度上升，在垂直媒体推广核心主物料“神兽”宝宝视频，用户接受度高，“神兽”视频在母婴垂直类媒体累计播放量超 1.4 亿次，同时引发妈妈们激烈讨论。

项目亮点

1. 内容新颖，产生共鸣

新冠疫情期间，妈妈们有了更长的与“神兽”相处时间，真实生活场景结合“神兽”形象的动画突出诠释产品新鲜易吸收和增强免疫力的产品优势。

2. 全面式话题爆发

主流母婴垂直媒体进行话题炒作，集中物料出街，短时间内收获极高的关注度及讨论度，用户参与度高的同时又推广了品牌产品的理念和利益点。

亲历者说 刘阳 品木世纪（北京）营销科技有限公司传媒副总裁

作为亲历者，起初团队敏锐地捕捉到，“神兽”一词可能成为2020年的年度关键词。这个词的火爆生动体现了疫情之下带娃一族的苦中作乐和群体自嘲。但我们意识到，在这种极富情感共鸣的话题氛围中，妈妈们的焦虑也亟须正确引领。

正如新冠疫情之初恐慌的人们热切渴望科学定调一样，作为免疫力低下人群，母婴群体更需要科学的引导，由此我们判断“神兽”是最好的发酵题材。事实上，团队通过对“神兽”三大场景的生动复现，巧妙地传达了守护“神兽”的科学育儿指南，同时又与产品核心诉求环环相扣，让品牌与用户在情感共鸣和知识学习的过程中达成深度沟通，完成了一次颇有影响力的借势营销创意传播。

案例点评

点评专家：于剑 开云投资管理集团总裁办、机构事务部负责人

本案例紧扣“疫情”“免疫力”热点，希望立足父母对疫情的焦虑情绪，以提高婴幼儿免疫力为突破口，达到营销的目的。案例选择的三只“神兽”——“吃吃兽”“摸摸兽”“跑跑兽”，也体现了这个阶段孩子的特点，容易被父母接受。专家通过访谈等多种形式和父母互动，让父母了解婴幼儿的特点，了解如何增强婴幼儿的免疫力，从而达到品牌营销的目的。这个逻辑思路非常清晰，起到了很好的宣传作用。

作为一个品牌营销案例，除了讲好故事外，还要突出品牌和产品，而不是单单讲一个免疫力的故事。现在很多不错的公众号，故事讲得非常精彩，最终的目的就是引出话题，让消费者购买某某产品。遗憾的是，仅仅从本案例体现的内容看，我还没看到两者之间的联系，希望品牌今后加强这方面的关注。

悉尼新南威尔士大学2020年第一学期中国招生数字营销项目

执行时间：2019 年 9 月—12 月

企业名称：The University of New South Wales（新南威尔士大学）

品牌名称：悉尼新南威尔士大学

代理公司：逻壹传播

获奖类别：金旗奖——2020 最具公众影响力营销实效大奖

项目概述

澳大利亚八校联盟（简称 G8）之一的新南威尔士大学一直广受中国学生认可，为了进一步扩大新南威尔士大学在中国学生中的影响力，并推动更多中国学生申请该校，新南威尔士大学中国招生的数字营销项目在 2019 年第四季度落地实施。

项目调研

调研数据显示，澳大利亚依旧占据意向留学人群热衷选择的留学目的地前三位，其中超过一半的澳大利亚本科申请者仍然将 G8 作为首选，研究生申请者的目标院校也以 G8 为主，因此如何借助优势并在 G8 和其他国际顶尖大学中脱颖而出，是新南威尔士大学在中国的招生营销项目面临的挑战。

超过半数的意向留学生希望通过留学拓宽国际视野、丰富人生经历、学习先进知识。然而大多数国外大学在营销中强调的核心信息是获取知识，而非丰富人生阅历。因此，如何通过在营销内容中强调“丰富人生阅历”，进而打动意向留学生群体，是新南威尔士大学需要完成的课题。

项目策划

1. 目标

（1）扩大新南威尔士大学在意向留学生群体中的认知。

（2）吸引更多意向留学生关注并完成 2020 年第一学期的申请，达到品效合一。

2. 整体策略

以潜在留学生群体为中心，着重分析意向留学生群体“认知及申请路径”，围绕 STDC（See–Think–Do–Care，一种数字营销模型）在各个阶段布局触达渠道，打造差异化内容，结合中国数字营销趋势，有效触达潜在留学生群体，并逐步引导其完成申请。

3. 受众

（1）本科留学意向人群及其家长：有澳大利亚留学意向的高三学生。

（2）研究生留学意向人群及其家长：有澳大利亚留学意向的大学本科在校生。

4. 内容创意

（1）以“经历”为核心回应留学生群体选择留学目的地时考虑的核心需求。

（2）结合学校的领先排名、强势学院和学科、奖学金项目等进行内容输出，全方位突出优势。

（3）根据百度、微信、领英、知乎等多平台的不同属性打造定制化内容。

4. 媒介策略

（1）See（看到）：运用百度、知乎信息流广告建立认知度。

（2）Think（想到）：通过关键词搜索广告，引导潜在留学生群体在做留学学校研究时关注新南威尔士大学；借助留学领域红人博主触达目标人群，打造趣味内容，强化互动性。

（3）Do（做到）：多平台覆盖，通过百度搜索、领英信息流和 InMail[①]、知

① 领英平台的一种消息形式。

乎信息流、微信公众号广告强势引流，推动意向留学生完成申请。

（4）Care（关注到）：官方渠道持续互动，与申请人保持沟通并给予及时帮助。

项目执行

1. 准备期（2019 年 8 月—9 月）

项目启动初期，对申请的全链路进行重新设计与优化，全方位考虑如何在各个与潜在留学生群体沟通的连接点设计关键性信息，并针对中国学生优化中文投放内容。

2. 执行期（2019 年 9 月—12 月）

贯彻 STDC 策略，分四大阶段将定制化创意内容在各大平台按照“测试—优化—加大投放力度”这三大步骤进行投放，并在每周进行复盘，根据实际投放效果进行预算分配和平台创意的调整优化。

3. 复盘期与延续期（2020 年 1 月）

复盘并评估 2019 年 9 月—12 月的投放效果，根据执行期间超预期的投放效果在 2020 年 1 月进行了为期 1 个月的延续投放。

项目评估

项目总计曝光量达 2.98 亿，新南威尔士大学官网点击逾 140 万次。在项目总额高于上一申请季项目金额的基础上，通过渠道和创意优化，结果产出远超预期，最终实现 2020 年第一学期学生申请数量环比增长超过 11 倍。

项目亮点

结果导向，资源优化。整体方案策划以潜在留学生用户群体为中心，投放平台以国内大型搜索引擎为主，搭配当下流行的且对潜在留学生群体规划留学路径时影响较大的社交媒体平台，在引流路径上优化引导步骤，刺激“开始申请”和“完成申请”这两项关键性评估指标，使其稳步提升。

亲历者说 贺姝 逻壹传播客户总监

面对留学市场的增速放缓和全球留学组织在中国市场的激烈竞争，新南威尔士大学在中国的推广面临着诸多挑战。此次项目针对 2020 年第一学期的学生设计，从创意到互动策略，以结果为导向，针对中国市场和中国学生进行了本地性优化。在平台选择上，该项目主要在中国高效的搜索引擎平台百度，以及微信、领英、知乎和豆瓣等受潜在留学生欢迎的平台开展，实际营销效果超过预期。

案例点评

点评专家：郑威 华硕电脑中国业务总部副总经理兼新闻发言人

新南威尔士大学的案例是一个不错的精准营销范例。本案例目标明确、受众清晰、策略精准，通过分析意向学生对于留学澳洲的认知及申请路径，绘制 STDC 触点地图，结合学生媒体接触习惯进行多平台曝光，以精准的媒介投放有效影响目标人群。

案例将品牌营销点落在留学生群体的个性化服务上，在不同阶段为学生输送差异化内容，充分利用学校排名、院校优势以及奖学金项目等吸引，并且以“经历”这个父母与学生都较为看重的方面为核心，成功吸引受众的关注。

投放效果的转化与执行团队在实施过程中及时优化的基本功紧密相关，也与客服跟进质量有很大的关系。本案例的及时响应与互动做得很好，实现了有效引导。从数据结果来看，取得 2020 年第一学期学生申请数量环比增长超过 11 倍的成绩，这是海外高校品牌营销中的优秀案例。

大唐财富云理财嘉年华

执行时间： 2020 年 4 月 18 日—5 月 10 日

企业名称： 大唐财富投资管理有限公司

品牌名称： 大唐财富

代理公司： 无

获奖类别： 金旗奖—— 2020 最具公众影响力营销实效大奖

项目概述

新冠疫情对财富管理行业影响深远，大唐财富迅速应对，策划了云理财嘉年华，活动历时 22 天，共邀请经济学家任泽平在内的 43 位重磅嘉宾，进行了 16 场直播，从楼市、股市等热点话题入手，呈献出一场行业前所未有的“财富盛宴”。

直播宣传海报

项目调研

2020年新冠疫情来袭，财富管理行业首当其冲受到影响。作为相对传统的行业，财富管理行业大量业务依赖于线下完成。通过纯线上渠道获取新客的方法虽然各家公司都屡有尝试，但始终难有建树。而疫情的到来，彻底打乱了行业节奏，很多公司为应对业务停滞选择了裁员、降薪等节流手段，一时间行业内人心惶惶。

与此同时，受疫情冲击、普通大众对于“财富”二字都有了更深层次的认知并存在或多或少的焦虑。而作为高净值人群（可投资资产六百万元以上的人群），他们的焦虑更甚，亟须专业机构、专业人员为他们的“钱途”指点迷津、建言献策。

针对客户需求及行业发展机遇，大唐财富另辟蹊径，为前人所不敢为，积极探索线上服务领域、直播领域，推出了云理财嘉年华活动。

项目策划

1. 目标

打通公司线上获客的全部通路，为公司开辟线上服务新战场。

2. 传播策略

通过“名家 + 热点”话题，吸引目标客户关注，结合政策和未来走势推荐相关投资机会。同时，依靠多媒体平台传播，扩大品牌声量。如房地产专题活动邀请到了中国著名经济学家钟伟教授，钟伟教授对于中国地产行业曾有诸多经典论断。在一个半小时的直播中，钟伟教授更是结合疫情形势、中国经济形势、中国楼市政策等多个客户感兴趣的话题，展开了详细的论述，有理有据，有判断，有方向，让有意于此市场的投资者大有所获。在后续环节，项目团队向投资者介绍相关投资机会，水到渠成。

3. 受众

高净值人群（可投资资产六百万元以上的人群）。

4. 内容创意

活动设置涵盖房地产投资、股票市场、海外投资等十大热点话题，从内容上直切高净值人群痛点。同时，各媒体平台根据自身属性，就直播内容进行二次创意，输出文章、视频、图文等内容。

5. 媒介策略

围绕整体活动，提炼出八大亮点，作为整体传播的基础内容。

因为活动时间跨过五一小长假，故而设置了以下五段传播期。

预热期：4 月 8 日—18 日。

第一传播期：4 月 19 日—29 日。

节日休整期：4 月 30 日—5 月 5 日。

第二传播期：5 月 6 日—10 日。

长尾传播期：5 月 11 日—14 日。

媒体选择包括户外媒体、网络媒体、新媒体等多维度。联合媒体“大 V”、知名直播平台全力出击。

项目执行

1. 项目筹备期

（1）根据策划安排，出具活动流程初稿，包括日期、时长、内容方向和嘉宾范围。

（2）确认活动主题、大纲、嘉宾、拍摄地点、产品合规性、合格投资者身份。

（3）制定具体的拍摄细节，确认准备材料的要求，嘉宾的拍摄档期范围。

（4）收集直播材料（PPT、主持词、演讲稿、嘉宾介绍等），确定具体的直播排期。

2. 直播拍摄期

（1）邀请嘉宾，告知拍摄时间。制作直播素材、检查修改主持稿并反馈（提前 3 个工作日）。

（2）确认制作素材的准确性、合规性，检查拍摄脚本、外场嘉宾同框画面同步脚本（提前 1 个工作日）。

（3）检查直播素材和设备、接待嘉宾、直播拍摄、提炼金句、拍摄绿幕视频（拍摄当日）。

3. 直播间管理

（1）开设直播间并确定管理员（提前 1 天）。

（2）根据当日直播内容修改直播间话术、欢迎语、大转盘抽奖的概率与奖品。

（3）根据直播内容设置直播间客服人员。

（4）开放直播间（活动前 1 个小时）。

（5）后台开放评论功能、审核评论（活动前半小时开始）。

（6）直播开始，前后台审核监控。

（7）根据直播节奏发放福利。

（8）全程审核、评论回复，推送管理员话术。

（9）直播结束开启大转盘。

（10）安排回放、抽取互动问答幸运观众。

（11）设置第二天直播间。

项目评估

共有 78131 人报名参加了直播，其中新客 60936 人，老客 17195 人，完成业绩 360473 万元。成交新客数 339 人，成交规模 54196 万元。成交老客户数 1021 人，成交规模 306277 万元。均创行业先河！

活动全程超 500 万人观看。直播间点赞人数超 31 万人，评论超 8 万条。

大唐财富云理财宣传海报

活动期间所投放新潮传媒楼宇广告，分布在 12 座城市、1.3 万个点位、总计播放次数超过 1800 万次。

根据客户满意度调查问卷显示，客户对云理财嘉年华整体满意度高达 97.89%。

活动取得了跨行业的广泛认可，包括上市公司众信旅游以及名企小罐茶、浩泽净水等在内的 7 家公司与主办方大唐财富达成了战略合作协议，同时 14 家知名机构和企业成为本次活动的支持单位，跨行业的合作认可是活动影响力的最好证明。

项目亮点

1. 行业首屈一指的嘉宾数量和含金量

包括著名经济学家任泽平、著名经济学家钟伟、海通证券首席策略分析师荀玉根在内的 43 位名家，齐聚云理财嘉年华。

2. 电视级的直播规格

所有直播按电视级要求，使用专业级 4K 设备，设置 4 个机位，配备现场导播 2 名；导演 1 名、其余化妆、音响、灯光、场务人员若干。专为本次活动搭建的百平方米直播间，所有硬件、软件设备媲美行业尖端直播间，质感十足、效果出群。

云理财嘉年华直播间

3. 热点话题精心包装，直击痛处

包括疫情热点、财政政策、美国大选等在内的宏观分析；包括股权投资、债权投资、二级市场投资等在内的中观解读；包括企业资产配置、个人配置策略等在内的微观个人、家庭财富计划。

亲历者说 王龙飞　大唐财富品牌客户中心总监

活动凝聚了部门同事的心血，从策划到最后落地执行，响应迅速，敢想敢干。这其中最重要的是公司领导的全力支持，敢于让团队放手尝试行业从未有人做过的事。

在节目创立之初，因为没有行业的对标对象，团队把对标对象锁定在了网络的爆火综艺和电视台最受欢迎的几档财经栏目，将每档节目的优势特点相融合，最后诞生了节目的整体创意。

在节目的执行过程中，同事们也提出了很多优秀的创意，比如嘉宾录制的绿幕祝福、大转盘等内容都是非常具有开创性的。

因为本次节目是日播，传播组的压力非常大，每天都要做到“回顾＋预告”，这对团队的执行力提出了极高的要求。工作多，还不能有任何错误，好在团队非常优秀，最终顺利完成了整个活动。

案例点评

点评专家：岳慧　爱德曼国际公关中国区品牌营销高级副总裁

该案例堪称是效果营销的典范。

第一，从事营销行业的人都熟知一个词——消费者洞察。“云理财嘉年华”这个活动精准地做到了消费者洞察：新冠疫情使得大家对于财富的安全感大大降低，理财的需求大增，但是想理财却不知道怎么理、怎么调整已有理财规划、找哪个财富管理机构理财最可靠。找到这个精准的消费者需求，并能够迅速制订计划，这就已经为一个成功的效果营销活动奠定了良好的基础。

第二，任何信任的建立都不是偶然的，品牌与消费者之间的信任也不例外。首先，品牌方选取“五一”劳动节这个假期，通过低门槛的活动成功吸引了很多网友的注意力，预热作用良好。其次，专业的直播场所大大增加了节目的可信度，而且，直播内容都是基于消费者洞察，给出的专业理财建议，从内容上解决了高净值人群的财富问题。最后，是人的因素，爱德曼全球信任度调查显示，人们倾向于信赖专家和学者。那么，这次活动请来的中国著名经济学家钟伟教授等大咖也极大地增加了活动的可信度。

第三，成功的效果营销一定是全产业链的准备，而不仅是市场营销一环。那么此次嘉年华配置的合格投资者在线认证、在线电子合同签约等工具就成功地将营销积累下来的好口碑转化成了真金白银的商业成果。

疫情下的霍尼韦尔直播营销

执行时间： 2020 年 2 月—6 月

企业名称： 霍尼韦尔（中国）有限公司

品牌名称： 霍尼韦尔

代理公司： 无

获奖类别： 金旗奖——2020 最具公众影响力营销实效大奖

项目概述

面对 2020 年来势汹汹的新冠疫情，霍尼韦尔特性材料和技术集团第一时间在自有微信平台推出大量高质量直播课程，并且及时调整和总结经验，在低预算的前提下为业务端带来了大量销售机会。

项目调研

2020 年春节期间突发新冠疫情，本应在节后立刻开展的销售活动陷入困境，几乎和所有公司一样，霍尼韦尔的人员流动也受到了极大的限制，同时供应链也遇到极大挑战。市场预算大幅度削减，原先计划的市场活动需要重新考虑、规划，以适应新的市场情况、重心以及新的防疫要求。霍尼韦尔特性材料和技术集团从 2018 年就开始尝试网络直播，并在 2019 年启用营销自动化平台，项目团队第一时间迅速反应，这是一个很好的机会，可以通过直播来帮助业务在人员流动不便的情况下同时与大量潜在客户进行沟通。

项目策划

1. 目标

商务差旅受限的情况下，足不出户对现有客户进行线索孵化，同时通过新的平台及新的合作方式吸引新客户。

2. 策略及内容

微信公众号及第三方媒体网络直播。

3. 媒介及受众

我们针对时时变化的防控要求和受众情况的变化采用了细分且递进式的直播营销。疫情初期，人员流动不便且各大平台反应还比较滞后的时候，团队完全采用了自有平台的直播，密集推出了针对存量客户的直播；国内逐步放开以后，团队将已有的内容投放到第三方平台进行再利用，并且针对客户群将内容做了微调；当直播变成常态后，团队又推出了与分销商合作的联合直播模式，内容转移到对行业的洞察和技术的交流上，提高性价比，并扩大了在专业媒体平台的投放和内容再利用。

除了自有平台的公众号海报外，我们在宣传形式上也经历了文字、海报、视频的进化，并且在后期提高了闭环的内容管理，将问答收集后重新整理成文字发布在自有及第三方平台上，进一步提高销售线索的转化率。

直播的前期准备和宣传主要是为了吸引眼球，收集销售线索，但是真正这些线索能否得到转化，功课还在后面的数据管理。每一场直播团队都提前准备问卷，并对最后收集上来的数据进行打分、分析，并进行严密的追踪管理，真正做到直播结束以后的线索管理和转化。

项目执行

全年的直播项目都由市场营销部门负责，每一个话题都由销售部门及战略部门共同制定，确定好话题、主讲人等基本信息后，再分头准备物料。因为2018 年至 2019 年团队已经做过 18 场直播，积累了一定的经验，所以流程上并不是从零开始。

第三方平台内容投放

开展密集直播后，团队及时将原有的一张纸的直播流程根据新经验做了升级整理，变成了一本 20 多页的网络直播手册，详细记录了直播的各个阶段需要准备的内容，需要注意的事项等，进一步将直播规范化，大大提高了与各部门之间的协调。团队还将它分享给了国外的同事和经销商伙伴。作为霍尼韦尔全球第一个疫情后开展线上直播的业务部门，以及中国第一批疫情后开始直播的企业，我们总结的经验给了同事及同行带来了有效的借鉴。

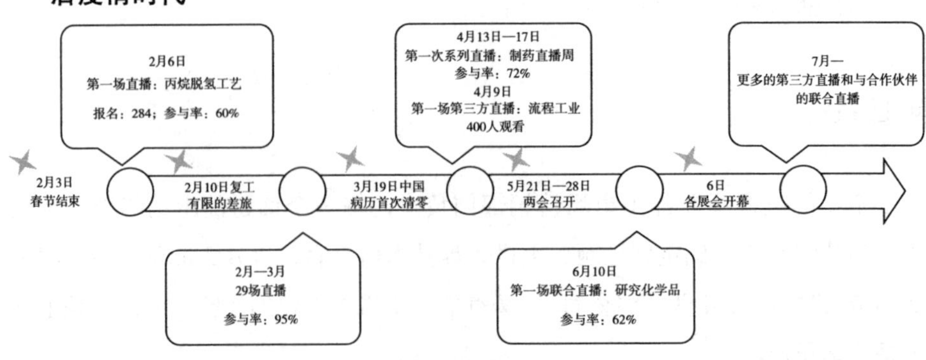

直播安排

直播流程基本分为前期规划、中期宣传、后期线索追踪三个部分，每个部分都由市场营销部门主导，保证质量和最后的成果转化。七月团队停下脚步，梳理了上半年的所有直播，复盘总结，确保了非盲目直播。

项目评估

从 2020 年 1 月到 8 月，团队总共进行了 66 场直播，其中 82% 在自有微信平台播放。总参与人数达到 12308 人，平均观看时长 27 分钟，共收集到 1447 个有效销售线索，投资回报率达到 124 : 1。

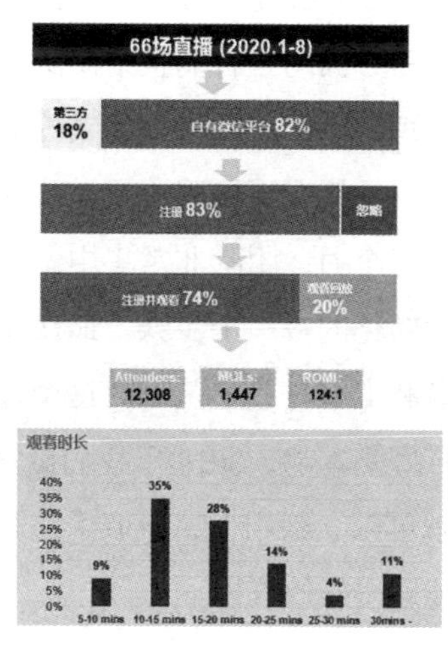

直播赋能

此外，团队打造的高频高质量直播也做出了口碑，内部员工、经销商及外部客户反响都非常好。团队受邀给多个经销商做了直播营销的培训，最重要的是，现在销售们也已经把直播作为一个常规的手段，积极性很高，内部文化已经形成。

项目亮点

作为霍尼韦尔全球第一个疫情后开展线上直播的业务部门，也是中国第一批疫情后开始集中选择线上直播的企业，团队以极低的投入和发展的眼光管理直播，开发出多种形式，并将其做细做深，同时实现了闭环管理和线索的追踪和转化，获得了良好的投资回报。这打破了今年大家普遍认为的“直播只是赚吆喝”的情况，更解除了大家对 B2B（企业对企业）到底应不应该做直播的困惑，找到了一条非常适合我们业务生态的长期模式。

亲历者说 **吴翀　霍尼韦尔特性材料和技术集团亚太区市场营销总监**

2020 年注定是非常不平凡的一年，可以说去年做好的“大展宏图”的营销计划在 2 月被完全打乱了，被极度压缩的营销预算、突然变化的市场环境，以及人事方面的各种调整给团队带来了非常大的挑战。在这样的环境下，团队必须在短期内拿出几乎不花钱却又有效的营销手段，并且要在团队业务多数是长线效益的情况下展现成果，才能在保护团队的同时支持业务发展。所以在最开始的三个月，团队非常集中做了直播，并且对内做了很多的宣传和沟通，厘清线索转化的每一个步骤，最终得到了市场和领导的认可，也为后期争取更多的预算和支持打下了基础。这个过程让我认识到两件很重要的事情：一是平时就要打好基本功，2019 年我们投资了 SCRM（社会化客户关系管理）平台，2020 年就可以立刻用上，争取了宝贵的时间；二是要多沟通，通力合作，单打独斗不能取得好的效果。

案例点评

点评专家：傅悦　亿滋国际大中华区公司和政府事务副总裁

疫情重压情况下，企业在应对困难积极复工复产的同时设定了更清晰的目标：如何在危机中找到机会，提升自己的竞争优势，为同样面临困难的上下游企业提供优质的服务，从而占据更高的市场份额。这种积极进取的心态和坚定的目标使得企业上下一心，打破市场营销、品牌宣传、销售、供应链、技术支持等多个部门的壁垒，协同一致高效利用有限的沟通渠道和资源，快速推进，从小规模开始，快速总结经验，快速迭代，快速扩大影响。从项目组织和实施中，能看到企业的公司事务和公关部门身份的转变，它们从日常的后台支持岗位走到了战场前线，并取得了醒目的成就。从后台的数据整理分析，从文字、海报、视频等多渠道多维度的呈现，能够看出企业公关部门在工作中高效利用数字化为企业核心业务赋能的核心竞争力。更可喜的是，该部门利用公司全球布局的特色将中国经验分享给其他国家和地区成为最佳实践案例，展现出了中国经济奉献者贡献者们的风采。

2020 最具公众影响力娱乐营销大奖

腾讯视频校园《我们是真正的朋友》传播项目

执行时间：2020 年 5 月 20 日—7 月 12 日

企业名称：深圳市腾讯计算机系统有限公司

品牌名称：腾讯视频

代理公司：北京沃姆互动行销策划有限公司

获奖类别：金旗奖——2020 最具公众影响力娱乐营销大奖

项目概述

《我们是真正的朋友》是国内首档聚焦友情的真人秀，此次活动贯穿 5 月到 7 月毕业季期间，共分为三部分。第一部分——“我和我的沙雕朋友”，第二部分——“毕业未完成清单”，第三部分——“真朋友旅行摄影大赛”。真人秀在校园环境下进行场景打造，给学生用户沉浸式体验。

项目调研

校园的纯粹友情，可以唤醒各圈层的回忆与向往。在校生越发珍惜与好友在一起的时光，即将毕业的学生则开启对校园友情岁月的追忆。《我们是真正的朋友》是国内首档聚焦友情的真人秀，旨在探讨朋友真正的定义。相识 20 年却首次共同旅行的四姐妹重回青春，一起实现彼此曾经的心愿。节目回归友情本真，在旅程中展现互相了解、互相支撑的纯粹友情。

通过纯粹的友谊为校园群体带来治愈、感动和回忆。节目中四位嘉宾 20 年的真实的友情会使得观众有强烈的代入感，以友谊为话题切入并在校园群体进行发散，可调动校园用户对相关话题展开热烈讨论。

项目策划

1. 看片会：我和我的沙雕朋友

（1）阶段主题“我和我的沙雕朋友”：紧扣节目核心“友情”，在社交端架构主话题 # 我和我的沙雕朋友 #。话题词成为关联热搜联想，热度在 5 月 9 日排在前列，搜索“我和我的”关键词可自动联想话题。

（2）微博阵地“破圈”讨论，六名微博 KOL 多角度报道，进行专业话题延展，带动大批媒体自发跟进。

（3）学生发布超 50 条看片会相关内容，分享自己与好友的趣事，街访受学生好评，声量发酵。

2. 热播期：毕业未完成清单

（1）微博主话题登热门话题榜，热度排名居前列，多位博主内容成为热门微博内容；话题词 # 毕业未完成清单 #，成为关联热搜联想。

（2）微博阵地“破圈”讨论，多维度内容引热议；带动学生群体分享自己的毕业未完成清单以及宿舍夜聊趣事，丰富话题内容。

（3）豆瓣站内话题上线后吸引用户投稿，平台联动。

（4）联动抖音人气 KOL 围绕“毕业未完成清单”进行内容共创，在节目话题 # 我们是真正的朋友 # 下发酵。

3. 收官期：阶段主题“真朋友旅行摄影大赛”

（1）以微博为传播主阵地，六名微博 KOL 围绕核心话题 # 真朋友旅行摄影大赛 # 话题，分批次发布学生优质素材及欢乐谷线下打卡照等创意物料进行发酵。

（2）微博官微互动，线上线下联动。

项目执行

经历三个阶段的传播，腾讯视频校园《我们是真正的朋友》营销活动收官，此次活动贯穿 5 月至 7 月毕业季期间。

看片会：首期校园看片会落地中国传媒大学，现场看片会环节产出了众多创意物料，活动从吐槽自己的好友、与好友共同记录精彩瞬间等不同角度调动用户参与话题讨论的积极性，对主话题内容进行填充。

热播期：结合节目热播期和特殊时间节点——毕业季，打造《我们是真正的朋友》闺蜜夜谈会，在社交端架构主话题 # 毕业未完成清单 #，同时配合 # 女生熄灯后聊什么 # 配合发酵；核心物料联动抖音校园类、旅行类人气 KOL 及嗨剧社围绕主题共创 VLOG，带动高校学生群体。

收官期：围绕节目尾期内容，针对好朋友一起旅行、暑期和毕业旅行的场景，在校园侧打造 # 真朋友旅行摄影大赛 #，通过马蜂窝线上站内多资源位曝光及北京欢乐谷打卡点线下落地，吸引用户参与活动，产出亮点内容，反哺线上，进一步辐射更多校园群体和年轻人。

项目评估

腾讯视频《我们是真正的朋友》传播贯穿 5 月至 7 月毕业季，紧扣节目核心传播点“友情”，从“吐槽”自己的“沙雕”好友、与“沙雕”好友共同记录“沙雕”瞬间等不同角度调动用户参与话题讨论的积极性，针对好朋友一起旅行、暑期和毕业旅行的场景，通过线下多种资源位曝光，吸引用户参与活动，产出亮点内容反哺线上，进一步辐射更多校园人群和年轻人。整轮事件通过洞察节目内容，并结合场景实现创意，再从创意回归到节目本身，完成了一次完整的“内容 + 品牌 + 用户”的传播，打通了腾讯视频校园品牌价值观和《我们是真正的朋友》节目内容与以高校人群为核心的年轻群体的联系，为后期节目传播提供了新的模式，同时为品牌提供了扩散影响力的新途径，再一次证明了校园人群的精准传播可以对社会大众产生更广泛的影响。

项目亮点

（1）与头部旅行类 App 马蜂窝合作：在大学生毕业季期间进行深度合作，在年轻人群中积攒良好口碑。

（2）精准人群为点，情绪扩散为面：精准洞察目标人群情绪，传播效力强。

（3）创意转入社会议题：从创意上升至社会议题，内容具有社会议题性质，引发微博端多个“大 V”自发转载。

（4）多创意合围一个概念，多素材包裹大众情绪：一个核心创意，多种配合素材，多维度包裹大众情绪。

（5）即刻 App 站内：联动抖音人气 KOL 联合年轻人聚集地即刻 App，围绕节目《我们是真正的朋友》梦想主题上线 # 毕业未完成清单 # 话题活动。

（6）北京欢乐谷：线下联合现代化主题公园北京欢乐谷，打造“真朋友专场”。

亲历者说 李青 北京沃姆互动行销策划有限公司客户总监

整个事件从节目内容中找核心传播点，从洞察结合场景实现创意，从创意回归节目本身，完成了一次完整的内容 + 品牌 + 用户的传播路径，实现了腾讯视频校园品牌价值观和《我们是真正的朋友》节目内容与以高校人群为核心的年轻群体的联系，为后期节目传播提供了新的模式，同时为品牌提供了扩散影响力的新途径，再一次证明了校园人群的精准传播可以对社会大众产生更广泛的辐射影响。

案例点评

点评专家：李君 安利（中国）区域公共事务总监

项目执行中采用了大量的年轻人的语言和“梗”，包括反讽和自嘲，显然会受到目标对象的接受和喜爱。可以说，目标对象精准，传播效果良好。但在正规传播中，最好避免用“沙雕”这种隐形脏话。

活动贯穿毕业季，并经历三波热潮，显示出项目设计时所选择的时间段是精准的。大学时代是人生最好的阶段，每一名毕业生都会无比留恋大学校园生活。而毕业旅行也是大学生普遍认同和喜爱的项目，是学生时代和职场生涯当中的“休止符”。所以，在这个时点，将马蜂窝“植入”大学生的印象中，会让他们终生难忘。

网络媒体和社交媒体的报道和传播比较热闹，相信很多年轻人，尤其是大学生已经了解这一项目。但缺少权威媒体的报道和背书，显得活动的分量不足。此外，如果该项目能够在吸引年轻人关注的同时，也能吸引每一届大学生收看，令他们回忆和怀旧，并共同关注马蜂窝，让该项目的传播“出圈”，项目则更为成功。

英特尔移动超能版为梦想加速挑战赛①

执行时间： 2019 年 11 月 4 日

企业名称： 英特尔（中国）有限公司

品牌名称： 英特尔移动超能版

代理公司： 北京迈动体育文化传播有限公司

获奖类别： 金旗奖——2020 最具公众影响力娱乐营销大奖

项目概述

英特尔移动超能版作为新兴的产品线，在未有广泛知名度的情况下，产品先行，单一的针对品牌或产品线理念的传播已经不足以引起市场的波澜，在这种情况下，英特尔移动超能版巧妙借助了明星的影响力，通过明星完成挑战任务达成梦想，将产品贯彻的“为梦想加速”这一理念简单高效地印入粉丝的脑海中，同时在微博发起 # 话题为梦想加速挑战赛 # 话题，用户通过参与比赛，迅速了解产品卖点，并以 UGC 形式向用户周围人进行传播，达成产品卖点传播目的。

项目调研

在小成本的投入下，借助了罗云熙、李雪琴的明星影响力，让明星在节目

① 本文中所涉及的照片，英特尔（中国）有限公司均已得到被拍摄者的使用许可。

的定制化挑战中，充分体现产品的相关卖点信息，对产品做到充分露出。同时也将产品理念“为梦想加速”在节目中充分体现。借由节目影响力，进一步在社交渠道进行发酵，在微博同时发起 # 为梦想加速挑战赛 # 话题，让更多的用户参与进来，主动了解产品卖点，说出自己的梦想，一步步将产品理念与卖点通过 UGC 形成自传播，吸引大量用户参与挑战并进行讨论。

项目策划

通过对在校大学生及职场人群调研，英特尔发现现代人已经无法彻底分离办公与生活，对电脑的要求越来越高。英特尔希望打造一款“随时随地”办公的笔记本电脑，解决用户的痛点。在校大学生及职场人群都憧憬着能够实现梦想，英特尔移动超能版通过帮助完成明星的梦想，让用户主动了解产品的理念，并通过明星自带的影响力，与粉丝互动，让粉丝主动了解产品卖点，参与到与明星同样的挑战中来，形成 UGC，进一步向周边人群传播。

英特尔超能版为梦想加速挑战赛宣传海报

项目执行

与微博渠道建立沟通，建立话题专区，设置榜单功能。

通过节目微博与英特尔中国微博，发布罗云熙挑战视频，让用户了解产品卖点，参与挑战。

在活动期间，邀请各行业知名 KOL 参与话题，发布视频，吸引外围粉丝参与活动挑战。

积极维护话题、推荐优质作品，调动粉丝积极性，产出更好的作品。

鼓励用户积极转发扩散自己内容，为自己的作品助力，形成完美的 UGC 传播效应。

项目评估

第三方调研机构效果数据：广告覆盖率、媒体转发、评论、点赞量、浏览量等截图传播数据：微博话题 # 为梦想加速挑战赛 # 话题互动总量（“转评赞”+助力 H5）数量达 1080 万次，话题阅读量为 4.1 亿次；英特尔中国相关微博成为英特尔官微最高互动量微博，转发总量达 21898 次，评论总量达 5748 次，点赞总量达 34616 个。

项目亮点

在微博发起 # 为梦想加速挑战赛 # 话题活动。借助罗云熙的影响力，吸引粉丝直接参与挑战活动。活动要求用户了解英特尔移动超能版的产品卖点，与自己的梦想进行关联。用户在参加挑战赛时就能了解到英特尔移动超能版的产品理念“为梦想加速”，同时在视频、文案中，将产品逐一与梦想的实现挂钩，形成 UGC 传播。活动以热度值作为获奖标准，让参赛用户主动向身边的人扩散参赛信息，主动为英特尔移动超能版做广告。

亲历者说 孙宇 北京迈动体育文化传播有限公司客户副总监

我们为英特尔移动超能版巧妙地找到了西瓜视频栏目的资源，在了解罗云熙的时尚梦想之旅之后，我们一致认为这是适合产品理念及目标用户的，于是，我们共同携手，邀请罗云熙前往欧洲进行时装秀。

在这场“偶像+梦想”的旅途中，我们让罗云熙亲手实践了他的时尚理念，设计了以他名字为来源的云朵图案，并为他邀请了欧洲知名的手工艺大师一起将设计变为实物，成为英特尔移动超能版的专属电脑包。

我们借助罗云熙、李雪琴的粉丝号召力，在微博发起了#为梦想加速挑战赛#话题，将移动超能版的理念及产品卖点，充分地被用户了解，并以偶像定制产品作为礼品，吸引了更多的粉丝参与。

案例点评

点评专家：商容 微软亚太研发集团传播及公共事务副总裁

英特尔移动超能版笔记本系列新品，具有超强移动性的特征，为数字时代无法分离的工作生活赋能。“英特尔移动超能版为梦想加速挑战赛”娱乐营销类获奖案例，以梦想挑战为题，巧用明星影响力连接粉丝，运用社交媒体平台的辐射放大效应，激发更广泛目标受众的参与热情，以丰富的UGC，实现传播的增强效果，进而在目标用户群体中建立对新产品的关注和认知，提高产品辨识度和美誉度。

在整体传播信息中，无论是明星还是大众参与，如果能紧扣工作生活日益融合以及移动性需求，或更有助于深化人们对于新产品的认知、期待与共情。

2020 最具公众影响力

数字营销大奖

国货之光——“国潮圣殿御享好物”京东春龙节

执行时间：2020 年 2 月 24 日—3 月 3 日

企业名称：北京京东世纪贸易有限公司

品牌名称：京东商城

代理公司：青岛胖刺猬传媒有限公司

获奖类别：金旗奖——2020 最具公众影响力数字营销大奖

项目概述

国潮风盛行的大环境下，“二月二”春龙节来临之际，京东商城联合永乐宫文化 IP，通过大牌定制国潮主题款产品、国货创意视频、互动创意游戏等，打造新国潮线上营销活动氛围，实现联合营销与商业融合营销。

项目调研

经济的兴盛自然会带来文化的强势崛起，当代消费者不再仅仅满足于标准化、格式化的大制造，也不再唯国外品牌是从。“国潮青年”“国货控”开始崛起，他们开始寻找“国潮品牌”所推出的彰显年轻态的新产品，用个性化的消费行为为“国潮品牌”的创新埋单。这让传统文化有了未来，有了潜在市场。

当一件件制作精美的文创产品频频被下单，当“文化端”和“消费端”成功牵手，那就意味着像永乐宫文化这样被深埋的文化意象，会成为人人可以消

费、可以读懂、可以审美、可以被挖掘的超级 IP。这样一来，人们心心念念的文化传承、文化传播也就会在平台的助推下水到渠成。

项目策划

1. 目标

将传统节日结合传统文化，运用丰富的线上展示渠道实现文创 IP 赋能，从而打造新国货风尚标。

2. 传播策略

以“点击唤醒，天降优惠”作为活动噱头，京东商城站内通过春龙节线上主题会场、专场直播的展现形式，将各个品牌结合永乐宫 IP 进行创意包装，站外通过微博 KOL、今日头条等多个渠道进行宣发引流，从而实现站内外联动造势的效果，促成活动目标。

3. 受众

25~35 岁的中高端白领阶层，对传统文化、文创产品有较大兴趣的人群。

4. 内容创意

将永乐宫文创 IP 与参与的品牌产品特性深度融合，整体活动以国潮圣殿、皇家御享风格包装，在活动主会场、H5 互动游戏、站外宣发内容中，均融合运用永乐宫文创 IP 中的春龙、祥云、人物等素材，实现文创 IP 赋能。

5. 媒介策略

活动主要通过春龙节永乐主会场与“春龙觉醒”互动游戏直接、精准触达消费者，通过深度互动影响其购买决策；通过京东 App 首焦、分类通栏、购物触点、搜索直达、活动日历等 S^+ 资源位置强势曝光引流；通过站外抖音、快手、今日头条、朋友圈、QQ 购物、新浪微博、百度等平台同步开展进行资源位和软文稿件的推广宣发，全网为主题活动造势。

项目执行

本项目从开始至结束，上线时间持续 9 天，其中 24 日、25 日为全面爆发阶段，所有内容上线投放，两场京东直播活动拉开序幕；2 月 26 日—3 月 1 日为持续投放阶段，逐步在各个渠道铺开信息内容，3 月 2 日—3 日为二次爆发阶段，借助品牌联动海报，在微博进行二次宣发，将活动推向最后的高潮。

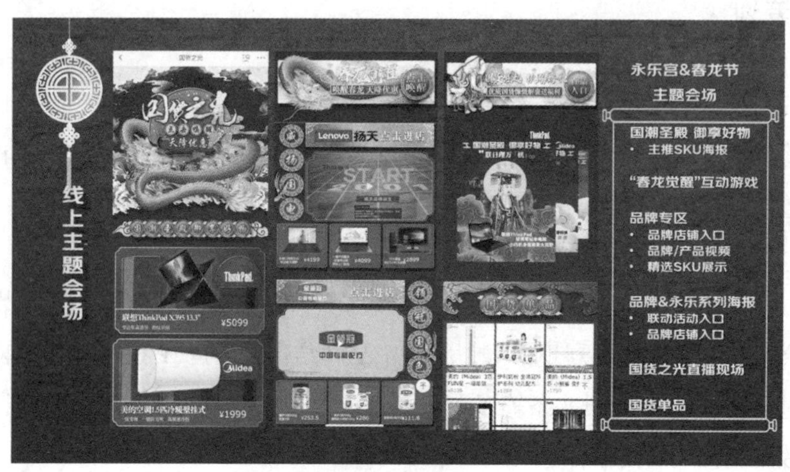

线上主题会场

开屏界面

项目评估

本次活动共带来了超过 5000 万次曝光，吸引了大量潜在客户和老客户的点击；通过对主投品牌核心消费人群进行多维度挖掘定向等定制化、精细化的投放策略，精准触达优质点位人群，活动 ROI 超过 90%，带来订单金额超过 9000 万元，整体转化表现优异。

项目亮点

（1）永乐宫 IP 为春龙节主场氛围和品牌氛围赋能。

（2）“春龙觉醒”互动游戏营销。

（3）跨品类、跨品牌联合直播专场。

（4）创意内容营销，微博 KOL 传播。

（5）《脑洞实验室》创意视频串联。

（6）整体转化表现优异，站内外多渠道投放广告。

亲历者说 金霄　青岛胖刺猬传媒有限公司项目经理

大多数人熟知北京的故宫、敦煌的壁画，而永乐宫壁画对于许多年轻人来说是“眼熟”但是并不熟知的。执行团队第一次接触到永乐宫的文创素材时，满眼都是惊艳，本次活动的所有素材设计，均取材于永乐宫 IP，其蕴含的神话世界和东方美学，搭配当今炙手可热的国货大牌，更显中华文化古今结合的魅力。

总而言之，团队认为本次的活动是中华传统文化与现代国货精神的融合，是一场充满文化自豪感的视觉盛宴！

案例点评

点评专家：陈永东　上海戏剧学院创意学院教授，硕士生导师

该项目案例能够将永乐宫文创IP与参与品牌产品特性进行深度融合，迎合了“国潮青年”“国货控”兴起的潮流，将文化传承、文化传播及文化消费进行了有机衔接。整体活动设计彰显了独特的中国古风，并在活动主会场、H5互动游戏及站外宣发内容中充分融合了永乐宫文创IP中的相关特色素材，巧妙地实现了文创IP赋能。活动通过主会场与互动游戏的创意设计，通过定制化、精细化投放策略较直观地精准触达消费者，并通过多渠道及资源进行曝光引流，同时站外、抖音、快手、今日头条、朋友圈、QQ购物、新浪微博及百度等平台，通过资源位和软文稿件进行推广宣发，并配合网络直播、微博等平台上KOL的传播及创意视频的串联，且后期借助于品牌联动海报在微博等平台进行二次宣发，达到了不错的传播与造势效果。

“原生有机　百年坚守” 金领冠塞纳牧上市一周年

执行时间：2020 年 7 月 1 日—8 月 1 日

企业名称：内蒙古伊利实业集团有限公司

品牌名称：伊利金领冠

代理公司：重庆灵狐科技股份有限公司

获奖类别：金旗奖—— 2020 最具公众影响力数字营销大奖

项目概述

7 月 24 日，借助伊利金领冠上市一周年之际，项目组围绕“133 年坚守的原生有机牧场”“专利配方的原生营养”“中欧双重有机认证的原生品质”三大原生核心卖点，打造了“原生有机守护日”。

产品图

项目调研

作为金领冠塞纳牧上市一周年最重要的市场传播活动，项目打造“原生有机牧场”“原生营养”“原生品质”三大原生有机记忆点。突出产品高端品质，以原生有机的育儿观念，在有机奶粉中树立榜样地位。

团队调研发现，在奶粉中高端市场中，妈妈总是希望给孩子最好的、天然的、有机的。妈妈们已经开始接受并且购买有机产品，例如有机蔬菜、有机全棉麻的衣物。包括一部分高端用户已经开始尝试学习并接受欧洲传统的原生有机育儿方式，让孩子更多地接触自然，在自然的环境中成长，不进行过分的约束干预。

项目策划

1. 为什么我们要守护

天空出现雾霾、海洋出现垃圾、森林被过度砍伐、山火等导致土地流失，温室气体排放导致全球海平面上升，多样化的生态环境受到破坏，动物们流离失所，水土流失导致草原环境恶化……

那些美好正在一步步离我们远去，从生态的守护，到生命的守护，人们在行动与坚守，迈步前行。

金领冠塞纳牧，源于有着 133 年历史的丹麦原生有机牧场，遵循自然规律，从源头保障原生有机。团队也希望像金领冠塞纳牧守护原生牧场一般，去守护这个世界。

2. 核心主题：“原生有机 百年坚守”

金领冠塞纳牧用“原生有机 百年坚守”同目标人群对话，倡导消费者像金领冠塞纳牧守护原生有机牧场一样守护地球，给宝宝更纯净的营养和未来。

3. 传播策略

一个“原生有机守护日”三大原生口碑行动。

利用金领冠塞纳牧上市一周年，从分享、探秘、记录、再现四个用户产品体验维度输出 UGC，引导用户一起参与金领冠塞纳牧一周年“买家秀”，形成口碑矩阵。

通过多方联动，全渠道渗透，精准辐射目标人群，实现全面开花的传播效应。并围绕话题“原生有机守护日”通过不同的切入点，完善口碑矩阵。

项目执行

生日亦是节日，玩转造节营销，将“724 塞纳牧周年生日”，打造为“原生有机守护日”，以“造节”“破圈”，通过不同维度的手段实现事件营销，提升品牌曝光度。利用全平台媒体矩阵，全面提升口碑，通过顶级明星流量助阵，不同领域 KOL 集中发声，在社会化平台上获得更多的关注。

通过营销三部曲，逐步实现品牌曝光和口碑的双重提升。

预热期（7 月 17 日—23 日）：“创意动画 + 联名礼盒”，预热造势引关注。

爆发期（7 月 24 日）：不同维度“品牌 +KOL”共同发声，打造“原生有机守护日”。

长尾期（7 月 25 日—31 日）：有机云集市直播新体验，“周年喂养日记”展现真实口碑。

项目评估

项目执行期间三大指数显著提升。

百度指数：7 月 24 日月峰值达 15257，高于月均值（6239），效果提升 145%。

微指数：7 月 24 日达 148266，环比增长 9012.85%，高于月均值（19198），效果提升 672%。

清博指数：7 月 24 日微信传播指数 WCI 峰值（7 天）达 924.2，新榜指数峰值（30 天）达 718.8。

金领冠塞纳牧上市一年来，消费者口碑反馈良好，产品屡获国内外多项大奖，为此次公关活动及口碑激发积蓄了能量。

在“生日”爆发点打破常规，变生日为节日，打造“原生有机守护日”赢得更多曝光，并以矩阵形式集中释放口碑，强化了“原生有机”的品牌独有优势，传播期间以高声量、好口碑在奶粉竞争中脱颖而出，成为“有机奶粉”行业标杆。

双话题阅读量超 2.8 亿次，互动量超 30.4 万次。

视频播放量超 774 万次。

直播观看量超 5214 次。

项目亮点

金领冠塞纳牧上市一周年市场传播活动，不仅是一次品牌营销活动，更是一次对原生有机的探讨和展示。

（1）趣味视频解读原生有机世界。《133Club 的有机世界》动画视频，通过 3 个独立故事，充分展现了金领冠塞纳牧的有机世界。“穿越篇”展现了原生有机牧场的高生产标准以及经历百变一直坚守不变的理念；“有证篇”展现了中欧双重有机认证以及双重有机认证带来的更高的有机标准和制作工艺；“调高篇”展现了有机的标准，以及有机之上的更高标准，即“原生有机”。

（2）与知名设计师联名打造原生守护礼盒。联手奢侈品设计师徐磊，推出 X Pencil Bran 联名礼盒，唤醒更多人对自然、原生态的保护。

亲历者说 王楠　重庆灵狐科技股份有限公司高级客户总监

品牌的核心创意是“庆生”，但我们更希望把这场庆生活动成一场圈层更为广泛的节日，将 7 月 24 日打造为“原生有机守护日”，以“造节”“破圈”，通过不同维度的守护官实现事件营销，提升品牌曝光度。不仅有明星、冠军、专家、头部 KOL、宝妈，还有众多品牌参与其中，尽自己一份力量，共同守护“原生”。

此外，我们携手知名设计师徐磊，打造金领冠塞纳牧 X Pencil Bryan 联名礼盒，用缤纷的色彩、童趣的元素和流动型的线条，让冰川、海洋、雨林、熊猫栖息地以及牧场迸发勃勃生机，希望借此唤醒更多人对自然、原生态的守护。

案例点评

点评专家：魏家东　品牌营销专家、东狮品牌咨询 CEO、北京外国语大学硕士研究生授课导师

此案例将品牌的周年生日变成了营销节日及品牌与用户的互动日。越来越多品牌开始意识到用户运营的重要性，而将品牌事件变成与用户沟通的重要节点。用户参与其中的 UGC，不仅让参与的用户更好地体验了品牌、产品，同时形成了大量的口碑源。总体看案例有 3 大亮点。

第一，品牌化造节：品牌维度造节与营销维度促销节日有很大不同，品牌维度更多强调品牌的历史、理念、产品特点、用户参与、口碑放大等。

第二，故事化营销：金领冠塞纳牧将“133 年坚守的原生有机牧场”的信息通过“原生有机守护日”与用户参与不断渗透、传递，让更多人了解品牌内涵、产品优势，故事是极容易打动人的，也会令人念念不忘的。

第三，矩阵化传播：好的传播需要建立矩阵，从用户到产品，从 KOL 到全民参与，短视频、直播等组合应用，预热期、爆发期、长尾期节奏与传播矩阵组合把握得当，是创意落地的有力保障。

京东手机黑鲨3新品上市传播项目

执行时间： 2020年3月1日—30日

企业名称： 京东集团

品牌名称： 京东

代理公司： 北京信索咨询股份有限公司

获奖类别： 金旗奖——2020最具公众影响力数字营销大奖

项目概述

2020年3月，黑鲨3游戏手机上市，此时正值疫情期间，即使线上传播，线下素材采集也存在着严重的不可执行性。团队克服困难，最终成功达成上市传播目标。

项目调研

1. 行业环境

5G将成为各手机厂商卡位市场、占领用户心智的关键，如何巩固京东手机行业销售领导者的地位？

2. 手机品类

反向定制已逐渐成为主流，潜藏着超千亿级的市场规模，拥有巨大的潜力，京东如何凸显平台首发优势？

3. 传播环境

由于新冠疫情，手机销量惨不忍睹，平台该如何提升销量？

存量用户有限制，平台需要在针对游戏人群的同时，尽可能贴近大众需求。

项目策划

1. 创意驱使

日常使用时，它是一台优秀的、综合实力超强的、拥有顶级游戏配置的手机。

同时，作为旗舰机，它拥有升降肩键，颠覆人们对手机的传统认知。

2. 传播驱动

针对大众人群，采用“常规物料 + 促销抽奖”方式传播覆盖泛众用户，触达游戏圈层。

针对游戏垂直用户，采用“腾讯游戏加持 + 定制化渠道”方式传播，直击游戏圈层痛点，兼顾泛众需求。

3. 维度矩阵

以“话题 + 促销抽奖”吸引用户对 # 平时优秀　升时猛兽 # 话题的关注，通过 KOL 多渠道传播，增加曝光量，“种草类 KOL+ 开箱视频”引导用户形成转化。

（1）“话题 + 促销”，引发关注与互动。选择微博渠道，利用官方微博互动性强、辐射面广的特点，实现泛众用户吸引。

（2）多维度话题，实现传播引导。以娱乐、搞笑、段子手类微博 KOL 为主对事件素材进行二次创作，从垂直领域向圈外人群扩展，实现多维度话题传播。

（3）向用户“种草”“安利”，促进转化。选择垂直类 KOL 进行内容“种草”，精准辐射垂直用户，实现“脑洞创意”，进行场景沟通，娱乐化传播。

（4）# 平时优秀　升时猛兽 # 话题。利用“平时”“升时”两种状态与用户进行场景化的沟通，宣传视频抓住“升”的点展开，反复强调，加深印象。

（5）腾讯游戏合作加大曝光。借腾讯多款经典热门 IP 进行精准营销，根据不同垂直人群展示不同游戏侧面，总曝光量达 3 亿次。

（6）全方位定制化提升平台认知。覆盖泛众用户的同时，精准触达垂直用户，强化“买腾讯黑鲨游戏手机 3 逛京东”的概念。

项目执行

借助场景化的脑洞创意，聚焦微博、微信、B 站等平台，通过科技类、段子手类、“种草”类 KOL 打动泛手机用户，触达游戏手机用户，实现创意“破圈”传播。

创意阐述：聚焦生活场景，与腾讯游戏进行结合，通过左右两边“平时”“升时”的不同状态击中泛手机用户和游戏手机用户的同时，展现主题与产品卖点。

核心词“升而不同”：科技类、段子手类账号根据“海报内容 + 促销利益点”发布相关宣传内容。

创意阐述：将“升降肩键”作为主卖点，用简短“洗脑”的视频传达。简单直接地向消费者输出黑鲨 3 的强大功能点。

宣传视频《平时优秀　升时猛兽》：通过科技类、段子手类、“种草”类 KOL 以 # 平时优秀升时猛兽 # 话题发布，用趣味的内容和强势的产品卖点打动用户。

促销趣味“小爽文”：为打破日常形象，实现游戏手机“破圈”传播，京东手机通信官方账号和黑鲨游戏手机官方账号互动，以当下火热的土味情话、神反转等形式的“小爽文”将活动软植入。

项目评估

数据：场景化的创意手法，娱乐化的表现方式使 # 平时优秀　升时猛兽 # 话题总阅读量达 5078.2 万次，讨论 4 万次。

服务：定制化产品、定制化服务充分满足用户的需求，既覆盖泛众用户实现引流，又精准满足核心目标人群需求，完成转化。

口碑：“契合用户的服务 + 全方位的传播覆盖场景”使用户对于产品、京东手机平台好评如潮。

销量：京东超级品牌日当日，产品销售额为近 30 天日均的 36 倍，当日品牌 PV 和 UV 创历史新高。

以往京东手机战单的玩法多为“产品 + 平台”，京东平台有服务优势，但在垂直品类需找新的突破点。

游戏手机作为垂直品类产品，厂商更注重垂直人群，但京东手机可以利用平台优势，更深层次地挖掘用户的需求，在营销层面，可以两者兼顾，同时更符合京东手机的利益。

京东手机平台的竞争优势不仅限于服务，对于用户需求的理解和场景扩展更是其区别于竞品的优势。

项目亮点

（1）主视觉与腾讯游戏《王牌战士》《穿越火线》《天龙八部》结合，宣传图右侧使用游戏原场景，这对左侧画面提出了极高要求，为保持画面统一度，项目组在有限时间内增加设计师进行绘制，尽可能地提升画面精致度。

（2）由于疫情原因，视频拍摄十分困难，提前上线对视频后期制作也提出了很大的挑战，所幸最终保证了审核上线的时间，同时特效也尽可能贴合了真实。

（3）促销“小爽文破圈吸粉”成功，网友纷纷给出好评。

（4）# 平时优秀　升时猛兽 # 话题泛众讨论参与度高，除购买的 KOL 及抽奖转发用户外，不同行业角度的“自来水”助力数量较多。

（5）为保证最大化的传播，每一篇 KOL 传播文案都贴合了博主本身调性，结合当下热词撰写。

亲历者说　马茜茹　北京信索咨询股份有限公司高级副总裁

由于新冠疫情等外在因素影响，经历了一个超长春节假期后，游戏等娱乐项目的用户需求得到了进一步扩大。

我们基于产品核心利益点，制定了由游戏人群影响辐射泛大众人群的策略，配合站内活动及游戏 IP 联合，进行精准人群落地传播。通过内容及媒介渠道配合，快速落地创意，进行传播。结合当下网络娱乐内容环境，焕新官方账号形象，制定“小爽文”等传播内容，以此拉近品牌与用户之间的距离，传递项目核心内容。

案例点评

点评专家：张雷　浙江工业大学人文学院教授，浙江省公共关系协会名誉副会长、高级顾问

项目文案及语言特色契合目标受众的风格，可见策划团队与传播对象具有亚文化意义上的共性基础，这为本案的成功提供了先决条件。

将主题创意同时作为传播策略来考量，是一种非常有价值的思维方式。新品上市需要新鲜的主题，尤其是面对年轻人的市场更是如此。“平时优秀　升时猛兽”的传播诉求点，不仅充满朝气，积极进取，而且很好地提炼出了新品的特点，个性鲜明，可传达性强，容易形成清晰的记忆。活动聚焦生活场景，通过合适平台同时呈现“平时”和“升时”的不同状态，形成对比，有利于传播目标和销售目标的同时实现。项目实施的诸多环节，可以说创意无处不在，在传播过程中，始终注重圈内和圈外并举，主线不偏离主题，这种积累作用促进了服务提升、口碑提升和销量提升。

手机上市正处疫情严峻时期，给项目的实施平添了许多困难，在严酷的条件下实现传播和销售目标需要智慧。可喜的是我在这里看到了策略传播的价值。不过，我也期待项目的策划和实施能够根据抗疫形势的变化，及时进行适度的调整，化消极因素为积极因素，更好地融入抗疫的社会主题，改变人们对游戏手机的偏见，以体现企业的社会责任，提升产品品牌的形象。

纳斯达克借助微信平台推广投资者教育

执行时间： 2019 年 11 月至今

企业名称： 纳斯达克公司

品牌名称： 纳斯达克

代理公司： FTI Consulting

获奖类别： 金旗奖—— 2020 最具公众影响力数字营销大奖

项目概述

纳斯达克希望在微信平台进行一系列的投资者教育推广，凭借其国际领导地位，分享全球最新的金融市场信息、研究成果及优秀案例给对投资或金融市场有兴趣的受众，提升大家对市场的认知，同时推广纳斯达克的服务和产品。

项目调研

纳斯达克是全球市值第二大的证券交易所。同时，它也是一家金融科技公司，但该服务并不广为人知。纳斯达克提供多样化的数据、资源、分析、软件和服务，使企业和投资者能够更高效地优化和执行其投资战略。

纳斯达克在向潜在的中国客户推广其数据产品及解决方案时，了解到客户及投资者对现今市场未必有深入的认识，从而意识到投资者教育的迫切性，以及向客户介绍市场操作、企业管治、风险管理、金融科技价值、交易型开放式指数基金和指数特性及数据的重要性。

因此，纳斯达克希望在微信平台进行一系列的投资者教育。然而，这面临着重重挑战，因为相关领域已经挤满了其他提供类似解决方案的国际和本地供应商。

项目策划

纳斯达克需要平台与中国的目标群接触沟通，建立公司的声誉和认知度。微信无疑是其向中国目标人群传达主张的极有效渠道。许多纳斯达克的同行几年前就建立了官方微信公众号，但微信公众号的整体打开率和浏览者的回复表现并不优秀。

纳斯达克面临的挑战是如何在充满竞争的环境下有效地建立自己的官方微信平台，接触并吸引目标群体。

承担投资者教育者的角色。曾有平台表示，我国投资者只是目睹了“国内股市的迅速繁荣，却没有接受过风险管理和负责任投资方面的教育”。凭借几十年的全球资本市场经验，纳斯达克具备优势，能在中国资本市场发展并与世界其他地区日益紧密相连的时期，帮助中国投资者走向成熟。

内容为王。根据全面的研究和分析，微信文章要想拥有高于平均水平的打开率和回复率，需要一个强大且令人信服的内容策略。纳斯达克微信平台设计的总体思路是专注于提供独特、即时、相关和增值的内容。

执行多渠道参与策略。纳斯达克坚信内容的力量，但只创造内容是不够的，还需要阅读量。纳斯达克采取了扩散策略，与拥有大量用户基础的本地知名金融媒体和证券公司合作，利用它们的平台和 App，建立起交互、双向的合作关系。

项目执行

基础设施建设——标签清晰分类，用于高效浏览和信息查找。标签包括关于纳斯达克新闻、纳斯达克专家或其客户的思维领导内容、解决方案和相关案例研究。

战略性即时内容推送——为帮助中国投资者更好应对瞬息万变的市场动态，纳斯达克微信平台推送的内容并不是对美国内容的简单复制粘贴，而是考虑本地视角和兴趣，洞察对中国投资者和企业而言最有价值且相关的市场资讯。

战略伙伴关系——纳斯达克与中国几大金融新闻及资讯提供商和本地证券交易平台（包括新浪财经、雪球、富途牛牛和同花顺）合作，并利用它们的应用软件分享内容及吸引关注者。

即时、独到的全球市场资讯和洞察——纳斯达克的微信账号能够通过其广泛的全球市场数据和分析网络提供新资讯，包括由纳斯达克的内部和外部市场专家对美国股市表现的翔实分析。

有吸引力的活动——包括预启动宣传、围绕 2020 中国新年的启动活动、关注者推荐及募集活动等一系列“特殊时刻”活动，旨在创造机会扩大关注者基础，并进一步加强现有及潜在关注者的信任度。

投资者教育计划——纳斯达克还推出了一系列教育视频，为纳斯达克微信目标群提供投资策略和个性化交易技巧。

项目评估

自 2019 年 11 月 30 日纳斯达克微信账号正式启动以来，其平均每周发布 4 条消息。2020 年美国股市在 3 月 9 日首次实施交易限制，纳斯达克在美国交易时段结束后不久就发表了 8 篇美国市场评论文章，以便向中国目标人群提供即时信息。

纳斯达克微信账号自启动以来，关注者数量持续稳步增长，在前 4 个月就收获 4000 余名优质（即 ID 认证和相关）关注者。

2020 年 1 月关注者已超过 2000 人，3 月底达到 4000 人，持续增长水平超过了最初设定的 KPI（1 月达到 1200 人，3 月 2200 人）。

纳斯达克微信账号的平均打开率为 5.65%，是行业平均打开率 1.78% 的 3 倍多。

从微信账号表现的一个关键指标——分享率来看，纳斯达克账号已经达到令人称赞的水平，达 6.34%，远高于行业的平均水平（2.37%）。

项目亮点

作为一个专业性较高的平台，纳斯达克微信的推广有一定的局限性。通过与中国领先金融新闻提供商和证券交易平台合作，纳斯达克能够接触到更多对金融有浓厚兴趣和知识储备的目标群。微信内容向更广泛、更有针对性的投资社区扩散，使其能够吸引更多优质关注者，并为关注者提供即时、有远见的内容。例如，一些纳斯达克微信排名前几位的文章（比如首席执行官在 2020 年 3 月 25 日解释强制熔断机制的严重后果）通过转发在富途牛牛应用上的浏览量超过 12 万次，在雪球应用上的浏览量也超过 1 万次。截至 2020 年 3 月，纳斯达克在富途牛牛上吸引了超过 1.5 万名关注者，在雪球上吸引了 2100 名关注者。这些高数量和高质量的参与体现了纳斯达克微信官方账号内容扩散的有效性。

亲历者说 黄载欣　FTI Consulting 资深常务董事

FTI Consulting 非常荣幸能协助纳斯达克在微信平台进行一系列的推广。纳斯达克希望凭借在国际资本市场的领导地位，与中国的群众分享全球最新的金融市场信息和案例，面向国内对投资或金融市场有兴趣的受众，提升大家对市场的认知，同时推广纳斯达克的服务和产品。

纳斯达克微信账号自推出以来受到大家欢迎。关注者数量持续稳步增长，在前 4 个月就已收获约 4000 名优质（即 ID 认证和相关）的目标关注者，而到发稿前我们共有近 8000 名目标关注者。同时，纳斯达克微信账号的平均打开率为 5.65%，是行业平均打开率 1.78% 的 3 倍多。各种成绩证明我们的项目非常成功，我们会继续为大家分享全球最新的金融市场信息及案例。

案例点评

点评专家：闫浩　资深品牌营销专家

纳斯达克借助微信平台推广投资者教育是一个成功的海外公关策划案例，该案例值得称赞的是传播切入的角度，不是用说明的角度去做，而是从教育的角度出发，为微信平台制作了专门针对中国市场的数据教育视频。这个角度是去“功利”而向“公益”的，可以很好地贴近公众。并且在内容方面火力全开，纳斯达克微信平台设计的总体方法是专注于提供独特、即时、相关和增值的内容，采取专门的本地化策略，借此向中国投资者提供全球的即时资讯，并附上本地及亚洲数据，这些精致的内容很容易吸引目标客群的关注。可以说该案例无论是从公关策划的角度还是内容管理的精细度都堪称经典。

#硬核科技，中国荣耀#荣耀 V30 5G 见证新中国成立 70 周年阅兵式

执行时间：2019 年 9 月—10 月

企业名称：荣耀手机

品牌名称：荣耀 V30

代理公司：北京尚诚同力品牌管理股份有限公司

获奖类别：金旗奖——2020 最具公众影响力数字营销大奖

项目概述

在新中国成立 70 周年之际，荣耀首款 5G 手机 V30，实现了首次使用 5G 直播国庆盛况，以双模 5G 硬核科技见证历史时刻，联合头部媒体，用数十万元预算实现超 2000 万次曝光，在产品上市前，塑造荣耀 V30 双模 5G 的形象，迅速抢占市场。

荣耀 V30 1

项目调研

2019 年 6 月，工信部发放 5G 商用牌照，我国正式进入 5G 商用元年。自 5G 技术普及以来，消费者对 5G 手机的关注度日益提升。换购 5G 手机成为众多消费者的新需求，根据智研咨询发布的《2019—2025 年中国 5G 行业全景调研及投资战略研究报告》，2019 年全球 5G 智能手机出货量预计将达到 200 万部，2025 年将达到 15 亿部，年均增长率超过 250%，预计处于高概率换机窗口的群体约有千万人。

庞大的市场缺口，成为各大手机品牌争相抢夺的“战场”，众多手机品牌都将推出 5G 手机。在激烈的市场竞争中，团队借助“首次 5G 手机直播国庆”活动，直观形象地展示荣耀 V30 产品技术性能，占位双模 5G 领域的领先地位，提升产品认知度，在用户心中树立强有力认知。

项目策划

1. 目标

在产品正式发布前，为荣耀 V30 的领先双模 5G 提前预热、实力占位。

2. 传播策略

借新中国成立 70 周年时事热点，利用头部媒体的影响力，强势曝光荣耀 V30 系列产品。

3. 受众

对 5G 手机感兴趣，20~35 岁男性科技控；有购机或换机需求的普通用户。

4. 内容创意

（1）直播比拼，亮出 5G 速度。为了首次 5G 直播，中国移动在长安街首次部署 SA 组网①。在 2019 年 9 月 30 日前，借助梨视频进行多款手机（含 4G、5G 单模手机）直播测试，在同一地点分别测试下载和上传速度等，实证荣耀 V30 在双模 5G 方面的领先性，覆盖人群超百万人，亮出荣耀 V30 的 5G 速度。

（2）借时代热点，做 5G 实证。联合《中国日报》官方微博，在阅兵当天，

---

① SA 组网：独立组网，重建 5G 基站和后段 5G 网络，从而完全实现 5G 网络所有的特性和功能。

使用荣耀 V30 进行现场直播，以高速稳定的 5G 体验，见证历史时刻，其间视频观看量超过 100 万次，大众好感度持续上涨，持续收割话题热度。

以事实证结果，直击目标受众的关注点和痛点，向受众传递出“买 5G 手机首选双模 5G 荣耀 V30”的信息，展现硬核科技，见证中国荣耀。

5. 媒介策略

两场连续的活动事件均将头部媒体作为信息传递出口，通过其在各自领域的地位增加了信息的真实性，直接触达已有受众，同时以当下年轻人喜欢的短视频和直播的形式增加事件曝光直径，实现产品和品牌传播“扩圈”。

项目执行

此次项目主体活动包括两部分。

阶段一：2019 年 9 月 30 日，首次 SA 组网，亮出 5G 速度。

在阅兵前夕，借中国移动在长安街首次部署 SA 网络的大新闻，邀请梨视频在长安街实测 4G 手机、5G 单模手机、5G 双模手机的速度，并做对比视频，在长安街测试 SA 组网的 5G 网速。实测支持 SA 组网的荣耀 V30 在 5G 速度方面完全领先。

在正式比拼中，经实际测试，荣耀 V30 双模 5G 是全国通手机，更领先，而其他 5G 手机为局部通。

阶段二：2019 年 10 月 1 日，荣耀 V30 双模 5G 见证 70 周年阅兵。

10 月 1 日国庆当天，项目组联合《中国日报》官方微博首次使用 5G 手机直播，双模 5G 全国通手机 # 荣耀 V30# 现场见证历史时刻，荣耀 V30 拍照见证了阅兵准备盛况。项目组在微博上打造 # 硬核科技，中国荣耀 # 主话题发布，既体现了对国家领先科技的祝愿，也关联了荣耀科技的行业领先的定位。

项目评估

（1）5G 占位：实现荣耀 V30 领先双模 5G 的强势占位。梨视频 SA 组网下 5G 测速视频播放量超 700 万次。视频上线期间，# 首次 SA 组网下的 5G 测试 # 话题，阅读量近 400 万次，强势推广荣耀 V30 双模 5G 技术优势。

（2）产品“破圈”：荣耀 V30 破科技圈进行跨界传播与声量激活。《中国日报》官方微博阅兵当天使用荣耀 V30 现场直播盛况，阅兵盛况微博累计观看 1118 万次；腾讯新闻等新闻客户端，推特、微信等渠道分发相关内容累计曝光 2000 万次。

（3）品牌升华：# 硬核科技，中国荣耀 #，成为国家硬核科技创新代表。# 硬核科技，中国荣耀 # 话题，讨论量 1000 余次，阅读量高达 759.5 万次；荣耀手机官微产出 15 秒短视频，播放量超 500 万次；宣传物料在安卓中国、机锋网、快科技、电脑之家、中关村在线等多家垂直媒体报道扩散。

项目亮点

这是一次极佳的热点借势营销，项目团队联合头部媒体共同推动首场 5G 阅兵直播并顺利进行，实现了荣耀 V30 双模 5G 技术、产品声量、品牌影响的全面提升。

（1）5G 技术：结合长安街为迎接阅兵首次部署 SA 网络，顺势突显荣耀 V30 双模 5G 技术领先优势；利用梨视频和《中国日报》官方微博的巨大影响力，打造新品技术优势，强占位，彰显 5G 硬实力。

（2）产品声量：2000 万次以上的曝光带动产品声量提升。9 月 30 日和 10 月 1 日，产品热度均比之前呈现较大幅度增长，10 月 1 日当天百度指数达 5158，在国庆假期期间也较 9 月 28 日实现了 25% 增长。

（3）品牌影响：# 硬核科技，中国荣耀 # 一语双关，不仅体现了荣耀 V30 硬核科技带给荣耀品牌的影响，同时借新中国成立 70 周年，向世界各国展示不一样的中国创新科技品牌，展示“中国荣耀”。

荣耀 V30 2

亲历者说 徐加伟 北京尚诚同力品牌管理股份有限公司高级客户经理

用硬核科技去见证新中国成立70周年大阅兵，想想都是令人自豪的一件事，当初做此次营销活动的时候，我们着实付出了不少的精力。我们第一次用脚步好好丈量了天安门的土地，拿着荣耀V30手机，走走停停，一路测试荣耀V30在哪个方位展示的5G SA组网网络是稳定的。虽然累，但是我们想着这将会是在全国甚至全球亮相的机会，认真做好每一次前期的摸底也就很快乐。想想朋友看到这个报道，你可以自豪地说："这是哥们儿做的，牛！"记得在与梨视频合作测试SA组网网速时，我们被周围的群众围观，向周边群众介绍5G技术和荣耀V30手机。不知道当时说要买一部荣耀V30的群众有没有买。作为一个5G信息的"科普者"，我很满足。

案例点评

点评专家：常濯非 北京派合文化传播股份有限公司董事兼总裁

这个项目是非常典型的借势营销项目，同时是一次成功的事件营销。2019年中国最引人注目的社会事件就是新中国成立70周年，此时所有的公众焦点和媒体话题均聚焦于此。

作为中国自主的民族品牌，华为近几年在国内外最为显著的品牌标签便是5G技术，恰好旗下手机品牌荣耀也代表着中国骄傲，可以代表新中国成立70周年的伟大成就。将此品牌与国庆大事件结合既合情理也合时宜。

公关公司在此次项目中的任务便是将国庆70周年大事件与企业的品牌、产品和技术有机地联系在一起，在事件策划中既以国庆大事件为主体又可以巧妙地体现品牌优势和产品特性，在传播的策略上可以让祖国的强大和品牌的壮大、中国的骄傲与国人的荣耀相关联，真正傍住大事件这条"大腿"，使品牌和产品的传播效应达到最大化。团队在传播的过程中完成了品牌、产品和技术多个维度的信息送达。

vivo S6 代言人刘昊然激活营销

执行时间： 2020 年 3 月—4 月

企业名称： 维沃移动通信有限公司

品牌名称： vivo S6

代理公司： 北京华声信诺文化传媒有限公司

获奖类别： 金旗奖——2020 最具公众影响力数字营销大奖

项目概述

vivo S6 系列与颜值实力派品牌代言人刘昊然合作，刘昊然首次代言 vivo，项目团队结合刘昊然本人与 vivo S6 的特质进行代言人激活营销。

项目调研

2020 年 3 月，在新冠疫情影响下，全国正在逐步复工，各家企业都将线下发布会形式改成线上直播的形式。对此，策划艺人微信云群访新形式的创意内容，将能够达成艺人与品牌营销的结合。

项目策划

1. 目标

通过刘昊然代言 vivo S6 的激活营销，将 vivo S6 主打的夜景自拍功能推广出去。通过将产品功能与艺人本身特质相结合，打造刘昊然代言 vivo S6 的“出圈点”。

（1）刘昊然作为 vivo S6 系列代言人与 vivo 的强关联。

（2）塑造 vivo S6 在刘昊然众多代言中的独特性。

2. 策略

打造“新”认知，强化“新”IP。

（1）新图——颜值攻击法：路透“刘昊然侧颜生图”，通过颜值攻击法，打造品牌与艺人“出圈”事件。

（2）新“梗”——品牌认知转换：打造 vivo S6 与刘昊然的新“梗”，将品牌属性与艺人特点强势绑定，形成品牌艺人一体化认知。

（3）新形式——创意与渠道：微信云群访的创新形式与豆瓣等新渠道的应用，是正确打开“新朋友”的方式。

3. 受众

致力于追赶确幸的潮流年轻群体，以女性“粉圈”年轻群体为主。

项目执行

执行过程中项目团队随时根据舆情方向，调整传播的方案和细节。前期针对艺人拍摄进行了多种方案沟通，确认内容后又通过多个角度细化。艺人线上微信云群访作为首次尝试的创新形式，在执行过程中，需提前进行流程的沟通梳理，在线上群访正式进行过程中，几方多次进行尝试和沟通，使最终的效果令人满意。

1. 内容创意

（1）# 刘昊然侧颜生图 # 前期爆料预热：在论坛、微博提前埋下伏笔爆料，铺垫舆论基础，前期引发群众关注 vivo S6 即将官宣新代言人的动态。

（2）爆点话题营销：# 刘昊然侧颜生图 # 爆点话题打造，通过路透图的传播，打造品牌与艺人“出圈”事件，引爆官宣代言前期关注度。

（3）多渠道持续发酵：以侧颜生图曝光新代言为基础，通过营销提升品牌热度，将微信客户端和网络媒体全平台传播声量最大化。

（4）刘昊然微信媒体云群访：3 月 31 日 vivo S6 新品发布会结束后，邀 19 家媒体进行微信云群访，项目团队首创群访新模式，代言人空降微信群与媒体进行线上语音群访，后将群访语音转换成趣味“鬼畜”视频，以多物料形式扩散，打造 #vivo 与刘昊然 # 的新桥段、新认知。

2. 媒介策略

以创意匹配渠道，闭环式渠道传播。

项目评估

（1）话题讨论热度上升，刘昊然新代言引全网热议：话题传播热度持续上升，登上微博热门话题总榜 TOP 56、59，上微博热门话题推荐，明星热门话题总榜 TOP 25。

（2）话题阅读量创新高，刘昊然代言 vivo S6 引发新期待：三个传播话题阅读量达 3.22 亿次，互动量达 7.3 万次，实现代言人与品牌的强关联。“刘昊然侧颜生图”传播后，在未官方宣布的情况下，vivo 进入刘昊然的微博热门搜索页面，“曝刘昊然侧颜生图”登上今日头条热门搜索框，登上搜狐要闻推荐。

（3）开创群访新模式，抖音单个视频播放量破百万次：开创全新的微信云群访模式，代言人空降微信群接受采访，抖音播放量达 627.8 万次，单个视频播放量均破百万次。

（4）时尚娱乐媒体齐发力，vivo S6 收割全网焦点。

亲历者说 原继红 北京华声信诺文化传媒有限公司项目 PM（产品经理）

接触 vivo S6 刘昊然代言人激活营销项目是在疫情出现之前，当时我们在做传播方案时，设想的传播路径和传播思维与实际执行中的有较大区别。后来我们在传播中思考的是如何在疫情的影响下依然保持品牌代言人的优势最大化。我们思考：艺人与品牌最大的结合点是什么？ vivo S6 与刘昊然其实就是一个“自拍黑洞”遇到“自拍神器”的故事。所以在整体传播中我们将“刘昊然自拍”

与 vivo S6 结合在一起，突出了使用 vivo S6 后艺人自拍能力的进步，同时在传播中我们首次创新使用了艺人线上微信云群访的形式，即通过群访的形式将产品与艺人结合，又通过一次全新的尝试，通过 # 刘昊然自拍 talker# # 刘昊然微信群访 # 等话题形式，将群访内容进行传播。

案例点评

点评专家：陈凯　北京汉诺睿雅公关顾问有限公司董事长

流量明星纷纷被品牌主瓜分、品牌代言人营销竞争激烈，仅仅依靠代言已经不足以挖掘明星的价值。如何玩出新花样，让大众心花开？企业依然需要推陈出新。

刘昊然流量与实力兼具，对年轻粉丝有很大吸引力，团队利用新图、新“梗”、新形式巧妙地将“颜”与“手机”牢牢绑定在一起，在豆瓣、微博这样的粉丝场域不断激发新话题，孕育“出圈”事件。微信云群访在圈外并非创新，但在私密性极强的明星圈，则足以调动受众关注。一方面，明星与媒体面对面带来“围观”噱头；另一方面，明星的群聊又可以创造较多的传播物料，被加工后变成二次传播的素材。

团队从追随热点到制造热点，玩转粉丝圈和媒体圈。但仍需注意，只有让明星粉丝成为企业自己的粉丝，才能打破明星与企业的“次元壁”。

2020 最具公众影响力
内容商业化大奖

“重燃 2020”21 天习惯养成计划

执行时间：2020 年 4 月 5 日—5 月 6 日

企业名称：北京点点看看科技有限公司

品牌名称：开言英语

代理公司：无

获奖类别：金旗奖——2020 最具公众影响力内容商业化大奖

项目概述

一场突如其来的新冠疫情，打乱了 2020 年。开言英语和北美主播、北大教研团队打造的“重燃 2020”21 天习惯养成计划。

项目调研

开言英语的认知表现与其他品牌相比有较大差距，同时用户美誉度和推荐度与竞品相比还有较大提升空间。

在入局晚于其他品牌的情况下，开言英语在线上渠道及明星背书、KOL 推荐等用户触达领域均存在劣势。

教育等虚拟产品受制于直播场景，难以通过短时间的介绍凸显产品及品牌核心竞争力；同时在技术上，非实物产品在直播间进行售卖有限制。为了试水新兴的直播形式，开言英语在先期通过技术开发打通直播间售卖渠道，同时通过教育及旅游垂直类头部 KOL 专场直播拉长露出时间，进行“软性安利”，售

卖价格为 19.9 元的低价课，降低用户购买门槛。

传统明星营销价格高昂且协商周期长，因此开言英语通过资源置换及少量费用撬动明星资源，在吸引粉丝关注及参与的同时提升开言英语品牌知名度；对明星背书及直播带货等形式通过传播进行整合，引入端内有奖活动，形成从营到销的完整闭环。

项目策划

1. 目标

提升开言英语在目标受众群中知名度；提升品牌形象；尝试直播带货，进行用户拉新。

2. 传播策略

成人用户中职场人士是开言英语的主要用户群（“既有用户 + 新受众”），在英语学习方面时间少，意愿高，核心诉求是快速提高水平。该活动需解决用户核心痛点。

直播是新兴的带货形式，抖音直播从 2020 年第一季度开始大力扶持直播带货，因此团队快速决策入局。

在选择明星时，综合其当前热度、其“人设”与开言英语品牌吻合度及英语水平等因素，大大降低成本，实现双方互惠互利。

选择的 KOL 粉丝画像与开言英语用户画像高度重合，须带有“正能量”“热爱学习”等人物标签，且抖音粉丝数均在 300 万人以上(其中 1 位为千万人以上)，均为头部 KOL。

3. 内容创意

撬动流量资源，重塑用户学习习惯。开言英语和北美主播、北大教研团队打造了“重燃 2020”21 天习惯养成计划，通过 App 学习和社群提醒的方式，帮助用户养成学习英语的习惯。

4. 媒介策略

官方 App：专题页发布有奖活动信息。

官方微信、微博：有奖转发活动、明星打气视频传播、百大“蓝 V”联动。

项目执行

尝试直播带货拉新：在 4 月 7 日至 9 日，三位与开言英语合作的达人通过 3 场直播售卖 19.9 元体验课程。Mr Yang 杨家成、陈诗远儿、房琪 kiki 三位 KOL 分别为教育及旅游垂直类头部 KOL，英语水平、对开言英语品牌及产品的理解、自身注重通过学习英语不断提升自我的特质与开言英语的品牌高度吻合。

5 大明星宣传加持：与张新成、蒋梦婕、沈梦辰等 5 位“明星打气官”合作，通过明星打气视频与活动形成话题矩阵，与明星建立强关联，并搭配微博等有效营销工具，引发百大“蓝 V”联动，将活动进行精准的递进式传播。

端内有奖活动承接：在 App 内上线活动页，以精美奖品引导老粉丝参与其中，提高用户参与率。

项目评估

直播带货效果超预期：预期成单量约 2000 单，实际成单量为 6383 单，其中 Mr Yang 杨家成及房琪 kiki 成单数量均达人力承接极限。

直播形式常态化的成功探索：三场直播平均获客成本相比平时下降 73%，后续可将直播作为常态的营销方式。

活动期间抖音曝光总量约 6000 万次，微博阅读量约 150 万次，互动量约 5 万次，品牌知名度迅速提升。

项目亮点

教育行业营销形式的突破，解决了教育产品等虚拟产品的直播场景限制；同时突破了教育行业以往的明星代言形式，用简单形式撬动明星资源。

用资源置换方式加少量费用撬动明星资源合作，是一次以小博大的成功营销。

采用与品牌调性重合度高的教育及旅行垂直类头部 KOL 试水专场直播带货，在直播过程中引入英语学习方法介绍、知识讲解及产品详细介绍等。

为了最大限度扩大活动及品牌影响力，将明星背书与直播带货相结合，同时通过 App 有奖活动从端内到端外形成完整闭环，实现品效合一。

案例点评

点评专家：彭焕萍　河北大学新闻传播学院副院长

“重燃 2020”21 天习惯养成计划作为一个成功的内容商业化项目，可圈可点之处很多。

第一，项目目标和策略直接瞄准产品目标消费者的痛点，团队以用户站位进行营销设计。项目创意建立在充分的市场调研和精准的竞品分析之上，在品牌认知度、用户美誉度和推荐度、线上渠道及明星背书、KOL 推荐等方面均处于劣势的情况下，着力解决核心目标用户学习时间少、学习意愿高、渴望英语水平快速提高的痛点，用“21 天”重塑用户学习习惯，达成用户速战速决的学习期待。

第二，打破了单纯依赖巨额资金撬动明星代言产品的传统做法，通过资源置换与明星建立强关联，用简单方式撬动明星资源的深度合作。通过明星打气视频与活动形成话题矩阵，再搭配微博营销的递进式传播，实现了以小博大的成功营销，大大提升了品牌的知名度、美誉度、推荐度。

第三，将火爆的直播带货引入人们普遍认为不适合做直播的教育产品营销中，解决了教育行业虚拟产品的直播场景限制。项目组有意识选择与品牌调性重合度高的教育及旅行垂直类头部 KOL 合作，试水专场直播带货。由这些带有“正能量”“热爱学习”等人物标签的头部 KOL，在直播过程中引入英语学习方法介绍、知识讲解及产品详细介绍等，直播带货效果超出预期，直播带货成为产品稳定的营销形式。

万达广场万味榜超级营销战役

执行时间：2019 年 8 月—9 月

企业名称：万达商业管理集团有限公司

品牌名称：万达商管

代理公司：北京汉诺睿雅公关顾问有限公司

获奖类别：金旗奖——2020 最具公众影响力内容商业化大奖

项目概述

向“轻资产”转型，万达亟须提升运营能力。美食是客流发动机，万达打造实体商业领域首个餐饮营销 IP，万达美食龙虎榜——万味榜，以餐饮业态为杠杆，撬动广场整体业绩，同时创新商业化解决方案，提升商场数字化能力。

项目调研

万达从重资产到轻资产转型，亟须构建新的商业化解决方案，提升商场的客流量和销量。

中华美食源远流长，随着中国消费市场升级步伐加快，餐饮业已然成为消费业态中极活跃的业态之一。团队调研时发现，据统计，2020 年，全国餐饮收入预计达到 5 万亿元，具有源源不断的生命力。

美食榜单门类众多，饮食协会、生活服务平台、社交平台、旅行服务平台

均有涉足，而万达广场万味榜是实体商业地产行业“第一个吃螃蟹的人”，需要做好 IP 解读。

项目策划

1. 目标

对商：自建流量池，形成万达广场餐饮营销 IP，为合作伙伴赋能及引流。

对客：占据消费者心智，为万味榜打下知名度。

2. 受众

核心受众是万达重要的合作伙伴，即 B 端客户；基本受众是万达广场全客层消费者，即 C 端用户。

3. 传播策略

（1）以流量为核心，自建流量池。线上通过大众点评、直播平台强曝光，小程序、“双微”聚合流量。线下通过体验营销、优惠促销吸引受众到店消费，实现流量聚拢与沉淀。

（2）多维营销促动，加速流量变现。联合万达邀吃日 IP，通过免单、半价、优惠券等方式吸引流量变现。

（3）内容分层，诠释万味榜 IP。6 支创意短视频诠释万味榜 6 大榜单，美食、生活类营销媒体或自媒体诠释万味榜 IP 的价值。

4. 媒介策略

为了精准触达全国万达广场的消费者、媒体及合作伙伴，融合了内外部媒介资源。

内部资源：万达广场全国电子屏，万达集团自媒体矩阵等，覆盖大多数万达广场受众。

外部资源：大众点评、今日头条、腾讯视频等美食、生活类营销媒体及明星资源，覆盖 C 端消费者。

5. 内容策略

多元话题：制造 # 美食南北之争 # # 明星餐厅 PK# 等话题，增加了奖项自身的话题性。

IP 联合：联合腾讯美食《风味人间》、大众点评必吃榜等 IP，为万达广场万味榜提供更多流量入口。

项目执行

阶段一：8 月 9 日—9 月 16 日。万达广场联合大众点评、万达广场小程序、各类 KOL、官微矩阵，发起万味榜评选，发挥线下场景规模优势，集结 178 个城市、全国 291 座万达广场、4580 个餐饮品牌、12228 个餐饮门店，历时一个多月，共收获上千万张消费者投票，中国烹饪协会、中国饭店协会在内的专家及媒体朋友共同参与投票与见证，美食达人亲历品尝，最终评选出 6 大榜单 26 席奖项。

阶段二：9 月 17 日。全国万达广场餐饮业态 5 折优惠，举办万味盛典暨万达广场超级美食节，吃货品鉴团现场直播品鉴美食，吸引客流到场。万达广场小程序推流吸引周围用户到店，行业媒体、餐饮 KOL 报道盛典实况并曝光榜单，实现客流的高爆发。

阶段三：9 月 19 日。万商会颁奖盛典上，万达商管为餐饮业态合作伙伴颁发万味榜上榜品牌。作为国内大规模实体商业平台，万达广场举办万味榜评选活动是对万达商业深耕细分业态、共建商业生态圈的一次创新，通过万达广场小程序将流量分发到店，实现了万达广场与餐饮业态的深度链接，达到多赢的效果。

万味榜海报 1

项目评估

1. 营销效果

超级餐饮 IP 诞生：万味榜实现了地产和美食的跨界，万达线上与线下引流与分发的闭环，是实体商业首创的美食榜单。

营销标杆示范：通过与 C 端用户的互动，加深与 B 端商户的紧密关系，成为 B2C2B（商对客对商）营销的示范。

拉动流量变现：活动期间，全国万达广场总客流 3.84 亿人次，同比增长 3.7%，总销售额 219.02 亿元，同比增长 8.7%，日均进店客流同比增长 3.3%；餐饮业态进店客流同比增长 5.8%，餐饮业态销售额 44.08 亿元，日均销售同比增长 11.2%。

流量池扩容：小程序新增用户 312 万人，同比增长 181%；小程序浏览量 2504 万次，同比增长 99.6%。

万味榜海报 2

2. 传播与影响

万达内部资源进行广告投放，触达数达亿次。

线上总传播覆盖量超 4018.8 万次。

项目亮点

（1）充分联动可用资源及 IP。中国烹饪协会、中国饭店协会作为专家评审，大众点评的用户作为大众评审，餐饮行业 KOL 作为媒体评审，丰富了评审团的专业性，保证了奖项的权威性。风味人间 IP、邀吃日 IP、明星、万达广场小程序、291 家万达广场自媒体矩阵、12228 个餐饮门店官微亦丰富了传播矩阵。

万味榜海报 3

（2）视觉化传达。美食有色香味，传播亦有声光电，通过视觉化传达，刺激感官，与美食营销同步，提升了活动效果。活动围绕 6 大榜单，定制了 6 个主题视频，阐述万味榜的高标准、专业化特点，活动期间，广场轮播视频，起到氛围烘托、销售引导作用。

亲历者说　金明　北京汉诺睿雅公关顾问有限公司客户群总监

万达广场万味榜超级营销战役是企业推出的 S 级创新项目，在万达轻资产战略中具有重要价值和意义。在营销和创意方面都无先例，需要从无到有建立营销体系，整合内部外部资源。在立项之初，我们与万达商管就项目进行了 1 个多月的探讨，在不断推翻重来的过程中，逐渐厘清了我们的目标和思路。

我们认为该项目的营销价值要高于传播价值，流量池搭建和流量转化要重于创意的标新立异。因此，我们搭建了流量产业链的完整链条，将万达广场的

客流通过线上投票和线下万味盛典，最终沉淀到万达广场小程序中，最终达到了小程序新增用户 312 万人，同比增长 181% 的效果。

项目的成功在于建立了一个以餐饮业态为首的流量分发平台，使万达广场拥有了“流量利器”。

案例点评

点评专家：邵松岩　北京阶承传播顾问有限公司总经理

这是一个考验执行力的项目，也是一个考验如何“有效消化预算”的项目。事件本身并不难，难的是拿捏这个项目“深度”和“广度”的“尺度边界”。预算一定是有限的，将有限的预算，花在最有效的地方，是这个项目最见功力之处。

项目讨巧的地方是资源的综合利用。内部资源，充分利用万达广场已经有的媒体资源，有效策划有吸引力的内容，进行传播触达；外部资源，充分与强势媒体合作，形成优势互补、强强联合。与大众点评合作，在此是不二之选。

就这个项目而言，从旁观者的角度，我还有几个问题。问题一：项目是否进行了“品牌化”包装，是否有“延续性”？这是个值得探讨的话题。如果这个项目仅仅就是一次性的活动，价值和意义会大打折扣。问题二：项目是如何收尾的？谁获奖了，获奖者和消费者、餐厅、万达之间的互动是怎样的？是否有效地深化了主题？问题三：项目的目标是把消费者对“吃”的忠诚转化为对“万达广场”的忠诚，这里的关键点是餐厅，如何使餐厅通过这样的活动，实现对“万达”的忠诚，进而实现食客、餐厅和万达的良性互动？

以上问题，是提给万达的问题。执行公司全面、严谨、有效地完成甲方的要求，已经非常不易了，为这个项目点赞！

伊利金典有机膳食节

执行时间： 2020 年 5 月 1 日—7 月 30 日

企业名称： 内蒙古伊利实业集团股份有限公司

品牌名称： 金典

代理公司： 北京博铭锐创广告有限公司

获奖类别： 金旗奖——2020 最具公众影响力内容商业化大奖

项目概述

金典 2020 年持续夯实有机生活领导地位，整合传统节日，开展以有机膳食节为主题的区域定制化营销方案，实现全国范围内消费者互动定制推广营销，通过有机膳食节符号化呈现，为金典有机品牌实现资产沉淀。

金典有机膳食坊

项目调研

金典在 2020 年持续强化有机领导品牌地位，夯实品牌高端调性。

金典借势疫情期间大众对健康、营养的强关注以及居家做饭的需求，并结合后疫情时期人们对家乡的情怀，强化定制属性的同时，提升品牌声量及美誉度。

开创“金典有机膳食”推广资产：优先占位行业“有机膳食”推广资源，将消费者互动 icon 化呈现，持续丰富及夯实金典的品牌资产。

项目策划

（1）20 套区域定制推广方案，1000 场迷你秀，推进区域定制全国化，真正实现因地制宜。从高端白奶节日营销为切入点，以文化及有机为支点、特色美食为抓手，推进全国更广范围的有地域名片概念的消费者沟通方式。

金典产品

（2）首次将端午营销时间拉长至 1.5 个月，以有机膳食节为主题，打造有机品牌节日营销资产。通过打造伊利金典有机膳食节 icon，强化消费者记忆，强化金典与有机生活的关联。

（3）区域定制的同时，撬动多个渠道、系统合作，让项目转化率达到最大化。线下系统深度形象布建，打造沉浸式体验；打通线上线下售卖链条，为系统直播平台“吸粉”，并邀请高层领导连线直播助力卖货，实现双赢。

（4）科技创新支持，打造有机膳食节虚拟直播空间，并联动多个直播平台进行引流。天津、上海、成都 3 场直播共计观看总量约为 1200 万人次。

（5）最大化利用五芳斋跨界资源，小投入，大传播。联动五芳斋推出金典有机奶粽，并由五芳斋“粽娘”通过现场裹粽表演、讲解等，为线下活动提高人气，占位端午营销。

端午营销

（6）结合区域特色美食和金典牛奶，打造区域特色金典有机膳食，夯实金典有机膳食节理念，与杭州、上海、南京、天津、成都、青岛 6 大城市特色美食共创，打造舌尖上的特色金典有机膳食，开启有机新生活。

项目执行

根据节日特点、习俗，制订特色风格的营销推广方案，找准营销核心目标，激发客户购买欲，转化产品销售量或品牌传播量。

通过有机膳食概念与全国各省特色的强关联，打造全国 14 个营销总部定制化节日营销推广方案，带动全国范围内业务团队重视。

选取重点区域、重点系统，打造有地方特色的有机膳食节主题互动方案，并同步开展迷你秀提高活动曝光率、拉动业绩；同时为其他城市地区提供定制化方案及发挥空间，鼓励区域创新，形成全国范围内的节日营销。

品牌二季度经历了故宫资源的意外延期，以及线下疫情导致的不确定性。推广团队在紧急情况下快速应变，坚持节日营销规划，明确以有机膳食概念开展品牌推广的动作，并整合行销、区域资源，快速转向，落成全国有机膳食节，全力推进了二季度品牌生意提升。

项目评估

线下伊利金典有机膳食节现场覆盖 90 万人次。

线下打造地方特色的有机膳食节主题，通过团扇、印章、发簪 DIY 等互动，引导用户体验金典有机传统文化。

结合区域特色美食和金典牛奶，打造区域特色金典有机膳食，在美食中邂逅金典有机膳食文化。

最大化利用五芳斋跨界资源，通过与五芳斋进行线上互动及线下联合陈列，共同开发金典有机奶粽，为金典端午营销占位。

线上直播活动吸引大量网友观看，截至发稿前 6 场直播总计观看量为 2473.8 万次。

开拓多个直播平台，以一直播为主，并通过技术推流至微赞、今日头条，提高额外观看量，并提升当日销售量。

项目亮点

优先占位行业“有机膳食”推广资源，将消费者互动 icon 化呈现，持续丰富及夯实金典有机的品牌资产。

邀请亚洲名厨、国宝级营养师实力背书，传递金典有机膳食文化，夯实“金典有机膳食”资产。

黑科技虚拟绿幕技术，加持金典云发布直播体验：绿幕技术让直播场地选择更加自由，为品牌直播提供了更多创意发挥空间。

亲历者说 **朱旭峰　北京博铭锐创广告有限公司创意总监**

2020 年，品牌推广面临困境。整个团队在创意、云直播技术、落地执行可行性、资源整合方面都致力于伊利金典有机膳食节推广资产 IP 的打造，持续夯实金典有机生活领导地位。

案例点评

点评专家：尚恒志　河南工业大学新闻与传播学院党委书记

该项目从创意设计到实施落地都彰显了高端的品牌调性和以用户为核心的市场策略，较好地提升了品牌声量和美誉度。

（1）迎合消费者情感的创意设计。疫情期间大众对健康和饮食营养尤为关注，伊利金典将品牌与有机膳食相结合，以文化为支点，以美食为抓手，推出有机膳食节创意，注重消费者的家乡情怀，满足消费者的情感需求。同时选取节日众多的 5 月—6 月作为集中营销时间，并巧妙地拉长营销时间，将母亲节、父亲节、端午节进行整合，打造鲜明的伊利金典有机膳食节 icon，强化消费者记忆，从而扩大营销效果。

（2）注重市场细分的区域特色推广方案。如何做好地域特色化营销，让品牌营销更接地气，是品牌必须思考的问题。金典将牛奶美食与区域特色相结合，依据地域人群的审美推出一些特定口味的产品，因地制宜推出 20 套区域定制推广方案，有效满足了不同地区消费者的个性化互动定制需求，充分提升产品在各地区的关注度。

（3）打造多元化的品牌传播形式。一是传统媒介传播随处可见。金典有机奶广告常常出现在日常生活中的电视上、电梯中、公交车体上等，

其传播范围广，提高了品牌对受众的记忆度。二是新媒体传播充分利用。伊利金典有机膳食节以线上直播的方式拓宽消费者数量，并通过技术推流至微博、头条、微信朋友圈等各大平台，成本低，传播速度快，实现了定区域、人群的精准投放。三是公关营销活动有声有色。金典在线下开展有机膳食节活动，在各地区商场设立有机膳食坊，扩大了品牌在当地的影响力和知名度。四是跨界合作效果显著。金典与著名粽子品牌五芳斋进行跨界合作推出金典有机奶粽，开展双品牌节日营销，并在线下提供了有机奶粽的裹粽表演、讲解等，加深品牌与消费者之间的联系，在情感上引起共鸣，为线下活动提供了人气。

（4）项目改进建议。该项目的相关创意和理念缺乏创新，较为保守；注意不要为了迎合市场，而将需求差异性划分过于细致，导致经营成本无端增加。

2020 最具公众影响力电商营销大奖

天猫超级品类日——口服美容专场

执行时间：2019 年 8 月 17 日—25 日

企业名称：阿里巴巴（中国）网络技术有限公司（简称阿里巴巴）

品牌名称：天猫国际

代理公司：高诚美恒（上海）市场咨询有限公司北京分公司

获奖类别：金旗奖——2020 最具公众影响力电商营销大奖

项目概述

继 2018 年首次提出口服美容 1.0 心智唤醒“美人就该懂美食”后，2019 年，团队升级，持续开展“吃出精致容颜”2.0 行动，首次全方位联动“平台 + 专业机构 + 专家 + 明星 + 时尚杂志 +KOL 矩阵 +PR”背书，深入开展市场教育，进一步推动品类消费新升级。

项目调研

“颜值经济”时代，护肤、彩妆、口服美容等与颜值相关的品类都受到了消费者的强烈关注，其中口服美容品类在近年来的消费增速，远高于各个品类的平均增速。

通过大数据分析，团队发现口服美容品类主力客群正在显著年轻化，# 抗初老 # 已成为年轻主力消费者的需求。他们的美容需求，开始从过往较为含糊、宽泛的基础变美概念，变得越来越清晰、明确。“大而全”的美容产品不再是市场主导，消费偏好正在向更聚焦、更细致的功能需求转化；消费者对产品剂型的选择，也开始从药片、口服液等传统口服形态，向美容饮料、美容软糖、美容果冻等更丰富、更多样、更年轻化的剂型转变。

项目策划

1. 目标

撬动核心主力消费者，渗透“口服美容”概念，提升品类质感和影响力，并达到消费升级的目的。

2. 策略

（1）打造多维度场景营销，全方位围绕消费者进行深度“种草”。

（2）社交场景：8 月 19 日—24 日，天猫超级品类日传播横跨微博、微信、分众等多渠道，进行多方位矩阵传播。

（3）购买场景：紧贴人群特点，打造场景互动，将社交场景和生活场景的传播导流到活动主会场，促进站内销售。

（4）生活场景：通过线下分众传播，丰富口服美容产品与目标受众的每一个触点，打造完整的天猫超级品类日——口服美容专场营销闭环。

3. 受众

女性是口服美容品类的主力消费人群，购买人群集中于“85 后”到“95 后”。其中，“90 后”和“95 后”在口服美容的消费人群中比例不断扩大，近年来占比超过一半；低线级城市的人数占比缓慢上升，但一、二线城市群体仍是消费主力。

4. 内容创意

（1）围绕口服美容专场的核心诉求——为消费者带来“吃”出来的美容方式，由内而外唤醒精致容颜，提出“理想生活，吃出精致容颜”全新升级主张。

（2）在传播上延展出“躲不掉初老就把它吃掉”的话题，精准抓住了当下年轻消费主力对于“初老”这个话题的敏感度和焦虑性，将口服美容和“初老”这一概念进行深度绑定，满足全体“后少女时代”人群升级更新的美容消费需求，进行精准洞察并有针对性“种草”，引发目标受众情感上的共鸣。

项目执行

1. 预热期

口服美容消费趋势报告及精致之夜发布会盛大开启，天猫超级品类日、天猫国际与第一财经共同发布了《2019 口服美容消费趋势报告》。该报告结合阿里大数据，深度洞悉口服美容品类的产品发展趋势、市场需求变化以及消费偏好。9 大口服美容代表品牌的领导及著名影星秦岚女士出席了发布会，一同揭幕天猫超级品类日——口服美容专场。60 余家媒体现场报道，达到了 4846 万次的曝光量。

2. 爆发期

横跨微博、微信、分众等四大渠道，分矩阵为天猫超级品类日——口服美容专场强势发声，第一阶段炒作话题 # 吃能解决一切定律 #，结合“明学”热点用投稿事件引起粉丝对“吃”的关注，随后传播“抗初老”轻物料，与“吃”结合，引出口服美容产品并带出主话题 # 躲不掉初老就把它吃掉 #，8 月 21 日上榜热搜轮播一天并大量传播官方视频，当天话题阅读量超过 1 亿次。大量资深垂直领域 KOL 以长图文、视频等形式深度“种草”产品，引导销售转化。

3. 收割期

小红书、优酷热剧贴片投放，分众广告、淘宝直播共同上线，不同维度“花式种草”，精准触达消费人群生活场景，触发用户消费欲望，完成销售转化。

项目评估

传播持续时间为 8 月 17 日—25 日，专业营养师背书和圈层达人进行产品“种草”，传播平台横跨微信、微博、小红书、分众、优酷、PR 传播等，共计触达 3.5 亿人次，引发 25—35 岁的年轻群体对于口服美容品类的更深层认知，并向消费者传递口服美容新趋势。活动当天，口服美容品类日总成交达到全年 TOP3，同比去年品类日成交增长 50%，对比同月其他活动，口服美容四大趋势产品均有大幅增长，口服美白产品提升 2.5 倍，口服抗老产品提升 2.6 倍，口服补水产品提升 4 倍，口服防脱产品提升近 2 倍。天猫超级品类日期间，口服美容市场再次引领了市场的爆发。

项目亮点

首次全方位联动“平台 + 专业机构 + 医学专家 + 明星 + 时尚杂志 + 垂直 KOL 矩阵 +PR”专业背书，成功打造“口服美容”消费趋势升级。

深度洞察女性“初老”焦虑，进行话题传播，# 躲不掉初老就把它吃掉 # 和 # 吃能解决一切定律 # 总话题量超 1.66 亿次，讨论量约 10.29 万次。话题上线第一天即冲上微博热搜话题榜 TOP3。

亲历者说 **方楠　高诚美恒（上海）市场咨询有限公司北京分公司客户总监**

占领心智比占领市场更重要。对于新兴品类来说，充分理解消费者需求，把消费者模糊的需求具象化、清晰化、场景化，帮助消费者去认知自己的需求，比一味地挖掘用户痛点，更能得到消费者认同；碎片化时代，场景化营销为王；让对的人做对的事，应给优质 KOL 足够的创作空间。

案例点评

点评专家：黄玉波　深圳大学传播学院副院长、教授

作为一个优秀的电商营销案例，本案例生动地阐释了数字技术对创意营销带来的巨大挑战及其不变的逻辑，呈现出以下三个鲜明特点。

（1）独特的创意源自深度洞察，虽然洞察方式有所变化。通过大数据分析，团队发现作为细分市场年轻女性的美容需求，从过往较为含糊、宽泛的基础变美概念转向更聚焦、更细致的功能需求，“抗初老”已成为年轻主力消费者的刚性需求。

（2）创意的形象化表达。深度洞察女性“初老”焦虑后，如何进行形象化转换？从消费者行为变化中得知，消费者的选择从药片、口服液等传统口服形态，向美容饮料等更丰富多样和年轻化的剂型转变。创意人员因此创造性地把“抗初老”的概念转换成为“躲不掉初老就把它吃掉”和“吃能解决一切定律”两个时尚的话题，进行话题传播。果不其然，话题上线第一天即冲上微博热搜话题榜 TOP3，总话题传播量超 1.66 亿次。

（3）打造品效协同的营销传播闭环：本案例全方位整合“平台 + 专业机构 + 医学专家 + 明星”等资源，围绕消费者进行深度“种草”，将社交场景和生活场景的传播导流到活动主会场，促进站内销售；通过线下分众传播，丰富产品与目标受众的每一个触点，打造完整的营销闭环，达成品效协同的效果。这恰恰体现了数字技术给营销带来的巨大挑战和变化。

小米智能客栈——“双十一” 11 天超长直播[①]

执行时间： 2019 年 11 月 1 日—11 日

企业名称： 北京小米移动软件有限公司

品牌名称： 小米

代理公司： 屋瓦传播（UWA MEDIA）

获奖类别： 金旗奖—— 2020 最具公众影响力电商营销大奖

项目概述

2019 年是电商直播的起势之年，也是小米智能家居布局的重要一年，经过多年产品研发和消费者心智占领，小米的智能家居已成体系，可实现全屋智能联动。小米借“双十一”之势，进行连续 11 天不间断直播，辐射全国。

小米智能客栈宣传海报

① 本文中所涉及的照片，北京小米移动软件有限公司均已得到被拍摄者的使用许可。

项目调研

1. 市场机会

（1）2019 年，电商直播风口到来，直播一举成为全品牌营销战役的重中之重。

（2）“双十一”电商节点是品牌电商狂欢最好时机。

2. 内部动因

（1）经过多年产品研发和消费者心智占领，小米的智能家居已成体系，可以实现全屋智能联动，4 大品类（手机电脑、大家电、小家电、智能物联网）实现全屋生活场景覆盖，成果足以完整展示在大众面前。

（2）小米产品已有的口碑和高性价比，更易在“双十一”购物季通过占领各大资源位，刺激消费者关注，占领消费者心智，从而促成销售。

项目策划

1. 目标

（1）品牌层面：强化“小米智能家居”概念，立体化展现小米智能家居的全貌。

（2）销售层面：在“双十一”电商激战中取得好成绩，成为行业直播第一品牌。

2. 策略

（1）打造新概念——小米智能客栈。

（2）直观“种草”缩短购买路径——直观展示智能产品使用场景，直播间可即时购买。

（3）24 小时陪伴，随时下单—— 11 天 ×24 小时不间断创意互动直播，“花式”送福利。

3. 受众

聚焦年轻人，男性占比较多，购买产品追求高性价比。

4. 传播内容

（1）创意主题：小米智能客栈——“双十一”11 天超长直播。

（2）核心创意：超长直播—— 11 月 1 日—11 日，实现超长 11 天不间断直播，深夜不断播，直播总时长长达 264 小时，有效承接消费者热情，购买不间断；小米智能客栈——在北京郊区租赁民宿，接入数十台智能家电，实现客厅、卧室、厨房、书房、卫生间 5 大生活场景，智能家居通过 1 台手机连接全屋，智能客栈正式落成后，以直播形式将结果和应用场景呈现给广大消费者，实现与消费者生活场景的无缝衔接。直播综艺化—— 一改普通直播产品解说的刻板印象，以轻综艺形式呈现，带给网友极高参与感，配合丰富且给力的促销活动，令购买力加倍提升；福利不间断——直播间专属福利成为引发消费者互动及购买的最佳原动力，主播、主持金句层出不穷，实现有效销售转化。

智能客栈内部

直播间

项目执行

（1）随时跟进反馈，即时动态调整方案：从创意方案到执行方案，项目团队根据品牌电商需求随时调整思路，最终制订出了符合传播预期及聚焦产品特性的方案，成功落地。

（2）创意福利，随机应变：配合观众反馈及销售情况，及时调整直播环节及福利机制，让品牌产品更具吸引力，同时利用有效福利机制促进消费者直接下单购买。

项目评估

直播效果成果喜人，销售转化业绩颇丰。

（1）亮眼榜单：淘宝直播“双十一”终极排位赛 TOP1，与第二名拉开断层式差距；进入淘宝直播亿元俱乐部，销售效果与薇娅、李佳琦处于同一水平线。

（2）持久直播：长达 11 天（共 264 小时）不间断直播。

（3）热闹的直播间：累计 1500 万次观看。

（4）丰厚的业绩：总成交额突破 2 亿元。

项目亮点

（1）场景化“种草”。全屋智能化效果通过直播与消费者见面，使用场景与消费者生活无缝衔接。

（2）品牌随时陪伴。11 天不间断超长直播，业界史无前例，直播不间断，消费者热情同样不间断。

（3）创意内容吸引驻足。一改普通直播产品解说的刻板印象，以轻综艺形式呈现，带给网友极高参与感，配合丰富且给力的促销活动，令购买力加倍提升。

亲历者说 张冉婷 屋瓦传播高级客户经理

本次活动帮助客户圆满完成了 11 天不间断的直播，最大化利用时间进行品牌曝光。

通过客栈内趣味性十足的“边用边安利”直播方式，实现场景化深度“种草”，引起消费者兴趣后，他们可直接下单，提升转化效率。

同时，通过打造小米智能客栈新概念，帮助品牌在智能家居领域树立新的标杆性地位。

在直播风口到来之际，如何实现直播内容的差异化对于每个品牌来说都是难题，让看似不可能的 11 天不间断创意主题直播变成可能，让直播间达到“双十一”前三的位置，是一件很有成就感的事情。

案例点评

点评专家：杨苓 京港地铁公共关系总管兼新闻发言人

小米智能客栈——“双十一”11 天超长直播在 2019 年“双十一”期间推出，正值电商直播刚刚开始受到广泛关注的时期，取得了显著的成效，是一个非常成功的电商直播案例。该案例将小米系列智能家居产品融入客栈场景，给用户一个感知小米系列智能家居产品的完整体验，让用户在日常生活场景中体验产品，有效促进直播间购买意愿，同时，强化了小米智能家居品牌的口碑，因其较好的性价比、外观设计及口碑，米家智能家居已经相当深入人心；11 天的超长直播，需要极强的项目控制管理能力及各方面的资源投入，但这种持续性直播，能够很好地积累直播间热度，激发用户购买热情，从而促成最后耀眼的销售成果；直播中工作人员运用多种形式，有趣、热闹、参与感高，同时结合丰富的让利幅度和顺畅的转化路径，让用户能够充分感知、愿意参与、获得实惠、实现购买。

中国人保“保险大集”事件营销

执行时间：2019 年 9 月 20 日—12 月 20 日

企业名称：中国人民财产保险股份有限公司（简称中国人保）

品牌名称：保险大集

代理公司：和智传信品牌管理顾问（北京）有限责任公司

获奖类别：金旗奖——2020 最具公众影响力电商营销大奖

项目概述

中国人保迎合保险人群年轻化、线上化等特征，策划“保险大集”营销事件，通过“旅游集市、车 / 生活集市、购物集市”三大集市专场活动，借助古风长图、AR H5 等优质创意，实现了提升品牌声量与促进人群转化双重效果。

项目调研

1. 以“用户为中心”做精准对位营销

“80 后”“90 后”大多是有过父母为自己投保经历的“保二代”，因此也拥有更强的风险保障意识，保险产品的对话人群已逐渐偏向年轻群体。

基于年轻群体的阅读习惯，娱乐化、碎片化、趣味化的品牌产品信息更易被接受，其对简单化、场景化、体验化的产品说明认可度也更高。

2、创意为先，互动为核，传统企业也可“种草”年轻人

产品推广，不应是罗列产品价值点或是简单进行内容传递，而应是找到产品与用户间的情感纽带。同样，形成现象级传播效果，也是源于用户端情感诉求的感同身受，而不仅仅是产品本身。因此在创意策划时，团队通过国潮古风情愫、70 年生活之变等共鸣点，让产品与用户发生联系，在达成销售转化的同时，更利于长远的品牌建设。

项目策划

1. 目标

（1）将“保险大集”包装为年度品牌活动，提升品牌市场关注度。

（2）通过三大集市专场活动营销，聚焦年轻用户群体，形成“粉丝”聚合与成交转化。

2. 受众

“80 后”“90 后”。

3. 内容创意

（1）线上三大集市专场活动策划。围绕 9—12 月节点、9—10 月旅游季、10—11 月车险生活季、11—12 月双节网购季，推出三大集市专场活动：“旅游集市、车 / 生活集市、购物集市”，配合推广相关保险产品。

（2）仿《清明上河图》创意长图。配合中国人保“保险大集”主题活动推广，策划“古风 + 现代元素”融合的仿《清明上河图》创意长图，将主题活动中的三大集市专场活动——“旅游集市、车 / 生活集市、购物集市”绘入画卷之中。

（3）朋友圈话题创意。将旅游集市活动与国庆节小长假出游热点相结合，以手绘海报形式展示“你以为的旅游”和“旅游真相”，通过趣味性对比，引发读者兴趣，引流旅游类保险产品，引发受众共鸣。

（4）70 周年 AR H5 创意。结合国庆 70 周年热点，打造公司 70 周年庆画中画 H5。用户长按画面开启时光穿梭之旅，通过时代变迁唤起人们对生活变化的共鸣，结尾处引入 AR 技术，扫码识别“70”“中国人保”“PICC”即可生成趣味海报，引发大众主动转发分享。

朋友圈话题创意配图

AR H5 创意配图

（5）“盗刷险”系列海报。将盗刷伎俩与武侠风相结合，营造矛盾张力、打造趣味性，以直观的视觉形式让用户了解产品保障内容。

“盗刷脸”系列海报

项目执行

（1）2019 年 9 月 20 日—22 日，中国人保 PC 端和 WAP[①] 端上线“保险大集”落地页。

（2）2019 年 9 月 20 日—27 日，“旅游集市”专项传播：全网发布活动新闻稿件《十一出行，中国人保“保险大集”定制专属保障》；“旅游集”和“国庆热点”稿件《国庆自驾出游这些事项需谨记》。配合专项传播，针对旅游相关险种，在微信自媒体端陆续发布创意长图《如何一眼识别朋友圈旅游真相》、图文稿件《70 周年掀起红色旅游新热潮，这几个国庆红色旅游地不容错过》。

（3）2019 年 10 月 10 日—11 月 4 日，“车 / 生活集市”专项传播：“保险大集”复古长图、70 周年 AR H5 陆续在微信自媒体上进行发布。配合专项传播，发布车险图文稿件《@所有人，这里有一份车主福利待查收》《谁说车主都很难？这件事就很容易》，家庭责任险稿件《养娃和狗子那些鸡毛满地飞的岁月》。

（4）2019 年 11 月 8 日—12 月 17 日，“购物集市”专项传播：全网发布活

① WAP 是 Wireless Application Protocol（无限应用协议），也就是手机网站。

动新闻稿件《中国人保购物集市限时开启 多款产品优惠购》；产品稿件《App个人信息泄露严重 你的银行卡还安全吗》。策划古风武侠海报及图文稿件《银行卡防盗刷知识看了那么多，还不如这一招》，活动、产品稿件《11.11 最该买的居然是 TA》《12.12 重磅来袭，买 TA 才是正解》《收藏！应对生活“意外破财”方法大全》《2019 接近尾声，你焦虑了吗》。

项目评估

1. 效果综述

在“保险大集”上线的传播周期里，共计产生费用 113 万元，网络媒体曝光量达 16 亿次；微信自媒体实现 4348 万次曝光量、阅读量达 348 万次。

2. 不同类型产品推广效果

核心创意“保险大集”长图、70 周年 AR H5 上线传播期：相关内容的发布微信自媒体 15 家，阅读量 94.7 万次。

产品集合类传播期：发布相关内容的网络媒体 80 家，曝光量 4.7 亿次；发布相关内容的微信自媒体 12 家，阅读量 66.3 万次。

旅游险产品传播期：发布相关内容的网络媒体 160 家，曝光量 7.8 亿次；发布相关内容的微信自媒体 3 家，阅读量 26.6 万次。

车险产品传播期：发布相关内容的微信自媒体 8 家，阅读量 40.8 万次。

财产险产品传播周期：发布相关内容的网络媒体 80 家，曝光量 3.8 亿次；发布相关内容的微信自媒体 12 家，阅读量 80.9 万次。

健康险产品传播周期：发布相关内容的微信自媒体 4 家，阅读量 38.7 万次。

项目亮点

（1）内容打造：覆盖黄金周、双节网购等各类节点，持续制造话题，与目标用户发生联系。

（2）场景营销：将保险产品与核心价值点植入话题，达成品牌营销效果，从进入公众视野到实现深度“种草”。

（3）玩法创新：利用 AR 等新型技术手段一站式突破多场景、多路径和多人群，刺激用户参与互动并主动传播。

亲历者说 **张萌　和智传信品牌管理顾问（北京）有限责任公司项目经理**

中国人保电商平台主要通过移动互联网技术为客户提供产品与服务，保险业务线上化也成为保险业的主流趋势，通过线上平台，中国人保客户可以不受空间、时间的限制，7×24 小时享受线上保险服务。虽然保险业由来已久，但是线上业务发展也仅有几年，让更多的人享受到便捷的保险服务，成了我们此次策划活动的目标。

为此，我们率先瞄准了对互联网信任度更高的“80 后”“90 后”群体，希望通过“80 后”“90 后”喜闻乐见的内容吸引他们率先了解并使用线上保险业务，同时以这些用户为核心，扩散至其他年龄层用户。在内容策划上，紧跟时下热点，采用互联网化、年轻化、趣味化、情景化的形式，吸引客户，普及中国人保保险产品和保险服务，最终项目取得了不错的效果。

案例点评

点评专家：黄玲忆　朋百沟通国际有限公司创办人

保险及金融产业在市场营销上跟消费者的联动是非常仰赖信任感的产业。营销手法上尤其需要更多走心的公关沟通。中国人保此次事件营销正是非常出彩的案例。我从三方面探讨其成功之处。

1. 品牌与话题的依托

信任感的建立基本上与当地文化和生活的联结相关。本案例中几个波段的内容及话题营销，都紧扣这两个重要元素开展。无论是文化认同极高的《清明上河图》还是旅游、古风武侠的内容，都充分体现了企业对消费者信任感的关注。

2. 品牌新活水的注入

每个世代交替，都会有些不同价值观的更迭。本案例中团队掌握了品牌的痛点，重建了一个更贴近新目标消费群的品牌态度及形象。发展出中国人保系列产品服务与当下“80后”“90后”年轻消费族群认同的生活价值观的联结点。

3. 营销节奏扎实

无论从战略层面或实际战术上，项目推展都明快有序，整个宣传的节奏非常流畅又接地气。结合国潮及趣味、科技互动这些不败的营销组合，快速拉动品牌的好感度。同时掌握年轻消费族群喜爱的数字媒体管道，让品牌形象年轻化的同时，也开拓新客群、提升销量。

最后我引述爱因斯坦的一个重要观点：不要试图去做一个成功的人，要努力成为一个有价值的人。品牌永续又何尝不是如此呢？

2020 最具公众影响力

商业模式创新大奖

佳能 EOS R5 新品上市

执行时间：2020 年 6 月—7 月

企业名称：佳能（中国）有限公司

品牌名称：佳能

代理公司：上海奥美商务咨询有限公司北京分公司

获奖类别：金旗奖——2020 最具公众影响力商业模式创新大奖

项目概述

佳能全新微单产品 EOS R5 上市之际，团队针对新品上市进行产品推广，以提高产品曝光度和促进销售转化。同时，品牌计划借此次新品上市的契机，帮助大众消费者了解专业的摄影技术和设备，加深用户对专业摄影的认知与喜爱。

本次推广活动承载着“所以，超越”的概念，并以此作为主题；佳能也通过友商互动、跨界联合等营销方式对产品进行包装，不断加深用户对新品的产品印象和喜爱程度。

项目调研

智能手机快速发展，其凭借便携时尚的外观，日益完善的摄影功能，以及炫酷的宣传内容，已经逐渐代替数码相机在人们心中的位置，数码相机市场遭到了巨大冲击。

而且，在专业微单领域，佳能先前未能依靠强势产品占据一席之地。

项目策划

1. 目标

（1）提高佳能新品 EOS R5 的曝光度，促进产品销售转化。

（2）以产品的核心卖点为基础，改善消费者对于专业摄影的认知。

（3）改善佳能传统的品牌形象认知，拉近与消费者的距离，增强亲密性。

2. 传播策略

（1）EOS R5 发布前期，通过“联动友商”的方式来引起大众与行业的关注。

（2）EOS R5 发布当天，携“8K”等强大技术点，以“所以，超越”为题，与大众相见。

（3）EOS R5 发售期，围绕“超越”的概念，与其他头部异业品牌在社交平台上进行联动，提高产品曝光量；脱离传统固定的表现手法，以幽默诙谐的视频内容，与用户产生共鸣和互动。同时，佳能联合 KOL，站在不同角度以 VLOG 的形式进一步诠释 EOS R5 性能。

3. 受众

摄影记者、户外摄影师、时尚摄影师、体育记者、高端摄影发烧友。

4. 内容创意

针对核心目标人群的洞察：他们通过摄影来表达对这个世界的理解，他们不相信最好，只期待更好，所以他们会反复地按下快门，期待现在可以被超越。

佳能的最佳自我：以产品技术突破独占单圈鳌头，并以易操作性唤醒用户对佳能的情怀。

由此，衍生出佳能新品的价值是“以破局者的角色，不断突破认知局限和挑战局限”。

传播的主题概念是“所以，超越”；佳能用自己的硬核实力去超越现有的市场，鼓励当下人们突破认知，超越自我。

5. 媒介策略

线上：针对目标消费人群，根据其触媒习惯，围绕主流媒体体系进行投放。

做法：利用主视觉闪屏联投，提高产品的曝光量；以视频开屏渲染强大的产品性能；再通过一系列信息流大图，增加产品的记忆点，形成站内闭环体验。

6. 线上投放渠道

腾讯（腾讯新闻、腾讯体育）：闪屏联投和信息流大图（投放物料——KV）、广点通（投放物料——KV）。

字节跳动（今日头条、抖音）：视频开屏和信息流大图（投放物料——KV和视频动画）。

B 站：信息流小图（投放物料——KV）。

京东（京东旗舰店）：信息流大图（投放物料——KV）。

项目执行

（1）官方“互撩”，预热造势（7 月 2 日至 8 日）：利用倒计时海报的形式为发布会预告宣传，内容上通过“联动友商”的方式引发诸多的业内关注与讨论。

（2）“所以，超越”，引爆关注（7 月 9 日至 25 日）：在发布会上，通过产品海报公布产品发布信息，树立佳能新品“8K”等强大的产品性能；发布会之后，与其他头部异业品牌（如百度、奔驰、戴尔等品牌）以联名海报的形式，在社交平台产生联动与沟通，引发品牌粉丝的关注与讨论。

（3）“R5 视界”，持续扩散（7 月 25 日至发稿前）：以短视频的形式包装产品形象，介绍产品性能点，进一步建立与巩固 EOS R5 在微单领域的形象地位。通过幽默诙谐的风格呈现，改善品牌在用户心目中的传统印象，并激发用户积极乐观的心态，从而加深产品喜爱，促进销售转化。

项目评估

（1）社交媒体渠道（微博、KOL 联名）：266 万次曝光量，4.235 万次转发量、7599 次评论量、3.8914 万次点赞量。

（2）媒体渠道投放：在腾讯新闻、腾讯体育、今日头条、抖音、B 站等渠道投放，曝光量共计超 266 万次。

（3）电商渠道销售表现：发售日当天，预购量超 7000 台；发售 30 日内，天猫、京东旗舰店等线上平台一度缺货，各电商平台预购总量超 5.4 万台。

（4）SEM：百度搜索词条介绍。

（5）户外投放：在核心城市北京、天津、沈阳、郑州等，将传播物料在电梯、商场、地铁、旗舰门店进行投放。

项目亮点

以“联动友商”的方式打破传统的业内竞争模式，引发各界关注，营造并激励良性的行业发展环境。

用 8K 的“眼睛”去观察周遭的世界，通过幽默诙谐的视频形式去呼吁用户以乐观的心态发现身边更多的无限可能。

利用专业的视角去解读摄影的专业性，在行业内树立专业的形象同时，也帮助公众正确去理解专业摄影。

亲历者说 贺慧玲 上海奥美商务咨询有限公司北京分公司商务总监

近年来，手机拍摄功能的日渐强大，影响了传统影像设备的销售，而佳能也急需凭借“万众期待”的 EOS R5 打一场漂亮的翻身仗。

不同于以往的推广，此次活动与佳能一贯的风格有天翻地覆的变化，也打破了大众对佳能严谨古板的固有印象，让用户和“吃瓜群众”大呼过瘾。

在预热期通过“谐音梗”的方式“联动友商”，实现社交媒体互动并产生很多优质 UGC。

产品上市后，多样的视频内容让用户对 EOS R5 有了更全面的认知，在功能卖点上一改过往“说明书式”的形式，借诙谐幽默的表演突出追焦、连拍和防抖的功能卖点。而唯美的形象视频则用极具无限感的震撼画面让用户对“8K”这一卖点形成深刻印象。

案例点评

点评专家：李志军　中央财经大学广告系教师

看似一款新品单反的上市推进，实际上背后的环境却并不简单。一方面，手机镜头的不断进化，在很大程度上侵蚀了原有的单反市场；另一方面，真正痴迷于此的专业人士和高端摄影发烧友却一直期待单反产品的不断突破。在这种情况下，作为在单反领域的佼佼者，佳能推出的 EOS R5 的确要说点什么。

因此，佳能设定的新品价值是“以破局者的角色，不断突破认知局限和挑战局限”，由此形成的传播主题概念是“所以，超越”，确实切中要害，且意义非凡。

同时在执行时，用“联动友商”的方式站在了一个更高的表达层面；以幽默诙谐的视频内容，与用户产生共鸣和互动；通过联合 KOL，以 VLOG 的形式，在腾讯、字节跳动、B 站等消费者熟悉的渠道进行有针对性推介，从结果看，无论是曝光，还是产品预售都取得了双丰收。

2020 最具公众影响力
技术创新营销大奖

北京汽车 BJ90 3D 看车 H5

执行时间： 2020 年 7 月—8 月

企业名称： 北京汽车蓝谷营销服务有限公司

品牌名称： BEIJING

代理公司： 北京会动时代文化传媒有限公司

获奖类别： 金旗奖——2020 最具公众影响力技术创新营销大奖

项目概述

新冠疫情限制了用户的购车需求，带来了连锁反应，车市行情低迷、冷清是销售面临的问题。收入增长放缓，销售渠道亟待拓展，直播买车、线上平台搭建等救急办法，成为不少车企、经销商的标配。

项目调研

（1）经济放缓，需求减少。很多用户因经济环境变化而影响收入，购车需求延缓或搁置，导致实际需求量减少。

（2）线下流量缩减。受新冠疫情影响，虽然线下门店日常开启消毒工作，但线下门店看车需求仍在减少。

（3）物流限制。新冠疫情环境下，物流大幅降低活跃度，现场展示不足，导致来访及问询量降低。

（4）渠道拓宽。新冠疫情之后，诸多车企也考虑并开启了线上云卖车服务。受限于大件消费，整体成交率虽有所改善，但未能解决用户不能实际到店看车

的疑惑，线上全景看车可打消部分用户顾虑。

（5）服务跟进。平台服务跟进，在线上全景看车平台上做到在线及时答复、表单及时回访，以保证销售线索及时跟踪消化。

项目策划

1. 产品主视觉画面参考及关键词提炼

（1）故宫背景。故宫是中华文明的象征，红墙是中国宫殿的代表元素，是尊贵宅邸的象征符号，通过故宫背景元素，彰显 BJ90 的尊贵感与神秘气息。

故宫背景 H5

（2）沙滩背景。沙滩、海边、岩石、蓝天、红日等元素融合背景，象征自由与奔放，通过柔软沙滩、坚硬岩石彰显 BJ90 的大气豪放感与越野品质。

沙滩背景 H5

2. 设计与开发及 H5 逻辑

场景切换：可切换故宫和海滩全景，渲染 BJ90 在不同场景环境下的氛围特质。

更多内容：页面加载完毕默认收缩状态，点击展示出相应功能。

产品配置：查看 BJ90 详细配置和参数，可切换 3.0T/4.0T。

美图欣赏：展示棚拍美图，可左右翻页查看外观及内饰。

语音讲车：通过真人配音形式，语音朗读产品卖点。

预约试驾：弹窗提示，点击跳转官网预约试驾。

服务网点：通过搜索城市地区及服务网点，方便新老用户查询。

品牌伙伴：通过品牌 LOGO 墙可查看各合作伙伴，彰显 BJ90 强大实力。

驾：驭时代，以文字及图片展示车辆外观，左右翻页，让用户体验 BJ90 尊贵大气的外观。

座：拥天下，以文字及图片展示车辆内饰，左右翻页，可 360 度查看内饰，点击热点可查看 BJ90 的舒适性等卖点。

势：踏山河，以文字及图片展示车辆全貌，左右翻页，让用户全面感受BJ90。

“驾”“座”“势”H5

项目执行

开发周期：汽车 3D 建模，WebGL 模型处理，总计花费两周时间；程序开发，整合模型和页面交互，总计花费一周时间。

人员分配：平面设计 1 人，3D 设计 1 人，3D 程序 1 人，前端 2 人，后端 1 人，项目经理 1 人。

项目评估

该 H5 随 BJ90 上市同步线上发布，通过 3D 形式可以令用户更真实地在线上看到这台国产售价较高汽车的全貌。在随后的广州车展和北京车展上，重点发布的 3D 看车 H5 将成为销售新的拓展客源的工具。

项目亮点

1. BJ90 全景看车功能分析

外观和内饰 360 度全景展示；支持环境切换；参数配置支持弹窗展示；细节 / 亮点 / 热点定制展示（含发动机、操控板、多媒体等）；交互和互动感。

2. 技术实现

（1）3D 标准，高度定制。WebGL 是一种 3D 绘图标准，WebGL 可以为 H5 提供硬件 3D 加速渲染，可创建复杂 3D 结构的网站。

（2）更多交互。WebGL 形式拥有更强的操作性，可创建复杂的导航系统，令数据视觉化，解决了现有的 Web 交互式 3D 动画的两个问题。

一是通过 HTML 脚本本身实现 Web 交互式 3D 动画的制作，无须浏览器插件支持。

二是利用底层的图形硬件加速功能进行图形渲染，加载速度更快，交互效率更高。

亲历者说 李锴 北京会动时代文化传媒有限公司技术总监

BJ90 作为价格昂贵的国产车，不光是外观内饰大气豪华，还有很多细节领先于其他对手，我们在项目初期就确定了用红瓦城墙作为背景的方案，并使用专业 VR 拍摄团队去故宫拍摄素材，最终利用 WebGL 的最新技术，360 度展现出 BJ90 的豪华大气、优秀品质。

案例点评

点评专家：陈小桃　海南大学政治与公共管理学院公共关系系教授

本案例的成功之处在于策划者对疫情背景下汽车销售市场的充分调研与洞察。策划者在对疫情下国内汽车销售市场进行充分调查和研究的基础上，发现销售问题的关键是“物流及传统线下门店销售渠道大幅降低活跃度，导致来访及问询量降低”，如何提高目标公众对产品的兴趣，通过更为细致的服务为目标受众提供获得产品信息的机会，提高访问量是团队要解决的问题。本案例亦采取了其他品牌使用的 3D 云看车的方式连接疫情中不能出门看车的目标公众，但本案例独特之处还在于善于发现疫情中人们对美好事物向往的独特心理，并据此制作了反映销售主题的 3D 看车 H5。嵌入故宫和沙滩阳光风景元素的 H5 让目标公众在 3D 看车过程中，领会了品牌想要传达给目标公众的北京汽车 BJ90 尊贵感和自由奔放的越野感，实现了品牌个性与目标公众情感共鸣，达成品牌传播目的，获得成功的传播效果。策划者在 H5 制作的逻辑、背景音乐选择、语音讲车、品牌 LOGO 墙等方面也极其用心，很好表达了品牌个性与特征，取得良好的传播效果。

“2020 春·路虎发现季”全新路虎发现运动版 30 小时云游上市会

执行时间：2020 年 2 月 21 日—5 月 31 日

企业名称：奇瑞捷豹路虎汽车有限公司

品牌名称：路虎

代理公司：爱创营销与传播

获奖类别：金旗奖——2020 最具公众影响力技术创新营销大奖

项目概述

全新路虎发现运动版作为企业第三款换代车型，消费者对其上市充满期待。企业于春分日 3 月 20 日 6 点通过 30 小时超长线上直播的方式展示新车，为消费者呈现了一场“发现无止境”沉浸体验。

项目调研

2020 年乘用车市场由增量市场转为存量市场，豪车市场迎来汽车消费升级的新机遇。消费者触媒习惯发生变化，正逐渐向流媒体转移。2020 年，企业迈入全新发展阶段，新起点、新团队、新产品、新未来将助力企业二次腾飞。由于疫情影响，消费者对新车关注度形成对冲，车企的传播阵地均转向线上，各大品牌纷纷加入“云上大军”行列，如何在众多线上活动中脱颖而出成为品牌营销的难点。

项目策划

1. 目标

强化全新路虎发现运动版“发现家”的产品主张，具象化产品感知。强化产品所代表的“探索”“责任”的形象，引发目标消费者共鸣。明晰市场定位，打造车型质量口碑，吸引公众关注，为品牌增加曝光率。

2. 传播策略

2020 年是路虎发现 30 周年，全新路虎发现运动版上市对路虎品牌有着重要的意义。为强化全新路虎发现运动版“发现家”的产品主张，具象化产品感知，引发目标消费者共鸣与向往，打造车型质量口碑营销，吸引公众关注，增加品牌曝光，项目团队需要充分利用媒介资源，最大化传播效果。

30 小时直播接力

3. 内容创意

新车上市活动需要在众多“云上传播”中突出重围，时值抖音平台发起“超级大牌直播日”活动，品牌与抖音平台进行合作直播，将传统汽车行业与直播营销有机结合，充分利用直播优势特色，更结合大咖“连麦”、弹幕互动答疑等玩法，能为消费者带来“云种草”的全新体验，加强消费者与产品和企业之间的黏性。

4. 媒介策略

活动邀请媒体涵盖北上广深川渝等重要区域的核心媒体，传播覆盖面广；媒体类别上新媒体占比最高，充分提升线上发布会的活跃度；媒体类型上以汽车类媒体为主，大众、财经、科技、时尚、旅游等媒体为辅，确保发布会互动既有专业度又能保证传播内容的多样化。

项目执行

活动一改往日传统形式，于 3 月 20 日春分日，为消费者带来全新体验。3 月 20 日晚 8 点活动迎来高潮，知名建筑设计师青山周平、全能艺人林依轮、影视明星田雨以及设计师张娜、方钦正等 15 位嘉宾依次登陆直播间，精彩不停歇。发布会期间工作人员与媒体建立媒体直播群，30 小时持续互动，确保 KOL、核心媒体参与并互动，最大化沟通媒体，进行现场拉流直播，增加直播媒体数量，让关注度叠加。

活动前期，制作预热倒计时海报、媒体证言海报、节目预告、视频等，于官方微信微博、媒体朋友圈等渠道发布。截至 2020 年 3 月 30 日 12 点，官方微信发布 13 篇推文，阅读量为 120902 次，官方微博发布 31 篇推文。受邀媒体在个人朋友圈发布此次活动的媒体海报，为产品上市进行预热，活动在未上之前已有相当的热度。

活动海报

节目开始前，由工作人员在媒体群进行预告，便于媒体掌握节目核心信息，强化媒体对 30 小时不间断直播发布会的印象；30 小时超长直播期间，媒体群内项目团队与媒体进行互动答疑，设置有奖问答环节，活跃媒体群气氛，互动时间约 45 小时（3 月 19 日 22：30—21 日 20：00，含前期预热），传达全新路虎发现运动版的智造亮点，精彩互动不停歇，加深媒体对产品、品牌、技术、工厂等的了解，媒体高度参与。

项目评估

共计 12 家媒体进行活动直播，收到消费者及界内好评不断，回报比为 1 : 182。

活动持续传播期，截至 4 月 20 日 12 : 00，共计获取媒体报道 6853 篇，产生公关价值为 819411171 元，正面报道率为 100%。

成果一：公众对于汽车上市 30 小时超长直播有关注度，15 位主播联合打造精彩不间断的 30 小时直播，引发消费者的共鸣与对产品的向往。

成果二：媒体互动群内互动不间断，直播预告、互动答疑、有奖问答等环节邀请媒体参与，媒体对本次活动满意度达 100%，后续持续报道为品牌增加曝光量。

项目亮点

打破传统发布会时空限制，“云发布”带来多元互动体验和玩法。传统车企所做的现场发布，更多是让记者了解车企的想法，通过记者去触及消费者，在传播过程中，信息会出现遗漏，消费者无法直接了解车企的想法。通过直播，消费者可以直接了解企业的想法，对理解企业、了解产品有非常积极的促进作用。

全新路虎发现运动版

此次云游上市会从20日早上6点开始，直至21日中午12点结束，长达30小时，直观、生动讲述了发现家族30年历史及全新路虎发现运动版的诞生之路。通过在线弹幕、现场“连麦”等方式，观众可以实时就产品性能、创新技术等内容和发布会现场进行“双向互动”，这充分调动了全网用户热情，有效提升路虎品牌和新品的影响力。

亲历者说 张孟隆　爱创营销与传播项目经理

“2020春·路虎发现季”全新路虎发现运动版30小时云游上市会以线上直播形式盛大举行，我们致敬路虎发现家族30周年，打造了一场前所未有的超高清直播盛宴。30小时的超长直播对于媒体、消费者甚至是工作人员来说都是全新的体验。活动期间建立互动时间长达45小时的媒体互动群，本人以主持人的身份实时和媒体进行互动，共同领略路虎的发现和探索精神，传递全新路虎发现运动版的产品亮点。

案例点评

点评专家：陈永泰　123 Jump创始人，香港中文大学广告系讲师

2020年因为疫情，很多市场营销活动不能以面对面的方式进行，最直接的解决方法当然就是在线上发布活动。然而，这绝对不是一个新事情。

随着消费者使用媒体的习惯改变，传统的线上内容已经不合时宜，企业要适时地迎合消费者的习惯，传播才能持之有效，缔造更好的传播效果。流媒体其实是一道谁都懂，但不是谁都能做好的门，试想，在那么多内容纷呈的竞赛里，哪有人愿意花时间忠于一个内容?

本项目不但具备了综艺节目的娱乐内容，更结合了品牌本身的利益，

从而让整个活动打破常规，突破平凡无聊的硬直播印象。30 小时，不是 3 分钟，也不是 3 小时，要成功吸引观众关注，接二连三地回来观看，在内容策划上，必须跳出广告思维，向娱乐节目紧靠，这对于创意人是一个挑战。

内容多元化、娱乐化，结合产品的核心理念，就是创意推陈出新的出路。

"新连心"陕汽重卡 2020 云端客户大会

执行时间：2020 年 8 月 7 日

企业名称：陕西重型汽车有限公司

品牌名称：陕汽重卡

代理公司：北京易畅传媒科技股份有限公司

获奖类别：金旗奖—— 2020 最具公众影响力技术创新营销大奖

项目概述

"新连心"陕汽重卡 2020 云端客户大会以线上直播的形式举行，极具重卡行业首创意义。活动使用了数字化传播的新技术、新形式、新平台，实现了线上线下的整合联动，大会全程使用虚拟主持人，以绿幕技术呈现虚拟科技化舞台设计和 3D 车辆投影模型讲解，通过云直播开设 27 个线下城市分会场，全新的模式、全新的设计、全新的感受，此次大会为客户带来了一场"影院级"的视听体验，在行业创新营销方式、创新新媒体技术手段方面极具借鉴意义，开创了重卡行业会议营销新模式，也为中国重卡行业的品牌营销创新提供了新的范例。

项目调研

2020 年如何破旧立新，如何从"新"出发，树立全"新"形象？这几乎是所有重卡车企的疑问。疫情之下，把握新机遇对于重卡车企来讲并不容易，对

"新连心"陕汽重卡 2020 云端客户大会

于陕汽重卡来说，既要用心，又要出新才行。那么如何出新？由于疫情影响，重卡车企的传播阵地均转至线上，各大品牌纷纷加入"云上大军"行列，"新连心"陕汽重卡 2020 云端客户大会如何借势新的互联网技术及媒体传播手段形式，脱颖而出，创行业先河，成为此次项目的一个重点。

陕汽重卡上半年累计订单达到 10.52 万辆，同比增长 15%，国内民品整体销售 8.2 万辆，同比增长 7.1%；在《运输人品牌指数榜》上，其品牌关注度达到了 687，位居商用车企第 2 名，在市场销售与品牌影响持续走高的大好形势下，"新连心"陕汽重卡 2020 云端客户大会成为企业年中拉近与客户距离的第二次年度会议，如何借助大会联动区域市场、进一步拓宽宣传渠道，全力以赴共筑陕汽重卡梦，成为此次项目的另一个重点。

项目策划

1. 目标

品牌方面：深化品牌影响力，吸引行业关注，拉升品牌势能。

渠道方面：联动区域经销商，凝聚客户，传递品牌价值，坚定渠道信心，深化区域品牌认可度。

客户方面：传播活动也是客户活动。正如此次大会的主题"新连心"，活化品牌形象，凸显"为客户提供更好的服务"是陕汽重卡的初心和使命。

产品方面：以创新致敬创新，创新线上德龙 M3000S 上市发布暨产品展现形式，展现产品实力与价值。

2. 传播策略

“新连心”陕汽重卡 2020 云端客户大会作为品牌年中战略大会，承载着品牌战略发布、营销模式官宣、渠道和客户关系维护、新产品发布等众多内容，是 2020 年承上启下的品牌营销传播大事件，以“心”破题，用“新”谋变成为此次项目策略的宗旨。

新意互动：重卡行业首个线上虚拟主持人“小德”（取自德龙 M3000S）横空出世，为品牌焕发新生。

创新模式：“线上直播 + 线下分会场”，进行线上线下整合联动，实现活动传播的品效合一。

全新技术：以绿幕技术打造虚拟演播厅，以车辆全息建模呈现具有极致科技感的视觉盛宴。

3D 全息建模 1

3. 受众

陕汽重卡全国广大客户、渠道经销商、战略合作伙伴、产业链企业。

4. 内容创意

新成绩公布（客户大会主题发言）、新产品发布（德龙 M3000S）、新模式官宣（陕汽德龙网红学院揭幕）构成了此次大会的内容核心。在环节内容的创

意表现上，活动由重卡行业首个线上虚拟主持人“小德”全程主持，展现极具创新力、敢为行业先的品牌形象；以绿幕技术打造的极具科技感的虚拟演播厅契合行业标杆的品牌调性，助力陕汽重卡领导进行品牌战略公布；以 3D 建模呈现的全息德龙 M3000S 产品震撼发布，以创新技术赋能产品力展现；互动虚拟揭幕，仪式感十足，为陕汽德龙网红学院打开了覆盖全产业链的营销新大门。

5. 媒介策略

一主（1 个直播主平台）多辅（20 家行业垂直权威媒体联动直播）实现行业用户垂直深度覆盖与媒体影响力广度传播。

联动直播媒体：今日商用车、中国卡车网、卡车之家、卡车之友、商用车之声、第 1 物流、物流商用车、卡车 e 族、提加商用车、商用车界、卓众商用车、洋葱商用车、卡车新势力、中国商用汽车网、运输人网、第一商用车网、商用车新网、方得网、环球汽车网等。

项目执行

绿幕技术、虚拟主持人、3D 全息建模等技术手段在其他行业活动的应用已不新鲜，但是在重卡行业，此次“新连心”陕汽重卡 2020 云端客户大会还是首次集中使用，作为专注于商用车行业数字整合营销专家的易畅股份同客户一起迈出了行业创新的第一步。

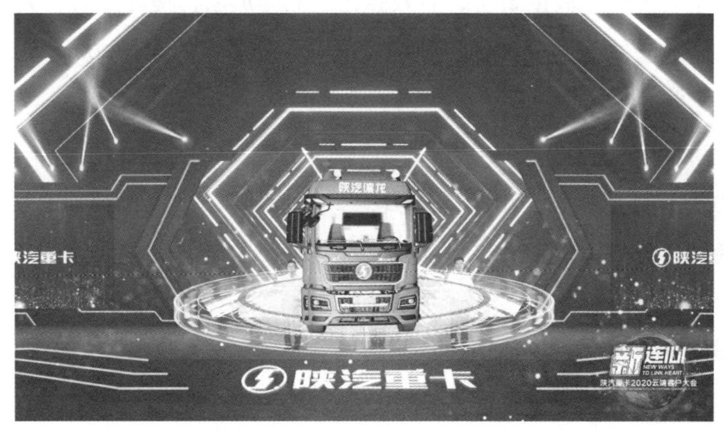

3D 全息建模 2

第一阶段：进行场地勘察、直播方案规划、直播主持稿及讲解稿确认。

第二阶段：主视觉设计、虚拟主持人设计、主舞台 3DMAX 设计、德龙 M3000S 全息建模、环节材料审核、流程定稿。

第三阶段：场地绿幕设备搭建调整、直播间搭建、彩排预演。

第四阶段：项目总结报告输出。

运营组、策划设计组、传播组亲密配合，组内分工落实到人，每一个执行环节制订严谨的项目推进时间表，建立与品牌方每日项目沟通反馈机制，主动发现问题并迅速提出解决预案，做到项目 360 度跟踪把控。这一切成了此次项目圆满呈现背后的“易畅法则”。

项目评估

1. 效果综述

“新连心”陕汽重卡 2020 云端客户大会成为陕汽重卡创新整合营销及数字传播的代表事件，结合线上传播与线下区域联动，深化品牌形象与客户关系，为陕汽重卡深化区域品牌认可度及提升市场占有率奠定了基础，引发重卡行业广泛关注之外也引领了行业的营销模式升级，为中国重卡行业的品牌升级提供了新的范例。

2. 受众反应

此次大会线上观看互动及留言评价均积极而热烈，对重卡行业首创的会议发布模式也表现出了高度赞赏，有效强化了品牌形象，提升了客户关注度，对于此次发布的陕汽德龙网红学院创新营销模式及陕汽德龙 M3000S 新产品，受众均表现出极大关注。

3. 市场反应

作为重卡行业首创“虚拟发布会 + 云直播”，线上直播与线下区域联动，此次大会为行业创新营销方式、创新技术手段应用提供了借鉴范例，开创了商用车行业会议营销新模式。

4. 媒体统计

全网观看直播 7309965 人次。观众人数：826689 人。点赞数：3355025 次。评论数：103476 条。

项目亮点

1. 技术应用，创领行业先河

打破传统发布会时空限制，“新连心”陕汽重卡 2020 云端客户大会以线上直播的形式举行，全程设虚拟主持人、科技化舞台设计、3D 投影模型讲解，以全新的模式、全新的设计、全新的感受，为客户带来了一场“影院级”的视听体验，成为行业首创。传统重卡企业所做的直播更多是基于线下活动的线上传播，此次客户大会，真正实现了线上虚拟发布会，与此同时，通过在直播页面加入在线弹幕、互动红包、在线抽奖、点赞及打赏等方式，促进与客户的线上互动。同时客户可以实时就产品性能、创新技术等内容和发布会现场进行“双向互动”，充分调动全网热情，有效提升了陕汽重卡的品牌和新产品的影响力。

2. 区域联动，打造整合营销

基于线上云端发布会，此次大会在银川、包头、西宁、拉萨、成都、重庆、昆明、贵阳、南昌、武汉、长沙、哈尔滨、沈阳、长春、广州、福州、南宁、济南、石家庄、郑州、西安、太原、乌鲁木齐、宁波、合肥、北京、天津 27 个地区开设线下分会场进行区域联动，凝聚客户，传递品牌价值，有效坚定了渠道信心，为陕汽重卡深化区域品牌认可度及提升市场占有率奠定了基础，有效促进了陕汽重卡品牌与全国广大客户、渠道经销商、战略合作伙伴、产业链企业的连接！

亲历者说 **刘士雪　北京易畅传媒科技股份有限公司客户经理**

在项目 6 月 17 日发送中标通知之后，我们迅速建立项目小组，针对客户沟通、直播以及虚拟主持人三个项目模块进行展开。虚拟主持人最出名的就是中央电视台 AI 虚拟主持人，但因为 AI 扫描只能满足面部逼真，无法满足客户的动作需求。我们又准备了两种方案，针对虚拟主持人尝试了惯性传感器捕捉、光学捕捉以及动画制作三种方式进行制作，玛雅制作人物“小德”骨骼、形态及 52 种表情；通过 OptiTrack 动作捕捉系统采用红外影像追踪技术对目标物的三维运动进行追踪分析和重建，得到先进的三维重建效果和刚体解算精度。经历了 38 天的夜以继日工作，我们终于实现了第一次的预演。完成了第一次预演直播后，我们发现了很多虚拟镜头位置算法出现偏差，导致人物与虚拟主持的光感产生偏差。发现问题的同时，我们找到了《太平轮》《左耳》的电影镜头处理师，针对镜头的 ROTO（影视动画技术）、paint（软件绘图技术）进行了及时调整，才有了今天的“小德”。8 月 7 日完美的直播，得益于我们每一个人的努力。充足的会前准备和项目成员高度的责任感、专业度促使这场重卡行业史无前例的会议圆满落成。

案例点评

点评专家：吴伟农　艾尔建美学中国区企业事务部总经理

疫情促进了传播工作的线上化转变。陕汽重卡作为一个 To B 企业，及时顺应了这一变革，推出一场大型的线上客户会，既保证了业务的有序发展，又提升了品牌影响力，本案例是一个值得点赞的优秀案例。

在客户关系维护方面，陕汽重卡以线上会作为枢纽，以多地的线下现场作为辐射点，两相有机结合起来，达到了既有云端会的无限空间、又有接地气的实实在在。

在传播方面，陕汽重卡既有线上统一信息发布，又有线下人情关系传递，同时借助传统的公关手段，通过财经与行业媒体的发声传播，实现了品牌影响价值在单个活动和单个时间点上的最大化。

逐星而行，尽揽招商银行 2019 年业绩亮点

执行时间： 2019 年 12 月—2020 年 3 月

企业名称： 招商银行股份有限公司

品牌名称： 招商银行

代理公司： 广州市启点创意科技有限公司

获奖类别： 金旗奖—— 2020 最具公众影响力技术创新营销大奖

项目概述

招商银行创新性发布星际版可交互年报，以“太阳 + 八大行星”代表年报的九个看点，利用 3D 建模等形式，让阅读者有驾驶宇宙飞船遨游星空的体验。用户探索九个星球观看年报亮点，最后还能领取具有独一无二身份识别码的证书。

星际版可交互年报 1

项目调研

招商银行零售客户数达 1.44 亿户（含借记卡和信用卡客户），存款余额 16742.23 亿元，存款余额位居全国性中小型银行第一（中国人民银行统计数据）。

据统计，女性客户比男性客户更喜欢到招商银行开卡，银行女性客户与男性客户比例为 6 ∶ 4。

据统计，全深圳超 1000 万人开通了招商银行储蓄卡。每 10 个深圳人中 9 个持有招商银行储蓄卡。

据统计，招商银行个人储蓄客户中，“70 后”资产总额位居榜首。

结论：通过以上数据调研，该项目受众群体较多，会受到群众的广泛关注。

项目策划

1. 目标

由于普通投资者没有耐心阅读专业性强的银行年报，而制作一个趣味性强、内容清晰的交互性 H5 来吸引客户关注。

2. 传播策略

在策划上，了解客户需求，以“北极星”指引解锁 3.0 时代。用户拉动方向盘，宇宙飞船进入浩瀚星辰，伴随着界面的旋转，用文字叙述招商银行 2019 年九大核心数据，包括科技、客户、效益、质量、零售、批发、投金、估值、文化。用户一边浏览一边感受 3D 体验。浏览完毕后生成专属的星空追逐者证书的海报，用户长按即可保存海报分享作品。

在设计上，采用了 3D 建模，搭配星空色调，配上科技感十足的飞船和蓝色炫酷数据展示页面，让人耳目一新。

在交互上，无感知授权，用户随着提示拉动屏幕，有置身于飞船中的体验；通过旋转星空点击星球可查看年报数据，互动效果丰富了作品的趣味性。

3. 受众

招商银行用户及潜在用户。

4. 媒介策略

招商银行自媒体公众号、招商银行 App 及相关社群。

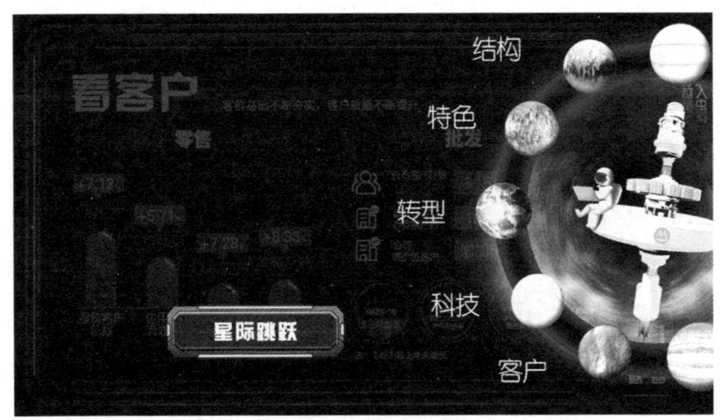

星际版可交互年报 2

项目执行

1. 项目进度

一个月，前期设计策划一周，技术开发两周，调试一周。

2. 控制与管理

充分领会客户意图、了解客户公司的重要宣传点后，通过设计小样给对 H5 完全不懂的客户以直观感觉。

项目制作过程中注意客户信息保密及版权纠纷，并且严格控制项目费用和制作时间，遵循制作时间安排表并且预留时间进行调试。

项目后期收集整理相关数据，进行全面总结。

项目评估

1. 效果综述

数据显示，H5 发布一个月后总浏览量达 369445 人次，总访客数 233325 人次。其中非 App 渠道浏览量 263214 人次，招商银行 App 渠道上线半天浏览量

106231人次。画面创新、数据可观，传播效果受到客户认可。

2. 受众反应

H5发出后很快收到用户和投资者的好评，IP参与量也在24小时内破10万次。获得业界及行业内一致认可。

项目亮点

用户点开招商银行星际版可交互年报H5，通过拖动屏幕的“方向盘”，乘宇宙飞船进入浩瀚星空。用户点击各大行星了解年报的九个核心财务数据——科技、客户、效益、质量、零售、批发、投金、估值、文化。用穿梭星辰的体验实现招商银行2019年金融科技数据可视化，科技感十足，吸引用户兴趣。

技术创新：无感知授权。

设计创新：宇宙飞船写实内舱。

形式创新：3D搭建太空舱及太阳系。

思路创新：生成证书页面，每个用户的追逐星空者证书号有且仅有一个。

星际版可交互年报3

亲历者说 **刘婷婷　广州市启点创意科技有限公司项目总监**

在充分了解客户的需求和喜好后，我们“脑洞”大开，写了多个创意想法供客户选择。在与客户交流中不断地创新和修改想法，多次讨论后最终与客户、公司设计部门、技术部门确定了该项目的整体思路、设计方向和交互形式。

整个项目的顺利完成依赖于各部门的相互支持。当然，对项目的时间管理也十分重要。我们制定了项目时间计划表，相关部门必须在规定时间完成任务，最终保证了整个项目顺利上线。

客户的认可是我们最大的动力，我们会继续满足客户的需求，为客户带来更新颖、更好玩、更高端的创意想法。

案例点评

点评专家：樊传果　江苏师范大学传媒与影视学院教授、研究生导师；江苏师范大学文化创意产业研究院院长、广告研究所所长

这个案例的最大亮点是信息传播手段与表现方式的创新。

当今信息社会，注意力是极为稀缺的资源；所有信息传播活动需要解决的最大难题是如何吸引受众的注意力，使其对传播内容产生阅读或观看兴趣，并能够有效接收甚至接受、认同相关信息，产生预期的认知反应、情感反应或行为反应。否则，就不是积极、有效的信息传播，投入的营销传播资源与费用就无法达到预期的传播目标与效果，造成很大的资源浪费。所以，无论开展什么信息传播活动，都必须坚持目标导向与效果导向。

招商银行和广州市启点创意科技公司也许正是基于上述洞察，意识到一般银行发行年报和年中报时，由于专业性强，普通投资者及客户很少有耐心阅读，年报传播效果欠佳。为改变这种状况，招商银行在 2019 年年报信息发布方式和信息表现方式上进行了创新，巧妙运用 H5 制作星际版可交互年报，以“太阳＋八大行星”代表了年报的九个看点，采用3D建模等形式，让阅读者有如驾驶宇宙飞船遨游星空，探索九个星球，观看年报亮点。这种极具创新性的互动体验传播方式，充分利用了受众对新形式的“尝鲜”心理，吸引受众阅读、观看，从而产生较好的传播效果，在行业内形成具有“独创”意义。

2020 最具公众影响力媒介创新大奖

波司登“中国加油”——新冠疫情公益驰援及伦敦时装周推广项目

执行时间：2020 年 2 月 4 日—19 日

企业名称：波司登羽绒服装有限公司

品牌名称：波司登

代理公司：广州海嘉明哲公关顾问有限公司

获奖类别：金旗奖—— 2020 最具公众影响力媒介创新大奖

项目概述

波司登用产品暖人，以慈善暖心。2020 年 2 月新冠疫情防控关键时期，企业捐赠三亿元羽绒服驰援一线，树立服装行业公益范例；在其他中国品牌缺席的情况下，成为首个亮相伦敦时装周的中国羽绒服品牌，为祖国发声，向世界传递中国正能量。

项目调研

一线紧迫的防寒需求：2 月正处于疫情控制的关键时期，医院因防疫需要暂时关闭空调，且“倒春寒”致气温骤降，国内多地每天最低气温接近 0 摄氏度，一线工作者们的御寒保障刻不容缓。但新冠疫情突发物资储备不足、道路封锁运送不便，羽绒服一度成为紧缺的防寒物资。

世界秀场，中国品牌不缺席：受新冠疫情影响，中国品牌纷纷取消国际时

装周行程，引发部分国外媒体对中国时尚力量集体缺席的质疑。波司登在关键时刻迎难而上，如期亮相伦敦时装周，传递民族自信，彰显中国大牌担当。

企业公益遍地开花：疫情来势汹汹，社会各界企业以实际行动彰显大爱，微博、抖音、微信等平台的公益传播呈现刷屏攻势，如何在信息爆炸的时期突围，"为中国加油"的同时，传递企业价值？

项目策划

1. 目标

彰显企业温暖使命：践行民族企业责任担当，彰显品牌温暖使命。

发挥品牌引领作用：传递爱国情怀与民族自信，建立品牌与用户的情感连接。

打破固有品牌形象认知：创新公益形式与渠道应用，打造服装行业公益范例。

2. 传播策略

小故事，大情怀：国内典型捐赠故事与国外"中国加油"视频，展现品牌的家国担当。

精渠道，广扩散：以"官方微博 + 抖音权威媒体"为原点，引发外围扩散，转关注度为品牌影响力。

新思路，新范例：突破纯物资捐赠的公益形式，国内外并行，故事化扩散，激发民族自信与共鸣。

3. 受众

抗疫一线工作者、国内外时尚圈人群、所有关注抗疫的公众及媒体等。

4. 内容创意

以情动人：切实解决抗疫防寒难题，实现大众情感连接。

以外攻内：亮相时装周"为中国加油"，由国际性事件辐射国内影响。

以人圈粉："典型受赠故事 + 外国友人加油 + 明星名人号召"，传递品牌温暖力量。

以产品带品牌：羽绒服温暖属性及"时尚 + 功能"优势同步输出，强化品牌专业认知。

5. 媒介策略

“一微一抖”引爆，素材分发曝光，拓宽大众化传播路径。

权威媒体定调，创新传播思路，鼓舞抗疫志气。

联结媒体同盟，匹配传播内容，吸引外围媒体“自来水”扩散。

凝聚媒体正能量，以媒体舆论激活大众口碑，带动全民加油潮。

项目执行

1. 项目进度

本次项目分为两个阶段。

国内温暖驰援——波司登三亿羽绒服驰援抗疫一线（2 月 4 日—10 日）。国内新冠疫情暴发期间，波司登捐赠 15 万件总价值 3 亿元的高品质羽绒服，为抗疫英雄提供御寒保障，通过官方渠道征集需求，挖掘典型抗疫故事，媒体“自来水”式扩散捐赠信息，彰显产品专业属性与品牌温暖使命。

3 亿元羽绒服驰援抗疫一线

国际自信输出——波司登伦敦时装周“为中国加油”（2 月 16 日—19 日）。在疫情重压、中国品牌与媒体纷纷缺席之时，波司登代表中国时尚力量登上伦敦时装周，用中国元素为祖国呐喊，赢得全场国际友人齐喊“中国加油”。在国内扩散核心短视频，传递中国品牌自信和希望，以“疫”不容辞的担当与大义彰显“温暖全世界”使命。

2. 控制与管理

（1）精准洞察，明确方向：通过媒体环境调研，明确本次传播的策略与方向，使项目有的放矢。

（2）整合资源，快速推进：传播筹备期不足一周，第一时间整合国内外资源，“短平快”克服执行难关，以价值成果为导向，高效协同。

（3）舆情导向，边打边调：实时监测舆情动态，结合用户诉求反馈，及时调整内容，积累品牌口碑。

（4）打破时间边界、区域边界：全球性事件传播在区域和时差等问题上都存在艰巨挑战，传播期间团队克服时差问题，联动全球媒体资源打造品牌口碑。

项目评估

1. 效果综述

以小搏大，公益价值撬动权威媒体、明星名人、优势渠道等资源。

公益先行，捐赠规模及企业精神引领，树立服装行业公益范例。

2. 现场效果

以波司登 3 亿元捐赠为例：超百家媒体组成品牌同盟矩阵，获得价值超 500 万元的多平台官方资源免费传播。

3. 受众反应

受捐机构致感谢信、一线工作者发文致谢、网友明确“种草”品牌，全网“打call”。

4. 市场反应

《新闻联播》等多媒体免费发布超百频次相关内容、零预算获多平台官方资源推荐、自然流量登抖音热榜第三，伊能静、夏伯渝等大量 UGC 扩散，传播好评率近 100%。

5. 媒体统计

曝光量超 9.6 亿次，阅读量超 7188 万次。

百度资讯指数 2 月出现双峰值，最高达 2116458，同比增长 274%。

2 月 4 日，微指数环比增加 11290.4%，热议度领先服装行业。

项目亮点

以创新渠道触善举，高效导流引爆声量：洞察抖音算法机制，通过“权威媒体曝光 + 大众资讯扩散”的圈层渗透形式，掀起全民为中国“云加油”的热潮。辅以“双微”口碑扩散，定向精准投放，充分调动用户情感，激发社会正能量情怀，实现品牌与消费者深度沟通。

以创意内容去创造效益，实现品牌长效传播：波司登以公益传播创造品牌价值，故事化解读公益行动，借海外事件反哺国内口碑，弱化营销属性，调动用户情感以强化品牌形象，实现品牌价值积累。

以低成本撬动高曝光，打造行业公益范例：本项目以小投入获得高声量、高公益价值传播，以优质传播内容和精准渠道投放，获得媒体与大众消费者“自来水”式点赞扩散，为服装行业乃至中国品牌树立了品牌公益传播的标杆。

亲历者说 李纯媛 广州海嘉明哲公关顾问有限公司客户副总监

越是困难，越是要迎难而上。疫情期间的传播区别于以往的品牌事件传播，更注重公益效果与实际价值，这也是本次项目传播的重点所在。

内容层面：本次项目内容专注公益事件本身，大大弱化了品牌营销感，同时选择以典型故事进行传播，最大化调动用户社会情怀，从而积累品牌美誉度与好感度。

媒体层面：以权威媒体为主阵地，为品牌事件定调。日常媒体关系维护有效助力品牌传播，形成品牌媒体同盟矩阵，主动发声，最大化提升品牌公益传播声量。

案例点评

点评专家：蒋楠　中国计量大学人文与外语学院教授

这个案例反映的其实是两个公共关系活动。在 2020 年年初那个特殊的时期，不同的两个公共关系活动被平滑地勾连在一起，叠加体现出企业内外兼顾、目标一致的效果。成功的公共关系活动从不缺乏主题。波司登公共关系活动主题是“中国加油”，活动十分精准地体现出“小故事大情怀”的活动策略宗旨，看似是企业的一个小小的举措，却内含宏大的社会意义。企业发起捐赠公益活动——为抗疫一线的英雄们捐赠价值 3 亿元的 15 万件羽绒服，在那个时刻，这一行为显得很是不凡。这一雪中送炭的举措，使企业品牌自然赢得了社会公众的高度赞誉，团队对创意时机的把握十分得当。在不实名论甚嚣尘上的时间节点，波司登毅然在国际时尚舞台精彩亮相，践行“温暖全世界”的品牌使命，传递“为中国加油”的中国声音，从企业层面彰显中国形象、发出中国声音，难能可贵，意义也格外不同。本案例的传播手法也可圈可点，企业利用抖音平台、权威媒体和企业官方微博等，发挥各类媒体“自来水式”扩散效果，有效将社会公众的关注度转化为对企业品牌的高信赖度和忠诚度，这样的操作实施令该案例社会效果最大化。

GQ 实验室 × 大众中国未来情报局

执行时间：2019 年 11 月—2020 年 6 月

企业名称：大众汽车集团（中国）

品牌名称：大众汽车集团（中国）

代理公司：飞拓无限信息技术（北京）股份有限公司

获奖类别：金旗奖——2020 最具公众影响力媒介创新大奖

项目概述

在十年一遇的时间节点，团队和当下极受欢迎的媒体平台之一 GQ 实验室展开全方位深度合作。共创触及受众内心的优质内容，和两代年轻人建立情感沟通，展现大众汽车集团（中国）的品牌活力和人文关怀。

未来情报局海报

项目调研

当第一批“00 后”迈入 20 岁大关，第一批“90 后”已到而立之年，站在迭代的浪头，连接新一代消费者，是至关重要的时代挑战。同时，在社交媒体深度下沉至生活中各个场景的当下，如何突破传统沟通模式的局限，创新性解决当前集团层面社交内容输出与推广的局限和困境，激活自有社交媒体平台，成为项目的发力点。

所以团队借跨越 2019 年、迈向 2020 年这个十年一遇的时间节点，和当下极受欢迎的媒体平台之一 GQ 实验室展开全方位深度合作。站在迭代沟通的维度，共创触及受众内心的优质内容，和两代年轻人建立情感沟通，以此传达面向未来、年轻化转型的集团战略和企业形象，同时助力实现大众汽车集团（中国）在社交媒体的强势曝光。

项目策划

1. 活动目标

与年轻一代尤其是“90 后”“00 后”人群展开情感沟通，展现大众汽车集团（中国）的品牌活力和人文关怀，传达面向未来、年轻化转型的集团战略和企业形象。

2. 受众人群

年轻消费者，尤其是“90 后”“00 后”人群。

大众汽车集团拥趸和消费者。

媒体及意见领袖。

3. 内容创意

第一篇：2009 年—2019 年，十年落泪盘点。通过“文字 + 插画”的形式，引领大家回顾这十年间的生活变化。十年盘点的最后自然过渡到出行的变化，引出大众汽车集团（中国）的未来移动出行战略。

第二篇：“00 后”花起钱来有多猛？通过“文字 + 插画”的形式带用户认识真正的“00 后”，也为用户准备了“00 后”迈入 20 岁大关这一年的答案之书：大众中国单向历。

第三篇：一场告别（白）。通过“小猪”和“小老鼠”的聊天寓意猪年和鼠年的交接，给读者送上除夕暖心问候：大众汽车集团（中国）CEO 冯思翰博士祝福大家“2020，年在一起”。

第四篇：▓▓▓▓▓▓▓▓░░░░░░░[1]。文章通过点击跳转式的轻互动方式，与网友共同回顾2020年里那些令人无奈、感叹，抑或惊讶的变化。大众汽车集团（中国）也在这一特殊节点，推出动画视频《2020众开端》。

4. 媒介策略

四篇高质量的文章在GQ实验室微信公众号和大众中国官方微信公众号上联合发布，触及双方平台粉丝。

项目执行

1. 内容充分利用，放大传播效果

四篇高质量的文章在GQ实验室微信公众号和大众中国官方微信公众号上联合发布，触及双方平台粉丝，最大限度地提升传播效果。从跨年到春节再到端午节，借助社交媒体热点，合理安排发布节奏。

2. 打破平台割裂，平台互助互补

利用GQ官方微信账号GQ实验室，官方微博账号智族GQ和GQ官网，大众汽车集团官方微博微信账号，跨平台最大程度触及目标人群，根据不同平台的特点有针对性地设计发布内容，保证在同一时效内最大声量地传播，并赢取多平台的用户青睐。

系列内容第二篇的核心阵地为大众中国微信公众号，除GQ实验室官方微信外，大众中国官方微博相关博文也向其导流，引导微博粉丝关注微信官方账号，实现平台之间的粉丝互通。

项目评估

这次GQ实验室 × 大众中国未来情报局项目有效地触及了年轻人群，项目共计获得1695440次阅读和7261404次社交媒体触达，成功展现了大众汽车集团（中国）的品牌活力和人文关怀，传达科技驱动、环保先锋、以人为本、面

---

① 用近似乱码的符号，模拟“读取进度条”的视觉效果。

向未来的集团战略和企业形象的沟通目标。

本次合作更是联动了 2020 元旦大众中国单向历 Campaign[①]，2020 春节 CEO 视频 Campaign 和 2020 端午节 CEO 视频 Campaign，联合 Campaign 共计获得 22742380 次阅读和 32974666 次社交媒体触达，助力实现大众汽车集团（中国）在节日期间的强势曝光。

项目亮点

深度用户洞察，共创优质内容：以“未来情报局”为合作主题，以“盘点逝去的 10 年”“洞察迈入 20 岁的‘00 后’”“岁末的暖心告白”和“2020 上半场发生的变化”四个深度洞察受众内心的话题为切入点，创造系列沟通内容，通过极富感染力的文字、插画、视频、轻互动等形式丰富感官体验。

平台联动互补，放大传播效果：利用 GQ 实验室官方“双微”账号和官方网站平台，大众中国官方微博微信账号，多平台联合输出，抢占用户心智，引发社交媒体讨论，扩大传播声量。

巧设互动机制，激发受众参与：通过巧妙的话题设置，配合富有寓意的礼物互动，如大众中国单向历，引发网友热烈讨论。

亲历者说 程婧　高级经理，大众汽车集团（中国）公关部数字化传播团队

在 GQ 实验室 × 大众中国未来情报局深度内容合作这一项目中，最大的突破点在于跨界“出圈”，创造非凡影响力。

与当代年轻人或者说是汽车行业未来的消费主力军，建立情感沟通，树立集团形象，是我们关注的重点。把握 10 年一遇的特殊时间节点，与当下极受欢迎的媒体平台之一 GQ 实验室合作，突破集团社交媒体内容创作形式的局限，是我们在数字化传播上的又一次创新尝试和升级。

另外，以用户为中心的深度洞察，是我们内容构建和渠道利用的基础。我

① 特指在某一特定市场上为实现某一重大目标所集中进行的大规模广告活动。

们跨平台最大限度触及目标人群，根据不同平台的特点有针对性地设计发布内容，激发用户参与传播热情，从而最大化项目成果。

很荣幸能够主导该项目的构建和实施，未来我们会在数字化传播中继续积极地探索创新。

案例点评

点评专家：胡远珍　湖北大学新闻传播学院教授

大众汽车集团（中国）已经具有较高的知名度，但企业形象个性不够鲜明，气质稳健有余、活力不足。在企业面向未来的转型中，如何向目标受众传达“改变、突破”的品牌理念和“懂你、知你”的企业关怀？如何把二者巧妙结合，进行有效的、走心的传播，达到四两拨千斤的效果？

企业利用“十年”节点，抓住“90后”“00后”两代人的情感痛点，与在两代人中皆有影响力的GQ实验室展开全方位深度合作。一方面是企业品牌“改变、突破”的隐喻，让受众在关注与话题互动的内容沉浸中，感知企业的脉动；另一方面是企业人格化的表征，营造出与受众“共同走过”的情感路线，迅速拉近了企业与受众的心理距离，创造了一种融岁月浪花、人生点滴、焦虑无奈、不断奋进的全新“集体记忆”效果，不仅塑造了企业新形象，也让这形象真正立在受众的心理，有温度、有情怀。

荣威直播创新——引领“云玩法”新形势

执行时间： 2020 年 2 月—5 月

企业名称： 上海汽车集团股份有限公司乘用车公司

品牌名称： 上汽荣威

代理公司： 上海哲基数字科技有限公司

获奖类别： 金旗奖—— 2020 最具公众影响力媒介创新大奖

项目概述

2020 年上半年全民抗疫期间，上汽荣威率先发起“战疫情，荣威人在行动”主题活动，通过首创汽车行业用户互动直播，引领了业内用户沟通的又一次潮流。从 2 月到 5 月，上汽荣威在多个平台以不同形式开启了一系列直播活动，与用户持续沟通，成功强化了产品认知、好感度，进一步深化了品牌形象。

项目背景

新冠疫情为社会各行业带来了深远的影响，特别是高档耐用品和出行领域受到空前打击。以汽车业为例，各大汽车经销商线下销售渠道遭受重大冲击，4S 店开店率、消费者到店率跌至谷底，企业与用户沟通几乎全面停滞。但在线协作、在线生活的优势也逐渐显现出来，各类线上活动层出不穷。

在这种背景下，各大汽车厂商都在积蓄能量、思考与用户沟通以及提高传播效率的破局方法。同时，行业整体传播声量骤减，客观上也为市场创造了一个相对安静的环境，这时候打响第一枪的品牌无疑将会吸引更多关注。为了抓住这一特殊机遇，上汽荣威亟须采取特殊应对方案。

上汽荣威作为“第一个吃螃蟹”的品牌，为了抓住传播声量骤减的红利期机遇，进行品牌内涵深化、用户关系拉近，及打破直播卖车的传统销售逻辑，经过了如下几方面的思考。

1. 媒介创新，要完整

如何将直播作为更全面的沟通渠道？上汽荣威选择直播，不是简单复制这种火爆的传播模式，而是通过创新重新建立沟通渠道，使之更为全面。以往的直播多以带货卖快消品，或是碎片化的娱乐内容等为主，让用户受到的短时刺激更多，关注度更高。并且用户在收看直播时拥有更大的收看自由，可以随时中止观看，这对直播内容的持续吸引力提出了更高要求。而传统汽车的发布会、体验会等对空间、流程、仪式的要求很高，需要完整呈现，如何在信息完整性和用户兴趣之间做出平衡成了一大难题。上汽荣威扬长避短，以创新实现破局，针对疫情出行推出健康、关怀相关内容，针对品牌焕新推出产品、服务相关内容直播，多样化的内容和形式吸引了用户的广泛关注。

2. 直播设计，要大胆

如何更好地向用户传递品牌内涵？作为直播媒介创新的引领者，上汽荣威每一步内容设计都需要大胆决策：第一位车企高管进入直播间、第一家车企厂商在直播中科普防疫出行、全行业罕见的品牌焕新标志设计解析直播，都让上汽荣威通过直播向用户展示了更深层次的品牌内涵，进一步建立了用户信任。

3. 传播效果，有转化

如何实现直播的后续转化？一场火爆的直播可以完成一次大面积的消费者覆盖，但汽车有别于普通快消品，用户做出决策十分谨慎。上汽荣威通过新品发布、品牌焕新计划，让消费者产生持续期待，同时将直播和服务、销售等层面进行联动，最大限度提高用户转化率。

项目策划

1. 目标

（1）打破疫情“断沟通”的状态，抓住行业传播声量骤减的机遇，深化上

汽荣威品牌内涵，与新用户、老车主深度互动，为疫情后的销量反弹打下基础。

（2）通过“创新直播”，与用户全面沟通品牌“品位科技·知你知行”的核心价值，夯实上汽荣威“中国汽车品牌领军者”的形象。

2. 传播策略

（1）大胆突破，行业最早推出直播沟通。

（2）全盘创新，以直播形式应变沟通问题，一条主线串联品牌—CSR—用户—服务沟通全环节。

结合直播特性优势，在内容与形式设计上，拓宽渠道适用性。

3 受众

品牌高潜人群与泛兴趣直播偏好人群。

4. 内容创意

（1）疫情防御，送健康关怀。上汽荣威对疫情快速响应，最早推出“主动净化健康舱”，并迅速搭载在旗下车型上，同时积极协调供应商，让老车主也能升级享受。上汽荣威还打破直播卖车的传统逻辑，进行科普出行防疫知识的直播活动，推进用户关怀。

非常时期，上汽荣威线上为爱献“声”，通过防疫话题，引申至上汽荣威更安全可靠的产品及出行体验，更安心便捷的“零接触”购车服务，更暖心的售后服务，树立起行业正面形象。

直播内容还涉及针对特殊时期的设计研发，以及汽车业未来发展趋势、复工进展。上汽荣威积极凝聚正面行业力量，用真诚沟通加深企业和用户之间的关系。

（2）品牌焕新，开设计课堂。上汽荣威品牌升级的步伐没有停滞，通过直播将上汽设计公开课打造成热门的系列 IP，通过一系列的直播讲解，将荣威双标战略中品牌升级设计理念、措施、成果共享给媒体、汽车行业关注者甚至更广泛的大众，诠释了上汽荣威“品位科技·知你知行”的深刻品牌内涵。

上汽荣威借助直播，将“第八届上汽设计国际挑战赛全球赛区启动仪式”打造成汽车设计江湖的首届线上“武林大会”。活动云集了 11 位汽车设计大咖，碰撞出众多前沿思想的火花，引发了设计界、用户圈的强烈反响。

5. 媒介策略

行业首创用户互动直播：疫情期间，线上流量激增，上汽荣威推出行业内首创的用户互动直播，率先破局，打破了与用户的“断沟通”状态，面对面“宠粉”，传递用户关怀，拉开品牌创新沟通的序幕，并以多波次直播开启行业新潮流。

线上跨界媒体扩大声量：巩固与汽车行业门户垂直媒体等的合作关系，跨界与科技、财经、设计等多领域媒体合作，多角度报道“荣威双标焕新”“主动净化健康舱”等品牌、产品、服务内容，持续扩大传播声量。

项目执行

1. 第一家车企厂商、第一位车企高管走进直播间

时间、主题：2 月 14 日，“特别的爱给特别的你”上汽情人节专场直播。

直播平台：上汽荣威 App、天猫官方旗舰店、腾讯汽车商城、抖音、快手等。

直播嘉宾：上海汽车集团股份有限公司乘用车公司前副总经理俞经民、“短视频段子手”G 僧东。

核心传达信息：更安全可靠的产品及出行、更安心便捷的“零接触”购车服务、更暖心的售后服务、三大防疫消毒杀菌售后配件。

2. 汽车界首次百家媒体线上专访直播

时间、主题：2 月 29 日，荣威“主动净化健康舱”媒体线上专访直播。

直播平台：上汽荣威 App。

直播嘉宾：上海汽车集团股份有限公司乘用车公司前副总经理俞经民、华域三电空调系统部副经理马文彬、延锋国际全球知识管理执行总监李俊岩。

核心传达信息：行业首创的荣威“主动净化健康舱”正式发布。

3. 汽车设计界大咖比拼

时间、主题：3 月 5 日，2020 汽车设计“政峰相对论”直播。

直播平台：抖音。

直播嘉宾：上海汽车集团股份有限公司技术中心副总设计师兼全球设计总监邵景峰、中央美术学院设计学院交通工具设计专业主任教授王选政。

核心传达信息：2020 汽车设计前瞻。

4. 汽车设计江湖首届“武林大会”

时间、主题：4 月 10 日，2020 年第八届上汽设计国际挑战赛全球赛区启动仪式云直播。

直播平台：上汽荣威官网、斗鱼、B 站。

直播嘉宾：上海汽车集团股份有限公司乘用车公司前副总经理俞经民、上海汽车集团股份有限公司技术中心副总设计师兼全球设计总监邵景峰、中央美术学院设计学院交通工具设计专业主任教授王选政等 11 位汽车设计领域风云人物。

核心传达信息：荣威品牌焕新及双标首次正面回应、汽车设计云斗图。

5. 荣威新国潮上汽设计公开课

时间、主题：4 月 21 日，上汽设计公开课国潮荣威全新狮标战略解析会。

直播平台：上汽荣威 App、汽车之家直播、B 站、抖音。

直播嘉宾：上海汽车集团股份有限公司技术中心副总设计师兼全球设计总监邵景峰。

核心传达信息：全新狮标 LOGO 解析、荣威 RX5 PLUS 静态品鉴。

6. 荣威国潮红人馆

时间、主题：5 月 10 日，荣威品牌之夜。

直播平台：上汽荣威 App 及腾讯、天猫、新浪、搜狐、新华社等近 20 家媒体。

直播嘉宾：上海汽车集团股份有限公司副总裁、上海汽车集团股份有限公司乘用车公司总经理、技术中心主任杨晓东，上海汽车集团股份有限公司乘用车公司前副总经理俞经民，上海汽车集团股份有限公司技术中心副总设计师兼全球设计总监邵景峰，上海汽车集团股份有限公司乘用车公司荣威品牌营销部总监兼市场及公关总监王建峰，华为智能汽车解决方案 BU（业务单元）总裁王军，以及王建国、王思文、呼兰、程璐、颜骏凌等明星。

核心传达信息：全新 R 标和新狮标焕新亮相。

项目评估

1. 效果综述

创新直播拉开了上汽荣威品牌创新营销的序幕，进一步把传统线下的传播路径、用户沟通转向线上，深化了品牌内涵，拉近了用户关系。上汽荣威通过直播引领新潮流，引领行业的营销模式升级，为品牌内部员工及利益相关者树立信心，也为中国汽车品牌向上提供了新的范例。

2. 受众反应

在上汽荣威直播活动期间，即时互动及弹幕反馈的评价均较为积极，同时跨圈层人群对上汽荣威的关注也有所提升。例如，2 月 14 日“特别的爱给特别的你”上汽情人节专场直播前后，上汽荣威百度指数超 200 万，3 月 5 日 2020 汽车设计“政峰相对论”直播前后，指数达到 165 万，创造了多个小峰值。

3. 市场反应

上汽荣威行业首创用户互动直播，让直播成为自主品牌、合资品牌甚至豪华品牌的传播新手段，打造了汽车行业的营销新模式。

4. 媒体统计

上汽荣威系列创新直播全网直播观看量累计超 3000 万次，获得广泛关注。

“特别的爱给特别的你”上汽情人节专场直播吸引了累计近 50 万人观看，天猫平台观看量超 20 万次，腾讯直播观看量近 10 万次。2020 汽车设计“政峰相对论”直播人气超 1 万。

荣威品牌之夜直播共吸引了超 3000 万网友在线“打 call”。其中，薇娅直播观看量 1478 万次，荣威 RX5 PLUS 30 秒售罄下架，限量 4108 台被抢订一空；腾讯视频观看量531万次，天猫直播观看量332万次，微博直播观看量316万次，抖音直播观看量 290 万次，搜狐直播观看量 258 万次，优酷直播观看量 221 万次，汽车生活直播观看量 151 万次，汽车之家直播观看量 102 万次，网上车市直播观看量 67 万次，网通车直播观看量 56 万次，易车直播观看量 41 万次，新出行直播观看量 37 万次，58 车直播观看量 35 万次，太平洋汽车网直播观看量 20 万次。

项目亮点

1. 行业首创，破局行动

在疫情期间，率先提出“汽车人行动起来”的倡议，倡导出行安全，号召

车企行动起来，行业首创用户互动直播，首发直播“主动净化健康舱”，打破了汽车行业在疫情期间的困境，先行动先破局，在居家隔离背景下加强了企业与用户的联系。

2. 创新媒介，引领潮流

创新性采用直播形式与用户进行互动沟通，将互联网思维引入日常的营销工作中，通过直播面对面传递对用户的关怀，拉开了创新沟通的序幕，一波波直播创新为行业提供了借鉴，让直播成为自主品牌、合资品牌甚至豪华品牌的传播新手段，开创了汽车行业的营销新模式。

亲历者说 俞经民　上海汽车集团股份有限公司乘用车公司前副总经理

对于车企来说，直播一个活动或者发布会是很有挑战性的，以往现场都是很有仪式感，根据环节一步步来，而且在发布内容的时候可以实时看到观众的反应，但是在线上直播中，不能控制信息传达的准确度，不能实时看到网友的反应，这次行业首创的用户互动直播是上汽荣威品牌做的一个主动靠近用户的营销新尝试。

具体来看，我所参加的和后面我的同事所参加的几次直播，都跳脱出了传统的车企产品和服务讲解演示的套路，用更加时尚和生活化的形式和内容来和用户沟通。直播过程中，看到用户提出的一些问题，可以现场面对面地进行解答，感觉和用户之间的联系也有所升级。我做了第一次直播试水之后，直播这个形式也在我们行业里热了起来，对于消费者来说，有了了解汽车的全新渠道，对于汽车行业来说，有了新的营销方式，打破了疫情期间和用户近乎封闭的沟通环境，建立更深层次的联系，这正是我们上汽荣威品牌一直所坚持的“品位科技，知你知行”。

案例点评

点评专家：沈健　迪思传媒集团副总裁

上汽荣威在疫情期间充分利用新媒体手段在线上直播方面创造了多个纪录：首位车企高管走进直播间、首次汽车行业线上媒体专访直播、首创设计大赛直播，等等。这在汽车行业的新媒体营销方面起到了一定的引领作用。

在疫情期间为应对线下销售及4S店到店率低等问题，团队迅速转型，转战直播领域；并且在直播领域中避免单一的直播带货形式，对直播内容进行了许多创新，例如开创了首个线上设计公开课，助力品牌换新。另外，其在行业首创了用户互动直播，在直播同时注重跨界媒体组合，扩大声量。传播效果也十分可观，全网直播的观看量超过3000万次；薇娅直播观看量达到1478万次；荣威RX5 PLUS 30秒售罄，4108台被抢购一空。

总之，上汽荣威在面对百年未遇的重大挑战期间，将危机变成机遇，发力线上直播，在内容和形式上都进行了多项创新，在一定程度上引领了汽车营销的发展趋势，充分彰显出自主品牌在营销创新方面的实力。

泰康第十九届世纪圣典线上大健康生态大会

执行时间： 2020 年 7 月 22 日—8 月 14 日

企业名称： 泰康人寿保险有限责任公司

品牌名称： 泰康

代理公司： 昌荣传媒股份有限公司

获奖类别： 金旗奖—— 2020 最具公众影响力媒介创新大奖

项目概述

世界 500 强泰康人寿保险有限责任公司的世纪圣典，已连续举办十余届，是行业内持续时间极长的保险精英荣誉盛会。2020 年，泰康结合后疫情时代形势，响应国家政策，将原本线下举办的世纪圣典，改为线上的“圣典小镇”与大会直播，创新的模式、丰富的活动和沉浸式的体验，让这届世纪圣典成为泰康保险精英与各界客户相聚的欢乐节日，向全网传递“长寿时代、中国样本、泰康方案”的泰康声音。

项目调研

泰康世纪圣典已成为中国保险业持续时间极长、会奖规格极高的荣誉活动之一，围绕本次世纪圣典，企业希望通过开展系列营销传播活动，宣传企业品牌理念、大健康事业布局和未来发展方向，传播“长寿时代”泰康的财富观和健康观。同时，借助原生内容扭转社会大众对保险代理人的刻板印象，提升泰康保险代理人的荣誉感和使命感。

结合品牌特性及传播需求，企业运用新媒体营销理念，利用原生内容和场景化营销方式——线上“圣典小镇”，借助抖音与今日头条双平台，扩散大会直播声量及影响力。并在抖音平台打造 # 我的高光一刻 # 话题及全民任务，借力抖音达人演绎品牌故事，软性宣传品牌理念及泰康代理人形象价值，塑造品牌形象与口碑。

项目策划

1. 目标

借世纪圣典传递“长寿时代、中国样本、泰康方案”，提升品牌声量，塑造品牌形象，传递集团的财富观和健康观，表彰绩优代理人及团队，鼓励更多人了解泰康代理人。

2. 传播策略

后疫情时代和全民长寿时代，健康和财富成为极受国民关注的主题，保险及大健康产业迎来空前利好时期。且后疫情时代，国民的保险意识进一步觉醒，企业恰逢其时举办世纪圣典，表彰优秀代理人、鼓励代理人团队士气，同时向社会公众发布企业理念和未来规划。

在此时机，泰康借助时下全民关注的头部短视频媒体抖音直播，切实地将世纪圣典大会声量放大，提升品牌良好形象和声量。借助“抖音全民任务”项目合作，传递集团的财富观和健康观，梳理泰康绩优团队及代理人标杆，鼓励更多事业合伙人在泰康追求事业高光时刻。利用抖音和今日头条平台向泰康的线上“圣典小镇”引流，利用“圣典小镇”的丰富大健康生态场景，助力代理人线上展业。

3. 受众

保险行业关注者及大健康事业关注者。

4. 内容创意

本次项目泰康联合抖音发起全民任务，获得广泛曝光及参与；选择 # 我的高光一刻 # 主题，借助员工、达人和用户的内容演绎，成功地将泰康保险代理

人的形象提升，逐渐扭转社会对代理人的刻板印象，为吸引更多高质量人才加入泰康代理人团队夯实基础。

在视频内容创作中，结合达人特点及泰康调性，选取合适的达人创作个性化视频，讲述自己高光一刻的故事，在整个活动的前、中、后不同风格的达人先后发布视频，不断加深用户印象，网罗各圈层粉丝，吸引用户参与至全民任务活动中。

5. 媒介策略

随着媒体发展及国民触媒习惯变化，直播已成为国民喜好的传播形式，也是各大企业品牌宣传、带货销售的重要传播渠道。

为了提升泰康品牌形象，提升泰康世纪圣典影响力，传递泰康的财务观和健康观，本次泰康世纪圣典策略性选择“今日头条 + 抖音”双平台直播间，在全民直播时代，将传统大会与当下潮流直播形式相结合，借助媒体黄金硬广资源，通过多维内容与王牌硬广双向加注，实现了引爆式全网关注，同时为了鼓励更多人了解泰康代理人，借助抖音国民短视频平台，用新鲜的话题任务玩法造势，吸引全民参与互动。

项目执行

1. 2020 年 7 月 23 日，“圣典小镇”线上开放

以线上小程序形式全方位展示泰康大健康产业发展成果、世纪圣典 19 年荣誉历程、泰康积极抗击新冠疫情等内容。以沉浸式布景串联，描绘出泰康大健康生态体系下的“长寿时代，泰康方案，中国样本”精彩画卷。每日更新内容，抽奖活动、小游戏精彩不断，吸引代理人邀请客户逛小镇、乐不停。

2. 2020 年 7 月 23 日，抖音全民任务全面上线

全民任务上线前后，抖音站内资源推广引流，抖音站外，多点位同一素材同时联动曝光，引发用户关注。

3. 2020 年 7 月 26 日，泰康世纪圣典直播启动

通过双平台直播形式，“商业直播间 + 原生直播”共同助力，泰康数十万名内外勤伙伴和近百万客户相聚云端，共襄盛举，线上累计观看量超过千万人次。直播期间王牌硬广实现大曝光，将活动引向高潮。同时线下北京主会场，加全国 36 个省市分公司分会场视频连线互动，约 5 万人线下参加活动。

4. 2020 年 7 月 27 日至 8 月 2 日全民任务结束

活动进行期间，将代理人的高光一刻、泰康领导讲话金句、企业的理念和发展方向，向公众做了很好的宣传扩散。切实有效地提升了本次大会的影响范围，提升了泰康品牌的全民关注度和美誉度。本次大会内容振奋人心、鼓舞士气，观看人次高，互动频率高，取得良好的宣传效果。

5. 2020 年 7 月 27 日至 8 月 14 日世纪圣典会后宣传结束

“长寿时代”“万人 HWP（健康财富规划师）”等主题成为讨论热点，全网讨论度颇高，累计评论量超过 5000 条，演讲内容引发受众共鸣，网友对泰康及长寿时代多有好评。

项目评估

本次项目有效曝光量超 8 亿次，其中世纪圣典大会直播总观看量超 2770 万人次，实时点赞量超过 28.5 万次；话题 # 我的高光一刻 # 总播放量高达 8.6 亿次，9 条达人视频共产生超 1866 万次的播放量，小预算获得大曝光。项目整体硬广实际曝光完成率高达 174%，点击率高达 4.26%，远超出预期效果。

此次传播通过选择受众年轻的新媒体，采用认可度较高的话题，尝试新鲜有趣的玩法，选取不同风格达人讲述与泰康的故事，成功改变受众对保险人员的刻板印象。同时，在直播大会及全民任务上线前后，通过硬广多屏联动宣传，实现品牌大曝光，成功打造企业及保险人员“高光一刻”的正面形象，使更多人更加了解泰康、了解保险行业。“圣典小镇”有效沉淀客户信息，助力保险营销。在广告投放的过程中通过部分硬广定向投放，也使得受众更精准，帮助投放效果最佳化。此次项目整体投放效果表现优异。

项目亮点

1. 保险行业内首次开展线上全国营销精英峰会，“圣典小镇”展示大健康生态体系

以线上小程序形式全方位展示泰康大健康产业发展成果、世纪圣典 19 年荣誉历程、泰康积极抗击新冠疫情等内容。以沉浸式布景串联，描绘出泰康大健康生态体系下的“长寿时代，泰康方案、中国样本”精彩画卷。

2. 保险行业内首次 FeedsLive[①] 直播，观看 2746.5 万人次

本次泰康世纪圣典，在保险行业内首先尝试抖音 FeedsLive，通过前置大会直播实时画面，高效传播大会直播盛况，有效提高直播内容曝光的同时，吸引更多用户点击进入“泰康人寿”抖音号原生直播间观看与互动，直播观看量 2746.5 万人次。

3. 在抖音 # 我的高光一刻 # 泰康全民任务总曝光超 8 亿人次

抖音全民任务，是当下抖音媒体极具性价比、极具全民参与号召力的宣传形式，本次选择流量模式，能够吸引抖音平台创作者按照要求为泰康自主生产原生品牌内容，起到了裂变式传播效果。

亲历者说　谢渝华　泰康人寿总公司办公室 / 董事长办公室　总经理

泰康世纪圣典已成为行业内持续时间极长的保险精英荣誉盛会。后疫情时代，泰康积极拥抱互联网，首次在线上召开世纪圣典，通过联合抖音成功完成保险行业内首次 FeedsLive 直播，建立“圣典小镇”开展丰富活动和沉浸式体验，转到线上，世纪圣典已从行业内的荣誉盛会升级成了泰康保险精英与各界客户相聚的欢乐节日。

① 一种给直播间引流的工具。

案例点评

点评专家：矫龙　北京大颜色信息科技有限公司创始人

本项目本质上是一个内部的保险代理人大会，本案例的精彩之处就是将一个内部事件变成了一个企业的品牌事件，充分利用了广告、KOL、公关话题管理等系列营销推广手段，有效组合各种媒介形式，达到了内部大会外部化的目的，制造了企业的社交货币，提升了泰康品牌的社交价值，即公众的口碑传播价值。

2020 最具公众影响力
全球化传播大奖

英国教育 # 无限英国，WE VLOG # 视频传播①

执行时间：2019 年 8 月 1 日—12 月 31 日

企业名称：英国文化教育协会

品牌名称：英国教育

代理公司：Variety Plus 为加传播

获奖类别：金旗奖——2020 最具公众影响力全球化传播大奖

项目概述

英国文化教育协会（British Council）是英国提供教育机会与促进文化交流的机构，总部设在伦敦，在北京作为英国大使馆文化教育处开展工作。

项目通过 VLOG 视频的制作与传播，让英国教育回归个人化内容和留学本身，全面、多元地讲述故事。

无限英国，WE VLOG # 视频合集

① 本文中所涉及的照片，英国文化教育协会均已得到被拍摄者的使用许可。

项目调研

1. 潜在留学生对内容形式提出更高需求

随着留学生年龄层上的变化，以及互联网内容的多样化，学生对于英国教育相关的内容需求产生了变化。除传统的图片、长文和结构化的视频外，VLOG 以其异彩纷呈的内容和去结构化的特点，成为潜在留学生了解真实留学生生活的偏爱手段。

2. 民间有高手，自发性内容驱动良好

在自然增长、无官方引导的状态下，已有少数中国留英学生在互联网平台上以 VLOG 形式持续地、积极地产出优质 UGC，在引发讨论和触达目标人群方面呈上了不俗的成绩单。

3.PUGC（专业用户生产内容）先行，抓住 VLOG 创作风口

近年来，VLOG 短视频异军突起，正是联手留英学生——尤其是自带流量的留英学生 KOL 共同产出内容的好时机，在 VLOG 兴起的大趋势下顺势而为，可以极富干货、极生动的形式展示英国教育。

项目策划

1. 目标

激发潜在留学生对英国教育的兴趣，促进其转化成为留英学生。

2. 传播策略

设立游戏规则，共创优质内容：选拔 10 位具有鲜明个人特色的留英学生进行内容共创。其中不乏自带粉丝与流量的 KOL。

持续输出内容，建立情感连接：引导、鼓励更多留英学生加入内容创作的队伍。增强感情连接，助推传播力度，提升影响力。

3. 受众

首要受众为 16~30 岁的潜在留英学生，次要受众为留英学生和校友。

4. 内容创意

三大命题，共同创作：在创意策划中，将留英生活分为校园生活、好好学习、玩出我的英伦范三大命题，有的放矢地逐步引发留学圈层的讨论与关注。

十个视角，全方位展示受众关心的留学话题：延伸出十个受众极为关心的留学视角，将抽象的英国教育以轻松、易懂的具象化方式落地。

不要说教，以生动的 VLOG 形式呈现全方位留学指南，真实的故事永远是最深入人心的素材。

无限英国，WE VLOG # 视频片段 1

无限英国，WE VLOG # 视频片段 2

5. 媒介策略

英国教育官方社交媒体首发，打好时间战：携手相关账号如英国旅游局等扩散话题，发布节奏精准踩中留学生在不同时间段的留学规划。

自带流量，精准推广：半数参与者粉丝量级在 20 万人以上。依托社交平台，精准投放，辐射不同区域用户。

良性互动，激发留学生群体 VLOG 热潮：基于 PUGC 的成功传播，激发在英留学生进行优质 UGC 创造的热潮，创造更多优质内容。

项目执行

第一阶段：内容调研与种子选手选拔。

为进一步印证与确立内容方向，对目标受众进行定量与定性分析，包括数据调研与分析、问卷、一对一采访。

深入留英学生群体，通过调研、采访和面试等手段，选拔 10 位参与内容创作的留英学生及校友。

第二阶段：创意策划与内容制作。

基于调研结果，对内容方向与创意策划进行细化与升级，充分调动各方资源，群策群力，通过一场场头脑风暴发散思维，确认 10 支视频的创意脚本。

VLOG 虽为一种轻制作模式，但对出镜者各方面要求都很高，如表达流畅度等。基于此，在项目执行期间，团队发起“VLOG 训练营”计划，对种子选手进行全方位 VLOG 培训。

本地内容制作团队深入英国大学，携手种子选手共同将脚本落地。

第三阶段：精准传播。

英国教育官方社媒账号首发，种子选手及官方合作账号转发，配合微博精准投放进行内容扩散传播。

项目评估

项目从创意到执行都具备创新与传播思路，引发了英国留学行业内的高度关注，是互联网热门内容形式与英国教育相结合的一次成功尝试。

英国教育中的“亮点”得以全面展示，成功引燃了潜在留学生对英国教育的期待与兴趣，更提升了品牌好感度与亲和力。除线上传播外，内容也被作为市场素材进行线下传播。

截至 2020 年 1 月，在没有进行额外 KOL 投放的前提下，# 无限英国，

WE VLOG# 视频有效播放量达 207 万次，投入产出比极高。

这一活动也鼓励了更多留英学生记录并分享留英生活。据数据统计，在项目传播期间，仅微博平台发出的英国留学相关 VLOG 视频数量较 2018 年同期同比增长 523%，极大促进了潜在留学生对英国教育的关注。

项目亮点

1.PUGC 内容彰显高亲和与高共情能力

以面向镜头的第一视角切入，层次丰富的交流感让视频内容更加生动有趣，亲切感更强。10 大选题将留学生活的方方面面真实地呈现在观众面前，更加贴近受众。此外，传播思维贯穿内容产出的始终，团队着力于产出优质内容，让品牌保持官方调性的同时，回归真实和个人。

2. 旧规则新定义，吸引 KOL 贡献传播力

VLOG 的玩法设定自由有趣，充分激发 KOL 的创作欲与参与度，从而极大地提高了内容的趣味性和传播度。内容一经上线，就在英国教育官方社交媒体达到了空前的热度。

3. 高投入产出比

项目在轻投入和轻制作的前提下，收获了远高于投入的曝光量与影响力。

亲历者说 赵雨潇 Variety Plus 为加传播合伙人

每年夏末，英国大学聚集的城市总是格外热闹，拖着大件行李箱的留学生会陆陆续续落地英国，带着一颗紧张又兴奋的心，奔赴每一个承载着梦想和憧憬的校园。我们也观察到，最近几年，这份热闹蔓延到了社交媒体。

创作的欲望往往来自生活体验，但灵感不会凭空而生。在这份热闹之下，我们看到的是鲜活而跃跃欲试的表达欲，是述说，是热忱，是寻求认同感的分享。在寻找种子选手期间，我们也不断地更新自己对留学生群体的细微认知，不断转变选题方向，打磨脚本细节，最终将这份创作欲转化为 10 支精彩轻快的 VLOG。

英国教育 # 无限英国，WE VLOG # 视频传播是一次令参与者和组织者都

很享受的项目体验。我们更希望，它能成为每一位留英学子的开学大礼包，提前揭开留英新生活的序章。

案例点评

点评专家：程曼丽　北京大学新闻与传播学院教授、博士生导师，北京大学国家战略传播研究院院长

本案例是由英国文化教育协会策划的、以向中国年轻人推介英国留学项目为目的的品牌营销案例。作为全球化传播、数字营销方面的优秀案例，它具有以下三个特点。

第一，精心策划。

为了有效对接目标受众（年轻人），企业借 VLOG 的兴起，首选短视频作为传播介质，以丰富多彩、生动有趣的内容夺人耳目，以个性化的情感诉求引发共鸣，将抽象的英国教育以具象化的方式呈现出来，在保持品牌官方调性的同时增加了平易近人的民间色彩。

第二，借船出海。

为了讲好英国教育故事，提高该项目对于中国年轻人的吸引力，企业精心选择 10 位种子选手，进行 VLOG 内容的共同创作，让他们以第一视角切入，现身说法。这种借船出海的做法，大大提升了视频内容的说服力和可信度，亦使英国教育的亮点得以全面展现。

第三，有效传播。

企业非常重视传播效果，其选择的 10 位种子选手均自带流量，其中半数以上的粉丝数达 20 万人以上，他们的加持无疑会引发中国学生群体的高度关注。英国教育官方账号亦有 40 万粉丝，且为对英国教育感兴趣的目标群体。通过官方账号首发、种子选手转发（或互相转发）、精准投放的方式进行传播扩散，自然能够达到极佳效果。

优秀公司简介

荣获“金旗奖 2020 中国公关公司 25 强”

上海哲基数字科技有限公司

公司简介

上海哲基数字科技有限公司的发展启程于 1999 年 10 月，从第一家以“公共关系咨询服务”命名的专业公司，迅速发展成为全国十大本土公关咨询公司之一，并在品牌管理、数字营销、创意互动等领域积极进取、投资拓展，建立了强大的专业团队，20 年以来为数十家世界 500 强企业和大型国际、国内客户提供以品牌资产和传播管理为核心的全方位的咨询服务。

目前，上海哲基数字科技有限公司涵盖了哲基公共关系、哲基数字科技、原数民数字科技和哲基品牌咨询等多个享有卓越声誉的专业品牌。身为专业的咨询机构，上海哲基数字科技有限公司保持对当下和未来，对时局、政策、产业、技术、传播环境的极高敏锐度和前瞻性，帮助客户在立足当下和放眼未来基础之上，制定策略方针，并最终执行落地。

自 2002 年起，上海哲基数字科技有限公司连续 18 年入选由 CIPRA（中国国际公共关系协会）评选的中国公关行业 TOP 公司。十几年来，上海哲基数字科技有限公司荣获国内国际数十项传播行业专业奖项，并多年获选“中国公共关系行业最佳记住主”（由中国公关网和 17PR 主办），亦多年获选“品牌贡献榜 · 影响中国年度领军公关公司”（由中国广告主协会、中国人民大学公共外交研究院、中国传媒大学广告学院共同主办）。

公司网址

www.zenithpr.com

荣获“金旗奖 2020 中国公关公司 25 强”

优格微度公关顾问（北京）有限公司

公司简介

优格微度公关顾问（北京）有限公司，简称 Yoge PR，成立于 2009 年 6 月，总部设在北京，沈阳、上海、重庆（筹建中）设有分支机构。

公司秉承“专而美”的服务理念，从人才配置、业务设置到服务领域都做到纵深垂直。人才配置上，公司核心业务负责人皆是来自银行、咨询公司及媒体公司等的高级人才，从行业调研到战略洞察到营销产出，可以提供专业而深入的服务；业务设置上，公司聚焦为行业领军企业提供品牌传播、数字营销、舆情管理、企业社会责任、活动管理等全案服务，特别是在“品牌商业化”及“科技品牌”打造上拥有丰富经验和优势；服务领域上，公司专注服务科技、金融领域，在互联网头部企业及金融 TOP 企业中拥有良好口碑。

公司代表客户有美团、腾讯、百度、快手、中信银行、百信银行、华夏银行、高瓴资本、维梧资本、赫斯特资本、去哪儿、好未来、猫眼等。

公司在品牌建设、数字营销、企业社会责任等方面拥有丰富案例并赢得了诸多奖项。例如，美团年度洞察《从数字生活到数字社会：美团年度观察 2020》成书出版；去哪儿暑期促销项目获得 IAI 国际广告奖整合营销大奖、金鼠标创新营销奖，去哪儿年度品牌营销获得 ADMEN 年度最具商业价值整合营销公司奖；2013 年—2017 年华夏银行年度品牌活动“华夏之星”，获得 Interbrand 与 21 集团评选的年度中国最佳品牌建设案例奖等。

公司网址

www.yogepr.com

荣获"金旗奖2020中国公关公司25强"

汪氏整合营销传播集团

公司简介

汪氏整合营销传播集团1996年成立，自成立以来，一直专注于为客户提供以数据连接、处理、智能应用为核心，以系统性咨询规划、建设、运营、营销推广为基础，贯穿行业客户全生命周期的数字化服务。集团长期服务客户涵盖汽车、通信、快消、互联网等众多领域。服务客户包括奥迪、雷克萨斯、北汽集团、北京现代、一汽丰田 、广汽传祺、昆仑润滑油、中国电信、雀巢、青岛啤酒等。

集团在北京、上海、广州、山西、长春等地均有分公司。团队核心成员均来自互联网公司、汽车主机厂、汽车媒体、知名咨询公司，在公关传播、用户运营、CRM管理（客户关系管理）、精准营销、效果营销、CDP（客户数据平台）/DMP（数据管理平台）搭建、新零售、产品技术上，均积累了丰富的经验。同时集团有成熟的技术研发团队，自主研发出了ROBO精准广告平台、LIMO线索平台、舆情监测平台、AI撰稿平台等，实现了数字化、技术化全方位业务服务。

集团是中国国际公共关系协会A类会员，MMA China（中国无线营销联盟）成员，也是中国商务广告协会成员；经过多年努力，荣获TOP30公关公司之一，并多次获得中国国际公共关系协会、17PR、IAI、金鼠标、虎嗅等机构评选的各项营销类、创意类、客户体验等专业大奖以及最佳团队、品牌雇主等奖项。

集团员工追逐着共同的愿景与目标：让服务的品牌更有意义，成为中国本土最具影响力的专业整合营销传播机构。对理想与美好生活的共同渴望使他们彼此关爱，相互激励，共同成长！

公司网址

www.winsimc.com

荣获“金旗奖2020中国新锐活动公司10强”

北京海奕风尚品牌管理有限公司

公司简介

北京海奕风尚品牌管理有限公司成立于2003年，为以汽车行业为主的合作伙伴提供专业策略支持与全方位的品牌管理服务，以服务理念、职业态度、整合资源与策略创意，帮助合作伙伴缔造和提升品牌价值，促进客户与利益相关方顺畅沟通和持续共赢。

公司为合作伙伴提供活动策略、策划创意以及运营支持；顺应趋势，将数字化营销与体验式营销融入日常创意与策划思路，相互促进；拥有成熟的设计及搭建团队进行展览展示及空间设计布置；基于体验式营销，组建视觉及影像应用团队，实现内容创意与视觉创意贯穿相融，形成统一整体性。

一站式的体验营销服务，实现客户商业价值的最大化。

提供全周期生态型，系统定制化的专业服务。

从消费者需求发掘，构建庞大的社会化价值。

全方位公关传播服务，同时服务战略与营销。

公司网址

www.highestmerit.com